新编21世纪新闻传播学系列教材
• 基础课程系列 •

当代西方新闻理论

The Contemporary Western Theories of Journalism

刘建明 著

中国人民大学出版社
· 北京 ·

作者简介

刘建明 清华大学新闻与传播学院教授、博士生导师。主要研究方向：新闻理论、舆论学、媒介批评和当代中国问题。新闻理论方面的主要著作有：《邓小平宣传思想研究》(1990)、《宏观新闻学》(1991)、《科技新闻理论与写作》(1998)、《现代新闻理论》(1998)、《科技新闻传播理论》(2001)、《当代新闻学原理》(2003)、《新闻学前沿》(2005)、《新闻发布概论》(2006)、《新闻学概论》(2007)、《马克思主义新闻观理论基础》(2010) 等，主编《宣传舆论学大辞典》(1993)。

内容简介

本书介绍了20世纪末和最近十余年西方新闻事业发展的现状和趋势，重点引介了国内鲜为人知的200多位西方新闻学者的最新观点和73位著名学者的学术发微，呈现出当代西方新闻理论的全貌。

在现实与历史的语境下，本书就21世纪新闻学的前沿理论做出全面而深刻的引证和论述，对观察和思考当前中外新闻现象有重要价值。掌握本书提供的知识体系、分析视角和逻辑方法，能提高分析和阐述新闻议题的能力。

本书可作为高校新闻学专业师生拓展知识的教材，由于它有丰富的资料性，也可作为新闻学研究的工具书。

总 序

中国人民大学出版社策划出版的"新编21世纪新闻传播学系列教材"，是一套在新闻传播学领域内，皋牢百代，卢牟六合，贯穴古今，笼罩中外，密切联系新闻传播工作的实际，广泛吸收新闻传播学的最新研究成果，高挹遐揽，取精用宏，供新世纪的高等院校新闻传播院系教学使用的系列教材。

20世纪初以来的100年，是世界新闻传播事业飞速发展的100年。这100年来，随着科学技术的不断发展，继报纸、期刊、通讯社之后，广播、电视、网络和多种新媒体相继问世，新闻传播的媒介日趋多元化，新闻传播的手段日趋现代化，"地球村"变得越来越小，新闻传播事业对世界政治、经济和文化的影响则变得越来越大。

这100年，也是中国新闻事业飞速发展的100年。其中最近的30年，即中国改革开放以来的30年，发展得尤为迅猛。

进入新世纪以后，中国新闻事业发展的势头更为迅猛。报纸、期刊、通讯社、广播电台、电视台的数量在宏观调控下，虽无大变化，但软硬件的实力都有了很大的提高。据2011年12月出版的《中国新闻年鉴》的最新统计数字，2010年全国共出版报纸1 939种，平均期印数2.14亿份。共出版期刊9 884种，平均期印数1.63亿份。全国共有广播电台227座，电视台247家，广播电视台2 130家，教育电视台44家。广播综合人口覆盖率为96.78%，电视综合人口覆盖率为97.62%。

另外2012年1月中国互联网络信息中心（CNNIC）发布的《第29次中国互联网络发展状况统计报告》显示，截至2011年12月底，中国网民规模已达到5.13亿，互联网普及率达到38.3%。其中，手机用户数量为3.56亿，博客和个人空间用户数量为3.19亿，微博用户数量为2.5亿，社交网站用户数量为2.44亿，网络视频用户数量为3.25亿。中国居民中具备上网条件和技能的人已经基本转化为网民，大专及以上学历人群中互联网使用率已达96.1%。中国网站总数为230万个，网页数量为866亿个。

这样大的发展规模，这样快的发展速度，在世界和中国新闻事业史上都是空前的。回顾既往，盱衡未来，新闻传播事业在21世纪还将会保持旺盛的发展势头。新闻传播，作为上层建筑中意识形态的一个重要组成部分，在全面准确地宣传党的基本理论、基本路线和基本方针以及各项决策，反映人民群众的伟大业绩和精神风貌，以及推动改革开放和社会主义现代化建设等方面，必将继续发挥重要的作用。

与新闻传播事业的发展相配合，这100年来，为中国的新闻战线培养和输送人才的中国新闻教育，也有了相应的发展。中国的新闻教育起始于20世纪初，迄今有近百年的历史。新中国成立前的30年，虽然先后在个别院校中设立了新闻系或新闻专科，但规模都不大，设备也不够完善，在校学生人数，最多的时候不超过400人，30年间累计培养出来的毕业生还不到3 000人。新中国成立后，为了给新中国的新闻事业培养人才，新闻教育有了新的发展，但到20世纪60年代中期为止，全国的新闻教育机构也还只有14家。当时全国只有343家报社、78座广播电台和13家电视台，革命老区来的新闻工作骨干正当盛年，足以支撑大局，新闻系和新闻专业的学生统招统分，基本上能够满足中央和省市以上新闻单位梯队建设方面的需要。"文化大革命"爆发后，新闻事业进入低谷，新闻人才的培养也被迫中辍。拨乱反正之后，新闻事业有了飞速的发展，但新闻工作的人才却出现了断层，明显供不应求，因而极大地推动了新闻教育的发展。中国的新闻教育得以重振旗鼓并得到空前迅猛的发展，主要是改革开放以来的这30多年的事情。30多年来，中国新闻教育和中国新闻事业同步发展。截至2011年，全国设有新闻传播学类院、系、专业的高校已由改革开放之初的两三所增加到800所以上，各种类型和层次的专业教学点已不下1 000个。新闻专业的教学已从单一的大学本科教育，发展到博士生、硕士生、本科生、大专生、成人教育、函授教育等多层次的格局，不少院系还设置了新闻传播学方向的博士后流动站。改革开放之初，全国在校新闻系科学生总共只有500来人，现在仅在校本科生就有16万人左右，硕士和博士研究生3万人左右，办学层次、办学规模、办学水平都有了很大的提高。进入新世纪以后，随着新闻传播事业的加速发展和新闻战线人才需求的不断增加，中国的新闻教育还将会有更大幅度的发展。

一般说来，新闻教育质量的高低，起决定作用的主要是两个因素：一个是师资，一个是教材。两者之间，教材的作用更大。这是因为，师资的多少和良窳，往往受办学主客观条件的限制，而教材一旦完成，就可以直接嘉惠于学子，风行四海，无远弗届。进一步说，一部好的教材，不仅可以满足教学的需要，培养出一大批人才，而且还可以同时拥有一定的学术含量，推动新闻传播学研究的发展。1919年出版的徐宝璜的《新闻学》，1927年出版的戈公振的《中国报学史》，就是这方面的很好的例子。这两本书都是作者在高等学校从事新闻学理论和新闻史教学时作为教材编写出来的，出版之后，立即引起世人的关注和推崇，一再重版，历久不衰，至今仍然是公认的新闻学理论和新闻史方面的传世之作和经典之作。正因为这样，新闻教育的前辈们，历来十分重视教材的建设。新中国成立初期的十来年，坊间出版的新闻学方面的书籍，绝大部分都是教材。改革开放以后，新闻传播学研究空前繁荣，新闻学方面的书籍大量问世，但教材仍然在其中占了很大的比重。这些教材，覆盖了新闻传播学的方方面面，经过出版家和众多作者们的长期努力，门类和品种基本配套齐全，曾经为同时期的新闻教学做出过重要的贡献。但是，随着时间的推移和新闻工作实际的飞速发展，这些教材的体例日显陈旧，观点和内容也亟待调整和更新。一些属于学科前沿和科技含量较高的新开课程的教材尚付阙如，使现有的教材出现了不少缺口。在新世纪已经到来之际，集聚力量，重新编写出一套体系完整，门类齐全，能够为新世纪的新闻教育和新闻人才培养服务的新闻传播学的系列教材，已经成为人们的共识和新闻业界与新闻教育界的迫切需求。

呈现在读者面前的，就是应这样的需求产生的一套系列教材，它将涵盖新闻学、传播学两个二级学科的方方面面内容，满足新闻、广播、电视、广告、媒体经济、新媒体等多个专业的教学需要。负责这些教材编写工作的，是中国人民大学、复旦大学、北京大学、清华大学、中国传媒大学、中国青年政治学院等多所著名院校长期从事新闻传播学方面教学与研究工作的专家学者，其中有相当大的一部分编写者都是相关学科的国家级的学术带头人，堪称一时之选。收入本系列的教材中，既有国家级重点教材，也有部级重点教材，其他的也都是经过严格筛选的精品，所以，本套系列教材的质量是有保证的，其权威性也将会得到社会的认同。

21世纪是一个高度信息化的时代，是信息经济和知识经济占主导地位的时代。信息经济和知识经济有两大支柱，一是以高科技为代表的传播技术产业，二是从事新闻和信息产品生产的媒体产业。新闻传播学作为将这两大领域有机联结的桥梁，在今后的国家建设和社会发展中必将发挥越来越重要的作用。中国人民大学出版社经过精心策划，隆重推出这套系列教材，是具有高度的前瞻性和战略眼光的。在这里，我谨代表编委会和全体作者向中国人民大学出版社表示由衷的感谢。

这套系列教材开始策划于20世纪的最后一年，21世纪初起陆续问世，迄今已编写出版了50余种。在体例和内容的创新和开拓等方面，远远超过同时期出版的同类教材。其中的有些教材，还根据整个新闻传播理论与实践的发展和新闻传播学教学与研究的发展，陆续作了必要的补充和修订，重新出版，实现了内容的与时俱进。

这批教材的问世，将会为新闻传播事业和新闻教育事业的发展和繁荣、为新世纪新闻传播人才的培养做出它应有的贡献。这是出版者和全体作者共同的一点希望。是为序。

方汉奇

2012年3月

于中国人民大学宜园

自序：西方当代新闻理论的完型

当代西方有哪些新闻理论？最近30年，特别是最近10余年，西方学者提出了哪些新闻学观点？这些理论是怎么发展而来的？本书通过对几百本西方新闻学著作与200多篇相关论文的研究，汇聚精华，引介论断，简析要义，希冀为读者提供一幅当代西方新闻理论的知识图谱。

一、西方新闻学是否已经衰落

自传播学被引入我国，学界有人提出，西方新闻学已消失在传播学中。还有人断言：今天西方根本没有什么新闻理论，学者们放弃了对新闻学的研究，新闻理论衰落了……澄清这些瞽论，唯一有效的途径是多读几本当代西方新闻理论原著。

这些著作虽不少，但被译成中文的则凤毛麟角，30年中仅出版了10多种。这期间，西方出版了几百部新闻学著作，这些著作在当代语境下对新闻报道的新课题、新焦点进行了探索。

从全球看，"当代"在狭义上是指第三次科技革命开始后的时期，以电子计算机，数字信息技术和空间、海洋技术的应用为标志，大体起始于20世纪70年代。此时，英国伯明翰大学的文化研究学派和格拉斯哥大学的媒介批评学派，给低迷的新闻学研究注入了活力。

自1978年起，西方国家的许多新闻机构开始采用新的信息技术，录音带使伊朗革命如火如荼，复印机、短波收音机和卫星广播为苏联政权的终结提供了燃料。自90年代起，报刊被电脑技术所武装，广播和印刷新闻的差距缩小了，新闻市场和新闻消费改变了媒介的社会结构和组织形式，无论新闻学还是传播学都产生了新的理论。新闻报道涌现的大量问题使新闻学者振作起来，学界出现了新的探索生机：公众新闻学与新闻社会学相继问世，新闻与媒介批判理论不断提升，综合性新闻学著述陆续出版。正如美国新闻学者巴拉·穆萨和辛迪·普赖斯在《当代新闻学的紧迫议题》一书中所说："在加速变革的时代，媒体的新闻供给极度扩张，新闻内容和新闻文化的巨变，使媒介所有权和管理结构发生变革。信息娱乐化、互联网普及、小报化、诽谤泛滥和新闻检查等各种新议题迎面而来，大量新闻学论著进行了新的论证，创造了新的研究框架。"(**Musa & Price，2006：7**)

特别引人注目的是，近年来西方传播学原理增补了许多研究新闻的内容和案例（比如麦奎尔的《大众传播理论》第五、第六版，麦克奈尔的《政治传播学导论》等），开始以新闻报道和新闻媒介为主要研究对象。因为各国新闻昼夜不停地向全球涌流，人类无法舍弃新闻的感知力，传播学不能不把新闻作为重要研究内容。认为新闻学正在衰落并消失在传播学中的断言，正是因传播学大量研究新闻和吸纳新闻学知识而产生的一种错觉。

二、西方当代新闻理论的成果

我们正在亲历全球化，新闻传播早已超越国家、民族的界限，令许多经济或文化屏障爆裂，强悍冲击广阔的传播场域。西方对新闻法则的新发现，深入到技术魔力与传统观念的崩塌地带，闪烁着激浊扬清的锋芒。西方新闻学者说“新闻的民主托管模式”、“新闻建构”与“制造新闻”、“新闻报道成为操作工业”，执拗地创造了一些鲜亮的理念。围绕新闻文化、新闻快餐消费和新闻媒介管理结构的变化，提出许多崭新的观念，涌现出一大批新闻理论著作。

例如，《新闻学话题》（*The Conversation of Journalism*，1994）、《认识新闻业》（*Understanding Journalism*，1996）、《新闻社会学》（*The Sociology of News*，2003）、《当代新闻学议题》（*Emerging Issues in Contemporary Journalism*，2006）、《新闻学：民主的工艺》（*Journalism：The Democratic Craft*，2006）、《新闻要素》（*The Elements of Journalism*，2007/2001）、《比较新闻理论与实践》（*Comparative Journalism：Theory and Practice*，2008）、《新闻学原理与实践》（*Journalism：Principles and Practice*，2009）、《民主社会中新闻的媒介规范理论》（*Normative Theories of the Media：Journalism in Democratic Societies*，2009）、《新媒体与新闻学原理》（*Principles of Journalism and the News Media*，2009）、《美国新闻学原理导论》（*Principles of American Journalism：An Introduction*，2013）等几十部综合性著作，改写了传统新闻理论的架构。

此外还有《公众新闻学：理论与实践》（*Public Journalism：Theory and Practice*，1994）、《电视与新闻学》（*On Television and Journalism*，2011）、《广播新闻学》（*Broadcast Journalism*，2001）、《新闻媒介语言》（*The Language of News Media*，1991）、《网络新闻学》（*Journalism Online*，2011）、《新闻研究手册》（*Handbook of Journalism Studies*，2008）、《公民新闻学：全球视角》（*Citizen Journalism：Global Perspectives*，2009）、《伦理新闻学》（*Ethical Journalism*，2012）、《新闻场域理论》[*Toward a Field Theory of Journalism*（*Text*），2004]等数百部专题性新闻理论著作，拓展了新闻研究的疆域。

这些成果越来越倾向于从记者和受众的视角而不是从主编或发行人的眼光透视新闻媒体，批判主义取向占有突出地位，构建了崭新的理论大厦。正如美国学者盖伊·塔奇曼（**Tuchman，1980：43**）所说，新闻媒体每天建构新闻的进程，不是为了再现正确或带有偏见的现实图景，而是描述凡俗世界。克里斯托弗·斯特灵在《新闻百科全书》中指出，新闻理论的性质和作用在不同社会背景中反映的都是某种政治条件下新闻媒介的构成和操作的社会价值观。它提供了这样的框架：新闻与社会的关系建立需要依赖社会环境的理想标准，以便对各种媒体的性能进行评估（**Sterling，2009：1**）。新闻报道正在成为当代社会的倒影和图标，筑起认识现实的里程碑；它的理论，已经构成社会学和认识论哲学的前沿。

三、1970年前的西方新闻理论

西方最早的新闻理论成果，通常认为是1690年德国莱比锡大学托拜厄斯·波伊瑟（Tobias Peucer）写的博士论文《论新闻报道》（De Relationibus Novellis），但更重要的一本理论专著——英国学者卡斯帕·徐特莱尔1695年出版的《新闻的娱乐与效用》却被忽略了（小野秀雄，1960：218）。哈德逊（Frederic Hudson）出版的美国第一本新闻学著作《美国新闻业（1690—1872）》（*Journalism in the United States from 1690—1872*，1873）、美国休曼（Edwin L. Shumon）出版的《实用新闻学》（*Practical Journalism*，1903）、德国卡尔·毕歇尔（Karl Bücher）出版的《报纸的发端》（1903）与《报业》（1912）（**刘兰珍，2011**）——这四本早期启蒙著作，为西方新闻理论勾勒了雏形。

此后陆续出版的李普曼的《自由与新闻》（美国，1920）与《公众舆论》（1922）、德茹付奈尔的《新闻学二十讲》（法国，1920）、塞尔戴斯的《新闻学教程》（美国，1921）、迈耶的《新闻道德守则》（美国，1922）、约斯特的《新闻学原理》（美国，1924）、克劳福德的《新闻伦理学》（美国，1924）、杜费法特的《论报纸》（德国，1925）与《报学》（1931）、弗林特的《报纸的良知》（美国，1925）、特劳布的《新闻的基本概念》（德国，1927）、布伦菲巴的《近代新闻学》（英国，1930）、罗伯逊的《现代新闻学导论》（美国，1930）、威廉姆斯的《报刊、议会与人民》（英国，1946）、哈格曼的《广报学纲要》（德国，1948）、凯塞尔的《一种自由的死亡》（法国，1955）、希伯特与施拉姆等人的《报刊的四种理论》（美国，1956）① 等30余种奠基性著述，形成了西方传统新闻理论体系。

这些理论著作强烈捍卫媒介的独立地位，宣称记者是绝对的中立者，新闻的“真实、客观、及时”受到虔诚的尊重。正如19世纪90年代的著名记者林肯·斯蒂芬斯（Lincoln Steffens）所说，“记者们在新闻发生的时候就必须报道，像机器一样，没有偏见，没有色彩，没有风格；所有记者都是如此。在我们的报道中任何幽默或个性化的东西都会引起注意，但却受到指责，并被立刻禁止”（**Schudson，1981：80**）。当时的学者自豪于新闻没有“道德废话”和“报道中立”，而记者们却不断通过社论与事实选择表达他们对事件的评价，难以做到中立，这两种新闻观始终相互对立。

1970年前的新闻学不仅缺乏深厚的理论，而且对常用的概念大都没有精准的界定，更缺少对新闻理论的深刻阐释。1956年美国伊利诺伊大学出版社出版的《报刊的四种理论》（*Four Theories of the Press*）总结了四种制度下的报刊体制与报道规约，对后来各国的新闻学产生了较大影响，“社会责任论”至今仍被各国新闻界所重视。尽管后来有“五种理念”、“六种理论”

---

① 此处列出的著作名称多引自1960年中国人民大学新闻系的内部译本——约斯特的《新闻学原理》、法国凯塞尔的《一种自由的死亡》和日本小野秀雄的《新闻学原理》。这三本译作没有注明1920—1948年西方出版的这些新闻理论著作的外文书名，网上也无法全部查到，此处只好一律列出中文书名。

和"四种范式"说①，但都没有跳出自由主义和媒介责任论的藩篱，论题泛泛，多属专题性讨论。

四、1970年后西方新闻理论的振兴

20世纪70年代后，世界各地的信息交流开始密集而迅捷，跨国媒体公司在全球传送新闻和电视节目，较小的媒体公司也力求使用卫星，世界公共传播观的"坐标"慢慢划定。跨国媒体对各国政府的决策发挥了重要影响，各国政府都在积极、主动地拉拢和利用媒体，最初被描述为"媒介外交"（media diplomacy）。随着冷战大幕的拉开，广电巨头（BBC、VOA、CNN等）在各种政治危机中确立了话语地位，夜以继日地向东方和中东渗透它们的意识形态。

随之出现了新闻话语的概念，展开对符号、编码译码的研究，话语被视为意识形态诱导的手段。根据史密斯的分析，新闻像知识一样，为定义和建构现实提供了框架，作为意识形态机器它又阻碍了质询精神。由跨国媒体公司组成的"全球公共空间"，致力于把"全球公众"拉到一起，但与哈贝马斯的理论已经分道扬镳，因为跨国媒介不仅创造了自己的话语平台，而且打破了民族和国家间的话语平衡（**Allan，2005：419**）。

在20世纪80—90年代，形成了新自由主义新闻理论和市场批判理论，两个学派泾渭分明，但也有一些学者吸取双方的观点，开辟了学术的中间地带。另一些学者开始唤起"公民"这一概念，提出公共新闻事业与公众（公民）新闻学的理论，掀起公众新闻运动。但公众新闻学承受了被忽视的屈辱，其主要设计者曾充满改善公共生活的热情，力求维护公民的知情权与参与权，但到后来几乎毫无作为。为此，激起学界重新定义和重振媒介对民主的责任，强调超然而无私的新闻界的重要性。

与此同时，支配新闻业的商业理论比以前更加系统而强劲，为寻求市场和利润尽力作出科学的解释，而不是实现媒介与受众的信息共享。文化工业和新闻大众化的理论悄然崛起，使严肃的新闻变得日益娱乐化，尽管遭到许多人的怀疑和抵制，新闻娱乐化却日渐大行其道，欧洲媒介批判学派和传播政治经济学就是在这种背景下出现的。到了90年代末，绝大多数新闻学者对媒体忧心忡忡，批评媒体没有立足信息社会的土壤，更不具"社会透镜"的穿透力。从新的社会矛盾和环境来认识媒体，成为他们开拓新闻理论的起点。

五、新世纪西方新闻理论的创新

每当社会发生政治、经济和技术的重大变革，新闻业也会发生巨变。从20世纪80年代开始深入的当代资本主义改革，在全面股份制、全民福利和科技革命领域取得巨大进展，随之步

① 国内学界对"五种理念"、"六种理论"和"四种范式"说有多种表述。本书认为，威廉·哈森在《世界新闻多棱镜》一书中概括的五种理念是：集权主义理念、西方理念、共产主义理念、革命理念、发展理念。丹尼斯·麦奎尔（Denis McQuail）1983年将传播理论归纳为以下6种：威权主义理论、自由报业理论、社会责任理论、苏联式理论、发展理论、民主参与理论（Watson，1998：90-93）。大众传播学研究的"四种范式"是：主流范式、批判范式、社会学范式、心理学范式。这些理论多研究政治制度对媒介体制与传播的制约，观点实际雷同而重叠，却各执一词。

入信息社会。进入新世纪，信息产业在美英法德等国成为重要的经济领域，社会民主从参与民主走向协商民主和自治民主，新闻媒介公司化、集团化和商业化的兼并大潮导致新闻业的酷烈竞争。互联网的普及与异常冲击，政府监控的加强，使报刊业遭遇种种挫折。西欧学者继续深化他们的媒介批判理论，要求主流媒体担起监督政府、防止资本权力滥用媒介，回归媒体公共服务的使命；美国新闻学者紧随其后，把矛头指向媒体市场的恶化和政府对媒体的操控与收买。

2000 年美国总统大选的新闻报道没有将布什政府的阴暗面呈现给公众，激起学者们对媒体屈从权力的愤慨。奥尔沃·巴雷特写道："他们曾为纳粹政权服务；他们与猪湾事件、'伊朗门'及国际信贷银行的丑闻有关；他们与情报和军事集团勾结；他们是耶鲁大学'骷髅会'的封建小丑……"巴雷特进一步指出，非政府的和可信度高的媒介监督机构要持久协作，努力揭露媒介对传播特权的滥用（**Allan，2005：409－410**）。

新闻事业与新闻报道的品质，成为新世纪西方新闻学关注的焦点。比尔·科瓦齐、汤姆·罗森斯蒂尔在《新闻的十大基本原则》一书中指出，今天更多的年轻人通过新闻报道观察世界，分享自己的发现，这对新闻的公共使命和公共道德提出了前所未有的挑战。一些自封的实用主义者（在商业公司工作的人员）相信，目前新闻业的经济状况证明，追求优质新闻和为公众利益服务是有见识的现实主义者必须放弃的奇谈怪论和幼稚的想法。但他们不为这些论调所动，坚持认为，"在新世纪提高新闻质量尤为重要，因为我们需要新闻维持生活、保护自己、联络他人、区分敌友。新闻事业就是为了提供新闻而产生的系统。这就是我们关心新闻和新闻事业品质的原因"（**科瓦齐、罗森斯蒂尔，2011：2、6**）。

什么是新闻价值？是那些人情味、接近性、显著性、趣味性等要素或标准吗？从 1998 到 2000 年科瓦齐等学者组织了一次关于新闻报道及其职责的调查，有 3 000 人参加，开设了 21 个公众论坛。在对 100 多个新闻工作者的价值观进行每人 3 个半小时的采访后，他们得出的结论是，"新闻业向文化提供具有独特价值的东西——公民用来争取自由的、独立的、可靠的、准确的全面信息。如果要求新闻业提供其他东西，民主必然遭受灭顶之灾，就像在纳粹德国发生过的一样。在某些国家，我们再次看到了同一现象，新闻被操纵用来促进资本主义，却不鼓励公民参与公共生活"（**科瓦齐、罗森斯蒂尔，2011：3**）。把对广大受众有意义的事件作为衡量新闻价值的标准，突破了传统新闻价值说的局限。

在网络信息爆炸时代，大数据涌入人们的生活，媒体角色的变化引起学者们的注意。帕维克说："21 世纪的记者将不再是大量新闻和信息的主要提供者，通过网络摄像机和其他类似于有线电视的著名议会窗口——C-SPAN 数字节目的新技术，受众将直接看到新闻。"这样，记者不仅要成为更富有技巧的新闻叙述者，还要帮助读者对大量网站提供的新闻和评论进行分类，确认哪些是可信的和重要的事实（**Parvik，2001：265**）。引导受众鉴别网络信息，利用云计算探知受众的注意力，将成为新闻理论一个重要研究课题。

"如果把新闻学看作一门注意力哲学，即思考应该注意什么，如何注意，我们就开始看到了它真正的持久价值。新闻学的主要贡献不是提供信息或理解，而是规范什么话题值得关注、交谈和进一步质询"（**Glasser，1999：23**）。这一观点将新闻学拉向一个新的方向：强化新闻注意力，如何吸引受众的注意力，将是新闻理论研究的最新领域。

六、本书的内容与体例

本书大量引用欧美新闻学者和著名记者的论断，再现其论证过程，力求呈现西方当代新闻理论的原貌。同时介绍了最近十余年西方新闻事业发展的现状和趋势，引介了国内鲜为人知的200多位西方新闻学者的最新观点和73位重要学者的学术发微。

新闻理论应包括概念解释、知识体系和原理论证，揭示新闻报道的法则。彼得·科尔和托尼·哈尔卡普（**Cole & Harcup，2010：2－5**）在《报纸新闻学》中说："新闻学要综合现有的知识，把概念解释清楚，使论题富有逻辑性，提供处理信息的理论方向……还要回顾当代新闻实践，建构特定的新闻理论类型，在社会与历史语境及政治与经济框架下做出论证与解说。"新闻理论的作用在于，充当观察和思考新闻现象的方式和透镜（**斯蒂文·小约翰，1999：38**），使观察者和研究者具有理性头脑以及掌握分析和阐述新闻议题的能力。

由于字数所限，本书引介的观点只能择其精要，对同一个论题的相近或不同甚或对立的见解，也同时收入，并尽可能做点简析和归纳。对于有些见解只是客观介绍，可由读者自我评判。这类见解大都缘自西方文化和人类的正当追求，基本是立得住的，任何评点都有画蛇添足之赘。

本书还把新颖的概念以黑体字呈现，在前后文中可以读到简要的释义。为使读者把握每章的精髓，章前列出内容要点，章后拟就了思考题。作为新闻学的教科书和延伸读本，这些体例要素是不可缺少的。

本书除采用直接引文外，还使用间接引文。间接引文由意译或压缩原文烦琐的表达而成，但仍忠于原意。这些引语的出处以现今欧美引文格式标注，在引文后的括弧内依次列出作者名字、著作出版年份（有些著作标出再版时间/初版时间）和页数。被引用的外文期刊与合集的论文，不标页码。例如：（**Westerstahl，1983**）指引文出自维斯特斯塔哈1983年发表的论文；（**Hackett，2001：253**）是指出自海凯特2001年出版的著作253页。使用的中文译著或论著中的引语，以译著在中国出版的年份标注。英语姓名译名除遵从已出版的中文译著的译法外，均按商务印书馆2004年版的《英语姓名译名手册》译出；该书未收录的，则根据音译或约定俗成的译法译出。被引用的外文论著，在书后的"参考文献"中均按姓氏英文首字母顺序列出。

本书使用的资料经过长期积累而成，但写作时尽量采用最新版本。1986—1995年我在国际关系学院国际新闻系以及1995—2013年在清华大学新闻与传播学院任教期间，承蒙一些学者的帮助，搜集到这些资料。在断断续续写作的最近五年中，常被其他写作任务和讲学所打断，直到2012年2月完成《媒介批评通论》第二版的写作任务后，方集中精力坐下来撰写。

对本书资料搜集提供帮助的有黄少华（美国印第安纳大学）、朱立（香港浸会大学）、黄煜（香港浸会大学）、陈婉莹（香港大学）、陈韬文（香港中文大学）、范红与李希光（清华大学）、栾轶玫（中央人民广播电台）、刘海龙（中国人民大学）等20多位学者，他们为本书著者复印或阅读原著提供了方便，在此深表谢意，此书也希冀得到他们和广大读者的指正。

刘建明

2014年6月于清华大学

目　录

第一章　西方新闻理论的新兴学派 ………………………………… 1

第一节　新新闻报道与新新闻学 ………………………………… 1

一、新新闻报道的研究历史 ………………………………… 1

二、新新闻学的“新客观” ………………………………… 3

三、新新闻学遭贬的原因 ………………………………… 5

四、新新闻报道的积极意义 ………………………………… 6

第二节　新闻社会学的诞生 ………………………………… 7

一、新闻社会学的理论酝酿 ………………………………… 7

二、新闻社会学的理论范畴 ………………………………… 8

三、新闻社会学的文化研究 ………………………………… 10

第三节　新自由主义新闻理论 ………………………………… 11

一、新自由主义新闻理论的背景 ………………………………… 11

二、新自由主义新闻理论的主张 ………………………………… 13

三、对新自由主义新闻理论的批判 ………………………………… 15

第四节　新闻与媒介市场批判理论 ………………………………… 16

一、对媒介市场化的否定 ………………………………… 16

二、媒介市场批判理论的代表人物 ………………………………… 17

三、媒介经济学的市场理论 ………………………………… 19

第五节　公众新闻运动与公众新闻学 ………………………………… 23

一、公众新闻的概念及缘起 ………………………………… 23

二、公众新闻学的主要内容 ………………………………… 24

三、公众新闻学的协商民主理论 ………………………………… 25

四、公众新闻运动的消退 ………………………………… 26

第二章　新闻媒介的演进与媒介社会 ………………………………… 28

第一节　媒介控制方式的变革 ………………………………… 28

一、媒介感官控制的飞跃 ………………………………… 29

二、媒介字语控制的三次进化 …… 32
三、网络的去中心化控制 …… 35
第二节 新闻及媒介的历史走向 …… 36
一、新闻与媒介的人性化 …… 36
二、媒介全球化与媒介帝国主义的消解 …… 37
三、媒介的同质化及新闻碎片化 …… 38
四、大数据对新闻的驱动 …… 39
五、报纸消亡与媒介融合 …… 41
第三节 媒介化与媒介社会 …… 43
一、媒介社会的路标与窗口 …… 43
二、媒介的真假拟态环境 …… 44
三、作为权力资源的新闻媒介 …… 46
第四节 西方新闻民主的挫折 …… 47
一、“次领域”与符号空间民主 …… 47
二、“看门狗”的媒体民主观 …… 49
三、当前媒介社会新闻民主的挫折 …… 50

第三章 新闻的性质与维度 …… 53

第一节 新闻的自然品质 …… 53
一、新闻是否有精准的定义 …… 54
二、新闻的双重本质 …… 55
三、新闻场与场域理论 …… 58
四、新闻的公共性 …… 60
第二节 新闻的形态与形式 …… 61
一、新闻的图式形态 …… 61
二、新闻叙事及其自反性 …… 63
三、新闻话语与语境化 …… 65
第三节 新闻内容的组构 …… 66
一、“新闻钩”的组构方式 …… 66
二、制造注意力的组构方式 …… 67
三、突出关键词的组构方式 …… 68
四、插入解释的组构方式 …… 69
第四节 当代新闻的新类型 …… 71
一、高品位新闻与通俗新闻 …… 71
二、硬新闻与软新闻 …… 73
三、社会快餐化和快餐新闻 …… 75

第四章 新闻的真实、客观与真理 …… 77
第一节 新闻的第一与第二真实 …… 77
一、新闻真实是可被查证的事实 …… 78
二、新闻真实的三个尺度 …… 79
三、新闻的第二真实与真理 …… 81
四、新闻真实的阴影 …… 83
第二节 新闻客观性：不死的上帝 …… 85
一、美国新闻界的正统观念 …… 85
二、关于新闻客观性的纷争 …… 87
三、新闻客观性的标准 …… 89
第三节 新闻公正与平衡的信条 …… 91
一、新闻报道能否达到公正 …… 91
二、新闻平衡的正义追求 …… 92
三、新闻中立性与新闻偏见 …… 94
第五章 新闻价值与新闻建构 …… 96
第一节 传统新闻价值说的转向 …… 96
一、传统新闻价值要素的扩张 …… 96
二、对传统新闻价值说的否定 …… 98
三、现代新闻价值及其类型 …… 100
第二节 新闻建构及其框架 …… 102
一、新闻建构的“预先模子” …… 102
二、介入新闻建构的内外因素 …… 104
三、新闻建构中的新闻审查 …… 105
四、新闻建构的框架与范式 …… 107
第三节 新闻建构的六个环节 …… 109
一、新闻源及对它的取舍 …… 110
二、新闻发现的两种路径 …… 111
三、新闻选择的类型和标准 …… 111
四、从操纵事实到议程设置 …… 113
第四节 新闻包装与媒介逻辑 …… 114
一、新闻构思与新闻陈述 …… 115
二、新闻陈述中的观点表达 …… 116
三、新闻的媒介化及媒介逻辑 …… 117
第六章 新闻制作、传播与受众 …… 119
第一节 新闻制作与环形传播 …… 119

一、新闻制作的流水线 …… 120
二、从新闻吸引力到受众注意力 …… 120
三、新闻质量决定传播效力 …… 122
四、新闻能见度及传播动力 …… 123
第二节　新闻传播的六种影响力 …… 124
一、个体影响力与整体影响力 …… 124
二、渐进和激变影响力与滞后影响力 …… 126
三、直接影响力和间接影响力 …… 127
四、影响力的源泉与新闻力量 …… 128
五、消除新闻传受障碍 …… 129
第三节　新闻消费者的受众倾向 …… 130
一、新闻受众的分层与特征 …… 131
二、新闻受众的类型及划分 …… 132
三、媒体对受众的重构 …… 133
四、受众的偏好与收受行为 …… 134
五、受众满意度的测定 …… 135
第四节　受众对新闻的解读 …… 137
一、对新闻的感知与理解 …… 137
二、新闻意义的编码解码 …… 138
三、三种解读新闻的方式 …… 139

第七章　新闻专业主义的突围 …… 142

第一节　记者的多重角色与人格 …… 142
一、记者的毁誉与荣耀 …… 142
二、记者角色的多元和新变化 …… 145
三、记者的职业习性与素养 …… 146
第二节　新闻专业主义取向 …… 148
一、专业歧义与新闻职业危机 …… 148
二、记者专业意识的发展 …… 149
三、作为控制手段的新闻专业主义 …… 151
四、新闻专业主义的准则 …… 152
第三节　新闻伦理与反道德论 …… 154
一、三种新闻伦理观 …… 154
二、新闻道德恐慌与反道德论 …… 156
三、道德承诺与“深喉”线人 …… 158
第四节　创立崇高的新闻事业 …… 160
一、重建新闻事业的目标 …… 160

二、新闻工作必须效忠公民 …… 161
三、记者的真诚与报道自律 …… 162

第八章 当代西方的新闻自由 …… 165

第一节 对新闻自由的最新表述 …… 165
一、四种新闻自由理念 …… 166
二、新闻自由的多种含义 …… 169
三、人民缺位的自由神话 …… 171
四、新闻自由的界限与价值 …… 172
第二节 新闻自由的威胁来自何处 …… 174
一、对新闻自由的四种威胁 …… 174
二、国家控制及新闻检查 …… 175
三、对危害自由的忍让与沉默 …… 177
第三节 新闻自由的新思潮 …… 178
一、媒体是否是政府的敌人 …… 178
二、保障新闻自由的多元模式 …… 179
三、公众知情权的合理推断 …… 181
四、抗击网络“自由”的严峻挑战 …… 183

第九章 市场失灵与新闻法治 …… 186

第一节 从思想市场到新闻法治 …… 186
一、人权与民主的历史硕果 …… 187
二、西方的新闻法律体系 …… 188
三、西方新闻法治的灵魂 …… 190
第二节 媒介与政府的平衡器 …… 192
一、对滥用新闻自由的遏制 …… 192
二、制约政府对媒体的监控 …… 193
三、平衡媒介市场的准入权 …… 194
第三节 新闻报道的法律边界 …… 195
一、不应和允许侵犯的隐私 …… 195
二、亵渎性诽谤与煽动性诽谤 …… 197
三、披露秘密信息的法律底线 …… 198
四、淫秽内容的分级限制 …… 199
第四节 新闻判案的法理与原则 …… 200
一、言论自由的相对原则 …… 201
二、“明显而即刻的危险”的原则 …… 202
三、“媒介过失”和“实际恶意”原则 …… 203

四、使用媒体的均等原则 …… 203

第十章 媒介体制与新闻管理 …… 205

第一节 新闻管理与媒体应对 …… 205
一、政府对媒体的监控与渗透 …… 205
二、媒体对政府管理的反弹 …… 207
三、无法解决的报道乱象 …… 209
第二节 多种新闻体制的相克与互济 …… 210
一、政府管理机构的柔性控制 …… 210
二、政府与媒体的合作与施压 …… 213
三、商业体制的“民主托管” …… 215
四、公共服务新体制的基金会管理 …… 216
第三节 政府的新闻决策及策划 …… 218
一、推销政府意图的新闻决策 …… 218
二、新闻发布会的信息诱导 …… 219
三、政府对媒体的公关 …… 221

附录 西方当代主要新闻学者简介 …… 224

参考文献 …… 232

第一章 西方新闻理论的新兴学派

【本章要点】

西方新闻学新兴学派的出现，标志着新闻理论的发展受制于政治、经济与媒介形态的变动。五种新理论的形成经历了酝酿、充实与成熟阶段，并伴随不同观点的争论。许多新闻学者提出的论断，经过最近20多年的检验，有的不断丰富和发展，有的被人们淘汰和忘却。凡科学的结论，在各国新闻界都产生了深刻影响。

当代西方新闻理论主要来自以下几类研究者：一是专业学者对新闻法则的系统探讨，演绎出完整的学说体系；二是资深记者总结实践经验，对媒体工作提出批评建议（**梵·迪克，2003：5**）；三是一些著名观察家和媒介批评家剖析轰动一时的新闻事件，如总统大选、种族暴动、政党纷争中的报道得失，概括出敏锐的理论发现。从20世纪70年代起，西方相继出现了新新闻学、新闻社会学、新自由主义新闻理论、媒介市场批判理论和公众新闻学等五个新兴学派，凸显了当代社会思潮在新闻界的反映，也体现出实证与理论归纳相契合的研究方法的流行。

第一节 新新闻报道与新新闻学

新新闻学（New Journalism）还译为“新新闻报道”，在美国又称“新闻性小说”和“非虚构小说”（nonfiction novel），在欧洲多称为“文学新闻”（literary journalism）和“报告文学”（literary reportage）。我国有人将New Journalism译成“新新闻主义”不够准确，因为它是有关报道方式的理论，不是什么理论化的社会思潮。新新闻报道出现于20世纪初，20世纪60年代的美国突然冒出一股文学报道的热潮，对扬弃五个W和倒金字塔的传统新闻模式进行了大胆试验。

一、新新闻报道的研究历史

对新新闻报道的研究始于20世纪70年代，第一本著作是1973年由美国记者汤姆·沃尔夫（Tom Wolfe）和约翰逊（E. W. Johnson）编写的《新新闻报道及选集》（*The New Journalism: With an Anthology*，1973）。沃尔夫等人在该书前50页，对新新闻学提出新颖的理论观点，阐释了新新闻报道的特征和社会作用。在传统新闻报道理念中，记者力争站在第三者的立场，将事实框架（五个W）告诉受众，轻易不表达自己的情绪和看法。但新新闻报道者反对价值中立，主张把报道内容建立在对自我感受的描写上，试图改变新闻界过分依赖新闻源的报道传统。新新闻报道的知名研究者主要有美国的汤姆·沃尔夫和诺曼·梅勒、德国的斯格弗里德·克拉考尔和鲁道夫·瓦格纳、英国的伊萨贝尔·希尔顿等。这些人有的既是新新闻报道的实践者，又是新新闻学理论的提出者。

最初没有人对"新新闻学"加以界定，只是在新锐杂志上刊出生动描绘现实事件的"纪实性报道"。1965年杜鲁门·卡波特（Truman Capote）出版了他的新作《冷血》（*In Cold Blood*），先在《纽约客》杂志连载，引起广泛注意，很快在读者中引起轰动，首印十万册销售一空，此后又多次加印。这本书描写了一桩真实的谋杀案。卡波特向外界宣布：这本书是"非虚构小说"，是一种"新的艺术形式"。琼·富兰克林等人认为，采用"描写性新闻"写作的记者们并不比采用倒金字塔式写作的记者们更有可能伪造引语或事实，他们以自己的深入采访和艰苦写作赢得了诚实（**哈维，1995**）。

沃尔夫将这种**新新闻报道**，称为"读起来像小说的新闻"，"像短篇小说的新闻"（**Wolfe& Johnson，1973：21－24**）。英国记者伊萨贝尔·希尔顿（Isabel Hilton）赞成沃尔夫的上述定义，认为新新闻报道或报告文学是"弹性体"，"虽然报告文学被广泛实践，其优秀作品也经常被人们提起，但它的定义边界是有伸缩性的"（**Hilton，2003**）。英国杂志《格兰塔》曾下定义说：新新闻报道是"报告的艺术和工艺，具有鲜明描写与小说家的形式感，以眼见为实的报道揭示被遮掩的人物或事件的真相，从而改变我们已知的世界"。德国学者鲁道夫·瓦格纳（Rudolf Wagner）1992年经过对比得出结论说："报告文学，现在被称为'新新闻'"（**Wagner，1992：348－349**）。新新闻报道的含义，无非是指用文学手法报道新闻，新新闻学则是对文学性新闻的研究理论。

20世纪60年代初，美国总统肯尼迪遇刺后，美国各地相继爆发了大规模黑人抗暴斗争，要求彻底废除种族歧视，黑人群众与军警发生多次武力冲突。接着又爆发了轰轰烈烈的反对越南战争的运动，青年们不但游行示威，而且占领政府机关、学校，在五角大楼（美国国防部）前撒尿，在各地征兵站浇猪血。同时，青年人进入迷乱时代，"嬉皮士聚集大街上嬉闹，集体吸毒、乱交，建立杂居的公社生活"（**Dicksterin，1978：30－51**）。新闻界面对突如其来的社会异变，以概述事实和倒金字塔格式报道惊心动魄的事件，已不能满足受众认识现实的需要，一群不再墨守成规的新闻记者打破传统新闻的刻板与沉闷，对"时弊和社会异动"进行了精细描绘与剖析，他们被称为新新闻记者——"新闻中的浪漫诗人，文学界的现实战士"。

据美国《俄勒冈人报》的高级编辑杰克·哈特说："我们的竞争对手都是极难对付的高手。电视、好莱坞电影，如今又多了交互式的电脑游戏。它有主角、挑战者、行动、故事，甚至还有大结局，无怪乎人们玩得无法自拔。"独立撰稿人唐·富莱认为，在这种情况下，编辑会登载任何能把读者重新吸引回来的东西，新新闻报道确有吸引读者的地方，与倒金字塔式新闻不同，它让读者在阅读中看到具体的事实，能够找到真切的生活答案，也给读者带来知识和乐趣。“描写性新闻，更符合读者的思维习惯”（**哈维，1995**）。

汤姆·沃尔夫称，新新闻报道以真人真事为基础，采用小说的一些技巧，包括从传统的对话到现代主义意识流，着眼于以场景描写展开故事。他总结了新新闻报道与小说的相似与不同之处，相同点主要有：新新闻报道具有多种场景变幻的结构（scene-by-scene construction）；充分记录人物的对话（full record of dialogue）；常常出现第三者的观点（third-present point of view）；以众多琐碎细节勾画人物（many trivial details to draw the outline of dramatis）。新新闻报道和小说的主要区别是，“作者是事件的直接见证者，依赖第一手材料和背景信息再现事件和人物的真实感，让读者认识到，世界就是具体的情境，而不是具有意义的符号。小说以虚构为主，作者并不直接再现第一手材料”（**Wolfe, 1972**）。约翰·赫罗威尔（John Holloewell）在《事实与虚构：新新闻报道和非虚构小说》一书中还强调，新新闻报道突出人物的思想感受和内心独白，把人物的性格和逸事融合到报道中（**Holloewell，1977：51**）。

新新闻报道是一种国际性新闻体，起源于德国的报告文学，正如德国评论家斯格弗里德·克拉考尔（Siegfried Kracauer）在1930年指出的：“至今多年来，报告文学在德国享有表达方式上的至高荣誉，据说这种文体能捕捉生活的本来面目……是对德国唯心主义抽象性的对抗。”“报告文学不是那种美国人理解的传统意义的新闻实践，不同于新闻学中的‘客观’，相反，它是能够反映‘新客观’的新闻实践，是德国战败后[①]美学领域出现的一个新概念”（**Kracauer，1930：32**）。著名共产主义记者、捷克人埃贡·欧文·基希早在1906年就开始用文学手法报道欧洲和世界的重大事件，描写了劳苦大众的痛苦遭遇，也描述过苏联社会主义建设的场面，其报道鲜有意识形态痕迹。1929年基希宣称，具有文学追求的新闻将取代小说，“报告的特种作品出现了，我将其称为纯粹的报告文学，本身就是新闻报告”（**Cited in Majierova，1955**）。基希一直被欧洲一些学者认为是文学新闻的创始人，但这是一种误解，他不过是这一文体的推动者。他本人承认，他的文学性报道受到美国记者约翰·里德和高尔基的影响（**Wagner，1992：359**）。

进入20世纪80年代，一些学者对新新闻报道给予批评，指其虚构伤害了新闻与媒体的信誉，新新闻报道陷入尴尬局面。近年来，许多西方新闻学研究者开始注意“新闻与说故事”（news and story-telling）的相通性，提倡把新闻描述为“故事”。克里斯托弗·坎贝尔（Christopher Campbell）以叙事结构和文学作品技巧调查美国著名新闻节目《六十分钟》，发现贯穿新闻故事的轴线与贯穿虚构文学故事的轴线在社会价值和社会迷思层面有一致的结构，主张新闻写作应重现人生的戏剧性（**Campbell，1995：71**）。他说：“故事属于人性的深层部分，是人们思考与再现世界的起点。”

二、新新闻学的“新客观”

传统新闻理论的“客观性”，形成于美国南北战争时期，记者写作只是为读者提供一个简洁的“客观真理”，后来多遭到质疑和非难。其中一个重要原因是，记者只对事实做梗概式的

---

① 指德国在第一次世界大战中遭到失败。

报道，而不深刻挖掘事件细节、背后的真相或原因，这类“客观新闻”常受到一些人的抱怨，认为它并不客观。因为“在可供发表意见的社论栏中，金钱、特权和小城镇偏见支配一切，即使记者们有几分反抗精神，仍不会越出常规一步，对不合理的现状发起任何一点挑战。媒体这种冷漠的客观报道，深深激起一些关注现实、深入感受社会不平的记者追求一种**新客观**：使用现实主义小说的技巧创立新的叙事风格，缩小观察者和观察对象、主体和客体的距离”（**Hartsock，2000：132**）。

这种“新客观”不是“反客观”，而仅是背离传统新闻过多反映“政客和社会显要浮华虚伪的表演，以及大而无当的政治经济活动”（**Hartsock，2000：132**），努力呈现客观生活景象。它转向“被正统新闻界忽视或歪曲的事实底层，详尽描绘‘底层群体’的生活，包括政治骚乱、青年运动、女权主义、色情犯罪，揭示社会尖锐的矛盾和痛苦民众的声音。”

新新闻报道的记者认为，新闻报道应当生动地再现生活，记录历史，把现实中戏剧化的事件栩栩如生地告诉人们，打造“蒙太奇”的现实主义。

新新闻报道的记者并不满足小说的技巧，希望建立新的新闻理念，以“镜像客观”挑战传统的“概述客观”，满足人们认识真实生活细节的需要。文学技巧不过是再现现实镜像的手段。正如汤姆·沃尔夫所说，“有一件事我可以肯定，如果小说家不准备面对现实，那么20世纪后半叶的文学史将记载：新闻记者不仅会占有丰富多彩的美国生活并将其作为他们的领地，而且还会占领文学高地本身”（**Wolfe，1973：39**）。这种新客观的基本要素已不再是简单地告诉人们何人、何事、何时、何地与何故，而是呈现所有场景与对话的真实细节，带有深度报道的性质，即具有深度的资讯（a depth of information）。罗伯特·斯坦（Robert Stein）确信，“在新新闻报道中，目击者的眼睛就是一切——或者几乎等于一切，戏剧化的文艺技法加上密集式的采访，有可能摆脱个人的主观，新新闻报道者坦然承认这种属性，努力在这一特点的约束下报道事件，以帮助读者回顾这些事实”（**Dicksterin，1978：347**）。

沃尔夫把这种观察与再现定名为“社会勘察”（social autopsy），即记录人物的详尽生活、态度及一切举动。凡能呈现其人其事的都耗费巨大心力去观察和描写，尽力提供一幅更为综合而逼真的画面。这就是文学理论家巴赫金所说的“**观察盈余**”（excess of seeing），即看到别人无法看到的东西，深入与全面地“告其所见”（tell is as you see it）。也正如坎贝尔所言，“除了教育体系之外，新闻媒体是社会中最重要的文化系统，协助受众透过戏剧性、仪式性的故事了解身边的社区与世界，看到真正客观的现实，转而追求新闻报道的意义诠释”（**Campbell，1995：89**）。

I. 里奥克（I. Reoh）认为，“以往通过新闻确认的事实，往往是被记者以符号叙事的方式报道出来。一件事被语言所呈现，并不代表它就是真实的。但新新闻报道者却强调现实主义的重要性，书写的是眼前的动态真实，让人们看到、听到真切的事实”（**Reoh，1989**）。汤姆·沃尔夫也认为，“新新闻应该是社会现实主义作品，是大客观和小客观的一致”（**Wolfe，1973：31**）。著名新新闻记者盖伊·泰利斯（Gay Talese）认为，“新新闻虽然看起来像小说，却是实实在在的‘报道’，用脚跑出来的事实的报道”。一切严肃、重大的社会问题都不能逃过新新闻报道者的目光，他们的作品及时而客观地看到西方社会的现实，他们须长时间置身于社会底层透视现实，然后才能进行细微的描述。《华盛顿邮报》杂志的撰稿人沃特·哈灵顿说，

"基本前提是，你必须比一般新闻工作者更严格要求自己。一个报道有可能要花上几个月或几年的工夫，因为有太多的层次要报道"（**转引自哈维，1995**）。真正客观地再现事件，确实需要长时间的细致观察。

三、新新闻学遭贬的原因

美国的新新闻学一出现，就遭到某些记者和学者的激烈批评，认为它逾越了传统新闻的禁区，混淆了新闻和文学的界限。它甚至遭到德怀特·麦克唐纳德（Dwight Macdonald）① 的谩骂，认为"新新闻是一种'反常规新闻学'（para-journalism），对这种新闻的肯定不过是挂羊头卖狗肉。一方面扬言新闻事实有根有据，另一方面又挂起小说情调的招牌，两者混合在一起，就是杂种"（**Macdonald，1963：17**）。1972 年，美国《哥伦比亚新闻评论》杂志曾发表文章，公开嘲笑汤姆·沃尔夫是个"天才的、富有创造力的撰稿人，不过却只有蚂蚁般的社会良知"（**哈维，1995**）。

新新闻报道受到指责的根本原因是，有些记者和作家打着新新闻报道的旗号编造故事，严重影响了这一报道形式的声誉。他们的拙劣手段就是合成人物，借用提炼、塑造主人公的笔法创作新闻。合成人物很像中国 20 世纪 50 年代初的"合理想象论"，即择取诸多人物的境遇和个性，组合出一个现实中并不存在的人，使这一人物带有典型的概括力，但背离了新闻的原型真实。少数作者以主观臆造冒充新闻，是美国 60 年代文化领域盛行的"唯我价值观"的反映，正如美国社会学家丹尼尔·贝尔（Daniel Bell）在 1978 年出版的《资本主义的文化矛盾》一书中揭示的，文化领域的轴心原则是自我表现和自我实现，充满"个性化"和"反体制化"精神。个人兴趣、个人情绪和个人判断成为衡量一切的标准，完全否定社会价值的客观尺度。

新新闻报道遭到诋毁的另一个原因是，他们使用了"小说"这个概念，把他们的作品命名曰"非虚构小说"。小说是文学创作中固有的概念，依据现实生活虚构人物的性格和命运，借助心理和环境描写展示社会冲突，这是人们对小说习以为常的理解。就常识而言，记者难以看到人物的内心世界，更无法用外在的事实加以证实，新闻报道刻画人物的心理不能不引起怀疑。但新新闻学者却持相反意见，他们认为如果细致采访、深入探寻人物内心世界，透彻把握他们的思想活动，则可以真实地揭示人物的心理活动。《哥伦比亚新闻评论》1966 年指责沃尔夫关于《纽约客》杂志编辑部的文章完全失实，但曾在《纽约客》任编辑的克莱·富尔克证实，沃尔夫的这篇文章并非虚构，他指出"文章所以激怒了人们只是因为它描述了一些真相。有人不喜欢文章的主题，就说文章失实。然而历史证明汤姆是正确的"（**哈维，1995**）。

新新闻报道过滥的场景与人物描写，也是其遭到诟病的原因。在众多新新闻报道者中，理查德·戈尔茨坦（Richard Goldstein）是位过分注重细节描写的作者，在刻画人物的言行时面面俱到，纵横渲染，引起读者的反感。他的《无理之年》这样描述一个儿童：在星期天的晚上，他总要待在自己的房间里，打开收音机，在床上不停跳动，不时打开或关上窗户，休息一

---

① 德怀特·麦克唐纳德（1906—1982），美国 20 世纪 50—70 年代的著名电影批评家和文化批评家，他对大众传媒与中产阶级文化有深厚的研究，被誉为批判学派代表人物阿诺德的继承人。

下便吃东西，梳头跳舞和听摇滚，不知做什么好。最后则骂骂咧咧，对着镜子做鬼脸，把课本扔到床下，接着看了一小时乌龟吃莴苣（**Wolfe & Johnson，1973：80**）。这类描写没有什么意义，更谈不上戏剧性，这种无趣的、拖泥带水的文字让读者异常厌烦。

也有个别从事这类写作的记者自称小说家和历史学家，诺曼·梅勒甚至将自己的作品称为“小说的历史”和“历史的小说”，拒绝社会赋予他的“美国最佳记者”的头衔。莫里斯·迪克斯坦（Morris Dickstein）在评价汤姆·沃尔夫的《新新闻报道及选集》一书时明确指出，“沃尔夫在他的入选作品、批注和长达50页的前言中，只强调新新闻的一个极为肤浅的特点：它的小说特性（像一部小说）”（**Dickstein，1978：341**）。这种概括，容易让人把真实的新闻与小说混为一谈。今天西方的新闻已经不再忌讳“讲故事”，只是要和客观世界的真实情形相符合，故事应当揭示事件的意义。如果新新闻报道不是将主观意图伪装成客观事实，那么它就会受到欢迎。

四、新新闻报道的积极意义

新新闻报道者追求的是新闻细腻的真实，让读者身临其境、深受触动，从而揭示社会矛盾。正如汤姆·沃尔夫在《新新闻报道及选集》一书中指出的，“新新闻学的目标是在理智和情感方面席卷读者，给读者看真实的生活。这是说：‘来看！这是这个时代人们的所思所想所为！’”（**Wolfe，1990：11**）。美国社会学家迪克斯坦写道，“这些不同类型的写作都有一系列被传统新闻忽略的内容：气氛渲染、个人情感、对事件的解释、宣传鼓动、小说式的人物塑造和描写、少量的淫秽内容、对时髦事物和文化变革的关心，以及政治见识。有时这些作家仅靠打破禁忌，不仅讨论禁谈的题目，而且更多采用老式新闻教条所禁用的手法，浑然形成一种新声”（**Dickstein，1978：211－219**）。

新新闻记者深入生活、置身于报道事件的深层境界，值得大加赞赏。“新新闻最重要、最有趣与最有前途的一点，是它的‘个人本质’（personal nature）——记者亲身‘出场’（presence），以及它触及事件的意义。有时，这会令人感到以自我为中心，而作者坦荡荡的见证，是以‘我’来代替那双一般人的‘眼睛’。这经常令人不悦，被人视为‘主观性’，但这刚好与一般的新闻作风相反”（**Wolfe，1990：13**）。美国报纸编辑协会1993年的一次研究证实：与许多其他类型的新闻报道样式（包括传统的倒金字塔式）相比，“描写性新闻”可读性更强，传播效果更显著，给人印象更深刻。比如在沃尔夫的笔下有这样的画面：星期日早上10时，在北卡罗来纳州的山头。车，数里长的车从四面八方驶来；数以百万计的车阵，似用蜡笔画成水绿色、水蓝色、炭棕色。香吉士（Sunkist）橙车，三十一种口味的冰淇淋车，统统在这些车龙中。守护着北卡罗来纳州的老太阳，一直从挡风玻璃爆出光芒……

这是沃尔夫在《美国最后的英雄》（*The Last American Hero*）中所描绘的场景，读完让读者在脑海中涌现出一幅逼真的画面，十分感人。新新闻报道的记者完全投入报道对象中，增强了新闻的形象性和感染力。一些研究者认为，“作者从幕后走到台前，毫不掩饰地叙述自己的见闻，畅所欲言，有时直接使用第一人称，让受众与作者一同体验事件。在许多这类作品中，记者并不直接露面，但字里行间仍能感到记者的声息，真实、深刻地反映了时代变动和令人震撼的社会骚动”（**Dicksterin，1978：415**）。

在新新闻报道产生之前，倒金字塔结构式的新闻一统天下，电视，尤其是互联网的迅猛发展，让人们的审美趣味发生变化，“描述性新闻”的表现手法增强了报道的感染力。如果抛开某些作品受到批评的合理想象、合成人物外，新新闻报道的方法开创了新闻写作的新途径（**彭家发，1998：23**）。美国马里兰大学新闻学院查理斯·哈维教授1994年10月撰文说，汤姆·沃尔夫曾大力提倡的“新新闻报道”要素在今天的很多报纸上已像百分比的示意图一样常见，既有名牌大报《纽约时报》，也有不那么出名的《俄勒冈人报》、《华盛顿晚报》。今天虽然记者们不再使用“新新闻报道”这个字眼，而改用“文学性新闻”、“亲近性新闻”、“非虚构写作”这样一些称呼，但他们的作品却与沃尔夫那些代表作有着惊人的相似之处（**哈维，1995**）。

倒金字塔模式有不可否定的优点，这种写法便于记者迅速地组织事实，让读者对新闻事件一目了然，也便于编辑压缩稿件。但倒金字塔形式由于过于标准化、单一化，显得古板、陈旧。新新闻记者近乎武断地否定它的积极意义，是一种激进的保守主义表现。1994年1月在美国佛罗里达召开的第13届基韦斯特文学研讨年会上，经常采用“文学性描写”手法的特写记者，用报道效果证实了“新新闻学”的活力。很多记者认为，由汤姆·沃尔夫推进的“描写性手法”已成为报纸上的一种式样，将来报纸上会有更多的新闻形式，这要看哪种式样更适合哪种内容的报道，而不是简单地对某种式样全盘否定。

第二节 新闻社会学的诞生

英国报刊撰稿人曾告诉社会学家格雷厄姆·默多克（Graham Murdock）说：“新闻和新闻节目基本上可以被称作对不确定事件的不确定反应……一次又一次表现出固有的意外，甚至能战胜统计学难以检验的意外，因而它们令人惊异的偶然性受到重视。”对此，迈克尔·舒德森（Michael Schudson）写道，“对新闻生产的研究旨在找到这种意外感觉的背后规律，抱有某种意识形态的记者捕捉这种意外不免会失败，但我们要理解并承认这种规律，这是新闻社会学要研究的内容”（**Schudson，1991**）。布赖恩·麦克奈尔（Brian McNair）在1998年和舒德森在2003年分别出版了《新闻社会学》（*The Sociology of Journalism/The Sociology of News*）著作，认为新闻社会学的最终目标不是调解有关媒体的争论，而是致力于新闻机构在社会意识形成中扮演的角色。两本书的出版，标志新闻社会学在西方的诞生。

一、新闻社会学的理论酝酿

著名社会学家马克斯·韦伯也许是研究记者和新闻工作社会属性的第一人，早在1919年他就认为，不论从什么角度看，近代新闻社会学都应列为一章来研究。在他的笔下，政论家和新闻工作者都是社会煽动家，他们缺乏固定的社会归属，似乎属于贱民阶级。他写道：“同学者相比，新闻记者所承担的责任要大得多。任何一位有荣誉意识的新闻工作者，他的责任感相比于学者毫不逊色，而且较学者有过之而无不及。”但“人们对新闻记者的评价不高，是由于人们对一些不负责任的新闻工作者的表现，以及由此造成的十分可怕的后果，总是念念不忘……”（**韦伯，2010**）他指出，新闻工作依然是职业政治活动的一条重要途径，它不适合那些性格懦弱的人，尤其是那些靠稳定的社会职位维持内心平衡的人。

新闻社会学主要研究媒体与社会的关系，各种社会因素以何种方式、何种程度控制新闻。1955年沃伦·布里德（Warren Breed）提出，新闻活动受到社会的多种因素控制，包括政治、经济、文化和新闻组织自身的理念与操作流程。他在《新闻编辑部中的社会控制》中指出，新闻从业人员在新闻制作过程中受到双重制约，一是专业规则、专业协会的制约，二是作为组织成员又受到本机构的制约（**Breed，1955：79**）。许多记者总是试图保持客观，但他们受到编辑部及其他各种社会控制的影响，不可能提供完全客观的东西。

1980年科恩（**Cohen，1980**）对英国20世纪60年代的摩登派（the Mods）和老客派（the Rockers）成员进行研究得出的结论是，这种被新闻媒体称为大众道德恐慌的现象，让社会把这两个青年团体命名为“人间撒旦”。媒体通过扭曲、敏感化、戏剧化、升级等四个阶段的叙事不断强调摩登派和老客派行为的异常，进而凸显了社会成见。这些研究主要采取实地调查和数据处理的社会学方法，而非系统地描述文本。这被认为是新闻社会学实证研究的尝试。

美国芝加哥学派社会学家罗伯特·帕克（Robert E. Park）曾把新闻作为一种社会知识来考察，指出新闻是一种不系统的社会知识，可以满足公众的日常生活需要。他的研究较早关注了新闻制作的社会特征（**Park，1940**）。社会学者伯纳德·罗斯科（Bernard Roshco）也指出，新闻具有双重本质，它既是一种社会产物（social product），即新闻内容反映了社会现实，又是一种组织性产物（organizational product），是专业机构制造出来的成品。他认为，正是在社会现实和媒介组织的影响和渗透下，新闻的“社会性”才应运而生：一是某种社会机制（social institution）的组织结构及其文化产物；二是某种社会机制内的媒体与“外界”的互动方式（**Roshco，1979：11**）。这就提出了新闻的社会属性和社会根源问题。

迈克尔·舒德森在1991年发表了《新闻生产的社会学审视》一文，提出新闻的社会性，指出其动态化生产过程中的权力实践与社会影响，把新闻生产当作社会过程来考察，初步提出新闻社会学的基本研究框架（**Schudson，1991**）。其中，将新闻生产过程与国家政治、经济结构联系在一起，以及认为新闻作品的内容同国家政治、经济和文化体系保持着反映与被反映的关系，是两个不同的研究视角。

舒德森指出，新闻社会学为我们提供了两种观点：一种是把媒体看作“自下而上”的思想机构，被消费者需要、新闻记者的职业敏感和信息源的多元竞争及社会价值观所左右；另一种是把媒体看作“自上而下”的控制机构，为大型商家、广告商、“权威”的信息源、政府压力和精英人士所左右。如果前者对新闻社会学已经有了象征性的影响或解释，那么后者要补充的就是，它必然作为社会性机构或官僚政治的理论而存在（**Schudson，2000，1991**）。

二、新闻社会学的理论范畴

新闻社会学阐释了新闻作为一种社会制度的环节，分析了各种社会力量——经济、技术、政治、文化、组织——对新闻媒体运作的作用，回答了新闻如何受制于社会和影响社会（**Schudson，2011：1**）。新闻社会学的主要观点已成为西方今天新闻理论的基本观念，大量被引用或直接写进一些著作中。

新闻社会学的首要目标是揭示新闻报道与政治权力的关系，揭露统治者总是企图操纵并千方百计地压制媒体，使其屈从于权力的支配。有不少研究者从不同视角质疑霍尔等人提出的**"首要定义人"**的存在，菲力普·施莱辛格（Philip Sehlesinger）虽然支持霍尔等人的这一观点，但却认为"应该对新闻来源进行更细致的、去媒介中心论的研究。实际上，政治上边缘化的信源更容易获取进入新闻的机会，这要比霍尔的结论更普遍。不能完全确定'首要定义人'必然有优先获取接近媒介的权力"（**Sehlesinger，1990**）。

施莱辛格研究了"首要定义人"理论中的五个局限：第一，它忽视了从长远的角度来确定媒介接近权的转移；第二，它忽视了那些"可信任的"信源自身接近媒介的不平等性；第三，它假定对议题的定义只是单向地从优势信源传播到媒介，而匿名的新闻线索提供者也是主要的信源；第四，信源接近权的模式是由定量分析推导出来的，掩盖了新闻信源背后的活动；第五，它暗示政府信源具有一致的意见，而忽略了各政府部门之间的利益冲突可能导致不同的观点。

媒体对社会的巨大影响，是新闻社会学的重要研究内容。认为新闻具有改变社会和人们心理的作用，往往是权力寡头和精英宣传的结果。舒德森指出，"对于许多人来说，媒体影响力的模型是一个宣传模型，是独裁者或玩弄权术的出版商、利己的记者精英设计的想法或计划，从媒体的字里行间影射出来，周而复始而令人生厌地不停喧嚣，直到最后它深入人心并使公众遵循其道，才实现了它的最好本能"（**Schudson，2011：23**）。舒德森认为，新闻宣传模型是媒体构成心理战的武器，虽然可能不总是最好的武器，但却像坦克始终是军队的最佳利器一样。在正常情况下，媒体宣传要做的工作被视为"皮下注射"的模式，把某种思想注入被动的、手无寸铁的市民。这就如同"媒体电力"，电流的功率与灌输效果会形成特定的机制。

新闻影响社会是通过作用于受众奏效的。舒德森认为，"第一，它有助于形成社会情绪。第二，它有助于构建公共话题，最终把思想植入人们的信仰或行为。媒体建立网站的意义在于更好地再现人们的生活，但要改变媒体的灌输模式。第三，把新闻视为'文化信息'，熏陶人们的意识和心理以至行为。新闻影响的这三种轨迹，包含因果力量，构成人类事务的因子。凡有人的存在，新闻就是无处不在的问询处，事实会提出著名而坚实的公共真理。社会事实与媒体的覆盖率体现出影响的数据，传播知识比提供信息更有意义；记者揭示的因果不单是信息或公共论坛的见解，还有倾向、框架或偏见。几乎所有讨论新闻的中心都潜藏着权力"（**Schudson，2011：23**）。

新闻社会学重视对新闻的社会本质和新闻制作过程的研究，探讨记者同消息源的关系。有三种关于新闻制作的观点经常被使用。第一种观点是，新闻与政治和经济的关系，新闻的产出和加工与国家的政治经济结构有关，同新闻机构的经济基础有关。这种观点更多出现在英国的媒介研究理论中（**Murdock，1982**）。第二种观点是，记者对工作的努力与组织和职业需求有关，并受其抑制。这就需要研究媒介机构、职业和专业及社会意识形态，并对其做出正确的理解。第三种观点是，新闻工作是一种"文化"，也同经济组织或官僚政治的作用相联系。"新闻是一种文化形式，是有结构的关于公共意义的风俗画，或是一系列的风俗画。但这并不是说它飘浮在象征性的大气中。它是某种材料制品，需要以政治经济、社会和文化尺度来理解它的作品、贡献及公众对它的占有。”（**Roshco，1979：115**）芭比·泽利泽（Barbie Zelizer）通过研究证明，美国记者的新闻报道在视觉与口头上建立了他们的权威，显示出他们对新闻的接近性。记者制作的不仅是关于“世界”的视角和说法，而主要是关于“新闻”和记者的视角和说法（**Zelizer，1990**）。

很多研究新闻产业的学者认为，至少在一个给定的民族传统中，特别是在记者中有一个共同的新闻标准。在新闻社会学层面，这是报道简化的一种方式，有益于人们对新闻的批评，也有可能成为评价新闻的关注点（**Hallin，1996：117**）。新闻的最重要标准，不是提供事实重于一切，而是它是否有认知价值。伊莱休·卡茨（Elihu Katz）和丹尼尔·戴扬（Daniel Dayan）指出，英国、美国、以色列和其他地方那些叙述“媒介大事”实况而非每日新闻故事的电视记者们，通常因“宏大的叙事”而放弃了就事论事的方式。让受众认识到新闻如何同社会法则或国内、国际冲突相联系，就是记者的使命（**Katz & Dayan，1992：108**）。

三、新闻社会学的文化研究

新闻社会学的突出成果，是把新闻作为一种文化现象来研究，大量使用文化概念是为了突出两点：第一，人类行动（human agents）的智慧，都是意义所赋予和推动的；第二，在社会信念系统中，需要说服模式而不是强制模式作为社会管理的基础。舒德森指出，“新闻只是一种文化产品，而非政治行动。但是，新闻与读者或观众的政治行动，与政府官员或其他精英的政治行动有何联系，经常是不清楚的。新闻是文化形式，我在此称之为‘公共知识’”（**Schudson，1996：131**）。

麦克奈尔在《新闻社会学》一书中强调，新闻业是一个特殊的文化形态，给人们不断提供对自己在世界所处位置的认识和知识。而在这一点上，个人和社会相遇，逐渐相互融合，孕育人们的思考方式和习惯。当代新闻制作的各种因素，包括经济和政治压力，引起新闻采集和生产技术的变化，出现越来越多的新闻来源和来源策略。这些因素形成新的文化，产生施加影响的新方式、内容和新闻文体，改变新闻对个人、团体和组织的作用。“新闻文化正在把政府的战争、股票市场与产业转移输入人们的头脑，形成他们的生活观念，也改变着今天新闻的形式、内容和风格。对个体有极大影响的新闻社会学，再现混沌而不可预测的当代文化与新闻话语，让人们形成新的精神面貌和思想方式。”（**McNair，1998：3-5**）显然，**新闻文化**一方面是整个社会文化的一部分和推动力，另一方面又是独特的媒介文化形式，富有不断自我创新和演进的生命力。

从根本上看，新闻具有文化性，是说“新闻是一种意识形态构建，意味着新闻报道远远不是单纯地‘反映’事件，而是把描述事件的真实加以程式化，规定了如何去描述事件。这种**媒介化现象**是一个持续而富有变化的过程，人们应从意识形态角度来判断该过程是否完成。新闻报道本身并不是过程的终点，相反，新闻生产、消费或‘阅读’的背景复杂多变，应该从新闻文化的角度，批判地对其进行考察”（**Allan，2004：5**）。弗兰克·皮尔斯（Frank Pearce）在关于英国媒体对同性恋报道的研究中，将人类学家玛丽·道格拉斯（Mary Douglas）的观点作为理论起点，认为所有社会都希望保持文化概念的纯正而有序，但总会受到不适合已有文化种类的异常事物的干扰。同性恋就是一种异常事物，对那些希望保持甚至加强传统道德准则的媒体来说，它提供了一个文化上受指责的话题。皮尔斯认为，"关于同性恋的报道可能成为道德教育故事，报道中存在暗示的消极观点，通过讲述道德故事使新闻成为巩固传统道德准则的途径，这种方法可以缓解或处理、消除社会中的紧张状态"（**Schudson，2000：190**）。

这种文化上的理由可以说明很多新闻现象产生的原因，例如犯罪新闻就有很多文化上的解释，对其需要谨慎评估。为什么界定为文化因素导致的犯罪很少受到媒体的报道，而对制度影响较大的犯罪则会被有计划地进行持续的报道？乔尔·贝斯特（Joel Best）提供了一个很好的阐释：新闻的文化性和社会的组织性是相互配合的（**Best，1999：173－201**）。在西方文化中，社会地位低下的人、少数族群、远离新闻组织中心地带的边缘地区的人，或者和特定劳动阶层相关的事件，同中心的、官方的、具有文化修养的阶层相比，被视为缺乏固有的意义，往往不被报道或被丑化地报道。这既同文化有关，也取决于社会制度。

第三节 新自由主义新闻理论

从20世纪50年代开始，西方有越来越多的知识分子对传统自由主义信念，如个人主义观点和自由市场持有批判态度。在他们看来，"社会责任及社群比自由更重要，不论在非发达国家的独裁利己者，还是经济发达国家的利他反自由者中，实现和实践自由都举步维艰"（**戴比尔、梅里尔，2010：9**）。针对传统自由主义的局限，反对政府管制、倡导更加激进的自由主义，即新自由主义（neoliberalism），首先在经济领域蔓延。与此同时，为了提倡媒介公司化（corporate media），取消国家对报刊、广播电视的限制（deregulation）（**McChesney，1999：6，110－111**），出现了**新自由主义新闻理论**，又称新闻的自由市场理论。这一理论的代表人物多为大型传媒机构的老板和经理人。

一、新自由主义新闻理论的背景

在1970年前的40多年间，凯恩斯主义实际主导了资本主义的宏观经济运行。到80年代，随着美国总统里根和英国首相撒切尔夫人上台，否定凯恩斯主义的声浪高涨，以美国经济学家弗里德曼为代表的货币学派强调"市场万能"，主张无限扩张私有企业，取消国有化，发展跨国公司，反对政府干预。到1990年这种新自由主义思想发展为"华盛顿共识"。

新自由主义在传媒领域，主张媒体彻底私有化、市场化、全球化和新闻报道的更大自由、独立和自行负责的原则，反对国家的任何控制和干预，用以挑战某些国家或社会势力对媒体的粗暴控制、对新闻自由的摧残和扼杀。阿诺德·S·戴比尔（Arnold S. de Beer）和约翰·C·梅里尔（John C. Mertill）在《全球新闻事业：重大议题与传媒体制》一书中写道："传媒为国家所有，恐吓、监禁、流放记者，谋杀，破坏印刷设备，控制新闻纸和实行许可证制，均是业已出现的影响传媒自由的恶兆。即使在那些对新闻界控制较弱的所谓民主国家中，也仍有恐怖组织、毒枭及其‘杀手’、宗教权威、各类‘黑手党’、全球卡特尔以及消费者组织不断压制新闻界，各国新闻界在缺少有影响力的组织的情况下，凭借所拥有的思想和能力带领记者们迈向既定的目标。”（**戴比尔、梅里尔，2010：9**）

英国学者认为，英国政府控制的广播电视系统打着公共服务的旗号，实则建立的是精英对媒体的统治，而“对观众的愿望充耳不闻”。匹克委员会（The Peacock Committee）① 1986年5月曾建议撤销公共广播电视制度，废除对节目的审查，英国广播公司的1台和2台应该私有化，创造媒体自由竞争的环境，扩大受众选择节目的机会（**O'Malley & Jones，2009：131－157**）。这是新自由主义思潮在英国广播电视领域的酝酿。

在这一时期，美国同样有人主张把政府对媒体的管制降到最低限度、充分发挥市场的作用，这一意见很快在美国电信和传媒业决策中占据优势。1982年，美国联邦通信委员会（FCC）修改了广播电视台买卖事项的规定。此前规定广播和电视台在取得许可后3年内不得买卖，而新的规则取消了禁止买卖的年限，只要获得联邦通信委员会的批准，任何时候都可以买卖。1975年通过的《报纸、广播电视跨媒体所有权禁令》（Newspaper/Broadcast Cross-Ownership Prohibition）不允许一家媒体公司在同一城市同时拥有广电媒体和报刊，而新通过的规定取消了这一限制，允许媒体公司同时拥有电子媒体和报刊。1985年美国联邦通信委员会将一家公司在全国可以拥有的广播电台和电视台的数量上限，由7家提高到12家。从此，媒体的集中程度不断提高，传媒大亨逐渐进行更大规模的、纵向整合的市场垄断。

在80年代中期，FCC还废除了自1949年就建立的报道“公正准则”（fairness doctrine）。这一准则的设计者曾认为，广播电视属于公共资源，不能只偏重娱乐性节目而忽略新闻时事内容，广播电视应提供一定时段的时政节目。为了避免新闻节目内容的片面性，要求在报道有争议的时政问题时，给争论各方以均等发表意见的机会。更为突出的是，一直被严格限制的药品广告在1996年对其管制放松了，导致制药商以巨资推销新药，使药品广告在媒体上严重泛滥。

在短短不到10年间，全球传媒市场的控制权掌握在十几家跨国公司手中，迪士尼（Disney）、美国在线—时代华纳（AOL-Time Warner）、索尼（Sony）、新闻集团（News Corporation）、维亚康姆（Viacom）、维旺迪（Vivendi）和贝塔斯曼（Bertelsmann）七家公司已经控制了世界传媒的信息流向和媒介市场，到2001年已进入世界最强的300多家非金融公司的行列。它们获得的经济利益异常惊人，2000年新闻集团的净资产超过400亿美元，分别在纽约和伦敦证券交易所上市，营业收入为141亿美元，位列世界500强企业的第371位。七家公司占有多国的电视网络、报刊、80％～85％的全球音乐市场、全球卫星广播系统、图书出版和商业杂志发行的主要份额。新闻集团的首席执行官彼得·彻宁（Peter Chernin）认为，“你需要足够的市场支配权，以使人们被迫来和你打交道”。“人们争论得很厉害，究竟是内容为王，还是销售为王，其实最后是规模为王。如果你能在一个大规模的基础上分摊成本，那么在购买节目和其

① 审查英国广播公司融资和经营事项的机构，由撒切尔夫人领导的保守党政府在1985年3月27日宣布成立，该委员会由艾伦教授领导。

他资产时你就能出比竞争对手更低的价格。”

美国学者罗伯特·W·迈克切斯尼（Robert W. McChesney）在《新自由主义、全球化和媒介帝国主义》中指出，这一切的发生，新技术最多只能是部分原因，真正的驱动力是媒介资本对利润的无止境追求。这种追求产生了一种压力，要求尽快转向新自由主义，取消对传媒的管制。这意味着减少或消除传媒所有权集中的障碍（**迈克切斯尼，2001**）。从思想理念来看，FCC的政策源自自由主义的价值观，信奉市场自由竞争的公正性和高效率。正如美国传播学者丹·席勒（Dan Schiller）指出的，“让市场自己遵循其自然的逻辑的学说，在20世纪80年代重新被奉为美国国内的正统理论，进入90年代后又在全世界受到重视”（**Schiller，2000：1**）。美国新闻工作者54%的人都宣称自己是自由派，只有13%的人认为政府应该拥有媒体，换句话说，多数新闻工作者完全接受新自由主义媒体框架（**Schudson，1996：7**）。

戴维·哈维（David Harvey）指出，新自由主义是一项旨在重建资本积累的条件和恢复资本家阶级权力的“政治工程”，“有非常充分的证据显示，商业和金融资本在思想和意识形态领域进行了大规模的干预。其途径包括对智库的投资、对技术官僚的培训、对媒体的掌控”（**Harvey，2005：19**）。媒介资本权力集中的另一个结果是，媒介巨头与政府权力时有“合谋”，共同控制社会进程。传媒企业为了获取经济利益和政策支持，在重大内政外交方面的报道不得不接受政府的控制。例如在伊拉克战争中，英国政府对BBC就政府夸大伊拉克有大规模杀伤性武器的报道提出尖锐的指责，并强行对其进行司法调查，认为BBC的新闻编辑工作“存在缺陷”，以致2004年1月29日BBC的总经理戴克（Greg Dyke）不得不宣布辞职。

二、新自由主义新闻理论的主张

新自由主义新闻理论的首要主张，就是把新闻报道视为一桩赚钱的交易。斯图亚特·加纳（Stuart Garner）说：“我完全相信报纸是一桩生意，因为报纸的生产是一个协作的过程，没有一个部门不付出努力。设备和制作成本昂贵，保证其未来发展的唯一途径是获得巨额利润。对我们而言，这意味着要有超过20%的利润空间，股东必须从他们的投资中获得很好的回报，我们不想让他们感到若把资金放在别处，会获取更大的利润。”（**Cited in Glasser，1996**）

基于这一认识，新自由主义的倡导者对新闻媒介的市场大加肯定，公开承认它的主要目标是满足跨国媒介公司的利益，同时也给全人类带来好处。《纽约时报》（*New York Times*）的托马斯·弗里德曼（Thomas Friedman）写道：“这一切意味着人类迈进了一个新的‘黄金时代’。人们所需要做的无非是放松心情、闭上嘴巴、开始购物，让市场和技术创造出魔术般的奇迹……在我看来，通常被用以描述某种自然而无情力量的全球化概念，即当作资本主义终极目的的全球化概念具有误导性，并充满意识形态的意味。一个更好的说法是新自由主义（neoliberalism）。它是指一系列的国内和国际政策，这些政策倡导以最小的补偿达到商业对全部社会事务的支配。政府应该保持强大以更好地服务于跨国公司的利益，同时最大限度地减少有可能破坏商业和财富规则的行为。”（**转引自迈克切斯尼，2001**）

英国新自由主义新闻理论的倡导者强调，政府取消对媒体的管制，是新技术发展和应用的必然结果，旧制度必须随着时代的变化而改变。“以往人们认为，因为电波频道是一种稀缺资源，自然导致供不应求，为了公众的利益，理应对广播电视频道进行管制。然而，随着光缆、卫星和数字广播电视技术的发展，频道数量大大增加。而且，还有录像带、互联网和新一代的线上数字媒体等作为补充。以波段资源的稀缺为基础，来论证广播电视公共服务的正当性的共识，在媒体极大丰富的时代已经不再适用了。”（**卡瑞、辛顿，2005：327**）

新自由主义新闻理论特别强调，传媒的市场化和传媒的激烈竞争，并非会降低新闻品质，反而能给受众带来意外的收获。从根本上说，消费者最知道自己想要什么，媒体要做的是努力创造一个具有最大竞争可能的环境，生产各类品质和内容的新闻，使消费者拥有至高无上的选择权。麦克奈尔指出，市场的力量不仅带来报纸中传统政治新闻的低级庸俗和衰落，同样也创造出制作高品质新闻的动力，还可以扩展广播电视和网络新闻的形式与类型（**McNair，2000：202，208**）。这就“形成一个理想化的系统：媒体产品符合人们的需要；种类丰富，任意选择；媒体独立于政府，不再担心受到干预与影响。社会需要和市场体制的功能之间并没有冲突”（**卡瑞、辛顿：2005：327**）。

斯帕克斯（C. Sparks）和麦克奈尔等人还认为，“小报新闻并不是新闻品质的简单退化，在某种意义上，它是对政治文化的普及，将新闻议程民主化，甚至通过揭露特权的滥用或权力阶层曾经隐瞒的弱点，构筑大众抵抗权威秩序的阵地”（**Sparks，2000；McNair，2000；Connell，1992**）。有些自由主义理论家们，甚至把市场运作比喻为政治上的民主制度，宣称：“每一份卖出的报纸，都像是参加选举一样，把自己置于公众的评判之下，只是政治人物参加选举的次数不这么频繁罢了。报纸比当选的代表更能接近普通百姓。”（**卡瑞、辛顿，2005：287**）有人甚至提出“市场民主”的概念，即只有新自由主义的媒体进入市场才能有助于民主、推动民主的发展。

新自由主义新闻理论强调，传统的新闻自由和报业独立的思想已经过时，真正的新闻自由与媒体独立是通过市场自由得以保障的。这是新自由主义民主的本质。詹姆斯·科伦（James Curran，也译作詹姆斯·卡瑞）和珍·辛顿（Jean Seaton）指出，“即使最值得敬重的、将报业视为独立的‘监督者’的自由主义概念，现在看来也开始有些过时了……不论是报业对政府的监督，还是政府对报业的官方政策，都会受到双方利益的影响。这与报业简单的‘公众哨兵’的自由主义形象相距甚远，而维护这种形象的至关重要的独立性是通过市场自由得以保障的”（**卡瑞、辛顿，2005：289**）。

当互联网开始在西方普及时，新自由主义的倡导者认为，网络是一种全球化的民主媒体，它将消灭专制，给社会带来美好的未来。约翰·K·加尔布雷思（John K. Galbraith）写道：“按通常的说法，当前历史时期的特征可用如下三个概念进行描述：全球化（globalization）、技术革命（technological revolution）和民主化（democratization）。在这三个方面，媒介和传播都扮演核心的甚至是限定性的角色。如果没有一个全球性的商业传媒系统（global commercial media system）来推进全球市场并鼓励消费价值，经济和文化全球化大概就不可能发生。技术革命的本质是数字化传播与计算机技术的迅猛发展。我们之所以认为，以前那种糟糕的警察国家和独裁政体不会再度出现，前提是随着全球化市场而来的新的传播技术削弱甚至消除了‘最高领袖’无所顾忌地进行统治的可能。”（**Galbraith，1997：79**）

三、对新自由主义新闻理论的批判

西方对新自由主义新闻理论的批判有三个指向，一是经济批判，二是政治批判，二者归于政治经济学批判；三是新闻民主批判。政治经济学批判在下一节将被集中引介，这里主要介绍对**新闻民主**思想的批评。民主是政治的核心内容，新闻民主指的是媒介对政治民主提供信息保障，公众享有新闻传授权，也包括新闻专业人士的报道权。

迈克切斯尼曾指出，传媒业最具戏剧性的景象就是，世界大多数的公共广播在为公众服务的方面已经衰落。依靠公共服务多年累积的巨大信誉，奠定了直接反对新自由主义的逻辑——凡能渗透之处，利益都将统治一切。“从根本上讲，这违背了民主理念中自由报业（free press）的主张。一直以来，人们都非常明白，在一个社会里由富裕的私营主控制新闻和媒介的危害。特别是新闻这个民主自治所不可缺少的氧气，如果受到那些从现存的不平等和对现状的维持中受益的人的控制就更是危险了”（**迈克切斯尼，2001**）。简言之，媒体的新自由主义转向，把为公众服务的价值观和机制视为利润最大化的阻碍，都应搁在砧板上予以宰杀。

当英国议会为迎合新自由主义新闻寡头的需要，当1996、2003年通过的广播电视法案把限制媒体集中的政策变为一种陪衬时，一些学者提出严肃的批评，他们指出，“这些立法主要是以经济目的为出发点，使媒体集中的程度更高，将对媒体在民主进程中的战略性角色产生不良影响”。“在民主化进程中，自由而多样化的媒体是不可缺少的一部分。它们能够提供各种意见和声音，告知公众、引导舆论并形成政治辩论。它们能够促进任何一个民主社会都必须拥有的异议文化。正因为如此，它们能够有助于国家文化的完善与发展，帮助我们界定认同感和共同目标。”（**卡瑞、辛顿，2005：330**）新自由主义新闻理论倡导把新闻民主交给市场，而市场垄断的结果必然消灭多样性，让反映人民的呼声符合市场利润，最终将扼杀民主。

迈克切斯尼指出，媒介的新自由主义者以市场民主抵制公众的新闻民主，完全背离了民主原则。他认为，坚持真正的民主，第一，要让公民实现广泛参与，由公民讨论新传播技术的特点及可能产生的结果，然后决定新技术的社会目标和媒介所有制与控制的最佳模式。第二，公共讨论能够决定传播系统可以有营利的、商业的媒体作为一部分，而其主要部分必须是非营利的、非商业的，且更多的是为公众负责的机构。美国以及世界其他各国的历史都证明了这才是可行的方针（**McChesney，1999：184－185**）。

针对互联网是一种民主媒介的观点，迈克切斯尼强调，“对公众来说，它接近平等的内涵——似乎很难成立。一个市场驱动的数字通信系统似乎只可能加剧阶级分化……真正的民主制度是建立在社会不平等最小化以及个人福利主要依靠社会整体福利这两个基础之上的。不幸的是，媒介系统特别是数字通信加剧了更广泛的政治经济反民主的趋势”（**McChesney，1999：241**）。依据哈克特、赵月枝的观点，“市场自由主义和全球化极有可能摧毁自由民主政治的‘可持续力量性’。这个词有两层含义。第一层是，具有可持续性的经济系统和生态系统。资本主义的经济是建立在人类需求和生产的无限扩张、财富及消费品的无限攫取上的，市场自由主义是其意识形态的润滑剂。然而，我们的星球正面临超消费的危机，地球资源和环境正在恶化”。“第二层含义在于……市场自由主义不仅鼓励攫取、掠夺性的个人主义，并且使贪婪自私即使不是魅力十足，看起来也是正常、自然且有益的，因此它逐渐破坏了对同一团体的归属感。”（**哈克特、赵月枝，2005：134**）。媒体或任何人追求利益不是过错，也不可能破坏民主，关键是这种追求要合理，要符合市场法则和法制，更要符合社会的公共利益。

第四节　新闻与媒介市场批判理论

美国报纸广告局前副局长利奥·博加特（Leo Bogart）曾在《美国媒介制度及商业文化》一文中指出，“当代美国文化把自己彻底市场化了，它在市场伺机而卖，炮制的东西始终按照市场的要求量身定做”。“广告弥漫在新闻与娱乐节目前后，教导人们以‘我们的外表’和‘我们的方式’展示自己的骄傲，往往挑战传统习俗与价值观，比新闻与娱乐节目更能引起道德混乱。”（**Bogart，1991**）这种现象促使学术界提出媒介市场批判理论，同时也有些学者陆续出版了媒介经济学论著，将其称为“传播政治经济学”，与媒介市场批判理论持有不同的见解。

一、对媒介市场化的否定

新自由主义主导下的媒体联合公司，把掌控力逐渐延伸到税收、利率、劳资关系和政府的新闻政策领域，同其他工业企业一同分享社会剩余价值。一些新闻学者与经济学家以政治经济学视角批评媒体企业及其市场制度，观点异常尖锐，“批判状况的改变，为积极的社会变革提供知识力量”（**Mosco，1983**）。

从根本上说，媒介资本不再推动媒体为公众服务，而是把为媒体公司谋取利益放在第一位，这是学者们否定媒体市场化的第一个原因。正如约翰·H·麦克马纳斯（J. H. McManus）所说，“获取最大化利润的商业目标主导着新闻生产，以至于理性运作的新闻部门必须照此行事，市场逻辑指导着新闻生产的例行程序，包括发现有新闻价值的事件、选择其中有用的信息并整合成一篇报道。这些例行程序构成组织文化，即某个媒介企业关于如何生产新闻的普遍认识”（**McManus，1994：108**）。迈克切斯尼强调，“美国媒体和传播的发展必将导致更加集中、更加唯利是图。除了利润之外，媒体公共服务的观念和部分动机即使没有完全崩溃，也在迅速倒退。公众不再被看作民主政治的一部分，而是被当作一群消费者”（**McChesney，1999：86，75**）。

媒介的全面市场化排斥了平民的政治要求和社会运动，已从民主机构和民主渠道远远倒退，这是西方许多有识之士否定媒介市场化的第二个原因。迈克切斯尼指出，“商业新闻总是受主流意见的左右，对批评资本主义和‘自由市场’的观点所起的调解作用越来越小，很难接受赞成社会变革的、由穷人发起的社会运动及政府对经济的管制”（**McChesney，1999：72**）。英国学者认为，媒体过度追求经济利益危及了新闻反映社会问题的追求，英国媒体在最近40年中对公共事务的报道大量属于人情味新闻，削弱了民众对政治的关注。广告对高档消费品连篇累牍宣扬，扩大了贫富阶层的裂痕，加深了社会不平等。市场新闻业的政治倾向日益向右转，越发趋向保守，甚至抵制新闻自由和民主政治（**Croteau & Hoynes，1994：115**）。“社会市场理论犹如一张万能的符咒，却得到新工党和右派的支持。”（**Curran&Seaton，2008：395**）

市场化媒体的新闻报道，多从事件的吸引力考虑，而不是从满足受众的信息需求着眼，这是它遭到人们否定的第三个原因。2004 年 FCC 接到关于不健康电视节目的投诉有 140 万件，媒体市场化造成了“新闻劣币驱逐良币法则”（Gresham's Law of Journalism）（**Fink，1988：109**）。理查德·里夫斯（Richard Reeves）指出，“经过十年的商业化及其整合，美国媒体可能已经进入新闻终结时代，人们将看不到真正的新闻，我和你需要维护我们的自由权——准确而及时获得有关法律和战争、警察和政治家的信息”（**Reeves，1998：118，61**）。詹姆斯·法洛斯（James Fallows）也认为，“真正的好新闻在那些媒体世界的统治者眼里恰恰是垃圾新闻”（**Fallows，1997：209**）。麦克奈尔指出，“敌对的政治家、新闻从业人员和新闻媒体在虚构事件的战场上相互竞争。他们彼此之间比试谁能提供更加吸引眼球与更具‘曝光度’的故事及对世界的描述”。“我们的意见自由市场是这样一个地方，人们可以在此间采购相互竞争的虚构事件，并对这些事件做出评价。”（**McNair，2011：31**）

二、媒介市场批判理论的代表人物

媒介市场批判理论在北美的开创者是达拉斯·斯麦兹（Dallas Smythe）。他目睹了 20 世纪初资本主义的经济大萧条，参与了美国罗斯福新政的执行，担任过美国联邦通信委员会首席经济学家。他从社会和媒体内部的权力结构和相互作用——包括生产、分配、消费、资本和国家在传播工业中的角色，研究媒介的市场运作，提出“**受众商品论**”。他认为大众媒体对受众而言就像免费午餐，提供免费的喜剧、音乐、新闻、游戏和戏剧等（当时广播电视没有收视费），目的是引诱受众收看广告。人们看广告要付出时间，电视台正是将受众的时间卖给广告商获得利润，受众成为媒体的商品（**Smythe，1977，1978；Murdock，1978**）。

美国学者艾琳·米汉（Eileen R. Meehan）从受众商品论延伸出**受阅率商品论**的见解。2007 年艾琳·米汉任美国南伊利诺伊大学广播电视系教授，2012 年任该校美国全球媒体研究中心临时主任，多年来从事媒介产业和文化产品研究。她出版了《电视，谁的过错：电视节目、观众与控制》、《性与金钱：媒体女性主义和政治经济学研究》、《商品化观众的性别化》等著作，认为在电视商品化过程中，“交换的不是信息，也不是受众，而是收视率”。收视率是电视节目商品化的重要元素，也是收视调查业的核心产品。

美国传播学者赫伯特·I·席勒（Herbert I. Schiller）是美国政治经济学批判学派的主将，对美国的传播制度进行了深入研究，论证了美国权势集团通过政治和经济手段控制媒体，对内安抚民众、对外实行霸权。1970 年赫伯特·I·席勒创办了美国加利福尼亚大学圣地亚哥分校传播学系，退休后任该校传播学荣誉教授，先后出版了《大众传播与美利坚帝国》（1969）、《思想管理者》（1973）、《传播与文化统治》（1976）、《公司的文化：公司取代公众表达》（1989）、《信息不平等》（*Information Inequality：The Deepening Social Crisis in America*，1996）等 8 本著作，并发表了几百篇文章，对美国的新闻媒介地位、信息娱乐工业的结构和美国文化工业的全球扩张进行了系统探索。

赫伯特・I・席勒认为，大众媒介紧紧与政治和经济权力中心相勾结，媒体大公司垄断文化生活，实现了对民众的思想操纵。“娱乐、新闻、资讯和讯息都是由无处不在的商业动机支配的把关人从资讯的宇宙中挑选出来的，风格和含义也可能有所不同，但这并不是它们的本质”（**Schiller，1973：231**）。在之后出版的《公司的文化：公司取代公众表达》一书中，席勒强调西方媒体的商业原则是压倒一切的因素。在无休止的商业劝服信息的冲击下，大众被迫钻进商业的紧身衣，已经失去想象力和创造性。他们的思想和行为都是由广告商和大公司通过媒介灌输的（**Schiller，1997：79**）。他进一步指出，“现在，全国传播业庆典活动的交响曲，是由国家资本主义经济的代理人——白宫总统办公室、麦迪逊大街公共关系和广告公司办公室的居民演奏的。我们完全有理由相信，今后，媒介控制者甚至将对资讯管理采取更加严密的组织手段。在一个复杂的社会，资讯流通乃是无与伦比的权力资源。幻想这种权力的控制会销声匿迹，是不现实的”（**Schiller，1973：101**）。

美国另一位媒介市场批判理论学者是罗伯特・W・迈克切斯尼。他是伊利诺伊大学传播学研究所教授，美国新闻自由联合会创始人。从2002—2012年他在will-am广播电台主持“媒介事件”讲座，每周星期日下午向全美播出。他的研究领域非常广泛，自1993年以来他出版的主要著作有《传播、大众传媒与民主》、《无情的批评》、《联合媒体及其对民主的威胁》、《国际媒体：公司资本主义的新传教士》、《资本主义与信息时代》、《媒体，你这个愚蠢的家伙》、《谁的媒体?》、《传播学向何处去?》等。其中《富媒体穷民主》影响最大，获美国新闻与传播学莫特奖（Mott Award），他在2001年被《广告克星》（*Adbusters*）杂志评选为“精神环保的开拓者”。

迈克切斯尼重点分析了媒体公司化、市场化和逐利化对新闻报道的瓦解。他指出，20世纪90年代传统的职业新闻与二战后相比有明显的退步，“美国广播网和全国有线电视过去宁愿亏本经营也要吸引受众，新闻是它们声誉的标志，但是今天，新闻已经成为公司盈利的‘摇钱树’。全国广播公司被誉为‘电视历史上最有利可图的新闻公司’，每年广告收入超过1亿美元。全国广播公司的声望不是通过其新闻的影响获得，而是通过公司经营的非凡业绩获得的，它的目的就是使那些掏钱看电视的人满意”（**McChesney，1999：61**）。迈克切斯尼写道，“关于大众的新闻报道，大多是一些耸人听闻的消息，而这些消息来源不可靠。对于偶尔‘严肃’的报道，只不过是机械地重复一两条‘旧闻’而已”（**McChesney，1999：153**）。

尼古拉斯・加汉姆（Nicholas Garnham）是英国媒介市场批判理论的核心人物，威斯敏斯特大学名誉教授，被视为威斯敏斯特学派（Westminster School）的开拓者。他界定了英国媒介经济学的主要研究领域，试图通过修正“经济基础与上层建筑”的马克思主义观点把媒介、文化与当代资本主义的发展联系起来，批驳传播政治经济学的“经济简化主义”（economic reductionism）和“经济决定论”（economic determinism）。他认为，“就媒介已经工业化这一点看，它已经融入社会的经济基础，但它的产品又属于意识形态。媒介无论是生产还是传播大众文化，都是物质世界和资本主义精神发展的特定产物，并对其产生巨大的影响”（**Garnham，1982**）。

1970年，哈洛伦（J. D. Halloran）、艾略特（P. Elliott ）和格雷厄姆・默多克出版了《示威游行与传播的个案研究》一书，就记者对伦敦一次游行示威的报道，抨击了商业媒介新闻报道的所谓"价值中立"。媒体对这次反政府示威的报道，极力再现暴力场面，展现惊人的镜头和照片，力求造成视觉上的冲击，却不揭示事件的过程和意义。他们指出，在激烈的市场竞争中，商业报纸和电视为了赢得更多的受众，故意不持政治立场，标榜中立和客观报道。电视新闻不但与报纸新闻一脉相承，而且有过之而无不及，只报道事件的突发性与冲突性，而忽略事件的过程和因果，使所谓民主社会的多元信息渠道日益趋向非民主化，"商业竞争非但没有给媒体内容带来繁荣和多样性，反而经常使它们呈现酷烈的、千篇一律的面孔，让观众根本无法判断事件的真实性和全面性"（**Halloran，Elliott，Murdock，1970：15－40**）。

此外，美国和西欧的媒介市场批判理论的代表人物还有巴格迪坎（H. Ben Bagdikian，美国）、乔姆斯基（N. Chomsky，美国）、卡伦（J. Curren，英国）、斯帕克斯（C. Sparks，英国）、萨欧布烈（Francesco Sobbrio，意大利）等学者。他们的理论和上述学者的观点大致相同。以上引介的观点表明，**媒介市场批判理论**否定媒体的集中化、垄断化和市场化，批评商业媒体为追逐利润不惜降低新闻与其他传播内容的品质，导致媒介的非民主化、娱乐化和低俗化，丧失了行使监督权力、维护公众利益和广泛交流信息的公共领域的使命。

三、媒介经济学的市场理论

就其逻辑而言，西方国家媒介的市场化是一种必然趋势，因为大量私有媒体没有人提供资金，只能从市场上获取。正如迈克切斯尼说："从政治文化上看，媒介商业主义是以'自然的'力量呈现的，而不是国家实施的政治控制，它一直是一种理性的反映。"（**McChesney，1999：44**）罗伯特·哈克特和赵月枝也认为，新闻媒介市场化不仅是其生存归宿，而且有可能运作得很好，对社会与受众是有益的。他们写道："事实证明，通俗商业报纸是极为成功的。他们探索出了新闻制作、发行和消费的新方法和途径。"商业报纸"售价低廉，并依赖广告而不是党派、工会津贴作为主要的财政支撑"（**哈克特、赵月枝，2005：10**）。这是媒介经济学的主导思想，恰好与传播政治经济学批判理论相反。

（一）媒介经济学的研究对象

英国的戈尔丁（Peter Golding）和格雷厄姆·默多克于1973年在《社会主义文摘》上发表《呼唤大众传播的政治经济学》一文，被认为是欧洲传播政治经济学的纲领性文字。二人主张传播政治经济学应重点关注文化产品及其意义的生产，因为这是在行使权力。他们同时重视分析文本，探索媒介产品的表征（representations）与生产和消费的关系，揭示社会的物质生活与文化的不平等（**Murdock & Golding，2000：77－90**）。二人最早提出媒介经济学的概念和理论轮廓。

北美媒介市场研究者文森特·莫斯可（Vincent Mosco），是加拿大皇后大学名誉教授。其代表作《传播政治经济学》（*The Political Economy of Communication*，1996）更多地探讨了媒介资本同经济发展的关系。该书强调媒体传播大宗商品信息、沟通与整合社会经济的作用，媒体内容成为一种商品，受众甚至参与了媒体内容的制作。他指出，"在可行的情况下，媒介通过适当的方式为欧洲制作和准备了广播电视作品，除报道新闻，播出体育比赛和广告占去大部分时间，为线路传输公司、广告商以至工商企业创造了巨额价值。没有一个行业像视听产业那样，不只是生产产品，而且还生产市场，扩大其他商品的销售。它实际是一个卓越的文化产业，对公民认知世界产生了重大影响”（**Mosco，2009：111**）。

莫斯可从“社会整体”（social totalities）研究媒介的经济运作，探讨社会系统与媒介的构成关系，全面揭示媒介传播的商品化、空间化、结构化，以及文化与政策对媒体的作用。他指出，媒体满足个人与社会需求延伸到传播产品、受众及劳动等领域，再从全球范围的媒介产业集团到地方小报，媒介的生产、流通和消费都以商品形式被资本所控制（**Mosco，1996：285－289**）。

还有学者把传播政治经济学称为**社会市场理论**，正如詹姆斯·科伦和珍·辛顿所界定的那样。最新的一份社会市场理论的重要文本，是两位凯恩斯主义经济学家安德鲁·格赫曼和格·达维斯（即现任的BBC主席）合作的一本著作。他们试图运用市场理论，证实公共广播电视服务存在的合理性。他们认为，首先，电视具有“公共福利”的特性，收取公共执照费是弥补广播电视的固定开支、使大家能够共享成本低廉节目的好办法。“需要大范围的管制来对付市场特有的内在趋势，即由少数企业控制整个广播电视市场。这种趋势符合经济学的原理，即规模产生效益。”（**卡瑞、辛顿，2005：331**）

媒介市场理论的特点是，在原则上相信市场是促进媒体组织发展的最好方法。但在实践上，又倾向于对市场运行持批评态度。所以这种理论的支持者要求，为了保护公共利益不因媒体组织的弊端和市场失灵而受损，必须对媒体加以管制（**卡瑞、辛顿，2005：239**）。“这个理论用于实践的最著名的例子就是瑞典、挪威、澳大利亚与荷兰等国家不断完善的报业补贴制度。”（**卡瑞、辛顿，2005：333**）

美国学者约翰·H. 麦克马纳斯认为，新闻业应当承担为社会服务的责任，在提高产品质量的同时，无须牺牲其利润，尤其是无须做出不合理的牺牲。他强调，“新闻企业由股民拥有已成为大势所趋，即使那些坚持新闻标准的企业也不得不在压力下向追求利润的行为妥协。大多数股民对新闻规律一无所知，甚至毫无兴趣，他们之所以投资，不是看重公共服务，而是因为能在可接受的风险范围内获得最大化的投资回报，这使身体力行抵制市场运作的新闻企业面临危机”（**McManus，1994：250－251**）。无论媒介社会市场理论还是传播政治经济学都提出了重要的媒介经济理论，在媒介无法忤逆市场的趋势下，研究者们探讨了新闻媒介市场运作的法则，论证了以下几个重要的新闻媒介市场原理。

（二）新闻媒介是一种工业

第一个观点是，新闻媒介是一种工业。法国学者贝尔纳·瓦耶纳（Bernad Voyenne）说：“新闻即使不是商业，那它至少也是一种工业，因为它也全过程地制造自己的产品。更确切地说，它是一种加工工业，它把原材料加工为成品，真正地创造并提高原材料的价值。新闻工业，至少是报刊，是通过两种方法来进行这项工作的。一是把模糊不清的事件制作为清晰明确的材料——消息；二是把另一种原料——新闻纸制成成品——报纸或期刊……即使在电子大众传播媒介中，也不能把二者截然分开，前者是脑力劳动，后者是使前者具备交流形式的生产过程。这正是新闻与众不同的地方，它既是一种艺术，一种手工技艺，又是一种工业；同时它还

承担最终满足社会需要的重负。”（**瓦耶纳，1986：39**）

瓦耶纳还写道：“**新闻工业**是一种以收集、制作、装潢、散播各种消息及一切有关材料为目的的综合工业。这就是我们为新闻工业所下的定义。”它包括四个步骤：(1) 搜集事件材料；(2) 传送这些材料与文献资料，对它们进行加工并作出解释说明；(3) 制成成品报纸或广播电视拷贝，让受众一目了然地了解；(4) 发行与传播工作，把新闻发送到受众手里（**瓦耶纳，1986：39**）。

新闻工业的主要特征是：第一，它附属于传统的技术与商业的融合，但又有它自身的显著特点，即它有特殊的目的性，由一系列影响和选择使它形成一种非常特别的、有反常规的状况。第二，它的生产、出售的周期极短，以日报为例，从搜集新闻到加工、印刷、发行、销售，不得超过 24 小时。第三，报刊企业所独有的，即这个极短的周期能否实现，取决于每个生产工序的成功或失败，其结果不是像其他工业那样只是质量差一点，而是没有任何成果，用大量资金印刷的白纸一下子成了一堆废纸（**瓦耶纳，1986：40－41**）。

(三) 新闻是公共产品

大部分商品都很简单，如果你要买车子、房子或鞋子，直接付钱就可以了。而新闻产品要复杂一些。“新闻消费者用注意力与媒介企业交换信息，对于大部分报纸来说，消费者还要为每份报纸付钱，但数额很小。随后，媒介企业将注意力出售给广告商。消费者的注意力虽然是无形的，但是非常有价值。在美国，为抓住消费者的注意力，广告商每年支付的费用要超过一千亿美元。”（**McManus，1994：79**）广播电视新闻被经济学家罗伯特·皮卡德（Robert G. Picard）称为“公共产品”，“即一个人对产品的消费不会减少其他人的消费机会，在其信号覆盖范围内，电视台向所有观众提供服务，与只向部分观众提供服务相比，不会增加很多成本，但努力吸引尽可能多的受众却能增加效益，减轻媒介企业面临的经济压力”（**Picard，1989：8**）。新闻这种商品人人都可占有，特别是广播电视新闻，不用增加更多的备份。

报纸“发行人为第一张从印刷机上下来的报纸支付报道和图片的报酬，此后每复制一份就会产生和第一份报纸同样的收益，而成本不会大增，仅限于纸张、油墨和发行费用”（**Udell，1978：64**）。总之，新闻这种特殊商品有下列的性质：第一，它是**公共产品**，面向或供给每个受众，价格低廉或无偿供给，同时它又是公众事件和公共问题的载体，是保障政治生活正常进行的必不可少的公用事业。第二，新闻的质量并不完全决定新闻媒体的收益，新闻的吸引力决定媒体的利润，在媒体和广告商的眼里，新闻的收受率才是新闻的标准。“在电视业和报业中，广告商及其付费行为，使新闻质量的评定更多地基于其受欢迎的程度，而非专业标准和工艺标准。”（**McManus，1994：82**）

(四) 受众消费新闻的法则

受众消费新闻可能免费或支付少量费用，但他们必须用时间来消费，时间成为稀缺资源。“大部分人对新闻产品或服务的价格和质量的探寻，受到其闲暇时间的限制。对媒体公司而言，分析消费者的偏好和市场条件的任务有专人负责，甚至由整个部门负责。媒体公司能支配更多资源以研究消费者，但消费者没有多少资源可用于了解媒体企业及其新闻产品的情况”（**Mc-**

Manus，1994：84），因此他们只能被动地消费新闻，即在媒体提供的信息中选择，由于媒体数量众多，受众可在几百、几千家新闻媒体中选择他们最感兴趣的媒体，从这一角度看，受众的新闻消费又有相对的主动性。

受众消费新闻各有不同的标准。理性而关注社会问题的受众“要在消息灵通的条件下购买新闻，至少需要对报纸和新闻节目的性质做出三个评估：（1）报道应当是准确的，并且对各方都是公正的；（2）向社群提供的议题和事件应当是可以载入史册的；（3）应当报道足够的背景以扩展公众的理解力”（**McManus，1994：87**）。约翰·C·梅里尔指出，“公众是在花钱享受一个公众交流系统，他们理所当然地希望获得完整、准确、实用的信息”（**Everette & Merrill，2005：36**）。对那些仅仅把阅读新闻看作娱乐的人，不会考虑新闻的质量，他们要享受的是乐趣、热闹、轻松和快感，不追究新闻的准确和意义。尼尔·波兹曼（Neil Postman）写道：“如今的电视广告，从来不缺俊男美女，只缺真正的观点。广告商宣扬的或真或假，受众根本不去理会。例如，一个麦当劳的商业广告，不是一组可检验的、有逻辑的推断，而是一出戏、一个神话。在这出戏中，俊男美女们出售、购买或大嚼汉堡包，为自己的好运而手舞足蹈，受众自己去玩味这一切。一个人可以喜欢或者讨厌电视广告，但是绝对无法反驳它。”（**Postman，1985：128**）

多数受众都是按照自己的偏好消费新闻的，受众群构成一种目标受众，偏重于消费某一类新闻和传播内容。在社会危机时期，人们对广告的关注度及广告投放量不升反降，原因是“危机时期的新闻吸引了非常大的注意力，人们只会关注严肃的事情，不会更多地关注娱乐和广告”（**Rosenberg，1991**）。

（五）媒体营销的主要原则

获取最大化利润主导着新闻生产与营销，这是媒体市场营销的主要目标。正如德国学者赫尔曼·梅恩（Hermann Meyn）所说，“如果东方地毯、白金手表和貂皮大衣的广告到不了正在考虑购买这些商品的女读者手中，那么这种广告在某家报刊上就是无的放矢，损失就太大了。所以编辑部不能错失任何一个目标消费群——这是市场营销专家的格言”（**Meyn，1996：87**）。媒体在营销中选好定位，明确新闻或节目是给什么人看的，是赢得受众和广告客户的关键。普尔指出，“如果新闻部门在竞争中采取‘适位’策略，那些针对高端市场的广告商别无选择，会转到高质量的新闻产品上来。对《纽约时报》、《洛杉矶时报》等主流报纸而言，这是绝佳的例子”（**Pool，1983：39**）。

美国学者卡尔·豪斯曼（Carl Hausman）总结道：“所有媒介组织中的每一位传播者，都要面对利润与责任的交锋。每家报社都有同样的现象：报纸能够容纳多少新闻，取决于卖出了多少版面的广告。广告总是先排版，剩余的版面才放新闻，这些广告之外的版面通常被称为非正式新闻版面。”（Hausman，1997：219）除非有充裕的广告收入足以支付成本和其他日常开支，否则报纸不会增加**非正式新闻版面**。所以康瑞特·芬克（Conrad C. Fink）说：“只有真正在意新闻品质的管理者，才会在即使没有足够的广告支撑的状况下，为一则大新闻提供版面。如果经常这么做，会严重影响报社的利润。在股份公司里，有许多股东和代理他们权益的管理者不愿意见到这种现象”。（**Fink，1988：206**）

第五节　公众新闻运动与公众新闻学

20 世纪 80 年代，许多美国人认为政治早已远离现实，被特殊利益集团和政治家所挟持。长期存在的社会问题如犯罪、落后的教育体系、家庭和环境遭破坏等变得更加突出，却始终无法解决。市民对公共生活陷入绝望，新闻工作者也陷入困境，报纸、广播新闻和杂志丧失了受众的信任，商业媒体的唯利是图和传播内容的平庸愚钝，引起受众的不满。公众变成消极的看客，只是被告知，而不是公众事务和民主对话的参与者。公众对媒体的愤怒情绪推动了公众新闻运动和公众新闻学的出现（**Glasser，1999：55**）。

一、公众新闻的概念及缘起

近 10 年来，国内译介西方公众新闻学的文章很多，有的称之为公共新闻学，有的称之为公众新闻学，都出自英文“Public Journalism”。在汉语中，公共和公众的含义明显不同，公共是指“社会事务的属性”，而公众则是指民众、大众。Public Journalism 实质是指反映公众要求、由公众参与的新闻报道，“公共新闻学”的译法不符合此意，在多数语境中，译为“公众新闻学”更为确当。这一译名的混乱也同美国新闻界和学者对其有多种称呼有关，美国人还将其称为“公民新闻”（Civic Journalism）、“参与性新闻”（Participatory Journalism）、“社群新闻”（Communitarian Journalism）、“社区新闻”（Community Journalism）等等。另外，“Public Journalism”还可译为“公共新闻事业”，这要依据前后文的意思来定。

谢丽尔・吉布斯（Cheryl Gibbs）、汤姆・瓦霍沃（Tom Warhover）曾说，起初美国有人还把“Public Journalism”叫作社会事务新闻，“因为希望简单一些，我们称之为公众新闻。正像斯坦福大学教授西奥多・L・格拉瑟在他的《公众新闻的思想》一书的序言中所说，‘它让现代美国新闻学的历史与修辞方法共振起来，新闻记者在这种共振中努力提供信息服务于公众’”（**Gibbs & Warhover，2002：358**）。显然，这里决不能译成“服务于公共”，在多数语境中“Public Journalism”指公众新闻学或公众新闻事业。

公民新闻多指由业余记者向媒体提供的新闻故事或亲自写出并发给媒体的新闻，“9・11”事件的最初报道就来自许多目击者发出的稿件和图片，这些公民当时正处在靠近世贸中心的地方。网络在美国普及后，网络用户、博客和民间网站在网上发表的新闻与评论被称为参与式新闻，有的学者还把公众在传统媒体与网上发表的新闻与评论通称为公民新闻（**Lasica，2003；Moretzsohn，2006**）。根据杰伊・罗森（Jay Rosen）的看法，公民记者是受众中不为人知的、后来主动向媒体提供新闻的人，已小有名气，成为为了媒体与广告商付给稿费而竞争的新闻报道者（**Rosen，2006**）。

依据多种著作的引述，美国公众新闻活动的开展约在 1992 年前后。该年罗森和泰勒教授（P. Taylor）在《新新闻 VS 老新闻》一书中提出，“新闻工作者应全力使政治活动‘运转良好'，营造讨论的氛围，使社会了解其自身的状况与存在的问题、各群体间的差距、时代角色、前景与机遇，等等。新闻工作者信守承诺提供这种讨论的机会，促进营造这种讨论的政治环境，使自己和其他社会力量判然有别，需要吸引受众参与新闻报道，重建美国公共领域中的权威"（**Rosen &Taylor，1992：10**）。在同一年，北卡罗来纳州的夏洛特市、堪萨斯州的威奇托市、加利福尼亚州的圣何塞市等地的报纸都进行了公众讨论式报道。

美国新闻界和学者又把采写这类新闻称为"**公众新闻运动**"，"记者到公众中去发动和组织讨论、进行民意测验、建构公共论坛，通过与公众的互动来寻找解决问题的方法"。这样，"公众新闻学是一个已经付诸行动的理念，而并不是所有的理念都付诸行动的……公众新闻运动出现于从缅因州到俄勒冈州的社区公共生活中；出现于新闻编辑室、会议室、饭店舞厅里，甚至是在酒吧喝酒时"。"作为一场'运动'，公众新闻事业不仅通过美国新闻界，还通过各种基金会、公民行动家和社群建设者、全国公民联盟之类组织进行。"（**Glasser，1999：22、27**）

阿瑟·夏丽蒂（Arthur Charity）和戴维斯·梅里特（Davis Merritt）说，采写公众新闻的记者称为**公众记者**，他们从普通公民的视角来报道新闻，而不是高级政治人物或当地精英人物的代言人（**Charity，1995：144；Merritt，1998**）。罗森指出，公众记者的主旨是："将人们视为公民而不是看客，简化人们参与社会事务的难度，向人们传播有关公共生活、本地文化及政治信息。把讨论和辩论视为民主的艺术，记者有明确的兴趣强化这种艺术，学会对新闻进行设计，吸引人们参与公民活动和政治对话……"（**Rosen，2000：680**）。记者从"局外人"变成"局内人"。这种理念遭到传统新闻理论的反对，认为"记者应该报道游行，而不应该参与游行"（**Meyer，1995**）。

二、公众新闻学的主要内容

公众新闻在倡导公共对话中成长起来，一直是"公众化的"，在大众媒体——日报、公共电台节目上刊出或播放。西奥多·格拉瑟（Theodore Glasser）指出，"所有这些都是'公众新闻学'，但是更确切地说，所有这些都是公众新闻学理念的部分'建筑形式'。这个理念的设计元素是一种愿望，即伴随'更具公众性的'新闻界的宣言，进入美国公共领域的：不只是喊口号，不只是写文章，不只是行动，还是思考、演讲和写作、实验和学习、提出和解决问题。新闻界内外的人可以互动，通过揭露某些东西——或者更好地做一些事情——来深化观点"（**Glasser，1999：29**）。所以，**公众新闻学**不仅是有关公众生活报道的理念，还是一些行动和公众参与报道经验的总结。

吉布斯和瓦霍沃认为，公众新闻学把征询公众的想法作为报道形式，这种形式是：（1）系统听取公民们的故事和意见，同时保护自己选择报道内容的自由；（2）如果报道的是重要的社会问题，要尝试构建报道的各种不同的方法；（3）选择一种报道架构，使报道能在最好的时机引起公众思考，帮助大众理解问题；（4）提高报道重大公共问题的主动性，提高公众对解决方案的认识；（5）持续而系统地关注如何良好而可信地与公众交流（**Gibbs & Warhover，2002：363**）。对这些形式和做法的探讨，是公众新闻学的主要内容。

格拉瑟提出，公众新闻学的宗旨是要研究公众新闻事业的任务，这些任务是：（1）视人们为公民和公共事务的潜在参与者，而不是受害者或旁观者；（2）帮助政治社群解决问题，而不仅仅是了解问题；（3）改善政治讨论的环境，而不是简单地看它恶化；（4）帮助改善公共生活，吸引人们的注意力；（5）诚实地谈论新闻事业的公民价值，侧重于它的政治观点，把公民作为公共行动者的角色……这是最有力和最有公众性的公众新闻事业理念（**Glasser，1999：45**）。而“传统的资本主义新闻理论是傲慢、排外、肤浅、不负责任的，以自我为中心和只属于精英分子的。简单地说，它没有赋予公众活力，无济于社会的完善”（**Dennis & Merrill，2005：158**）。

对新闻客观性的批评，也是公众新闻学的重要研究内容。重新审视记者的“中立”（ne-tural）立场，对客观报道原则做出具体分析。罗森说，媒体秉持中立原则是有条件的，如果社群和公共生活发达，社会成员积极参与公共事务的讨论和辩论，记者对不同观点进行中立报道是正确的。然而，“如果该有对话的地方一片沉寂，公共生活死气沉沉，报纸的中立也就成为毫无意义的装腔作势”（**Rosen，1999：76**）。梅里特还指出，“在这种情况下媒体应当站在公众立场上积极介入事件，是非分明，如果只用事实说话，造成记者对公共事务的冷漠，创造出的只能是一种‘分离狂热’”（**Merritt，1998：24**）。

三、公众新闻学的协商民主理论

协商民主理论与公众新闻学相互渗透，互动融合，强调民众参与政治的重要性，特别是有助于强化公民文化。协商与对话是参与政治的具体方式，在面对面的情境下，通过大众传媒人人都有平等交流的机会，这是公众新闻学要达到的第一个目标，即公众参与新闻报道，就公共事务发表自己的意见，同对立观点交流，实现协商民主。

协商民主（deliberative democracy）作为“审议式民主”，是指公民在公共讨论中协商社会问题、国家立法和政府决策，经由官民或各个社群的协商达至理性决定（**Simone，2001：231**）。这是公众新闻学要达到的第二个目标，即组织公众由参与新闻实现参与决策。公民在媒体上参与公共讨论与辩论，借助媒体获得表达的机会，消除民主协商中出现的制度性障碍。

从20世纪90年代起，美国的有线公共事务电视网（Cable Satellite Public Affairs Net-works，C-SPAN），以无“把关人”剪辑的“未过滤的新闻”向受众提供政府行为的现场直播，报道国会和两党活动，让公众看到政治程序及政府活动的全过程，公众自己对公共事务做出判断，提出意见。很多节目中都设置了“Call-in”（电话连线）栏目，观众可以随时向直播间打电话参与讨论，形成民众的真正“公共论坛”。大多数有线新闻频道在节目安排时，根据观众发来的信件、电话记录和电子邮件提出公共论坛讨论的问题（**Meyer，1995**）。

格拉瑟指出，“在新闻事业的所有形式和流派中，公众新闻事业以硬新闻和意见取胜。正确的政治行动应该是无情的、严肃的。虽然公众新闻事业始于这样的假设——这个国家的政治生活破产了，它对公众的不参与做出了尖锐的批评，但从来没有重视政治生活中的公众是理性的。公众新闻事业常把公众不参与政治的病因归结为新闻编辑室的社会观、新闻工作者守则和政客的操纵”（**Glasser，1999：108**）。新闻渠道的协商民主障碍总是来自精英的新闻控制，而不是公众的非理性，公众新闻运动的目的就是要打通协商民主的道路。

将“协商民主”引入公众新闻事业，至少有以下重要意义：(1) 通过协商民主，政府可以最大限度捕捉到决策所需要的民众信息；(2) 有利于打破公共决策的封闭与神秘色彩，满足公民对参与权和知情权的渴望，增强决策过程的透明度和公开化；(3) 协商民主是弥补决策过程“有限理性”(bounded rationality) 的有效方式；(4) 协商民主能有效整合政治精英倡导、知识精英论证和利益团体追求的制度平台；(5) 协商民主能够通过媒体讨论、审议等过程赋予决策合理性与合法性，有助于公共政策的制定和顺利执行。

四、公众新闻运动的消退

约翰·C·梅里尔曾指出，“公众新闻在20世纪最后10年爆炸式地出现在媒介屏幕上，似乎已落地生根。显然它的支持者有着崇高的目标，那就是把公众和媒介联系起来，实现新闻民主，使更多的公众在公共生活和政治生活中活跃起来。为了达到这一目标，公众新闻学要打破发端于18世纪和19世纪早期启蒙运动的新闻自由的旧神话，因为新闻业本身并非健全完善。对公众新闻的记者来说，公共服务和社会责任更为重要，个人主义需要服从社群精神、社会合作和道德行为”(**Dennis & Merrill，2005：155**)。但是在自由主义和个人主义盛行的美国，倡导任何公共性或公众性的主张都不是很顺利，遭到暂时或长期的失败都是必然的。

所以梅里尔说：“公众新闻学虽然在一些新闻院校和少数新闻机构中十分流行，但大多数美国新闻界的人还没有接受这种方式甚至公然反对它。《纽约时报》和《华盛顿邮报》的高级编辑说公众新闻模糊了观点评论和新闻采集的界限……公众新闻也许正在衰落，一些支持它的人已经转到了别的项目上，在为其优点辩护上花的时间也更少了。那些为公众新闻提供资金的基金会，例如皮尤 (Pew)、奈特 (Knight) 和凯特林 (Kettering) 因为试图影响和控制媒介议程而受到严厉的批评”(**Dennis & Merrill，2005：158**)，它们陆续地撤走了资金，不再理睬公众新闻活动。

作为新闻界的一种变革，公众新闻事业也激怒了新闻界同仁，迫使他们出来战斗，捍卫他们的公共生活观和新闻观。1993年到1997年，当公众新闻事业开始行动时，发生了一系列反对它的事件。《纽约时报》前主编马克斯·弗兰克尔 (Max Frankel) 写道：“虽然在某种意义上，公众新闻事业对懒惰或马虎的新闻实践提出批评，但这并不会在新闻事业内部确立一种新的意识形态。”(**Cited in Glasser，1999：29**) 迈克切斯尼一针见血地指出，“在资本主义社会，总是存在着这样一些人，他们骨子里就反对民主性质的公共广播。政治右派和亲资本主义的势力总是怀疑任何形式的非商业媒体或非营利性活动”(**McChesney，1999：349**)。公众新闻活动不理会政治权力，吸引了一些新闻工作者、政治家和那些偏好权力分散的人。掌握资源的权力尽管不总是阻止公众参与对话报道，却运用手中的资源扰乱公共辩论 (**Glasser，1999：10**)。

公众新闻学的内在缺陷，使其无法成为新闻的科学理念。其一，强调对话，但对话并非都能促进民主。正如詹姆斯·凯里 (James W. Carey) 所说，“民主的生活就是一种对话的生活，但对话毕竟不等于民主，对话如何能成为民主？公众新闻事业看似在推进民主，但最终推进的只是不能改变政治现实的公众讨论，不可能找到将民主的生活方式转变为民主的政治制度的有效途径，最终创造的只是一种民主幻象”(**Carey，1997**)。其二，缺乏专业标准，无法控制新闻报道的质量。杰伊·罗森说，公众新闻学的“专业评估比较困难，因为这一领域没有清楚的规则，只有广泛的目标”。他指出，“依据环境的变化而有不同的做法和结论，是由于新闻事业最大的问题——缺乏标准而造成的，甚至有相互矛盾的标准。有了标准，新闻工作者才能评估自己做得怎样。规范的缺乏加剧了公众新闻学的模糊性，难以让新闻社区的其他成员清楚地了解它”（**Rosen，1996：71**）。

由于上述种种原因，公众新闻学在20世纪90年代末开始消退，以至今天在美国传统新闻媒体上声息微弱。但自21世纪初，美国大量涌现新闻网站，每天都刊载来自公民记者的稿件，公众新闻在新媒体上日益勃发。例如《赫芬顿邮报》（*The Huffington Post*）就是建立在新的社区与民众新闻源的基础上的，尽管它只有150名正式工作人员，但3 000多名投稿者和12 000名公民记者每天围绕丰富的话题交换新闻与思想，每个月有多达200万条来稿。社会每个角落都有它的“眼睛和耳朵”。《赫芬顿邮报》的创建人之一乔纳·佩雷蒂（Jonah Peretti）认为，新闻模式再也不是“媒体向受众”传播的消极的单向关系，而是内容“制作者和消费者之间的共享事业”（**Sciolino，2014**）。

【本章思考题】

1. 新新闻报道与新新闻学是怎么产生的？
2. 怎样理解新新闻学的“新客观”？
3. 新闻社会学提出哪些观点？如何分析这些观点？
4. 新自由主义新闻理论有哪些主张？它的实质是什么？
5. 简述媒介政治经济批判学派否定新闻市场理论的理由。
6. 为什么说新闻是公共产品？受众消费新闻有哪几个标准？
7. 概述媒介经济学的市场理论。
8. 论述公众新闻学的主要观点及公众新闻学的重大意义。
9. 列举西方新闻理论新兴学派的代表人物及其主要著作。

第二章

新闻媒介的演进与媒介社会

【本章要点】

新闻媒介可分为感官互动控制和线性字语控制两类，由低级符号表达向视像表达演进。在网络时代，人类进入媒介社会，媒介成为社会的路标和窗口。新闻媒介沿着新闻同质化，碎片化，传播人性化，媒介全球化，媒介融合和大数据驱动五个路径向前发展。新闻的四种民主模式不断遭遇挫折，媒体与新闻已不再是西方民主的保障。

西方新闻学者认为，每一种**新闻媒介**都通过信道传送信息，这越来越被定义为技术性手段。有时他们指涉传播方式，诸如介质传售（报刊）、电波承载（广播媒介、网络）；有时指涉这些方式的技术形态——印刷媒介、广播电视和互联网。不管新闻媒介多么复杂或多种多样，其主要实体都是传播机构。正如美国学者约翰·费斯克（John Fiske）在《关键概念：传播与文化研究辞典》里解释的，"一般说来，媒介是一种能使传播活动得以发生的中介性公共机构（agency）。具体说，媒介就是拓展传播渠道、扩大传播范围或提高传播速度的一项科技发展"（**费斯克等，2004：161**）。

第一节　媒介控制方式的变革

加拿大传媒学者英尼斯认为，不同传媒技术对传播时间或空间起到了不同作用，这就形成了一种理论视角：将传媒植根于物理传送系统与经济、政治权力系统中来研究，发现传媒在经济组织和国家机器里的整合功能，促进使用者和管理者从控制目的出发利用和发展信息媒介（**Mulgan，1991：131**）。"波斯、罗马、蒙古和中国等早期的邮政网络都是在军事和政治权威直接控制之下的管理工具。第一个全球网络以电流为基础，英帝国的电缆在作为商业和人际交往的媒介的同时，也作为普遍控制的管理工具。最早的电报控制火车沿着轨道行驶，最早的电台控制轮船的运行；今天的计算机网络最初是用来控制飞机、导弹的飞行及货物、思想和货币的流通。"（**Garnham，2000：42**）把新闻媒介视作控制工具，主要包括三层含义：一是人类通过媒介对自然、社会或物的控制；二是人类对自己行为的控制，按照信息的提示把握思想和行为的尺度，该做什么或不该做什么；三是社会管理者对被管理者的控制。

一、媒介感官控制的飞跃

从口头传播发展到手书和印刷新闻，“把人们带入一个线性的以逻辑和范畴为主的认知系统”（**李特约翰，2004：354**）。口语、广播电视与互联网的传播属于**互动感官新闻媒介**，即通过人们的视听器官来接收和交流信息；而手抄新闻和印刷报刊则是通过文字语感把信息、思想送达给受众，称作**线性**（linearity）**字语新闻媒介**，每次传播都是单向的。感官互动控制在电力发明和应用后，其传播技术和形式发生飞跃，不到160年就进入全感、全景的网络和数字视频时代。

（一）言语媒介沟通的起源

最早的新闻传媒是人们的口头语言，以双向、非技术性的发音器官交流信息，成为古人类生存与应付自然环境的传播手段。最早的语言是人类相互传受所见所闻，特别是在无数次遇到生命危险时发出警告的声音，以防范危害，控制自我行为。约瑟夫·斯特劳巴哈（Joseph Straubhaar）与罗伯特·拉罗斯（Robert Larose）指出，“人类学家发现一旦人类拥有了语言，他们就开始向孩子传递思想。大众媒介改变了这个过程。当人类社会只使用口语媒介时，个人直接从生活在他们身边的人或是那些和他们很像的人那里学习东西。每一个村庄都有自己独立的方言和神话”（**斯特劳巴哈、拉罗斯，2002：40－42**）。

原始社会的口语传播具有丰富的人际形式，酋长的口令传达、交换传闻、个人交谈、众人议论、部落会议以及民谣和艺人传唱，都含有丰富的新闻信息，言语、面部表情及手势成为初级感官媒介，又称言语媒介。“**言语媒介**，即口头语言，在一个时间点上只能产生一种声音，因此，它作为一种媒介促使人们按照时间先后顺序来组织有关他们体验的叙述。言语需要以知识和传统为基础，因此它也支持着群体和人际关系。”（**李特约翰，2004：354－355**）原始社会的言语交流中，一方告诉另一方某种情况，需要对话者做出回应，思想互动是原始新闻传播的重要目的。

米切尔·斯蒂芬斯（Mitchell Stephens）曾举例说，古代非洲的祖鲁人路上相遇或在集市上都要相互打听新闻。“人们或聚在村中的赌场，大墙下与空地上人群簇拥，消息从一个人传到另一个人，这些地方都是远古的新闻发布地。”“市场作为当地新闻系统的一部分，很多人知道它的重要性，当尼日利亚的伊博人想要传播一条消息时，他们会说：‘我要到市场上将它传播出去。’确实，市场承担了重要的职责：新闻与商业是共生的，商人策划他们销售的战略时，为吸引人来买商品也发布人们想知道的新闻。一位人类学家这样解释说，住在印度东北部的可汗人去做交易的地方，也是娱乐的地方，那里又是听审判与各种消息的地方。”（**Stephens，1988：3－7**）

在原始人类那里，当某些声音同某些经验或行为固定在一定情景中时，就渐渐确定了它们与经验、行为的联系，这使言语渐渐脱离固定语境，成为信息符号。古人有了语言就能更有效地理解、接收信息，达到对自然与自身行为的认识，形成特定的社会关系，人类社会也就随之形成了。原始言语媒介是人类思想自由的媒介，没有人阻拦和限制人们说什么和怎么说，是个性表达的自决时代。“部落里的居民主要是以听觉为主的交流者。他们在情感上和人际关系上较为接近。对部落居民来说，‘听到了就相信了’。”（**李特约翰，2004：355**）这种直感的双向传播，是一方让另一方接收信息，达到双方共同行动的目的，正如罗杰·菲德勒（Roger Fidler）所说：“除了使人与人之间的外部沟通更加有效之外”，口头语言“也为人类的内部沟通，为思想的交流与创建提供了更加有效的方式”（**菲德勒，2000：48**）。

利用言语交流所见所闻和圣贤的思想，使初民的知识、经验、信仰和娱乐能够彼此分享，最终诞生了人类的文化成果——早期的文学、史学、宗教经典、生活方式和礼节。公元1世纪，拉丁作家卢卡努斯把吟游诗人视为高卢或不列颠的歌手，他们都是口头传闻的报告者。这些人四处游荡，收集各地传说，再到各地说唱，成为最早报道社会动态的记者和民间艺人。古希腊的吟游诗人荷马，以他天才的记忆和创造力传播历史见闻，为世人留下了最伟大的史诗——《伊利亚特》和《奥德赛》。而这一切，都是人类自我说服、达到社会控制的早期意识形态。

言语新闻内容在传播中往往被篡改，传播的速度和范围很有限，随着人类活动的范围扩大，距离延长，需要传递消息的人数增多，信使和旅行者就难以胜任。广袤的沙漠、高耸的山冈或无际的丛林的阻隔，使言语新闻难以传递。言语新闻媒介时代的公共生活都是在熟人之间进行的，只能适合原始村落和奴隶制时代的庄园。“历史学家希里恩·斯托克写道：‘口语文化适合小的、与世隔绝的社会，这种文化能获得的机制不能使帝国——即使民族国家保持消息灵通。’1954年，印度一个边远村庄的居民在从未接触过现代新闻媒介的情况下，当被问到有关时事知识——印度已经独立时，没有一个人知道。村中无人听说过冷战，无人知道印巴分治。”（**Stephens，1988：11**）言语新闻媒介受到空间、时间和人类记忆的限制，无法记录和控制空间较大、时间较长的社会生活，人类只能发明有更高效率的媒介来代替它。

（二）电力媒介的内爆

麦克卢汉（Marshall McLuhan）说：“由于电力使地球缩小，我们这个地球只不过是一个小小的村落。一切社会功能和政治功能都结合起来，以电的速度产生内爆，这就使人的责任意识提高到了很高的程度。正是这个内爆的因素，改变了黑人、少年和其他一些群体的社会地位。从交往受到限制的意义上说，要遏制这些群体已经不可能。他们现在与我们的生活息息相关，正如我们与他们的生活紧紧地纠缠在一起一样，这可得归咎于电力时代的媒介。”（**麦克卢汉、秦格龙，2000：224**）电力用于信息传播后，电力**媒介**发生**内爆**，感官互动直接、真切而激动人心，媒介哺育人类智慧和社会控制的功能迅疾扩张，让人类瞬间驾驭整个世界，汹涌澎湃的信息大潮加速了社会运动。

保罗·莱文森（Paul Levinson，也译为保罗·利文森）指出，无线广播可能有一个特征，在不经意中背离了信息解放的方向。文字和出版大体上有助于权力的分散和民主化，“广播却不是这样。事实上，在世界的其他地方由无线广播引起的政府控制远要比美国厉害得多。这样，即使在民主的英联邦，广播也处在BBC的控制之中，而BBC作为政府代理机构远比FCC在美国更具权力，它可以容易地控制广播的信息以迎合政府权力的需要。这一点我们可以从玛格丽特·撒切尔和福克兰群岛战争中看出来”（**利文森，2002：79－81**）。即使电视开始风靡，广播仍然是能够到达消费者的有用和灵活的媒介，这一功能不大可能会很快被夺走。“无线电广播有一个特别重要的地方，与迄今讨论过的其他媒介不同。从一开始，无线电就是由政府管理的……政府管理之所以必要，是由于两个主要理由。第一个理由主要是国家安全事务：当局担心无线电发射设备会被人们用于秘密的有害的目的，因而规定，所有无线电设备都必须获得批准。第二，因为用于无线电发射的频道是有限的，所以如果没有人来为各种使用频道者分配波长，便会发生令人无法忍受的干扰”（**葳庞德，2003：45，60**）。政府的管理既出于技术的又出于政治的理由，两个理由都有社会控制的目的。

麦克卢汉在1964年出版的《理解媒介：论人的延伸》一书中认为，“书面文化配置了极端的个人本位主义，广播又正好与之截然相反，它复兴的是深刻的部落关系的、血亲网络的古老经验，所以偏重书面文化的西方世界就不得不尽力寻求一种调和折衷的办法，这种折衷表现为较大程度的集体责任。广播有力量将心灵和社会变成合二为一的共鸣箱”（**麦克卢汉，2001/1964：369**）。广播具有号召、动员大众的功效，凸显召唤、鼓舞与组织的作用，是给人以信赖感的媒介。受众听觉的直感受到拨动，可把有相同兴趣或追求的人集合起来，甚至怂恿他们采取行动。“报纸是地方性的；杂志是中产阶级的；电影则是纯娱乐的，而广播却是可以吸引着各个国家所有地区的所有阶级，可以不仅用于娱乐，而且用于信息和宣传目的的成功媒介。……一个公共的广播公司可以成为与太平洋铁路一样重要的20世纪的交通网络，可以利用最先进的技术，将整个国家连接在一起。”（**葳庞德，2003：48**）这种控制作用，直接来自进入听觉和心灵的鼓动、煽动、震撼和召唤的言语，而且它传播得十分遥远，进入每个家庭。

“英国首相张伯伦通过它向人们解释为什么要在《慕尼黑协定》中做出让步；罗斯福总统通过‘炉边谈话’，用促膝谈心的形式，给美国人一点一点地注入信心。广播使埃德加·伯金和查理·麦卡锡成为明星，使乐队组合的歌曲和像班尼·古德曼那样的歌星妇孺皆知，它还把古典音乐作品和演奏家介绍给成千上万的美国人。广播不仅把广播剧、肥皂剧、体育转播和音乐带入美国家庭，而且还在紧张时期和困难时期——后种情况下的服务可能对于人们更为重要——给人们带来即时的充满戏剧性的新闻报道。”（**洛厄里、德弗勒，2009：42**）无数历史事件证明，收音机以感人的声音动员人民响应某种号召，迅速地行动起来、组织起来，还可使人们得到休闲与快乐。

（三）电视的视像诱惑

与广播不同，电视是第一个全感官控制媒介，观众的眼睛、耳朵、大脑以至触觉（对影像动作的反射）都被电视图像所吸引。正如汤姆·伯恩斯（Tom Burns）所说，“电视新闻和时事新闻节目既传递行为、动作、面部表情以及场景，也传播语言信息，较报纸提供的任何新闻报道而言，它似乎更完整、更令人满意。目睹性很容易构建真实性，因为广播员的任何介入在大部分情况下都看不见，通过影片或录像记录下来的事实具有强烈的戏剧性，其说服力和真实性的保证是言语无法企及的”（**Burns，1977：206**）。电视观众实际上被一种有形的东西吸引住了，它压倒了听的兴趣，产生不可磨灭的印象。埃里斯还认为，“电视图像能够使观众产生直接交流的感觉，这种即时性可以通过多种途径获得。首先，电视节目经常使用直接对话的方式——对着观众说话，就好像他们之间正在进行交谈一样。其次，**电视的恒在性**（每天夜晚都会播出）和它的系列模式，使观众形成一种电视节目永恒存在的感觉”（**Cited in McQueen, 2009：6－9**）。从广播到电视，仅仅用了20余年，感官互动传播形态的变革速度令人吃惊。

电视能够创造视觉上的意义，与以往传送的口语、文字或印刷语言不一样，能把诸如演讲、音乐、音效、色彩、手势、面部表情和各种动作等能指同时表现出来。电视上的符号和代码的复杂性和多样性意味着，它是一种高度**多意性的媒介**，是对阅读和阐释的解放。“与其他媒体相比，电视有一个主要的优势：使用的很多符号是图式的。一个政客在一次会议上的动态画面将会与它所指的意义十分相似（也叫动作性），尽管词语‘政客’与所指意义有一种随意关系，并易于在一个句子中被‘政治家’、‘慈善的领导’、‘恶棍’、‘独裁者’、‘老鹰’、‘极端主义者’、‘暴动煽动者’、‘骗子’或者‘夸夸其谈者’等词语所取代。但是，画面却不那么容易被改变”（**McQueen，2009：264**）。媒介视像既有真实的诱惑，又有难以识破的欺骗性。

电视新闻表面上没有明确的具体时间和空间，似乎说明其代表的是事实，而不是对事实的解释，从而树立自身的中立性和可信性。“这种社会意义——外在的表象——是通过镜头语言实现的。这种建构既没有亲密感，也不会有疏远感”（**Tuchman，1980：123－128**），不幸的是，研究新闻报道的人往往不愿把电视新闻看作一种可视的语言。相反，他们天真地认为电视新闻是在真实地记录事实，而不会用自身的规则来影响事实。索尔·沃思（Sol Worth）认为，电视新闻作为一种流动的影像，有一种“具象的诱感”（representional temptation），这一观点最终被批评家们所接受。因为具象构件被视为真实的存在，观众获得事件的自然流畅程度，不需要编码译码和规则限定，往往引起观众的震撼和模仿（**Worth，1978**）。

二、媒介字语控制的三次进化

人类由口语传播进化到文字表达，经历3万多年，但由印刷术（由毕昇发明活字印刷术算起）到广播技术的出现不过800多年，再由广播到电视又缩短为20余年。1975年后，传播技术几乎每年都有突破性进展（**闵大洪，1998**）。起始于文字发明的手抄新闻，使人类按照线性表达的顺序获取信息，直接刺激的是思想而不是感官。这种线性传播在原始社会是以各种象形符号或图画作为媒介，刻在石壁、树干或石块上，这类文字雏形的信息传播，对于口语和手势等初级感官媒介而言，发生了第一次**字语控制媒介**的进化，出现了图示媒介。① 文字出现后，多被精英分子用来传播他们的观点，赋予新闻某种观念，自此人类真正步入文明时代。正如霍尔等人所说，“书面语言——变革的催化剂，正如我们今天所知道的这种变革的催化剂与文明的定义最为密不可分”（**霍尔等，2004：66**）。文字的语感具有说服功能，让读者接受信息发出者的思想，开始了观念征服的时代。

（一）书写信息：认知的物化

在原始社会末期和奴隶社会初期，最重要的历史事件除私有制、国家出现外，就是文字的

① 关于第一次字语控制媒介的出现及形态，这里不再详述，可参见刘建明：《当代新闻学原理》，13～15页，北京，清华大学出版社，2005。

创造了。“文字是记录和传达人类语言的书写符号，是人类思想的新工具。它的产生是人类进入文明社会的重要标志。为了表达思想、传播消息，原始人创造了各种形式的符号：语言、手势、烟火、结绳等。印第安人还使用贝珠来记录大事，通知召集会议。这些实物符号的采用，是文字的先驱，而图画表意则是它进一步发展的结果。最早出现的图画并无读音，只是用来表达思想、记载事实……可以说是文字的雏形。随着人类抽象思维能力的进步，表达语言的文字也随之发展，出现了有读音的象形文字。”（**Baran，2001：37－38**）用文字记录、抄写信息，并在草纸、树皮、羊皮、泥版、甲骨、竹简和纸张上复制（复写多份），是字语控制媒介的第二次进化。

书写作为第一个学而有能的交流技术，使简单的交流变得复杂化了，只有一小部分有智慧的人才能做到，这些人承担了早期新闻传播的职能。起初“他们大都是部落或国家的史官，用文字记下对社会事件的观察，甚至还是消息的发布者，使知识流传比口头语言更久更远”（**Baran，2001：37－38**）。知识转变为书写形式，使权力转移到了那些会读会写的人身上，使记忆、历史和神话成为控制他人的工具。有了文字记载的历史，讲故事的人失去了他们的地位，新的精英涌现出来（**Dominick，2010：59**）。

施拉姆（W. L. Schramm）曾写道，在一切人类文明社会中，都能发现报纸及办报人的祖先。例如“在古罗马，除了一份名叫《每日公报》的元老院会议公报外，还出版过一种名叫《每日纪闻》的刊物，这是一份真正的新闻纸，刊载古罗马社会的新闻与传闻，在作坊里手工抄写，在上层社会流传，刊物的编辑都是真正的新闻传播者”（**施拉姆，1994：222**）。《每日公报》、《每日纪闻》刊行的同时，罗马境内还出现了早期的手书新闻信。西方学者认为，在12世纪前，大量手书新闻的发行几乎都不收费，不是盈利的商品（***Encyclopedia Britannica*，1985，Vol. 26：472－473**）。14世纪的威尼斯是地中海的贸易中心，也是汇集世界各地新闻的都市，聚集了一批以抄写并贩卖新闻为业的人。有的在公共场所宣读，听取宣读的入场费是一个“格塞塔”（gazeta），这个词便成为这类新闻纸的常用名称（**Dominick，2010：63**）。

在人们把信息记录下来后，就把它与时间分离开来，在什么时间都可以阅读，在任何时候都可以对它进行编辑和重写。就是说，人们可以对信息知识“采取行动”，导致了知识（知道什么）和知者（谁知道）的分离，可以对社会事务按照自己的理解去阐释。“那些能写会读的人可以拥有特殊的社会地位，正式的教育扮演了越来越重要的社会角色。人们可以通过阅读了解那些被记录下来的事物，知识被物化了，获得了与客观真理同等的地位；个人和群体可以被划分为‘掌握真理的’和‘不能掌握真理的’。此外，运用文字可以储存讯息，凡是能用书面语言‘储存’起来的信息都被视为是重要的。”（**李特约翰，2006：354－356**）这样一来，对信息的阐释使某种思想被凝固、继承下来，那些不识字、不会写作与记录事件的人就会被识字与会写作的人所控制。由于信息和思想的物化便于大范围、永久地传播，媒介控制的空间极度扩大，民族国家开始形成。

字语媒介透过视觉直接触及思维，使思想浮现的力量超过任何感官媒介。麦克卢汉认为，文字强化了视觉功能，把人的认识置于空间的延伸之中，“作为视觉功能的强化和延伸，拼音字母在任何有文字的社会中，都会削弱其他官能（声觉、触觉和味觉）的作用”。“听觉是高清晰度和低卷入度的热媒介，视觉是低清晰度的、高度抽象的冷媒介。文字是视觉的延伸，拼音文化赋予人压抑情感和情绪的手段。"（**麦克卢汉，2000：121-123**）。书面媒介是按照空间安排的，联结空间的效应强化了政治权威及帝国的扩张，西方国家利用书写媒介开始对世界文化，甚至对落后国家的主权进行控制。

（二）印刷媒介的思想阐释

印刷新闻，特别是电力印刷机用来印制报纸、杂志，字语控制媒介发生了第三次进化。这次进化由于人类可在一个小时左右复制几百万份报刊，实际是一次思想与知识传播的突变。在古登堡发明印刷术二百多年后，印刷术才开始进入报纸领域。16世纪末，新兴工业、商业阶级与市民社会出现反对专制的斗争，除了宫廷官员和贵族外，普通民众也开始对政治产生兴趣，人类开始思考严肃的社会问题。"无论是在英国还是在美国，印刷术从来没有让理性如此彻底地出现在历史上的任何一个时期……印刷文字，或者建立在印刷文字基础上的口头语言，具有某种内容：一种有语义的、可释义的、有逻辑命题的内容……在任何利用语言作为主要交际工具的地方，特别是一旦语言付诸印刷机，语言就不可避免地成为一个想法、一个事实或一个观点。如果要传达意义，内容自然就要严肃。"（**Postman，2006：68**）文字新闻的语义，构成词汇和句子的语感，把信息动态和传播者的思绪融合在一起。

这样，对报刊的阅读创造了一种心理环境，使沉思默想进入信息意义层面，不断对社会现象获取新的理解，对专制统治表现出反感与厌恶。在中世纪的欧洲，阅读一度成为反社会行为，波兹曼指出，"在这种环境下，人们对个性的要求变得不可抗拒……核心问题在于，印刷导致了我们今天所说的'知识爆炸'，并使读者成为一个完全意义上的人。人们需要超越习俗和原有的记忆，探索过去不知道也不曾考虑过的世界"（**Postman，2011：43**）。波兹曼还认为，"对印刷机统治美国人思想的那个时代，我给了它一个名称，叫'阐释年代'。阐释是一种思想的模式，一种学习的方法，一种表达的途径。所有成熟话语所拥有的特征，都被偏爱解释的印刷术发扬光大：富有逻辑的复杂思维，高度的理性和秩序，对于自相矛盾的憎恶，超常的冷静和客观，以及等待受众反应的耐心"（**Postman，2006：81-82**）。观念和知识印在报刊上，便于携带、传播和反复阅读，加上大批量复制使许多人似乎有了一种思想武器。

到了18世纪末期，报纸可以向全世界呈现民主的力量，得到人们的推崇，成为公共讨论、辩论和发表不同政见的讲坛。这正是政党报纸叱咤风云的年代。用迈克尔·麦杰尔（Michael McGerr）的话说，新闻界"将一种强制性文化的一致性强加给它的读者，鼓励公民从政党的角度看待政治。在帮助公民理解政治的同时，也使他们从一种最为简化的角度看待政治"（**McGerr，1986：21**）。评论家道·费瑟林（Doug Fetherling）还指出，"在每个成功政客的背后有一份能满足他肮脏事业需要的报纸；在每一个报业投机商、编辑背后，有一个或一群政客正给予支持。由于和党派的亲密从属关系，当时的新闻纸不仅充满对经济上支持他们的政客的乞求，同时也充满对政治上的敌人的丑恶人身攻击"（**Fetherling，1990：79**）。

20世纪，报刊走向全面商业化。一旦报纸成为商品，以获取利润为己任，就开始呈现一副粗俗不堪的面貌。正如新闻史家弗兰克·路德·莫特（Frank Luther Mott）所说，"低下的趣味，粗俗乃至于下流的言论，对犯罪和性的嗜好，以及臭名昭著的广告：这就是廉价报纸最著名的恶行"（**Mott，2000/1962：243**）。西方的商业报刊虽然低俗不雅，但多少都有些政党或派别倾向；而那些主流报刊重视对重要新闻做出评论和阐释，力求用自己的议程引导舆论，故而它们无一不带有思想控制的痕迹。

三、网络的去中心化控制

今天，互联网已“把媒介形式发展到三个领域——人际领域、广播领域和文献领域”（**Larson，1984：2**），利用数字高科技、电缆和卫星建成了全球性媒介。网络和电脑的庞大力量正是来**自数字化**（digitalization）程序，许多复杂的信息转变为数据，变为一系列二进制代码，由电脑再现出原来的信息。互联网从四个方面正在改变新闻业：第一，不可阻挡地改变着新闻的容量和表现手段；第二，在数字时代，记者的工作方式发生了变化；第三，新闻编辑室和新闻业的结构也正在经历着重大转变；第四，新媒介使新闻机构、记者与他们的受众、消息源、竞争者、广告主和政府之间的关系发生了变化。网络通过全景化和高度导览性（navigable）吸引受众。全景化报道包含五个方面：（1）传播形式的广泛性；（2）跨媒介链接全面信息；（3）增强受众全员参与度；（4）演示全面动态化的内容；（5）提供各类个性化服务（**Pavlik，2001：4－5**）。

网络不是一张在电脑屏幕上的报纸，也不是浏览器上的信息广播站，而是完全不同于传统媒体的新媒介——其容量、灵活性、即时性、永恒性和交互性开辟了一条直接与受众无限沟通的渠道。“它使每个人都可以建立一个网址并发布自己的新闻。因此，成千上万的业余人士与职业传播者在这里共存。这对于主流媒体并不是威胁，它们正在利用互联网来改善自己的产业，让它与读者、观众及其他用户更好地联系。”（**Dennis & Merrill，2005：91**）

互联网具有凝聚零散个体的能力，有效地将大规模、具有差异性的现代社会整合起来。网络与传统媒体是两种力量，“这两种情况看起来似乎有天壤之别，一个强调离心趋势，另一个强调向心趋势。事实上，在复杂以及不断变动的社会中，这两种力量往往都是同时运作的，其中一种力量作为另一种力量的补充”（**麦奎尔，2006：60**）。信息入口缺少把关，个人表达似乎无所阻拦，各种对立意见和信息涌流，往往淹没“信息中心”发出的主流意见。“去中心化”使供应量和选择权不再主要掌握在资讯供应者手里。这种去中心化控制的媒介，发展成公众的主流思想控制。网络传播具有高容量，电缆或人造卫星克服了先前的费用、距离和能力的限制，发表己见、交互性、选择、回应、更换与彼此间的直接联系，最终将实现信息自由。但“在网上，一些敏感的人随时等待抓住任何潜在的错误或谎报而大做文章，一些考虑不周的言论会引发激烈的讨论，一条不经意的消息都会起到火上浇油的作用”（**Craig，2010：159**）。

“全景视频最终可以使拍摄者更好地控制新闻事件，提高新闻的可信性，事件一旦被置于更全面的背景中，即使是像抗议人群的规模这样简单的信息都有助于重新吸引或分化受众……全景或沉浸的音频能使报道者不仅按受众口头提出的要求提供新闻，而且能制作出现场音效，使固定和流动的受众仿佛身临其境。”（**Pavlik，2001：16**）这种新型新闻，将信息置于更丰富的历史、政治和文化的背景中。“通过点击几下鼠标就可以找到丰富的跨媒体的庞大信息库，伴随跨媒体成长起来的更年轻的受众，不仅在网上而且在所有形式的新媒介中，习惯于积极参加媒介事件，积极的媒介消费不是固有的而是后天习得的行为。”（**Pavlik，2001：18**）

网络这一全感官与文字兼具的媒介，是各类媒介融合的巨大成果，它使感官媒介的低级个性表达走向高级的、所有符号的表达形态。个人的传播自由空前增大，但也使机密和隐私保护付出更大的代价。

第二节 新闻及媒介的历史走向

当今各国传播技术总体上相差无几，供人接收的新闻都以“世界是分享的而价值是共同的”理念为前提。所以，“不同文化之间如何和平共处？如何协调多元主义与世界主义，同时维持地球上不同民族之间起码的一致？如何在精英们大都倾向世界主义，而老百姓大都倾向民族主义的同时，又能鼓励相互理解、减少世界化的某些负面效果？”（**里埃菲尔，2009：35**）这些问题直接关系到世界新闻及其媒介的走向，媒介与新闻报道的发展趋势愈发证明，网络与人性需求正在征服、改变整个传播领域。

一、新闻与媒介的人性化

保罗·莱文森说：“事实上，我在探讨媒介演化时，提出了‘人性化趋势’（anthropotropic）的理论。换句话说，我们可以这样来看待媒介演化的总体情况：首先，我们借助发明媒介来拓展传播，使之超越耳闻目睹的生物极限，以此满足我们幻想中的渴求；其次，我们发明媒介，以便重新捕捉在初始延伸中已经失去了的那部分自然。”（**莱文森，2001：254**）新闻传播的不断扩展，揭示了媒介由低级向高级演变的过程和目标——适合人的需要，体现人的追求。

保罗·莱文森进一步指出，“人为了生存而选择最适合需求的东西。所以我实际上同意麦克卢汉的意见：我们使媒介受孕。而且，我实际上发展了这个洞见，把它变为自己的‘人性化趋势’的理论”（**莱文森，2001：259**）。人也是媒介的产品或结果，而不是相反，人对媒介有一些控制能力，但最终是由媒介决定事情的结果。实际上，每种新闻媒介的出现都是人的欲望与人的能力的体现，最终使人性得到满足。无线电广播使人的声音传遍千万里，传给大量的听众。它使印刷术作为大众媒介的身份显得有些过时。电视放大的是视觉，但是这种放大是听觉上的同步放大，而不是读报意义上的放大。接着，出现电脑与网络，让人类任意驱使自己的视力、听觉和思想，而把思维变成完整作品的更为智能的媒介不久就会出现。

数字媒介提升了人的理性，让人们一齐涌上网络，除了对新技术的热情，主要是实现了人的本能夙愿。“事实上，它可以让大家都成为编辑，人们将不再抱怨接触不到媒体，经济学（还有教育）将决定谁来做记者，而不需要特别培训、兴趣和投入。”（**Dennis & Merrill，2005：87**）但网络媒体的自由度和自我报道，也助长了人性的负面欲望：聊天室里充斥着无聊的、近乎无知的谈话，甚至根本没有任何意义；网上涌现出越来越多未经证实的消息，让更多的人来“分享”那些歪曲和具有攻击性的宣传。“数据碎片会越来越多、越来越大，最终人们只会提供那些狭隘的、自我放纵的信息和娱乐，而不去理会那些真正有质量的讯息。”（**Dennis & Merrill，2005：75**）防止这种龌龊人性的再现，只能通过严格的法制加以约束，终有一天它会很少出现，或许基本消失。

二、媒介全球化与媒介帝国主义的消解

全球化媒介出现在20世纪80年代，鲁伯特·默多克（Rupert Murdoch）首先在他的故乡澳大利亚控制了当地70%的日报发行量，然后在英国成为最大的报纸发行商。在此基础上，默多克凭借报纸帝国的优势，将他的触角延伸至电影、图书出版，特别是电视领域。默多克推进媒介全球化的主要特征就是通过卫星电视频道播放节目，拥有的电视网络已经覆盖全世界75%以上的人口。他说：“数字信息时代为我们提供了一个无边界的世界，而这个世界又为我们同时提供了巨大的挑战和无穷无尽的机遇。”（**Cited in Lippmann，1997**）

迈克切斯尼认为，“全球媒介系统有时可能是一个进步力量，特别是当它进入那些受到腐败的媒介机构控制的国家（像拉丁美洲），或者当它渗透到那些实行新闻审查制度的国家（如亚洲国家）时。然而，媒介市场全球化进步的一面不应被过分夸大，因为只要它们能赚钱，这些媒介集团最想做的事情就是不惜一切代价破坏现存秩序……如果传统或习俗妨碍媒体盈利，它们就会毫不犹豫地打破这些传统或习俗。尽管如此，它在政治上却是保守的，因为媒介集团是现存全球社会结构中最大的受益者，任何财产或社会关系的动荡，特别是当这种动荡削弱了经济的影响力、减少了社会不平等现象时，它很有可能以其为敌”（**McChesney，1999：111**）。

全球化媒介造成和强化了西方大国对世界信息的垄断，在一定程度上控制了世界文化的发展，出现了**媒介帝国主义**。世界上大多数报刊发表的国际新闻，有90%来自西方的“四大”通讯社，即来自合众国际社（UPI）、美联社（AP）、路透社（Reuter）和法新社（AFP）。它们的新闻再由传播巨头予以补充，从默多克到时代华纳与CNN，几乎所有这些巨头都在美国本土。美国的合众国际社的80%的基金来自美国报纸，到20世纪80年代，UPI的新闻有71%是关于美国的，9.6%是关于欧洲的，亚洲新闻占5.9%（**McQueen，2009：260**）。加拿大作家堂·罗加斯（Don Rojas）在《第三世界的复苏》（Third World Resurgence）一文中写道：“这些数据给所谓的信息帝国主义绘制了一幅清晰的画像。在UPI的全部信息中，有关美国一个国家的新闻报道所占的比重比拥有50多个国家的非洲大陆还要多。”（**Gupta，2005：32**）

尽管全球化媒介几乎由美国、欧洲、澳大利亚公司的资本和少数美国大传媒集团所拥有，制造了消费资本主义的新需求和新欲望；但尼克·史蒂文森（N. Stevenson）认为，仅仅指责媒介在全球范围内传播意识形态和实施文化统治是过于简单化的做法，“那些主要出现在公共服务电视台中的‘公共利益’节目，以及坚持真实、客观、公正的新闻原则和更具独立‘创造性’的艺术家的工作，是这些媒介内部抵制金钱和权力‘殖民化影响力’的例子”（**McQueen，2009：298**）。这是说，问题的关键不在于对世界新闻信息和文化的垄断，而在于以什么样的新闻和文化影响世界。西方大国传播违反真实、客观、公正原则的偏见性信息，向各国推销“麦当劳和麦当娜”文化，终有一天会引起世界的普遍反感，媒介帝国主义最终要走向自我消解。

各国人民追求的是健康有益的文化，希望得到全面、真实和公正的信息。“许多观察家认

为，利用全球信息革命来将美国的文化凌驾于其他文化之上的做法是令人憎恶的，美国文化从根本上讲是区别于许多地方土生土长的文化的。美国文化是一种全世界各种影响和意图的混合物。在许多情况下，它被有意识地融合成这样一种社会环境，即允许个人自由的张扬和文化的繁茂生长……美国人用不着否认这样的事实，在世界历史中，所有的国家都有自己的文化，但总有一种最公正、最宽容、最易于不断重新评估和提升自我的、前景最为看好的文化模式。”（**Rothkopf，1997**）最终是先进文化战胜和垄断一切，传播落后文化的媒介帝国主义遭到抵制，是人类善良、正义和正直的追求。

网络在许多国家已经普及，人们有越来越优越的条件来自由选择信息和娱乐节目，人们也有机会向世界传播自己的文化，西方大国控制渠道的优势正在丧失，媒介帝国主义正处于解体过程。埃斯特·哈吉泰（Eszter Hargittai）说：“网络场所越是可见和易使用，对广泛传播信息就越有利。如果能更方便地使用网络，也就有越来越多的用户去查询和检索数据，而这一点取决于与网络速度有关的连接质量、可传送的数据量，以及网络功能的可操作性。拥有最多用户和高质量连接的国家，最能通过该国公民提供的信息得到反映。”（**哈吉泰，2003**）广泛使用网络，不再是大国控制信息，而是受众控制信息与渠道的质量，媒介帝国主义将因信息的高价值和易受性而被代替。

三、媒介的同质化及新闻碎片化

进入新世纪，各国新闻媒体的同质化十分突出，正如雷米·里埃菲尔（Remy Rieffel）在2005年所说，“新闻流的加速和内容的同质化，在今天似乎已成现实。但是，人们重复得还不够，新闻的‘世界化’从定义上而言还是模糊的现象”。丹尼尔·科恩重申，“假如将两个似乎矛盾的术语（植根于本土和植根于全球）固定为一体的话，世界化这一术语就太容易理解了。毋庸置疑，世界化非但整合了不同的市场，同时也将抵制的方式多样化，将反应碎片化”（**转引自里埃菲尔，2009：53**）。

W·兰斯·贝内特（W. Lance Bennett）指出，“由于对新闻事件的个人化、戏剧化处理，新闻报道显得琐碎也就成为必然……新闻事件之间以及事件与背景之间彼此孤立，没有联系，这样，新闻中的信息就非常琐碎，很难成就一幅整体的画卷。造成新闻信息片断化的根源是过于强调新闻中的人物个体，忽略人物所处的政治背景。而戏剧化的报道模式又会使报道更显孤立。另外，由于媒体唯恐新闻报道信息量太大使受众生厌，都对刊登的篇幅或播出时间做出严格的限制性规定，这种现象也进一步加剧了信息的片断性”（**Bennett，2011：53**）。实际上，新闻的同质化与新闻信息的碎片化是同一个问题的两个方面。各国新闻媒体都在追求报道的“短娱快”，抢着播报那些刚刚发生、充满趣味或冲突性的事件。为了先声夺人、吸引眼球，媒体都把新闻制作得短小、事件梗概相近或突出惊人的情节，这就炮制出大量雷同和片段性的新闻。

新闻碎片化主要表现在：（1）越来越朝向新闻即时播报发展。一个事件发生后媒体都在追求速度，播映相同的画面，各媒体“核实与分析的时间减少了”，受众很难看到完整、全面的报道和新闻分析（**里埃菲尔，2009：51**）。（2）追求现场报道使记者成为事实的简单见证者。

“现场报道产生的是轰动和煽情效应，信息含量却十分贫乏。它将听众或观众带入事件的同时，似乎为人们提供了迅速进入现实的路径，但却抹去了一个事实，即符号并不等于内容，这也正是达尼埃尔·布格努所用的术语‘符号学断裂’的含义。”（**里埃菲尔，2009：51**）（3）播报的消息在数量上十分有限。国际政治、国内要闻减少，社会新闻、体育新闻以及日常生活消息很多，而经济、医学和文化方面的消息也很少。此外，国际事件的报道与评论，通常是根据国家或地方利益筛选出来的，受众很难通过它们看到完整的世界。

全球各国报纸的**小报化**是全球新闻媒介同质化的突出表现，这不仅是内容的同质化，也是报纸外观和风格的同质化。评论家认为，“小报化”一定程度上腐蚀了“严肃”而“规范”的新闻价值标准，有可能威胁新闻事业的“高质量”。除了“硬”新闻议程和“软”新闻议程的融合，丑闻、传言、名人和体育消息逐渐取代了政治和经济信息的主导地位，“信息”与“娱乐”逐渐开始混为一谈，成了“信息娱乐”。“高质量的新闻报道需要足够的资金支持，还需要新闻工作者除了有人力资源外，付出时间、精力和一定的专业知识”，小报化都不再需要这些，或只要付出微小的成本就可以应付有余了（**Allan，2004：233**）。

霍加特是反对小报潮流的记者之一，他认为，小报新闻思潮将事件真相简化为“你能带走”的信息（**Hoggart，1995**）。格里普斯拉德（J. Gripsrud）指出，“如果对小报化的形式和过程进行更为细致的研究，那么一定程度上的‘小报化’并非一件坏事。它至少采用多种（哪怕不是所有的）新闻手段确保媒介系统的民主化运作，而媒介系统本应如此运作”（**Gripsrud，2000**）。小报之所以赢得大众的喜爱，是由于大众价值观与政府主导的价值观存在差异。“读者阅读小报的一个重要原因是抵制主流价值观，比如他们意识到自己‘应该’阅读新闻和时事，然而新闻和时事却枯燥无味，与日常生活脱节；小报却给他们提供‘未曾报道过的新鲜事’。”（**Bird，1997**）

媒介商业化促进了媒体追求**“打包式”（pack）新闻**的趋势，不同媒体追求共享报道形式，分享共同的讨论议程，这也是导致新闻同质化的原因。当一则故事被一个新闻机构视为“新闻”时，其他媒体都觉得有必要依样画瓢，“如果大家都报道而我不报道，本媒体的商业利益及作为新闻供应者的合法地位都将受到损害”（**McNair，2011：81**）。

美国《2004年新闻媒介状况》的报告列出美国新闻媒介同质化、碎片化的八大原因是：（1）新闻媒体的数量不断增加，需要新闻的受众数量却无变化；（2）对新闻业的投入侧重的是新闻传播而不是新闻采访；（3）越来越倾向于将新闻素材作为最终的新闻，那些杂乱无章、毫无头绪的半成品的报道未经整理；（4）重复报道网络新闻，没有经过有意义的更新，有线新闻的更新内容中只有5%含有新的信息；（5）各电视公司将不同新闻节目和平台的观众交给了广告商；（6）各电视台黄金时段节目和早间节目之间的标准没什么两样，使两个时段的节目内容大致相同；（7）有些新闻网站将新闻和广告混在一起，新闻和广告内容相似；（8）新闻媒体的动力来源于经济因素和自我扩张因素，而不是公共利益。这样一来，追求自我扩张的新闻内容相差无几（**Allan，2004：236－237**）。

四、大数据对新闻的驱动

新闻大数据，或称新闻的大数据化，是西方学者2010年开始研究的新闻建构方式。2009

年，西方有关“大数据”（big data）的理论席卷 IT 界和传媒界，“大数据”的学术讨论接连不断。Google 上竟有 13 多亿条这方面的报道和言论，“大数据新闻”（Big Data Journalism）、“数据驱动新闻”（Date-driven Journalism）、“数据决定话语自由”（Allowing the Data to Speak Freely）（**Hoover，2011**）的说法异常流行。许多文章声称，媒体如不谙熟和掌控大数据洪流，将招致厄运，新闻报道的固有规律也将被颠覆。

大数据是巨量资料、浩瀚信息的另一种称呼，实际是 80 年代末盛行一时的“信息爆炸”的同义词。**数据驱动新闻**是西方 2009—2010 年开始使用的一个词，指通过数据过滤和分析而建立大型数据集（massive datasets）来创建新闻，驱动力来自网络提供的“开放源代码”和“开放数据库”。数据驱动新闻可能把记者带入一种新的观察与研究社会的方式（**Lorenz，2010**）。根据信息策划师和多媒体记者米尔科·劳伦兹（Mirko Lorenz）的研究，数据驱动新闻主要是一个流程，包括以下阶段：深入挖掘数据，通过搜集、过滤、提纯和组构，再把它变为可视化的叙事，然后把它提供给受众（**Lorenz，2010**）。数据记者亨克·范·伊斯（Henk Van Ess）认为，数据驱动新闻使记者获取不为人知的事件，在数据中寻找新的角度或完整的事实，把一些隐蔽的社会事件或社会问题揭示出来（**Van Ess，2012**）。

保罗·布拉德肖（Paul Bradshaw）写道：“一个好的数据驱动生产，具有不同的层次，能够让你寻找个性化的细节，并把相关细节压缩为大的图片。”（**Bradshaw，2010**）亨克·范·伊斯把数据转化为新闻事件的过程分为以下 6 个步骤：（1）发现，在 Web 上搜索数据；（2）净化、过滤数据，进行可视化转换；（3）制作为静态或动态的视觉图像；（4）写作新闻，讲述新闻事件；（5）将新闻输入设备；（6）跟踪传播效果，了解受众收视和反馈的数据（**Van Ess，2013**）。此外，大数据还广泛被用于传播效果调查，搜集全面的受众反馈，经统计分析后得出准确的结论。

新闻媒体创造“大数据”分析平台，要求编辑记者处理信息的速度要快，以适度的形式把新闻传播出去。无穷无尽的社会信息把是非关系、真伪现象、利益交换和非结构化的思想流和行为流交织在一起。如果缺乏充分的数据，仅凭一两个事实和话语解释，则很难发现潜在的事实真相。在海量信息中选择一条有较高价值的新闻十分不容易，目前只能凭借媒体人的新闻价值观做出决策，难以避免主观误判。用大数据挖掘和处理新闻具有量大、数据类型多、价值密度低、处理速度快四个特点。通过数据挖掘或量化的新闻，统称**数据新闻**，在财经新闻中最为常见。

《大数据：改变我们生活、工作和思想》一书的作者维克托·迈尔-舍恩伯格（Viktor Mayer-Schönberger）和肯尼思·N·库基尔（Kenneth Niel Cukier）曾向读者发问：大数据到底有多大？一天之中，互联网产生的全部内容可以刻满 1.68 亿张 DVD，发出的邮件有 2 940 亿封之多（相当于美国两年的纸质信件数量），网络发出的帖子达 200 万个。据预测，到 2020 年，全世界所产生的数据规模将达到今天的 44 倍（**Mayer-Schönberger&Cukier，2013：32**）。

新闻数据不断产生，呈现分散、蔓延状态，并夹杂在大量其他数据中，处理数据的鉴别力、精准率是新闻媒体发现新闻的重要条件。从数据库可以转化成任何形式的新闻写作，以可视化的形式对其进行清晰的描述。讲故事的元素既可用来说明事件的过程和结果，也可发现记者先前判断的疏漏或误导，这要通过一系列量化与分析来实现，即所谓数据化手段。根据 IT

界人士的初步设想，大数据分析依据集成数据模型，把隐蔽于服务器的杂乱信息通过多个接口连接到程序上，在程序运作后立刻能得到完整的信息流。再根据垂直集成的数据模型直接访问SOA组件，在“云构架”中得到信息分析的结果，使新闻发现和报道变得异常便捷。“提纯”是数据认知的关键，经过一次次“提纯”和“净化”，才能达到新闻事实的精准度。

在大数据统计中，频现的事件蕴藏着新闻价值，使记者可能发现大新闻。一个事件、一种现象是不是新闻，值不值得报道，不仅仅根据数据，更重要的是依据新闻价值理论做出判断。新闻价值理论是报道规律的总结，大数据排查不仅不能代替它，而且要受其指导才能得出正确的判断。通过数据源、数据集、数据质量和数据格式的检查，验证事件（故事）可能包含的虚假部分，但很难确定哪个具体事实与细节是假的。实地核实事件仍是必要的，期盼数据提供完全的真实，包含太大的风险。大数据中的新闻素材不是核心资源，仅仅是新闻“毛坯”，或称“二手资源”。对于本地区新闻，记者通过大量实地采访获取第一手材料仍不可缺少，大型媒体仍需向异国、异地派出驻外记者。

五、报纸消亡与媒介融合

在新世纪到来之前，由于互联网的冲击，西方报刊出现衰退的征兆，多数报纸发行量下滑，广告显著减少。2005年随着大量读者转向互联网，报业的经济收入雪上加霜，报业记者的失业率再次上升；到2006年，有确凿证据显示，更多的报纸在与互联网的这场“战争”中沦陷（**科瓦齐、罗森斯蒂尔，2011：59－60**）。其中美国一批百年报纸停止发行印刷版，转而加入网络经营行列：拥有102年历史的《基督教科学箴言报》、拥有147年历史的《西雅图邮报》及拥有174年历史的《安阿伯新闻报》先后停止发行，转向网络。2005年拥有多家美国日报的奈特里德公司卖掉报纸，结束了114年的生涯。从1995年到2003年，报纸发行量在美国下降了5%，在欧洲和日本分别下降了3%和2%。2009年前两季全美507份报纸的发行量减少了4.64%。

2004年美国学者菲利普·迈耶（Philip Meyer）在《正在消失的报纸：拯救信息时代的新闻业》一书中曾预测报纸将越来越处于困境，如不尽快转型为网络版，将被互联网吞噬（**Meyer,2004：15－16**）。2005年10月，他接受记者采访时又预测，到2043年第一季度末，日报的读者将归于零。日本《每日新闻》原总编辑歌川令三也在《报纸消失的日子》一书中指出，2030年报纸将基本消失。挪威媒体顾问艾里克·威尔伯格（Erik Wilberg）博士认为，在报纸的发育期、成长期、震荡期、成熟期和衰落期五个阶段中，欧洲的报纸，特别是北欧报纸已经走过成熟期，进入缓慢而持续的衰落期。英国的罗伯特·皮卡德教授则把西方报纸的生命周期划分为四个阶段：15世纪以前是“引入期”，15世纪初至19世纪末为迅速增长的“成长期”，20世纪是平稳的“成熟期”，进入21世纪后处于缓慢的“衰落期”（**王君超，2009**）。

2005年，鲁伯特·默多克对美国报纸编辑协会说：“报纸正在遭到许多人特别是年轻人的唾弃……现在十几岁、二十几岁乃至三十几岁的人‘不想让一个像上帝那样高高在上的人来告诉他们什么东西重要，他们肯定不希望新闻报道像是传道’。”他认为年轻一代是“数字原住民”，他们已不太接受报纸，而是习惯于靠电子媒介获取新闻。根据上述种种迹象与见解，报纸所面临的重重困境不是个别现象，也不是局部地区的问题，而是全球报业整体衰败的征候（**聂送来，2005**）。但在2006年3月默多克又强调，“我一直认为杰出的内容，无论是在过去、现在还是未来，都将是媒体王国里的国王。报纸的强项是信息、内容，以传统和信用为基础，竭尽全力收集的信息才是报纸最大的财富……在未来媒介的发展中，报纸以其便于携带与阅读、新闻信息内容深刻等突出特性，相当长时间拥有自己的位置和发展空间”（**默多克，2006**）。2008年11月，默多克在美国广播公司的演讲中又说：“太多的新闻工作者以沉思他们的悬而未决的死期为乐，这是荒谬的。”他嘲笑那些预测报纸死亡的新闻工作者，过于着急地为自己写“讣告”。

“报纸消亡论”在西方新闻界与学术界引起争议。《纽约时报》执行总编比尔·凯勒（Bill Keller）在《在数字混乱时代，报纸还没有消亡》一文中对此也表示了异议。瑞典地铁报报业集团的前首席执行官派里·汤恩伯格（Pelle Tornberg）认为，报业生机勃勃，活得很好，报纸即将死亡的报道被极度夸大了。《华盛顿邮报》记者保罗·法西在《报纸的光明前途》一文中认为，美国年轻人对报纸有些冷淡，但他们对电视新闻的兴趣也在下降，可以说，年轻人对任何渠道的新闻都不太热衷，在线新闻的出现并没有扭转这一潮流。罗杰·菲德勒认为，“最近几年，报纸经常被认为是处于灭亡边缘的恐龙。由于它们历史性地依赖印刷机和纸张，许多人推测它们将不能同电子媒介竞争，因而最终会逐渐消亡。可是，这种推测低估了报纸的适应性及其在当代和未来社会中的重要性。在下个世纪，它们远远不会灭亡，而有可能变成一个用途更广、更受欢迎的传媒。可是要做到这一步，报纸必须完成向数字化出版系统的转变”（**Fidler，1997：235**）。

事实上，报纸转为网络版，纸媒形态消失，发行系统被废除，是**媒介融合**（media convergence）的结果。媒介融合的概念最早由美国马萨诸塞州理工大学的I.浦尔教授提出，他认为各种媒介将出现多功能一体化的发展趋势。美国新闻学会媒介研究中心主任安德鲁·纳齐森（Andrew Nachison）将“媒介融合”定义为“印刷的、音频的、视频的、互动性数字媒体组织之间的战略、操作与文化联盟”。就其狭义定义而言，媒介融合是将电视、报刊等传统媒介融合于网络。菲德勒指出，“媒介融合对于媒介的演进和媒介形态变化过程总是不可缺少的。一切形式的传播都是紧紧交织于人类传播系统之中，不能彼此独立存在，每一种新形式的出现和发展会长年累月地影响一切其他现存形式的发展”（**菲德勒，2000：21**）。

电脑和网络技术的智能化不仅在未来消灭报纸，而且还要消灭传统电影的制作方式。电影不再是导演在具体场景下指挥拍摄出来的，而是由电脑合成一切场面与演员的表演。电视和网络合一，成为网络电视，广播融入网络，手机直接收视、收听网络上的视频、音频新闻。媒介融合产生了“大一统”的感官媒介，多媒体实际是一个大媒体。“互联网是一个大写的补偿性媒介，是电视、书籍、报纸、教育、工作模式等的不足而产生的逆转，差不多是过去一切媒介之不敷应用而产生的逆转。”“在新千年里，许多媒介集中起来、结合起来，以助于解决过去媒介面对的各种问题，这当然不是偶然的。”（**莱文森，2001：268－288**）

报纸如果在未来消失，恰恰是媒介进步的结果，因为便捷、信息海量、自由、个性化的网络代替工业操作与便于少数人进行思想控制的报纸，是一次文明的飞跃。但报纸大宗消亡是有条件的，这些条件是：（1）报纸完全市场化，网络占有绝大多数广告份额，使报纸的资金来源枯竭；（2）网络成为严格规范的媒介，虚假信息、谣言、淫秽与垃圾信息很少出现，成为人们认知世界的主渠道；（3）上网费用大幅降低，远远低于报刊订阅费，绝大多数网民能够负担起电费、上网费和购置电脑的消费成本。

第三节　媒介化与媒介社会

20世纪90年代，互联网在西方广泛应用，各类信息量剧增，标志人类已进入**媒介社会**。西方把媒介社会又称社会**媒介化**（medialization），是指媒体在当代社会中已成为人类生存的普遍中介，发挥认知、学习、组织、政治与经济沟通、文化传承和广泛的社交作用。这一概念1996年由瑞典媒介学者阿斯普（K. Asp）和埃塞松（P. Esaiasson）首次提出（**Asp & Esaiasson，1996**）。丹麦学者斯蒂格·贺佳瓦德（Stig Hjarvard）在《社会媒介化》一文中说："媒介化被认为是一个高度双面的现代性概念，是媒体逻辑与社会机构互适、互动的深刻过程，是政治、各行业、家庭和宗教的组成部分。媒体意向、资源及其规则的运用改变了人类的沟通方式，在时空上提升了人类沟通与生存的能力。"（**Hjarvard，2008**）克努特·伦德比（Knut Lundby）在《媒介化、变动和后果》一书中认为，"媒体无处不在，不断演变，造成社会和文化的变动，正在吞噬当代社会和文化生活的各个领域……媒介，特别是新闻媒介主宰、溶解和牵引人的意识、行为方式和整个社会，促成**媒介化社会**。人类高度依赖媒介而生存，社会被媒介所驾驭"（**Lundby，2009：21－23**）。

一、媒介社会的路标与窗口

丹尼斯·麦奎尔（Denis McQuail）曾比喻说：媒介是窗口，让我们看到了周围环境以外的东西；媒介是译员，帮助我们理解自身的体验；媒介是传递信息的平台或载体，包括受众反馈的互动式传播；媒介是路标，为我们提供向导和指南；媒介是过滤器，筛选掉体验中的某些方面，让我们关注另一些方面；媒介是镜子，把我们的形象反射给自身；媒介也是障碍，阻挡我们获得真理。乔舒娅·梅罗维兹（Joshua Meyrowitz）又补充了几种比喻——媒介是导管、语言和环境（**李特约翰，2004：352**）。显然，新闻媒介不仅是传播信息的工具，而且是人类认识世界和自己的罗盘，更是社会权力分配及对群体的宰制，甚至是意识形态斗争的"主力队员"。在上述学者看来，在媒介社会中，媒介似乎是社会的主导力量。

媒介社会不仅是指处处都有媒介，而且是说媒介哺育、教化和诱导社会的进程，没有媒介的地方就没有世界知觉，就没有现代社会。新闻媒介给人类提供大量信息、知识和话题，为人类准备了思想材料，让受众知道想什么和怎样想。新闻媒介构建和引发公众的认知变化，为人们安排和组织脑海中的现实世界（**Shaw & Shannon，1992**）。迈克尔·舒德森指出，"我们生活的世界是一个比以往更生动、更富戏剧性的世界。我们的身体生活在'真实'之中：住在家里、劳动在工厂、行走在街上；但与此同时我们也生活在电视屏幕、广播和报纸塑造的超现实的环境中”（**Schudson，1996：176**）。

在媒介社会，媒介与人已经形影不离，改变和支配人的一切。新闻从客厅拓展到餐厅、厨房、卧室，在有些家庭中还延伸到了浴室。持续不断的实况新闻和娱乐涌入家中，占据了人们过去用来休闲、读书、聊天、享用美食和做各类生动有趣游戏的时间。更为重要的是，“新闻媒介的威力在于人们自主选择报道题材并确定报道内容，是无处不在、无孔不入的说客，左右着我们的观念、信仰和立场”。新闻媒介改变人们观念的同时，也就在改变人的行为，“特别是电脑媒介已经改变了人们的社会化和界定自己的方式。在电脑空间里每个人都能做到想是谁就是谁，能像换衣服一样容易地改换自己的身份。人们可以随意地按照自己想要的方式来为自己设计”（**Fidler，1997：89**）。

对于已经和正在城市化的国家来说，新闻就像一种替代物，替代了旧时走街串巷通告消息的人。其功能就是告诉人们想知道、需要知道以及应该知道的消息，但是“跟任何用以描绘世界的框架一样，新闻这个框架本身也有自己的问题。窗口展示的视野取决于窗口的大小、窗格的多少、窗户玻璃的明暗以及窗户的朝向是迎着街面还是对着后院。这个视野还取决于视点的位置，比如是远点还是近点、是歪着脖子看还是向前伸着脑袋看，或者是侧着身使眼睛跟开窗的这面墙平行看”（**Tuchman，1980：33－34**）。当代媒介的滚动报道最容易歪曲现实世界，这是因为“滚动新闻追求的是最新（first）、最快（fast），内容经常耸人听闻的（fearful）、焦虑不安的（feverish）、狂躁兴奋的（frenzied）、歇斯底里的（frantic）、脆弱失望的（frail）、造假敲诈的（false）而又差错不断的（fallible）。记者在拨开突发新闻的迷雾寻找事实真相时肯定会出错。在常规报道中这类错误可能是偶然的，但在滚动新闻报道中却是经常、系统的。在这里，流言变成事实，而电视网在这种情况下则不顾一切地抢先播报他们的猜测”（**Bell，2003：71**）。

正如舒德森说，我们今天所称的“媒介”，似乎是危险的来源——来自外国影响的危险，以及难以估量的重大风险。“今天我们抱怨电视把儿童引向了暴力，或者导致我们的同胞听从30秒的煽动，或让我们分不清事实与虚构”（**Schudson，1996：45**）；“新闻与娱乐界线的模糊，公共与私人的融合以及曾是私人事务的政治化，使媒体组织日益提高用信息‘锁定’（target）特定受众的能力”（**Schudson，1996：169**），正在改变人的行为与习惯。恩曾斯伯格把媒介的特征概括为“意识产业”（consciousness industry），其“主要工作是向消费者兜售现存的社会等级制度”（**Enzensberger，1974：1**）。大众媒介设定了公众可以发表不同意见的框架，以有利于缩小政治选择的范围，在限制范围内也允许一些持不同政见者发表意见，“但它始终将不同政见视为不着边际的偏执的看法，而认真的人对此却不会理会”（**Milliband，1969：238**）。

二、媒介的真假拟态环境

在媒介社会中，人们依赖媒介认识世界，它对社会的全景呈现与深度透视，让人类面对各样的拟态环境。不同新闻媒介对事件的再现方式不同，在技术运用和受众参与度上有明显差别，使世界各空间的**拟态环境（pseudo-environment）**具有不同的真实度。美国学者约翰·V·帕夫利克（John V. Pavlik）认为，“报纸是编辑的媒介，而广播电视是制作人的媒介，互联网是记者或个人的媒介”(**Pavlik，2001：4**)。这些不同新闻媒介包围了受众，将受众置于广阔的拟态环境中，公众利用网络亲自参与**“拟态活动”**。新闻媒介描述世界常常走样，提供“理念和影像的人之所以和记者合作，是为了自身的利益，消息源有时也成为社会扭曲的一个因素”。贝内特把这种情形称为**“实况陷阱”**(reality trap)(**Bennett，2011：141**)。

媒介呈现的拟态环境有时加入记者对世界的构想，未必和世界实情都一致。不过，这种拟态环境并不完全由媒介来创造。“当媒介工作者决定是否要报道某些重要议题、是否要将一些事件转化成重要新闻时，记者依赖的消息源，恐怕比媒介工作者对媒介的内容有更大的影响。新闻不一定是事件真相，而是新闻源对事件的描述。在新闻记者和消息源交换讯息之前，新闻尚未‘发生’，发生的只是事件。记者报道信息源的转述和记者的描述，往往使新闻成为主观的染色体。”(**Hausman，1997：235**)新闻媒介呈现的世界，不管它虚拟的程度如何，都是新闻提供者和记者共同过滤过的世界。

新闻媒介的呈现方式，是指它描述生活的方式和评价方式，进而表明它同报道客体与受众的关系与责任。根据让·吉埃尔·埃斯克那兹提出的分类标准，“媒介再现方式首先是检索性(indexique)空间，由寻找新闻的记者、实地调查和新闻提供者与记者间的关系所构成，基于对实际情况的描述，强调对事实的报道。其次是第二种特性——评价性空间，涉及观察到的现实、环境以及与新闻有关的人和物，表现为诠释手段、理性说明和叙事，而不再取决于事实的真实性。最后是指向性空间，再现媒介建立的与公众关系的方式，关乎新闻编排的次序”(**里埃菲尔，2009：20**)。

新闻对环境的拟态并非都是虚假的，虽然很难做到一丝不差地再现社会，但没有歪曲客观世界的大量报道还是存在的，否则就会得出“一切新闻都是骗人”的荒谬结论。“无论是报刊，还是电台或电视台，都对各自的受众承担一种契约关系，这种契约建立在以新闻和教化为目的的基础上，需要同步了解读者、听众或观众的共同期待……赢得受众的三大因素是可信度、景观性与亲和力。”(**里埃菲尔，2009：19**)新闻媒体要被受众所信赖，必须提供真实的社会景观，否则无法产生亲和力。媒体要做到忠实报道，必须依赖目击证人的诚实转述，或从可靠的消息源获得信息。这类新闻反映了客观事物的实情，让受众对事件梗概和细节不会产生错觉。但客观世界的假象与真相总是混淆在一起，事物的真面目经过漫长、曲折的过程才能显露出来，记者的采访经常掉进事实的“自然陷阱”，呈现错误或浑浊不清的拟态环境。

“当记者遭遇一场精心安排的政治秀时，忠实报道的方式就会制造陷阱。只有在一些罕见的例子中，当政治秀出了差错，或是当有人揭发政治秀的幕后秘闻时，记者才能发挥专业精神，做到忠于事实真相的报道。否则，记者也很清楚，政治人物都会以相当专业的手法安排活动。就像布尔斯廷指出的，由于假事件都有自我支持和自我实践的资料，忠实报道的手法只不过强调了假事件合理化的一些特点，并且模糊了隐匿于事件幕后的真相。”(**Hausman，1997：236**)记者歪曲性的拟态出现的原因有：一是自身的误观察或有意歪曲，二是掉进假事件的陷阱，三是信息源的诱骗。在媒介社会中，被媒介欺骗既有人为因素，也有客观事物进程的隐蔽性因素，媒体难以尽快揭开事件的真相。

三、作为权力资源的新闻媒介

在媒介社会中，新闻媒介不是简单地整合社会，而是整合权力与被统治者的秩序，甚至成为统治者的宝贵资源。丹尼斯·麦奎尔指出，“媒介是一种权力资源（a power resource），是社会中影响、控制和变革的潜在工具，对于大多数社会机构运转又是必不可少的主要传送工具和资讯来源”（**McQuail，2000：1**）。新闻媒介是权力运作的工具和基础，权力掌控者借助它对社会生活进行有效的诱导和组织。

权力掌控者实施对社会的管理，“不得不弄清楚周围到底发生了什么——社会学家把这称为‘监察’。我们将所观察到的和种种观念放到一起，把它们联系起来，并解释它们的含义——这个过程叫作‘解释’。权力监察的目的绝不是做出解释，而是要驾驭社会并将其纳入权力的规范，形成统治秩序”（**Wright，1974**）。爱德华·S·赫尔曼（Edward S. Herman）与诺姆·乔姆斯基合著的《制造同意》（1988）一书中写道，媒体“为政府活动与特殊利益集团活动获取支持发挥作用，而且美国媒体的宣传作用与《真理报》在苏联的作用在本质上毫无区别。过去五十年美国媒体的许多最富戏剧性的时刻表明，大型企业与媒体在压制异议和促使昏聩的公众接受现存权力的分配等方面密切合作”（**Curran &Gurevitch，2005：191**）。

媒体的报道不断增强权势集团的权威和合法性，统治权力正是借助媒介安抚社会，施加意志，才把社会纳入一定秩序状态的。“统治集团利用媒体把现存的权力与利益分配说成是天然合理或者合乎常识的，从而成功地使反对意见显示出一种堂吉诃德式的不切实际”（**Curran& Gurevitch，2005：192**）。一个社会的媒介化程度越高，越容易呈现出明显的秩序性，尽管媒介可能发出不同的声音。科伦和古雷维奇还指出，“在极权主义政治体系中，新闻媒体完全成为国家权力机构的统治资源，国营媒体直接充当国家实行社会控制的代理人。而自由社会中的公营、私营媒体扮演着广泛的多元角色，包括鼓吹现有的社会秩序、提醒公民注意这一秩序出现的瑕疵、为政治辩论提供公民论坛以及充当精英们争论的战场”（**Curran &Gurevitch，2005：192**）。

越来越多的西方学者，特别是西欧的学者认为，新闻媒体的每一种政治经济结构都会导致它同政府精英的合谋串通，在那些媒体未被企业控制的地方，媒体则大多是政府的喉舌。“在所有政治经济体系中，新闻都‘符合’并且‘强化’了政治精英所发展出的一套政治现状的定义。”（**Murdork，1981**）今天，英美媒体虽然被政府“解除了管制”，但它有时却仍会表现出对政府的极度忠诚，反政府的声音和观点经常遭到媒体的批评。

新闻媒介和权力互为依存，成为权力施政和媒介运转的常态。德国学者赫尔曼·梅恩认为，理想主义的观点坚信，传播媒介能把公众的需求和意见传达给政治家，政治家通过媒介又把他们的计划或决策传达给公众。这样，政治家和媒介也处于相互依存的关系。瑞士传播学家乌尔里希·萨克瑟得出同样的结论，“在今天，政治过程已经变成一个由政治家和新闻记者共生而成的直达过程，虽然在公众看来他们常常互为对手……由于政治家操纵媒体被认为是反民主的，也由于非独立媒体缺乏可信度，这两个群体都试图给公众一种相互保持距离的假象。这种标准的相互控制和依赖从某种意义上说是一出前台表演的戏剧，而它们的真正关系则在幕后得到培育和展开”（**Meyn，1996：313**）。

第四节　西方新闻民主的挫折

在媒介社会中，新闻媒介的民主理念越发强烈，以至成为媒体立命的目标。这是因为新闻媒介，特别是网络，不断激发人们的民主热情，普通公民更多地利用网络参与公共事务。西方新闻界人士普遍认为，新闻媒介改变了20世纪70—80年代的政治面貌，电视在美国推动了民权和女权运动，在另一些国家虽然政治家和宗教领袖百般限制电视频道和节目，但新闻媒介顶住了这种压力（**Meyrowitz，1995**）。按照格拉瑟的理念，"新闻界和政治之间具有相互适应、特殊合作的关系，这被过去100多年的历史所证明。但在过去30年中出现了问题，这种合作关系被打破，没有什么东西可以充分弥补这一点。这使公众新闻事业显得尤其重要，因为它可以让媒体重新成为民主政治的支持者"（**Glasser，1999：54**）。

一、"次领域"与符号空间民主

民主是指解决公共生活的制度和方式，意味着公众参与社会决策的权利和机会，有决定公共官员的选举权，并能在媒体上发表他们的忧虑和建议。"这些公共空间，从咖啡馆、酒吧到城镇会议和读书俱乐部，构成了前卫的传播理论家尤尔根·哈贝马斯所说的公共领域。"（**Bennett，2011：139**）新闻媒介真正成为公共领域，民主就付诸了现实。但有学者认为，"在任何统一的公共领域，都有必要考虑微小的、变化着的'**次领域**'的大量增长。这些代表个人兴趣的次领域可能非常让人着迷，使人在舒适中忘记社会中的痛苦。新的传播技术正在它们中建立自己的个人世界，许多人哪里还能面对面地进行政治讨论并发出忧思呢？更不用说达成一致的意见了"（**Gitlin，1999**）。

今天，媒介影响或推动民主采用的已不是哈贝马斯的"公共领域"方式，而是网络讨论、网络论坛。公共空间不仅是物质空间，而且是**符号空间**，传媒通过建构意义和大众交流，以及对社会舆论进行引导，正在培育各类媒体新的民主意识。艾伦说："新闻界在现代政治生活中扮演重要角色，它对形成知情的公民和负责任的政府至关重要。然而，一些批评家认为，即使是在像英国与美国这样民主比较完善的国家，新闻界也还未达到民主原则所期待的那种理想程度……这种观点认为，民主是选择领导人的过程，而公民的参与主要是几年一次的选举。公民实质上在政治市场中扮演消费者的角色。在这一模式下，新闻界扮演的民主角色主要是对政府的腐败和滥用职权的监督。它不需要为提高人们的政治参与或反思能力而作出努力，因为认识社会力量与结构性问题的意义超出了民众的能力"（**Allan，2005：79－80**）。

但实际上并非如此。新闻界尤其是"有品质"的媒体，尽管被精英所操纵，但"它是广泛的思想解放运动，令个人自由增值；原则上，它对所有公民开放以形成需要共同词汇和共同价值的公共舆论，以便政治、经济、社会、宗教和文化的行为者能够讨论、互相反驳和相互回应。为了使理性论据得以交流，它不仅假定一个讨论族的存在（哈贝马斯的说法），而且还假定信念现实力量的存在”（**里埃菲尔，2009：134**）。里埃菲尔进一步指出，“传媒肯定是公共讨论民主化的工具，它毫无疑问地鼓励外行的公众通过多重渠道，越来越多地参与。然而，这柄双刃剑的另一侧是，传媒并不能消除不同立场之间固有的不均等，也不能消除某些更有能力的参与者在影响力方面的优势”（**里埃菲尔，2009：153**）。

在媒介社会中，媒体可以增强政府的力量，但效果具有正负两种可能。例如，“电信媒介使‘治于人者’更清楚地了解‘治人者’的特权，从而变得更加愤怒。在符号世界中，国家内部和国家之间，社会不平等现象日益严峻，当代媒介让人们迅速、逼真地了解这一切，可能成为人民‘造反’的危险信号。另一方面，许多政治家认为，媒体篡夺了政府阐释外交政策的权力。‘现场直播’不加剪辑地对新闻事件进行报道，已经‘超越’了政府……媒体借着新的科技发展，不断地越权篡位，这种趋势已经相当明显”（**卡瑞、辛顿，2005：257**）。实际上，媒体的“越权篡位”使人民享有了知情权，从而深知政府某些内幕，为民众参与公共事务提供了前提。

有些学者认为，除个别事例外，这种民主篡位不会制造政治危机，因为媒体拥有者的权力受到新闻专业文化的限制，这能使他们约束自身遵循职业习俗，张扬社会服务的责任与标准。英国学者写道：“专业准则不仅限于新闻行业，而且还深深地渗透进媒体经营管理的文化中，因为管理者中有很重要的一部分人曾是新闻记者，他们能超越政治分歧。”当保守党的媒体在1992年之后打开保守党政府之门、与政界那些“卑鄙的人”相联合，出售政治影响力来获取金钱报酬时，“这种行为被揭露后，有些媒体左右开弓对其进行了强烈的抨击，它们考虑的正是民主原则”（**Briggs & Cobley，2002：97－98**）。

新闻媒介要树立民主理念，成为人民意见的代表者和反映者。艾伦指出，“大众媒介尤其是新闻媒介，是公民与政治家交流的主要渠道，成为民主社会成功运行的关键。其中，新闻工作者致力于为政治家和公众营造对话的空间，而新闻工作者的主要职责就是阐述并代表公众的意见”（**Allan，2005：83**）。新闻工作者每天的报道都可以表达公众意见并提醒公众注意公共问题，促进他们做出判断，也使政府官员倾听人民的声音。“只要新闻报道某个正在策划的事件的细节、揭露恶行、总结正在出现的趋势，人们就想知道个究竟。随着公众对这些披露的信息做出反应，到处都是公众的声音——电台的热线节目、电视谈话节目、言论版上的个人观点、博客、聊天室、民意测验以及其他地方都会听到公众的意见……现代社会每天都在创造着古代的公共广场，正是在这些世界各地的广场上诞生了原始的民主。”（**科瓦齐、罗森斯蒂尔，2011：148**）

迈克尔·舒德森还强调，“新闻媒体能够为建设一个更民主的社会做出贡献。新闻界的职责是帮助培养更加见多识广的选民，而一个见多识广的公民群体能够创造一种更好和更充分的民主……但实际是媒体旨在为老板赚钱，为雇员提供工作，在同行之间树立威望，为娱乐消费者提供消遣——这些都是合理的目标。与此同时，媒体还应负有告知公民和政府可能实现民主的特殊使命”（**Schudson，1996：203**）。因为现代民主问题主要是实现最低程度的可治理性，使公共事务能够有序而合理地解决，而不是引导人人有权参与一种混乱，正如约翰·亚当斯

(John Adams)[1] 曾说，“从来没有不走向自我毁灭的民主”。“新闻媒体以政治教育者的面目出现，它们的报道才会理智而富有批判性，不然仅仅是无意识地例行公事。”（**Schudson，1996：225**）

格拉瑟曾总结说，在服务于民主的美国新闻史中，有四种新闻民主的普遍模式：**民主市场模式**，新闻工作者取悦受众或广告商，新闻工作者提供公众想要的东西；**民主鼓吹模式**，新闻事业是附属政党的机构，通过传送政党观点而服务于公众，今天几乎无人强烈主张回到政党报纸时代；**民主托管模式**，新闻工作者认为公民把主权委托给自己，帮助受众行使公民权，提供公民必须知情的新闻；**公众新闻事业模式**，新闻工作者不是作为超脱的政治专家发言，而是组织民众参与报道，使新闻事业自身的实践民主化（**Glasser，1999：121－122**）。

此外，新闻媒体还要给民众提供民主的理论，推动社会的不断改革。新闻媒体对公民社会的促进相当于自由基的作用，以挑战权威的声音支持社会改革和进步，为社会讨论提供规范。这样，新闻媒体在社会民主中将起到以下作用：“警惕信息发布者掩盖信息的特殊利益，引导公众对信息进行监控与管理，促进和支持公民社会，推动社会权力和公民建立伙伴与协调关系，推进国家和民众双方为各自能接受的利益达成一致，为不断变化的媒体环境以及民主理念奠定坚实的基础。”（**Christians et al.，2009：121**）

二、“看门狗”的媒体民主观

在美国，新闻媒介被视为看家狗（guard dog），又称看门狗（watch dog），这是多诺霍(Donohue)、蒂奇纳（Tichenor）和奥利恩（Olien）所倡导的新闻观点，它是哈巴狗理论的发展，但与后者却截然不同。**看家狗理论**认为，新闻界具有三大政治特征：第一，新闻媒体是权力精英部分群体的保护者；第二，新闻媒体的关注点和手法是由其保护者和威胁者决定的（内部、外部，政治的、种族的，等等）；第三，在政治分歧和政治丑闻时期，看家狗可能会对某个主人反咬一口，对公共问题的新闻报道密度与权力冲突成正比。也就是说，报道中的政治分歧是政治精英之间分歧的反映。当两大集团处于分歧时，不同的媒体总是会站在某一边，而不会选择第三者或是新的立场，“因此与哈巴狗观点不同，后者认为媒体在斗争中唯一的角色就是反对异见者，保护有权者”（**Donohue et al.，1995**）。

哈巴狗理论主要认为，新闻媒体是社会精英设置议程的工具，用于维护其权力、利益和社会不平等的现状。**哈巴狗理论**有三个假设：首先，新闻媒体缺乏独立性，在消息来源和经费支持方面都需要依赖政府、企业和其他精英团体；其次，记者既不理解也不关心社会精英组织外的其他组织的意见、态度和知情要求。第三，基于前两个假设，新闻媒体总是以一副争辩的姿态和政治偏见，维护社会精英和商业权威的利益，它们就像受过训练的走狗一样（**Bagdikian，1987**）。这种对新闻媒体的描述遭到许多批评：首先，哈巴狗理论过度强调新闻控制者的个人意图，忽略了新闻的职业追求；其次，哈巴狗模式假设社会精英和经济精英内部的一致性，将

---

① 约翰·亚当斯（1735—1826）美国政治家、美国第二任总统（1797—1801），《独立宣言》签署者之一，被美国人视为开国元勋之一。

其抽象为一个具有共同信念的统一体，这个居于统治地位的阶层能够驱使新闻界按照他们的吩咐行事。然而，精英阶层的内部存在冲突，是确实的，并且多被报道，指责权力与精英阶层的新闻司空见惯（**Franklin，1997：31**）。所以哈巴狗理论很难解释媒体与精英的冲突，尤其不能很好地解释媒体为什么能够抨击当权者。

后来许多记者将“看门狗”视为一种调侃，意为新闻媒体是民主的捍卫者，就像家狗护院那样忠诚于民主与民众利益。在民主国家中，政府和社会力量之间，记者总是紧盯官员或其他势力是否侵害民主，标志新闻监督的概念渗透到媒体之中。看门狗理论被视为“个人思想自由、言论自由、宗教信仰自由和集会自由等基本权利在媒体上的延伸”（**McQuail，1994：128**），记者成为不良现象的调查者、权力及知识垄断的反抗者、真理与自由及民主的捍卫者。

格拉瑟指出，“敌手和看门狗都是现代新闻事业的代表性隐喻，它们催生了政府的新闻发布与信息公开，尝试揭穿精致帷幕后的利益集团的政治运作”。“新闻工作者要与‘进步运动’结成联盟，通过意识形态的对峙寻求事实和进步，要超越党派，用系统质询的报道发现事实。这不仅仅是独立于党派政治的宣言，而且是通过公正无私的调查认识到的效忠于独立选民、进步运动和公共利益的宣言。媒体不仅和独立的选民站在一起，而且把自己也当作独立的选民。媒体也可以倾向一个政党，但要不带偏向地倾听所有争论，寻找解决争论的必要信息，努力接近真相，做出进步所需要的任何选择。”（**Glasser，1999：58**）

在这一理念下，格拉瑟认为，民主的新闻界应是人民的代表，是不再是政党和国家的代表。它是公众的耳目，它到公众不能去的地方，获取公众自己不能采集的信息，揭开权力和特权的面纱，抨击公共舞台上的作秀。媒体变成独立的职业和一个集体机构，看管着权力。新闻工作者作为公众的代言人，监视天生喜欢滥用权力的政府，不得不拥有采集新闻的特别权利（**Glasser，1999：61**）。然而，新闻媒体是看门狗的观念最终产生了揭丑癖，促成好斗的新闻界与政府为敌，到处挖掘、调查、诽谤、打探政府的一言一行，一旦挖到与官员有关的负面事实，则往往胡乱推测，搜集流言蜚语，进行无休无止的抨击和声讨。

三、当前媒介社会新闻民主的挫折

在当前媒介社会中，新闻媒体推动民主的重要途径是举行公共论坛和开展新闻监督。“新闻制造论坛的能力随处可见，它体现在新闻记者的不同工作之中。从新闻工作者写出第一篇报道提醒公众注意社会中某个事件或情况时，就已经逐渐出现了汇集各方意见的论坛：新闻报道会包含对这个事件潜在影响的分析，背景链接会提供类比和对照，同时配发的社论则会对这些信息做出评价，专栏作家会针对这一问题进行个人评论。”（**科瓦齐、罗森斯蒂尔，2011：148**）正如苏珊娜·H·普里斯特（Susanna H. Priest）所说，“新闻记者的职责是告知人们有这样的讨论并激发人们参与讨论，同时帮助人们确定什么是危险的；提醒公众在讨论过程中不能置科学于不顾，而应使科学也参与进来”（**Priest，2011**）。

媒体上的论坛，如果开展得好，完全能够实现哈贝马斯的公共领域的理想。新媒体提供了高度差异性的政治信息与观念方式，形成各种意见参与的新兴“论坛”，让所有声音无限制地接近，使领导者和追随者之间有许多反馈和协商。“新媒体在理想上适合占领私人领域和国家活动领域之间的市民社会空间，依据传统观念，要指出这种空间在哪里、是什么，是非常困难的，因为在现代社会中，众所周知的咖啡店已经不再适合担负意见交流的功能。今天的媒体却能通过大量相关信息的广泛传播，允许市民表达观点，不用离开家里就能与政治领袖进行沟通（尤其是网络），哈贝马斯的理想似乎已经得到实践”（**麦奎尔，2006：113－114**）。

但是，科瓦齐和罗森斯蒂尔指出，在现实的传播和政治文化的自由市场里，新媒体创建的公共广场是一个无视事实、公正和责任的空间，在这里偏袒取代核实，公正问题变成谁拥有最大权力、能量或最多修辞技巧的问题。例如，“大部分电视和广播新闻——尤其是有线新闻和早间新闻——在进行公共讨论的时候，已经基本上抛弃了核实的责任。原因是目前这些平台把直播采访作为采集新闻的主要方法。直播采访的形式等于把权力完全交给了被采访者，新闻制造者也愉快地承认了这一点。嘉宾控制谈话的内容，他们拥有广泛的权力，可以随意地东拉西扯阻挠讨论，误导甚至说谎。而新闻主持人，不管怀有什么意图和目的，都只具备非常有限的检验或订正的能力，最多只能发现少数非常明显的欺骗性内容”（**科瓦齐、罗森斯蒂尔，2011：150**）。

格拉瑟也认为，新闻论坛这种对话形式难以避免某种混乱，新闻民主的内在缺陷直接威胁着民主政治。他引用麦迪逊的话说：“如果政府中参与者过多，我们只能收获‘多数的混乱’；如果太少，我们就会受难于‘少数的阴谋’。民主理论的局限甚至是悲剧性的缺点在于，人们不能同时听多种声音。政党的唠叨、群众的怒号或是一个唱诗班的歌声可能同时混在一起……把民主的政治梦想看成是所有公民或公民团体间的盛大对话，而不严格限制对话的内容，那是有缺陷的。”“真正的对话不仅意味着参与，甚至常常限制参与。对话的民主有一个薄弱环节，那就是到处都是吵吵闹闹的人、令人讨厌的人和狂热分子。每个人都想在公共论坛上宣扬自己的主张，喧闹是不可避免的。”（**Glasser，1999：104－107**）允许最喧闹的人获得发言权，会让那些匆忙的或有很重要事情要说的人失去发言机会，而且将延误紧急问题的解决。

与新闻论坛同样重要的**调查性新闻**（investigative journalism），是西方媒体自称维护公共利益、实施新闻民主的一种手段，即新闻监督的利器。哈维·佩奇·泰森（Harvey Page Tyson）说“调查性新闻是民主的血液”（**Tyson，1993：410**）；哈特利（John Hartley）则称调查性新闻是“直接传播民主”的东西，多次肯定权威的调查性新闻的民主价值，以及调查性新闻记者的英雄主义（**Hartley，2000：41，44－45**）。把调查性新闻提供给广大公众，揭露社会的腐朽堕落，特别是抨击官员的非法与不道德行为，引起公民的愤怒和讨论，很快形成新闻论坛，是“最有吸引力的张扬民主的新闻形式”。

调查性新闻记者倾向于将“公共利益”当作一个理所当然的概念，专注于如何为其服务。记者代表公众行使民主权利，对揭露丑闻的价值充满热情，并将其视为“社会责任论和监督角色的中心支柱”。调查性新闻被视为“毫无疑问是新闻媒体最珍贵的财富”（**Malarek，1998：45**）。对新闻记者而言，调查毫无疑问是获取“真实的新闻”、构成新闻专业主义的关键要素，调查性新闻记者成为遵从真实性和客观性原则的“科学研究者”（**Newton，1999：143**）。他们英勇无畏地“以任何手段对那些殃及所有人生活的骗子、罪犯、恶棍的不道德、邪恶或是彻头彻尾的非法行为进行曝光”。正如约翰·厄尔曼（John Ullmann）和史蒂夫·霍尼曼（Steve Honeyman）所定义的那样，“**调查性新闻**工作，是由某人以自己的作品和主动性，对某些人或机构极力掩盖的重要事件进行调查而做出的新闻报道。记者的调查工作对读者或观众确有一定程度的重要性，是对一些人试图向公众隐瞒的内容的揭露”（Cited in Northmore，2001：188－189）。然而，有些调查性新闻却走向反面，被诟病为空无一物，充其量不过是“翻扒污秽”，是靠给富人和名流“设套”为生的“揭露式新闻”。

调查性新闻记者十分依赖公众的支持，代表受众坚持公共利益。“在美国电视新闻节目中，调查性新闻记者比小报记者、杂志记者更突出、更积极进取，但也更武断。他们被描述成‘道德角斗士’。”（Stein，1998）无论如何，这类电视节目持续不断地挖掘精英阶层阴暗面，使新闻源显得极具视听效果。调查性新闻代表了公众的声音，把那些有权有势阶层的阴暗面翻出来，让他们遭到嘲笑或法律惩治。但由于经常受到当事人的干预，媒体老板不断受到压力，调查性新闻记者的热情遭到冷遇，他们的进取精神正在消退。新闻（媒体）民主的挫折，从根本上说，来自权势阶层的专横和公民素质的低下，只能经过漫长的历史时期才能改变。

【本章思考题】

1. 为什么说任何新闻媒介都是一种控制类型？控制的含义有哪些？
2. 叙述不同类型新闻媒介的控制作用。
3. 新闻媒介的演进有哪几个方向？分析这些演进方向的利弊。
4. 媒介社会有哪些特征，在媒介社会里人类如何运用新闻媒介？
5. 新闻的拟态环境是由谁促成的，都有哪些拟态行为？
6. 为什么说西方新闻媒介是一种权力资源？
7. 西方新闻民主模式遇到哪些障碍？西方学者提出哪些医治药方？

第三章
新闻的性质与维度

【本章要点】

当代新闻的全新定义与特征，反映了学者对新闻实践与受众的尊重。作为机构化的产物，新闻具有双重本质，表现为指称性、倾向性、意识形态性和公共性等。新闻的图式形态和叙事形式，寓于新闻话语和语境中。新闻有四种组构方式，表明记者报道新闻有四种方法。当代新闻出现了一些新类别，麦当劳新闻尤其流行。

1997年，一些西方新闻工作者来到剑桥，研究如何进行新闻改革，他们决定实施一个项目：让新闻工作者和公众仔细审视新闻工作应该做什么，如果新闻人认为新闻不同于其他传播形式，那么这两者的区别是什么？科瓦齐和罗森斯蒂尔得出的结论是："向人民传递信息"，坚持"新闻工作者公认的、明确的基本原则"（**科瓦齐、罗森斯蒂尔，2011：3-4**）。作为现代公共意识的代表、负载者、解释者和创造者，新闻已成为制度化的竞争性商品，也成为公共福祉（**Schudson，1996：34，47**）。麦克马纳斯指出，"新闻部门一方面要使受众对当前事件的理解力最大化，另一方面要令投资者的回报最大化，这两者之间发生的冲突，恰恰源于新闻内容的两个维度。特别在电视领域，引导维度的新闻价值高于商业价值，而娱乐维度刚好相反……新闻的最重要目的并非煽情，而是通过提供信息赋予公众力量"（**McManus，1994：152**）。

第一节　新闻的自然品质

约翰·埃尔德里奇（John Eldridge）指出，"新闻作品的自然品质以及对直接性和接近性的强调，是建立在新闻界客观、中立的职业要求基础上的。格拉斯哥媒介小组考证的问题是，如果媒体把'事实'整合为一体，那么这个新闻作品的性质如何？新闻是怎样一种人工文化产物？他们将新闻报道当作叙述文本加以考察：看其语言的语法和视觉逻辑的表达；看其图像或其他表达符号的运用；看其标题的运用；看其采访对象以及采访的内容和形式。简言之，就是对信息的组织方式、新闻呈现出来的各种趋势和明晰的解说进行考察"（**Eldridge，1993：9**）。这样看待和分析新闻，是深刻认识新闻的属性和性质的唯一途径，舍此不可能更好地把握新闻的属性。

一、新闻是否有精准的定义

精确界定“新闻”，是正确认识新闻的第一个前提，对此历来争论不休的见解近年来出现统一的趋向。“新闻是新近发生的事实的报道”这个传统定义并不严密，与其说这是新闻的定义，不如说这是新闻的特征。麦尔文·门彻（Melvin Mencher）在《新闻报道与写作》第12版中把新闻视为公共服务信息的传播，提出“新闻，是满足人们需要的、给他们提供理性决策的关键信息”，“新闻是一种公共服务，并具有悠久的历史，吸引了像查尔斯·狄更斯这样的作家，反映公众要求的新闻主题，至今都受到人们的关注”（**Mencher，2010：31**）。

艾伦也认为，在500多年前要对新闻报道做一个精确的定义是非常困难的，其原因在于直到15世纪英语中的“新闻”（news）才大体取代了古英语中的“消息”（tiding）一词，具备类似于我们今天所说的“新闻”的意义（**Allan，2004：2**）。这一意义就是今天新闻工作者通常说的，关于人们切身利害、引起人们关注的事件报道。盖伊·塔奇曼（Gaye Tuchman）指出，“如果一个社会对新闻的定义发生了改变，那么从逻辑上讲，这个社会的结构及其组织一定首先或随之会发生变化”（**Tuchman，1980：185**）。但如果把新闻界定为“事物正常状态的变动”也是困难的，“因为尽管某一事件被确认为是一种变动，但仍然存在一个问题，即这种变动是否大到足以产生一个令人感兴趣的新闻事件，构成一件大得足以吸引充分数量的受众”（**Leiter et al.，2000：45**）。可见，用事物的变动定义新闻也是说不通的。

当被问及如何定义新闻时，大多数西方学者和记者都会说新闻是一些发生的新鲜事，不曾为人所知，但却能够影响人们的生活，吸引人们的兴趣（**Harcup，2004**）。所以苏珊·佩普（Susan Pape）和苏珊·费瑟斯通（Susan Featherstone）指出，“虽然大多数新闻记者会就构成新闻的主要成分达成某种一致的看法，但他们不可能在某个精确的定义上取得一致意见。有些记者认为，新闻是刚刚发生的或就要发生的新事物，是即刻的、使人兴奋的、不同寻常的、出人意料的、令人吃惊的、生命攸关的、至关重要的和吸引人的事物”（**Pape & Featherstone，2005：17**）。

新闻关注不平常的事件，是由以下两种因素决定的：什么因素使一个题材成为新闻；在所有发生的事件中，为什么有的能成为头条报道，而有的却并未被发表？为此约翰·科纳（John Corner）给出一个“是否有用”的定义，“（新闻是）为读者、听众和观众提供关于重要事件的知识和理解，不仅有助于提高他们的理解力，还有助于增强他们判断和行动的能力”（**Corner，1999：85**）。这一功能性定义是一种利他主义理想，是为度量新闻的公众需要而提出的，成为当今西方新闻界比较流行的对新闻的界定。

吉布斯和瓦霍沃强调：“新闻定义中的公众性至关重要，就是说新闻是与大众相关的事实，是民众需要知道的消息。”“新闻机构以及新闻这个行业通过准确并透彻地报道时事赢得大众的信任。如果你犯了事实性的错误或遗漏了关键信息，你侵蚀的不仅是公众对记者个人的信任，还有对新闻机构以及整个新闻界的信任。”“最好的新闻报道总是反映民众的渴望：让社区成为更好的工作和生活的地方，让政府为民服务，让民主给予所有类型、肤色和观点的人发言权。

作为当今文明的信息和传播系统的一部分，传媒以其特有的方式成为芸芸众生的灵魂。”（**Gibbs & Warhover，2002：7，50**）帕克也指出，“新闻之于社会大众，正如理解力之于个人，它的功能不仅在于单纯的告知（to inform），而在于指引方向，帮助每个人看清周围环境的变化”（**Park，1967/1940：41**）。这两种解释，深刻阐释了科纳的功能性定义的内涵和价值。

新闻定义中另一个要素就是公众的“及时知晓”。伯纳德·罗斯科说：“所有的新闻都可被定义为‘及时的知晓’（timely acquaintance with）……公众的知晓大多要通过新闻的描述获得认知，透过理解掌握知晓。”“‘时效性’（timeliness）是‘新闻’的一个重要元素。在‘时效性’的要求下，新闻具有一种得知后必须及时告知公众的特质，这正是新闻与其他信息的基本差异。”（**Roshco，1975：13，19**）人尽皆知的信息不再是新闻，过时的信息是时效流逝的废品，能够及时或正在知悉发生的事件才是新闻重要而独有的属性。

另外，新闻不是受众亲自看到的事件，而是从他人或记者那里得到的信息，过去的许多新闻定义都忽略了这个因素。鲁斯·哈里特·雅克布斯（Ruth Harriet Jacobs）指出，“新闻重视的是对事件的描述”（**Jacobs，1970**），“从这种意义上说，新闻‘不是发生了什么，而是某人说发生了什么或某人说将要发生什么’”（**Sigal，1973：69**）。综合上述见解，**新闻**是由记者及时向受众陈述，满足其知晓环境变化的需要而提供的信息，如此定义新闻才能揭示它的内涵和外延，否则无法让人们了解新闻这个概念的全部意义。

二、新闻的双重本质

新闻的本质也称新闻的性质，是指新闻的根本属性，表现出一系列的外在特征。罗斯科指出，“新闻具有双重本质。首先，新闻是一种社会产物（social product），其内容反映的是孕育新闻的社会现实。其次，新闻也是某个社会组织的产物（organizational product），是专门从事搜集、传播新闻的专业机构制作出来的成品。这两个相互影响和交互作用的因素，使新闻具有社会性”（**Roshco，1979：11**）。

（一）新闻的机构性

盖伊·塔奇曼指出，“因为新闻赋予事件一种公众的性格，所以新闻从根本上说具有机构的属性。第一，新闻是向消费者发布信息的机构活动，消费者购买报纸是想看漫画或玩桥牌，想了解天气预报，想知道影院上映的片目，想了解社会生活中各种天灾人祸、风云变故。第二，新闻是合法机构联合制作的，国务卿可以在媒体上散布某种观点，‘普通’人则无法办到。‘普通’公民也不像有合法地位的政界人士和官员们那样，有权力把自己对新闻的态度变为公共政策和公共计划。第三，新闻是以组织方式进行工作的专业人员采制和传播的。所以，新闻必然是新闻工作者通过机构程序并遵循机构规范而制作的产品”（**Tuchman，1980：36**）。也就是说，新闻不单是记者个人采访、写作出来的，而且也是新闻机构集体的作品，重要新闻甚至是政界、其他社会机构和媒体协商的产物。

特别是，“新闻媒体在实现自身的权利中确实是相当复杂的机构，这些机构中不同的人扮演不同的角色……新闻的制作流程在很大程度上受官僚机构的支配”（**Sigal，1973：4**）。新闻报道是在两个系统共同作用下形成的：新闻叙事系统和行政机构系统。"记者从行政机构获知新闻事件时，这一事件已经带有行政机构作用的痕迹。记者对事件的加工，又产生了新闻叙事系统的作用。记者对行政机构的依赖源自新闻媒体的内在属性，这使新闻形成具备统一标准的作品，而行政机构则源源不断地为其提供可靠的、可预测的，甚至事先预定的新闻原料。"（Gans，1980：102）

记者从社会各种机构中得到新闻素材，并经常与之协商处理这些素材，"久而久之，记者变成政治机制的一部分（即使只扮演边缘的角色）。他的报道有选择性，有时是故意的选择，但大多数是不得不选择的。记者对采访对象所知渐多，便开始形成喜恶，不可避免地影响自己的判断，也开始和政治圈产生认同，常常会略去'不恰当'的新闻内容，开始帮助那些他认为应该获得重视的人或事加以报道"（Roshco，1979：142）。就这样，记者被社会机构逐渐"染色"，思想和行为也慢慢机构化了。如果新闻被看作"真实"的社会化产物，那么在另一方面它就会被当作社会化的制造，就像其他产品的制造一样。

（二）新闻的指称性

新闻的指称性作为其重要属性，用以说明事件内在的意义，尽管记者有时并不直接将它说出来。正如盖伊·塔奇曼所说，新闻报道"经常具有指称性，也就是说新闻从制作的语境中脱离了出来，这一特征见之于对事实的客观化。记者会引用某个消息源，但不会给出某个问题何以引出消息提供者的答案；记者会认可一个事实，但不会解释这个事实如何成为毫无疑问的细节。**新闻的指称性**既包含其非历史性，也包含其具体的逻辑性，是新闻工作者坚持不懈地拒绝仅仅在他们经历的时代语境中提供新闻，而认为应在昨天、今天和明天的相互关系中对新闻进行分析"（塔奇曼，2008：181）。

这是处理新闻事件的一种方法，即客观地陈述新闻却要显示某种意旨，告诉受众事件以外的某种思想，即指称事实象征着什么。舒德森认为，"新闻的决定因素在于思想和象征之间的联系"（Schudson，1989：16）。在阿拉苏塔里看来，新闻报道的题材反映了现代的文化意指和文化价值，根据这一思维，对新闻的文化理解和文化实践是认识新闻形式和内容的关键因素，因为文化与所有的社会实践都密切相关（Alasuutari，1995：71）。新闻报道通过对事件特殊细节和某些特征性事实的选择，帮助公众形成对事件的理解。"以一场暴乱的报道为例，通过报道参与人数、死伤人数、财产损失、结果与进展（一人被捕，随后一群暴徒聚集在警察局），把原本一个无组织的偶然事件转变成一个公共事件和公众关心的暴乱（特定的暴乱），形成所有暴乱的一般特征的概念。""依据新闻数据而没有考虑事件的其他内容，正是社会学家考察社会暴乱实际运用的新闻的指称性。"（塔奇曼，2008：179－180）

政治新闻的指称性不仅明显，而且具有普遍性，因为政治新闻无论在感性或理性层面上一旦引起人们的注意，都通常从一个关键词、观点或主题开始，让人们思考政治客体（政治问题、政治事件或政治人物）究竟是什么、想干什么、有什么目的，推想与此相关的事务或发展结果。贝内特认为，"政治主题和口号推动人们对某一局势发挥自己的想象。一种形象的产生并非毫无基础，它是人类思维在政治信息作用下的产物，具有暗示性的象征意义。一个形象的象征意义一旦非常单一和抽象，缺乏必要的细节，人们就会添加自己的理解，使它真正具有某种意义”（**Bennett，2011：153**）。多利斯·格雷伯（Doris A. Graber）也认为，人们从媒体提供的象征和形象出发，主动地构筑了个人的含义，政治传播为完成一个形象塑造提供必要的事实和情感，具有象征意义的信息就变得越来越真实，越来越可信（**Graber，1988：210**）。

许多记者利用新闻的这一性质，把某种意指隐藏在新闻叙事中，强化新闻的指称性。正如尼古拉斯·阿伯克龙比（Nicholas Abercrombie）所指出的，“电视新闻有取有舍。它收进某些观点和信息，并加以突出；同时，它又排除其他的，或许是相反的观点，并以此挡住观众的视线。这一过程是以几种不同的方式发生的。最为重要的是，新闻明确了问题，决定哪些是重要的，并根据那些新闻价值来安排内容的播报”（**阿伯克龙比，2001：74**）。但也有学者认为，记者在写作中无意识地赋予了新闻的指称性。例如赫伯特·甘斯（Herbert J. Gans）写道：“绝大多数观点看起来都是在无意识之间进入到新闻中的，通常使用隐含的、轻蔑的词汇与短语等形式。当新闻工作者将公民骚乱的参与者描绘成‘群氓’或‘乌合之众’，当他们消极地报道生活费用的上涨，或以讽刺的口吻描述青少年的行为时，都是在表露观点，但他们可能对此浑然不知。此后，这些观点可能被抛弃、调和或转变为立场。”（**Gans，2005：213**）新闻中的观点，无论是明显的还是隐晦的，无论被扬弃、妥协还是接受，归根结底大都来自记者的立场。

（三）新闻的意识形态倾向

新闻的倾向性是新闻的重要属性，这不仅是某些重要事实本身所固有的，而且经常是由媒体赋予的结果。这首先表现为新闻媒体具有政治倾向，特别是主流媒体都有党派性或政治站队问题。英国学者布赖恩·麦克奈尔说：“不管我们如何高估媒体反对现有政治体制的作用，我们都不能忽视大众媒体（特别是报纸）确实有政治倾向。了解这一点对于理解媒体在民主进程中的作用更为重要。我们已经看到在英国这样的资本主义社会里，报纸可以发表自己的观点，人们也期待它这样做”（**McNair，2011：65**）。

麦克奈尔还指出，整个20世纪英国报纸的政党倾向都很明显，有时报纸的亲保守党倾向甚至与该报读者的政治倾向恰好相反。许多英国人把报纸看作灌输意识形态的工具，认为它为英国最富有、最有权力的政党服务（**McNair，1999：154**）。埃尔德里奇也认为，“在实践中，我们的方法揭示了新闻具有‘倾向性’的内涵，媒体某些观点的重复、解释及被新闻工作者采用、强调，构成新闻过程的一部分。这还表现在材料的选择、主题的突出与它们最后做出结论之间的联系上”（**Eldridge，1993：249**）。

实际上，新闻的倾向性是政治新闻的意识形态的反映，即记者在新闻选择和报道中表现出来的根深蒂固的观点，导致受众对新闻的判断也有自己的倾向。盖洛普的民意调查指出，“（人们）往往根据自己的意识形态来判断某一媒体大多数的报道或一段时间内一贯的倾向性，这一结论有民意调查结果为证：中间立场的人认为媒体比较中立；左派人士则抱怨媒体太保守；而右派人士则认为媒体有左倾的嫌疑”（**Gallup-Organization，1986**）。在贝内特看来，造成受众产生不同看法的原因是，重要新闻本身就具有意识形态倾向，很难做到中立和客观。“关于意识形态倾向性的争论从未停止过，这个问题媒体自身是无法解决的，其中至少有两点具有讽刺意味：一是，即使媒体可以做到中立或客观，在一些问题上观点明确的公众也不会认可；二是，新闻中包含很强的意识形态倾向性，有观点的人一眼就能察觉出报道中的倾向，但他们依

旧坚持自己的观点，毫不动摇。”（**Bennett，2011：48**）

重要新闻特别是政治新闻很难摆脱意识形态，为此，詹姆斯·埃特玛（James Ettema）教授总结道：“归根结底，新闻天然就是意识形态的，尽力使用实际的证据对事实作出判断。”（**Ettema，1987**）麦克奈尔则强调，“新闻获得理论家所称道的意识形态内容，新闻工作变得不是传播新闻，而是一种社会再生产，服务的对象不是社会整体，而是优势群体和阶层……这种信息媒体成为意识形态的生产者，代表少数精英对多数从属阶层统治的利益”（**McNair，2003：22**）。这表明，新闻与意识形态相关，但并不等同于意识形态；新闻与信息相关，也不完全等同于信息。新闻是在事实中潜伏着意识形态的社会力量，本身就是政治行动的一种形式（**Schudson，1996：3**）。

贝内特同时指出，“这种新闻倾向性是非体系性的，危害也远比人们想象的要小，但许多美国人因新闻的这种倾向性陷入无休止的争论。与此同时，最有讽刺意味的是，当人们把注意力集中在记者的政治观点上的时候，却忽略了真正值得担忧的信息的倾向性”（**Bennett，2011：49**）。这是说，有些新闻事件本身就有倾向性，正如利昂·纳尔逊·弗林特（Leon Nelson Flint）早年所说，“问题并不是报纸怎样看待它的新闻，怎样看待它的事实？从大众的角度看，它代表谁？或者从某些私人利益看，它代表谁……我们现在知道，既有可能合理地为新闻增加倾向性，也可以毫无道理地这么做。为报道添加倾向性并不是说完全改变它的意向，而是根据事实的自然性质作出合理的推论”（**弗林特，2005：63**）。戴维·麦奎因（David McQueen）特别强调，“倾向并不是真理的对立面，重要问题在于电视新闻表现出的倾向是否公正，换言之，这种倾向是否充分体现了公众所持有的观点”（**McQueen，2009：103**）。新闻正确反映了事实的倾向，即反映了事实本身的利害关系，则是报道公正性的表现。

三、新闻场与场域理论

新闻场是西方学者分析权力控制新闻、影响受众的一个概念，首先由法国皮埃尔·布迪厄（Pierre Bourdieu）提出。布迪厄认为“新闻场”（journalistic field）是一个“具有自身规律的微观世界”。在这个领域中，“生产出来的新闻将特有的政治视角强加给公众，而政治视角则根深蒂固地存在于新闻场的结构和记者身上”（**Bourdieu，1998：2**）。布迪厄创立了新闻场域理论，指出“从分析的角度看，一个场域可以被定义为各种位置的客观关系所形成的网络，或称一个架构。这些位置和它们强加给处于特定地位的人或机构的决定因素，被不同类型的权力（或资本）所界定，占有这些权力就意味着把持了这一场域的专门利益，也表明它们的实际和潜在的处境，以及它们与其他位置之间的客观关系——支配关系、屈从关系、同源关系，等等”（**Robbins，1991：87**）。

上述论断让人颇为费解。布迪厄在这里实际是说，新闻场作为社会结构的一种空间，由统治者和被统治者形成恒定、持久的不平等关系。处于统治地位的力量——包括政府权力和资本权力，总是对一切社会关系与社会问题作出说明，确立它们的有利地位和特殊利益。这既是社会的本质，也是一切新闻产生的场域。从这一角度出发，布迪厄分析了以电视为代表的大众传媒怎样从民主的非凡工具蜕变为压迫的工具，充当维护现存秩序的手段。新闻的产生和报道，都以这种社会关系为背景，“行使了一种特别有害的象征性暴力，这是一种通过施加者与承受者的合谋和默契而施加的一种暴力，双方通常都意识不到自己是在施行或在承受”（**Bourdieu，1996：83**）。“象征性暴力”看起来是一种“无意识行为”，实质是隐形的强行支配与被支配的“场域”机制，渗透到生活的各个方面，不仅新闻在这里产生，而且新闻的说服与欺骗也变得自然而然。

除了权力，受众需求也是新闻场的决定因素，不同媒介在新闻场中不断角逐，为吸引和控制受众不断改变它们的关系。20世纪50年代电视在新闻业中远不如报纸有力量，但随着岁月的流逝，电视在新闻场的经济实力渐渐占据统治地位，商业因素造成了强大的信息流，由追求文化品位转向迎合观众的趣味，使电视成为新闻场的主导者。“各电视台越来越求助于轰动性报刊使用过的老掉牙的手段，虽不是把整个位置，但把首要位置让给了社会新闻和体育消息。新闻场的特殊性在于，比其他文化生产场，如数学场、文学场、法律场、科学场等等，更受外部力量的钳制。它直接受需求的支配，也许比政治场还更加受市场和公众的控制。”（**Bourdieu，1996：84**）

新闻选择与报道都在社会场域中确立，传播内容又推动了社会场域的形成，这一切都是各种力量交错的结果，尤其是商业竞争与迎合权力的口味已成为新闻场的重要因素。布迪厄认为，相对于文化生产的其他领域而言，如司法、文学、艺术或科学，新闻界同样拥有一定程度的自主权，但决定报道内容和如何报道，却需要一些社会条件。正是这些条件决定了新闻的集体操纵：“对事件进行掩饰，理顺其中的头绪，去掉其政治色彩”，成为“逸闻趣事或丑闻”。如果煽情新闻可以和市场成功画等号，那么新闻的职业标准必定会受到受众率统计的影响。他写道：“大家都知道这样的‘规则’，如果报纸或其他媒介想扩大覆盖面，就得磨光其棱角并排除任何可能分化或排斥读者的因素。”（**Bourdieu，1998：44**）这样，尽管不同的新闻机构存在着激烈竞争，但“独家新闻”却常常千篇一律，公众对新闻的个性也就没有任何要求和想象力了。

新闻场直接表现为媒体营造的话语场，建构了大众文化领域。话语和话语方式实质就是说什么和怎么说，传媒乐此不疲地寻找话题，把大众吸引到它的话语场。政治、司法、科学、文学、艺术等领域的专家人物在媒体上与公众对话，这些“快思手”（fast-thinkers）在生产话语的同时，制造了新闻气氛和民主气氛，把公众带入时代现场。布迪厄指出，一个文化生产者越自主，越有专业资本，竞争对手就越会失去顾客市场。与之相反，越把自己的话语投向大众，就越倾向于与外部权力，如国家、教会、党派合作，整个社会就越可能屈从于它们的要求或指挥。他指出，“这些‘电视快思手’、记者、史学家、辞典编纂家或靠录音机对当代思想进行总结的人，都毫无顾忌地利用社会学——他们理解的社会学——在知识场四处出击，发动独特意义的‘政变’”（**Bourdieu，1996：81，153**）。显然，新闻场就是思想的角斗场。

安德鲁·克莱因（Andrew R. Cline）把新闻场视为智力场的纯理性领域，充满能知、想知、已知及语言的复杂关系。新闻是最重要的文化话语，驱动人们的智力，使处于主导地位的修辞产生效果。新闻场告诉我们“谁能知道，他知道什么，是怎么知道的，他如何建立和受众的关系，借助语言如何构筑理性领域。新闻工作是一种理论实践，而大多数记者没有意识到这种作用”。克莱因认为，新闻场具有物理场的因素，即结构性偏差理论与叙事理论。“社会政治背景下的结构产生新闻产品，决定新闻实践的效果。记者套用叙述结构，创建社会意识的连贯性和因果感，反映新闻对社会的约束，并以社会为基础，构成时代的主导话语。”新闻这个非封闭系统，传达了这样的纯理性意义：什么能和什么不能知道；能知道的问题的性质；社会关系与认识者之间的性质；语言的本质。换句话说，“对于新闻场而言：（1）有什么方法可以知道和怎么知道；（2）谁是知者，为什么？（3）什么是记者，他同事实来源和受众之间的关系是什么；（4）新闻语言如何创建这种关系，并提供新闻”（**Cline，2004**）。显然，新闻场是智力场，充满让知和不让知、能知和不能知的角力。

新闻场与政治场和经济场相近，比科学场、艺术场甚至司法场更受制于市场逻辑。新闻场受到的钳制力不断增强，通过各种方式强化对其他场域的影响，渐渐对其他文化生产场构成威胁。新闻形成的通俗化力量，深深扎入受众脑海，具有潜移默化的感染力。电视为了尽可能招徕最广大的观众，竭力迎合并利用公众的兴趣，全力地提供粗俗的节目。典型的脱口秀，赤裸裸的生活曝光，尽力满足窥视癖和暴露癖的节目……各电视台极尽犬儒主义，将社会生活化为逸闻趣事和流言蜚语，大大增强同其他媒体的竞争力。布迪厄指出，“新闻工作者是惶惶不安的人、贪得无厌的人、叛逆造反的人或无耻屈服的人最多的行业之一”（**Bourdieu，1996：62**）。为使新闻场的自主性免受威胁，抵抗社会的时髦要求，可以有两种策略：要么坚决划分各个场域的界限，设法恢复新闻思维与行动的场界；要么走出象牙塔（左拉开创的模式），推行当初进入象牙塔时所制定的价值标准，利用一切可能的手段，把新闻界自主性获得的成果强加给外界（**Bourdieu，1996：113**）。

在各种场域更加体制化的语境下，布迪厄的场域分析过于简单幼稚，因为媒介的低俗和去政治化，来源于对市场利润的屈服，无论哪种媒介一旦没有利润，不但不会有场域的影响力，甚至连其生存的地盘都要丧失。这样一来，大众兴趣和大众文化成为新闻场的重要因素，媒体不得不迎合通俗文化的需要。在当代，新闻场中的受众市场实际上居于核心地位，各种媒体的共存和竞争都受商业逻辑制约。传播技术的飞跃发展，使不同媒介的优势不断发生变化，报纸主导的时代让位于电视时代，网络媒体正在夺走传统媒体的优势，也严重打击了文学、艺术等其他文化场域的地位。

四、新闻的公共性

新闻除了具有时效性、指称性、倾向性、意识形态性和场域性等特征外，公共性是它的更重要的特征。塔奇曼在《做新闻》一书中认为，“新闻报道不仅赋予自然事件以公共事件的存在方式，而且还赋予其特征，因为新闻报道通过对事件特殊细节和‘特色’的选择性披露，帮助公众形成了关于事件的定义”（**塔奇曼，2008：179**）。丹尼尔·戴扬与伊莱休·卡茨也认为，“人们每天从新闻接收大量信息，在接收、认知过程中必然与人们谈论，尤其是一些与自己生活圈子相关的新闻。新闻为人类生活提供了谈论的公共话题。相关事件给人造成一种同情的思绪，并在大众中流行，人们打电话联系或互相走访来评论事件，重新激活了家庭纽带和人们的友谊”（**Dayan & Katz，1994：223**）。新闻为人们提供了社交内容，许多人在和他人谈话时，常常将他们在媒介上得到的新闻作为对话的主题（**Dominick，2010：38**）。因为这些新闻给人们提出公共问题，成为社会公共讨论的对象，无疑它是一种公共产品。

许多西方学者都强调，新闻不仅是大众消费品，还是一种公共服务，扩展公众对身处环境的理解，满足其监测环境的需要，把公共事件提出来让受众审视和交流。虽然说，“更多的受众可能会选择更便宜、更煽情的新闻，如来自电信服务机构和广播网的新闻报道，而不是选择不太吸引人的、有关地方政府和商业的新闻报道，但是新闻模式应该引导电视台为后者而努力。根据新闻模式，我们可以预测大量的新闻发现是积极的，或者说，至少电视台能够在成本承受范围内的报道积极的新闻，推进大众对公共事务的讨论和认识”（**McManus，1994：123**）。西方的民主政治强调公民对社会事务共同做出选择，需要公众参与公共舆论，媒体提供的公共事务新闻便成为前提，也是媒体构建公共领域的基础。

“公共领域本质上是由社会中的传播机构组成的。事实和观点在这些机构中流通，集体的政治性活动依赖信息共享。换句话说，这些传播机构就是我们的大众传媒，为公民的自由传播提供信息。”（**McNair，2011：23－25**）为了充分发挥媒体的这些功能，进而生成一个真正的“公共领域”，有一些条件必须满足：媒体传播的政治讨论必须是畅通无误与真实可信的，反映出表达者的诚意与审慎；大众传媒“必须对所有公民开放，信息必须公开，对于那些可能会被信息左右的人而言，必须在制度上保障‘公共领域’的存在”（**Cooper，1991**）。反之，不可能存在什么公共领域，正如一些美国学者反思新闻及媒体丧失公共性所带来的危险那样，公众将被剥夺参与公共生活的权利与机会。霍华德·图姆博（Howard Tumber）指出，“我认为：（1）新闻忽视了对有效报道公共生活的责任；（2）这种责任的丧失必然引起公共生活的萎靡；（3）新闻应该而且可以成为振兴公共生活的主要途径；（4）但前提条件是新闻业必须做出巨大改变。当然，我并不认为新闻业是唯一因素，普通大众和政治家也应该作出贡献”（**Tumber，2002：432**）。

第二节 新闻的形态与形式

理查德·基布尔（Richard Keeble）说：“一切新闻的体例最重要的元素都很明显：直观、明白清晰，具有紧迫感，重点突出，易于提取和集中相关的具体细节；语言简练，但内容丰富、描述生动，带有现场感；还有政治和道德观点，对反面意见也公开（这一点经常被忽略或被人批评为乏味）披露。”（**Keeble，2008：52**）正因为如此，大多数人愿意按时受阅新闻，甚至饶有兴趣地每日必读、必看。正如埃尔德里奇指出的，“新闻作为一种仪式就像人们观赏体育比赛，让人们入迷……但这并不意味新闻可以被简单地理解为仪式，我们只是建议：新闻是一种仪式的、修辞的、事实陈述的、传达信息的（有时是错误传达）、推测的、解释评论与选择性的结晶”（**Eldridge，2000：114**）。以上这些结论，都概括了新闻的形态和形式。

一、新闻的图式形态

新闻是一种图式，或者说具有图式外观，给受众一种感性效果。麦克奈尔认为，从本质上讲，新闻担当了“我们联系世界的方法”的角色，尽管这个世界正在缩小，但它仍然远远超出我们直接、个人的经历。新闻为我们提供了帮助我们描绘现实世界的“认知图”（cognitive maps）（**McNair，2001：21**）。科瓦齐和罗森斯蒂尔在《新闻的十大基本原则》一书中强调，新闻工作就是当代的地图绘制工作，为公民画出探索社会的地图。媒体绘制地图的观念在于说明什么是新闻应该负责报道的问题，就像地图那样，新闻工作的价值取决于是否全面和均衡地再现生活图景。“把新闻工作者看成地图绘制者，有助于我们认识到‘均衡’和‘全面’是做到准确的关键要素。”（**科瓦齐、罗森斯蒂尔，2011：188**）

新闻图式并非给受众献出一幅图画或真正的地图，而是让受众通过新闻看到客观世界的图景，引导受众从两个维度把握感性事件。这是新闻形态独有的传播效果。劳伦斯·温纳（Lawrence Wenner）教授在对“使用与满足理论”的研究中作出评价说：“新闻是一幅满足性的‘地图’：一个是内容的维度，另一个是过程的维度。内容的满足，或称为回报，主要来自认知行为，即使用信息是为了获得知识，看清自身周围的状况，增加或减少对个人环境和社会环境的不确定性，决定是否认同现存的信念体系。过程的满足主要涉及接收信息的情感与情绪变化，包括大量‘回避社会的情感’和受到‘社会情绪刺激’作出的反应（常与‘娱乐’密不可分），并通过文化这个中介消除‘同社会隔绝’的抵抗情绪，从而与社会发生联系。新闻图式及其这两个维度，已经远离对内容本身的消费，而是新闻具象化的心理作用”（**Wenner et al.，1985：173**）。

通常，新闻图式借助语言或图像展示出来，使事件的景象历历在目，构成新闻的基本形态。荷兰学者托伊恩·梵·迪克（Teun A. Van Dijk）强调，新闻话语有一定的组织原则，需要以句法限定话题，在文本中插入或排列成一定形式。“话语的这种总体形式可用以规则为基础的图式来界定。这种图式有着一系列按等级排列的不同范畴，在不同的话语类型中它们的特点也各不相同但又已成定式，所以在不同的社会和文化中构成图式的范畴也各不相同。”（**梵·迪克，2003：50**）梵·迪克不仅列出一个多层级的事件与主题图例，而且揭示了新闻话语和故事结构所固有的图式效果。W. 雷巴乌（W. Labov）和J. 瓦列茨基（J. Waletzky）在1967年就提出过，“新闻故事具有叙事图式，传统上由总括、场景、冲突、结局和尾声构成。就是说，新闻可由一系列概括整个故事的句子开头，接着是介绍故事发生场景的一系列句子。这些场景连续介绍事件或行动发生的情形（事态、事件、地点等）、主要人物和他们的性格等情况”（**Helm，1976：12－44**）。

直到如今，新闻话语的图式理论还相当幼稚，多数研究只集中在具体话语类型和故事结构上，缺少系统理论的阐释，对图式结构的分类与规则缺少详尽的分析。新闻图式实际是社会趋势性图景的再现，反映社会发展的进程，通过真实的具象展示事件的场景、经过和某种结局的必然性。正如赫伯特·甘斯所说，“与其他经验性领域类似，新闻要做出判断，同时就包含了价值，或者说它有一些偏向性的陈述。由此进一步揭示出，在新闻的表层之下可能存在着一幅关于国家与社会的‘应然’图景”（**Gans，2005：41**）。

新闻语言的图式取决于文本的主题，体现为对事实的陈述，其情节可能在文本的不同位置出现。新闻话语的任务就是以间断式的描述再现整个事件，对不那么重要的细节可在语义上省略，对重要细节则以生动、简约的话语安排在显著位置上。“新闻制作过程中的这种突出细节的策略受制于新闻价值，因为这些新闻价值和它们的认知作用影响新闻图式的实现和表达。新闻主题结构和图式结构都是抽象的、非显性的，在新闻文本中可用不同的结构方式再现。”（**梵·迪克，2003：58**）霍尔说得更为明确，“通过这些语言文字指代的背景框架，新闻事件的定义、分类和组织都是媒体使读者和观众理解世界的根本方法”。“其中一个重要的背景假设是社会的共识性，这一说法假定，我们之所以作为一个社会中的成员而存在，是因为我们和同胞享有共同的知识储备：我们掌握着相同的通向‘意义地图’的路径。我们不仅能够随意操纵这些‘意义地图’来理解事件，还有同样的根本利益、价值观和兴趣体现或反映在这些地图上。”（**Hall et al.，1978：54－55**）

当新闻通过摄像机镜头呈现时，比文字新闻更加图式化，因为它本身完全是一幅幅图景。“图像会呈现完全不可预知的情境，拍摄者做出的是紧张和紧迫的判断。当记者决定将图片或图像作为新闻或其中一部分时，涉及的不仅仅是图像或照片那么简单。选图、插图的位置、重要性以及尺寸等问题的调整，牵涉的不仅有拍照或摄影记者以及排版的图片编辑描绘什么、怎样描绘，还有各个因素的权衡。”“通过摄像机表现的新闻拥有很多形态，图像能够分散地聚焦个体，保留背景，或充分囊括辽阔无垠的风光以及宽广无际的自然景色。拍摄的角度、光线、焦距是否有表现力，是否有亲近感或信任感，都是表现新闻主题的关键因素。”（**Zelizer，2005：165**）

芭比·泽利泽还认为，公众把图像看作新闻吸引人的一种方式，人们普遍认为眼见为实，这种视觉中心主义倾向自古就有。它让人们相信，图像在一定程度上可以帮助我们更容易、更真实和以更可靠的方式抓住这个世界，给人提供更容易理解的方式，在某种程度上能够理解超出他们认识能力的世界。某些公众对图像还持有特殊的价值观，记者评价图像时，也会肯定“眼见为实”的权威性。“不仅因为他们炫耀自己‘曾到过那里’，也因为新闻图像暗示‘我们在这里’而‘你不在这里’的价值。”（**Zelizer，2005：170**）

2002年迈克·沃德（Mike Ward）在《在线新闻》一书中指出，在线新闻记者使用音频和视频，利用印刷媒体的详细资料和背景与广播媒体的直观性来显示图像（**Ward，2002：18**）。传统的印刷新闻以有序的链条来传达新闻，但在线新闻记者破坏了传统讲故事的方法，重构一系列独立而相关的情节来串联图板。“情节串联图板以超文本链接起来，融入一个更大、更全面的整体之中，允许作者在不必受到常见的限制下表达想法，即不用按照特定的顺序表达思想”（**Bonime & Pohlmann，1998：45－46**），就是说，网络新闻展现出更加广阔的思想图景，网络图式无限扩展了受众的视野。

二、新闻叙事及其自反性

在形式上，新闻是叙事报道，构成叙事文本。艾伦·贝尔（Allan Bell）写道：“记者就是我们这个时代专业的故事员。童话故事总以‘很久很久以前’作为开头，而新闻报道的开头通常这么写：‘在今天的一起巴士车祸中，有15人受伤……’记者工作的重点就是获取和撰写故事，而好故事也就成了好新闻的核心。”贝尔认为，**新闻叙事**包括叙事内容（narrative content）和叙事形式（narrative form）。叙事内容是按实际发生的顺序排列事件，有故事情节和结构。

亚里士多德在《诗论》中就对叙事结构进行了探讨，它通常由人物和场景、事件的发展、矛盾的冲突、高潮的到来和冲突的解决、事件的结局所构成（**Bell，1991：147**）。

叙事形式是指事件的呈现方式和顺序，可以是碎片式的、章节式的或“闪回”（flashbacks）式的，即倒叙形式。新闻叙事通常从冲突（即事件爆发）开始，然后是结果，最后才是对于事件背景的介绍，引导人们对新闻的理解。“新闻报道的主要活动并不是以时间顺序叙述的，而首先给出结果，然后，通过不同时间段，推出一个复杂的事实循环。”（**Bell，1991：153**）这种循环包含客观描述，也包含记者对事件的理解而做出的判断性叙述，两者往往错综交叉，因而是一种复杂的**叙事循环**。按照索尼娅·K·福斯（Sonja K. Foss）的说法，“叙事帮助我们总结经验，以便能够理解生活中发生的事情”（**Foss，1996：192，399**）。“新闻故事通常关注那些能吸引人（有新闻价值）的事件，阐明并维护对社会文化现象的共同理解，为人们提供认识周围事件的方式。”（**Ochs，1997**）

新闻叙事很少有完整的结构，结构往往比较简单，一般包括三个相互关联的因素：第一和第三个因素总是描述一定状况，而第二个因素则讲述人物的行动，旨在说明事件的第二个因素相比于第一个因素发生了变化。换句话说，“新闻叙事由三个部分组成：背景（setting）、冲突（complication）和结果（outcome），通常缺少最终结局（final resolution）”（**Alasuutari，1995：71**）。这不仅安排了叙事的顺序，也是一种意义排列。记者理解事件，叙述和记录现实，需要**自反性叙事**，即尽量从客观角度反观现实，在再现事件的本质时努力排除主观判断。它与新闻的指称性恰好相反，力求在叙事中摒除自我认识。“自反性和指称性是事件转化为新闻的因素，是构成新闻公共性的特征，也是新闻工作的组成部分。”（**Tuchman，1980：196**）实际上，新闻叙事总是在客观叙事和主观判断这两个环节上交叉进行的。

罗伊·P·克拉克（Roy Peter Clark）针对在新闻中“谁会成为主要角色？情节是什么？哪里是故事发生的场景或环境？动机或原因是什么？如何进行叙事？或者说如何把所有元素组合在一起？”回答说：“我们通常已经告诉了你新闻是什么，但是你还是想知道它是如何发生的。莫妮卡·莱温斯基开始是怎么进入白宫的？叙事就是回答‘那是怎么发生的？’”（**Clark，2008：48**）。如果记者把何人看成角色、何事看成情节、何地看成环境、如何看成叙事的话，那就可以把信息和故事融为一体。新闻不再只是数据，还有更多的意义。坚持这么做，就必须进行更多的采访，具有强烈的好奇心……主要思路就是追踪某个角色，看他遇到了什么困难并如何解决。这要通过以下五种叙事方式来完成：首先是呈现（exposition），介绍角色及其遇到的困难；接着是行动（rising action），展示解决困难所碰到的各种障碍；然后是领悟（insight），获得某种启示；再者是解决问题（resolution），最后是结局（denouement），让松散的结尾变得紧凑（**科瓦齐、罗森斯蒂尔，2011：177**）。

新闻是记叙文体，不寻求陈述的生动，而要求真实地叙述；除了运用形象手段，还须加上动作描写，使整个文本连贯为一体。柏拉图早就指出客观叙述和临摹两种方法：第一种方法要使情节再现得清晰，揭示事件的因果关系；第二种方法把作者也置于故事中，让他和主人公有同样的经历，以逼真地描写细节。新闻叙述的事件无论如何生动、悲壮，如果不真实就失去应有的效果。报道的事件要毫无疑点，有直接的见证者和见证材料，使公众了解这些事件，就如同进入时代的实验室一样。

三、新闻话语与语境化

新闻最主要的外在形式就是新闻话语，用一套能够表现故事特征的语言，表达记者对事件的再现。“记者们总是试图将新闻报道置于一个更完整的语境中，传统媒体的时间和空间限制，意味着报道都被裁减而从单一角度来叙述，难以提供新闻背后的整个事实。”（**Pavlik，2001：23**）**新闻话语**在特定语境下被有目的地使用，以表达事件及其意义，渗透在记者拟就的文本中。“‘说话者—文本—受众’形成语境和交流行为，出现于一定社会环境，甚至重要的政治背景中。为了正确理解新闻话语，我们不仅需要分析句子的意义、它们之间的内在联系，以及它们是如何形成一个连贯的文本的……我们还需要知道说话者或作者通过话语在做什么，以及这种‘行为’又是如何与其使用的语境联系起来的。”（**富兰克林等，2008：80**）

波林·罗斯诺（Pauline Marie Rosenau）在《后现代主义与社会科学》一书中给“话语”下的定义是：所有被书写、被言说的东西，所有引起对话或交谈的东西（**罗斯诺，1998：2**）。新闻话语有三个层面：一是报纸、杂志、电视、电影话语；二是以电脑为媒介的网络话语；三是指最为广泛意义上的公共和日常话语。记者试图将报道置于一个更完整的语境中，努力营造一个巨大的话语场，容纳并呈现日常生活的各种意境，使新闻通过话语作用于受众（**Scollon，1998：5**）。新闻中的某种价值观，既有国家话语的渗透，也有记者语言的介入，一个时代的声音在共时意义上表现为国家话语与记者新闻语言的互动。

荷兰语言学家梵·迪克最早将结构主义话语分析引入新闻语篇，他的《作为话语的新闻》和《新闻分析》两本著作阐述了新闻话语的结构与特征，认为新闻话语是新闻传播的主要形式，新闻既是叙事的实体又是叙事的外衣。“新闻话语最典型的特征之一就是组装性，许多语言连接在一起，发挥介绍、铺垫、穿插各种内容的作用，而每个主题只在某一部分中体现，并不贯穿于整个文本。”（**梵·迪克，2003：45**）叙述信息在新闻话语中循环出现，高层次的信息出现后总是出现更低层次的细节信息。“和其他话语类型一样，新闻也有许多隐含在字里行间的意义。这些意义要么能够被推导出来以理解全文，要么通常被事先认定为读者知道的一般或具体的信息”（**梵·迪克，2003：71**）。依据肯尼思·伯克（Kenneth Burke）的观点，新闻应当完全具有语义学的意义，而不具有诗歌的意义（poetic meaning），但有时两者又很难区分（**Burke，1974**）。

罗杰·福勒（Roger Fowler）指出，新闻记者用刻板印象、套话和隐喻的文字表达意义，“这些表达方式并不是随意、随机的，表达方式之间的差异意味着意识形态的不同”。“从本质上讲，人们说出或写出世界上的任何事情，均是从意识形态立场表达的，语言不是一个清晰的窗口，而是一种折射的、构建性的媒介。”（**Fowler，1991：4，10**）不管新闻记者为写作的客观性付出多么艰苦的努力，他们最终还是透露出他们的价值观，并很可能被附加了价值观的语言所害。新闻报道具有时事性、解说性、趣味性，有时还需要娱乐性，但在一般情况下，新闻报道的语言应充满活力，表达清晰，易于被最广泛的潜在受众所理解，还要防止夸大其词、言过其实，避免坠入廉价的小报形式。“我们不需要过分地进行戏剧化的描写。如果一则报道本身不够戏剧性的话，即使使用浮华的词语，也不会达到预期的目的。”（**Pape & Featherstone,**

2005：51）新闻话语是否恰当，直接关涉新闻的形式及其导向，这使新闻具有特殊的语言风格和语境。

第三节 新闻内容的组构

记者报道新闻，以四种不同的组构方式呈现新闻事件，“这些方式包括各种易于辨认的类型与程式”。“对于所有的媒介来说，再现的内容是有限、简约的，但需要通过可辨认的符号产生意义。没有这些符号或程式，再现将是‘不可释读的’。因为每一种再现都需要特殊的解读，正如每条电视新闻从每个可能的机位拍摄产生的是不同效果一样。”（**McQueen，2009：138**）记者组构新闻材料的四种方式如下。

一、“新闻钩”的组构方式

卡罗尔·里奇（Carole Rich）认为，一篇新闻主要有三个部分，在篇章里出现的顺序是“导语、主体和结尾。其他的新闻元素是支持导语的部分，即新闻点、冲击力、归因、背景和细节”。导语（lead）处于新闻报道的开始，犹如“**新闻钩**”吸引读者阅读。接下来是解释新闻的关键点，即新闻点。**新闻点**（nut graph）通常由一句或一段话构成，表明新闻的焦点或重点，涵盖记者的评论和观点，凸显新闻主题，其他信息围绕它来展开。有时它是支撑导语的引语（lead quote），成为新闻中最有力的信息和词语。冲击力（impact）是指新闻给受众留下的第一缕强烈印象，回答新闻的意义在哪里，新闻中什么地方值得人们关注（**Rich，2009：37**）。**归因**（attribution）说明记者是从哪里得到的事实材料，谁告诉了记者这些事实，读者如何确定记者所说的是真实的，“归因”提供对这些问题的答案。**背景**（background）是记者对主要事实的引申，有时穿插细节（elaboration），陈述或引用详细的事实说明怎么和为何发生这个事件。最后是新闻的结语（ending），包括事件的进一步发展或对信息的总结性话语（**Rich，2009：37**）。里奇概括的这种新闻的顺序性结构，是由导语这个“新闻钩”——“勾”出来的，作为新闻组构的普遍方式，能使客观事件的呈现产生清晰的效果。

“新闻钩”组构的每个环节，都需要以简括的语言再现最主要的事实，从导语开始就需要贯彻这一原则。托尼·罗杰斯（Tony Rogers）在《新闻截稿之前的写作》一书中写道：“我们的目的是用尽量少的语言写一个能够表现出事件的复杂结构的导语。记住，导语是全文的概括，是一句话的故事。也就是说，这里我们只需要最重要的信息，细节是第二位的，应该被排除在导语之外，把它们放在导语后面的部位（特别是倒金字塔结构）。细节可以包括准确的时间、地点、姓名以及年龄等。”（**Rogers，2003：24**）

即使概括性导语，也要按照时空顺序来简述事实，正如里奇所说，应考虑什么样的信息以什么样的顺序进入，哪些内容被强调，是将其放在开头还是放在最后叙述，应判断哪些要素最重要——“何人”、“何事”、“何地”、“何时”、“何故”以及“如何”。此外，把哪个或哪几个要素放在导语中，需要记者灵活的判断和确定。“在一般情况下，我们选择主语—谓语—宾语的模式写作：谁采取了行动，发生了什么，对谁发生的。不过有时，‘何故’或‘如何’会显得更重要。”（**Rich，2009：156**）

麦尔文·门彻认为，“新闻记者视新闻报道为有组织的整体，每个句子和段落的放置都是有用意的，无一不是试图使新闻故事的形式和内容形象化，尤其是在新闻的开头，总是由导语引领一篇报道的结构。大多数新闻采用这种线性结构：开始是最重要材料的要点，告诉读者该期待什么，其余部分——新闻的主体——放大、支撑、举例说明、解释开头部分，同时也包含背景资料和第二手资料。最后，结尾是对一篇新闻报道的总结”（**Mencher，2007：137**）。新闻钩组构方式的关键在于“要坚持突出事实，一个一个地讲出事实来”。“一个有用的原则是要使每个句子都包含一个事实，不要用多个句子讲述，也不要将不同事实写入同一个句子中。有些报道适于按事件发生的时间顺序撰写，但是，并不是所有的报道都需要从头到尾地讲述。事实上，这种方法将各个细节按事件发生的时间顺序推进，常有助于产生生动的效果。”（**Pape & Featherstone，2005：33**）

按事件的发展顺序组构新闻，尽管可以倒叙或插入要害性细节，但在总体上要让受众领悟新闻事件的发展过程。因为事件是有阶段性的，是有头有尾的。即使时间明确的延展性事件，比如说法案的通过或案件的审理，都有一个自始至终的过程，需要让受众知道它是如何发生的。梵·迪克在《作为话语的新闻》一书中还认为，“标题和导语一起概括了新闻文本的内容，表达了它的语义宏观结构，已经暗示了新闻文本中的某种特殊顺序，各种不同内容正是按照这一顺序组合在一起的”（**梵·迪克，2003：54**）。

二、制造注意力的组构方式

有些记者认为，像编年史一样按顺序报道新闻，虽然是事件性新闻的普遍组构方式，但媒体的重要任务之一是解释和转述事件，使读者对它有正确的了解。这需要运用突出主题的组构方式，有的学者把它称为“主题曲式”方式。新闻并不是组织好了事件顺序才出现的，而是由记者筛选并给出正确视角写成的。“某些事件本身的‘**强制吸引力**’能迅速引起记者和大众的注意，对这类事件媒体即使不报道，也可能快速地为大众所知晓。具备这种强制吸引力的事件，例如军事攻击、自然灾害、罢工、大规模意外事件等凸显其某个主题时，不同受众都可对新闻做出大体相近的判断，产生某些特定的反应。”（**Roshco，1979：77－78**）写作这类新闻，记者的“主要贡献不是提供信息或理解，而是规范什么话题值得关注、交谈和进一步质询”（**Glasser，1999：10**）。

报道这类新闻，往往要突出主题、**制造注意力**，正如麦奎因所说，“媒介只需强调报道某种因素就可表明某些人或事件比别的人或事件更为重要。用巴塞斯（Barthes）较早的说法就是‘引人注目的报道制造注意力’。媒介常常被认为借助与意识形态无关的‘事实’，实现它们重要的意识形态功能”（**McQueen，2009：125**）。记者选择他们认为重要的事件或细节，不必考虑整个事件的顺序；或引用若干人的话语，甚至把自己的话语插入事实中；或只突出某个令人震惊的场面，或反复播出冲突的现场画面，不再重视前因后果的事件演变……只要凸显主题，制造和吸引注意力，就实现了他们的报道目标。例如“有位驻远东的美国记者认为，美国报界在这方面做得十分不够：我们不仅有权扣留或解释事实，甚至添加自己的意见，而且有义务这样做。我们就是为此才在这里待着的。否则，我们就是在提供错误信息，误导我们的读者”（**弗林特，2005：55－58**）。这就是**“主题曲式”**的组构新闻的方式。

有些媒体并不关心新闻叙事是否清晰而富有逻辑，只关心事实是否有新闻价值，能否从事实中提出重要或正确的问题。吉布斯和瓦霍沃认为，“完成一篇好的新闻报道的过程早在你打开电脑写作前就开始了。这个过程始于第一个问题，即你对事件的思考。对你自己和别人提出正确的问题，你就会得到一个完整的报道。提出错误的问题或问题归纳得不够准确，不太高兴的编辑有可能打发你回到采访对象那里去问新的问题，要求记者重写报道”（**Gibbs & Warhover，2002：109**）。正像艾伦·贝尔所说，“公认的新闻价值颠覆了时间先后顺序，甚至可以采用与线性叙述完全相反的次序，在事件发生的时间中前后移动，在每个时间中选取不同的动态”（**Bell，1991：153**）。这种突出主题和新闻价值的组构方式，很容易吸引受众的注意力。

对政治新闻而言，这种方式以告知受众政治焦点问题为核心。舒德森指出，“新闻报道告知读者政治问题，其意义在于它郑重地指示人们抱着对美国政治生活的现实担忧，应该参与什么，以及怎样参与。它让读者对政治感兴趣，而这种政治是新闻工作者群体构思出来的”。“变化了的政治现实成为这种结构的新闻内容时，报道不是‘反映’新政治，而是成为这种新政治本身的一部分。不只是新闻中有对政治的叙述，新闻也是叙述政治的形式的一部分。”（**Schudson，1996：75，70**）人们通常认为，在政治议程上，经新闻报道的事件比没有被报道的事件更重要，印证了“新闻经常告诉人们思考什么”的说法。尚托·延加（Shanto Iyengar，又译作仙托·艾英戈）和唐纳德·金德（Donald R. Kinder）等人发现，个人化的或“插曲式的”故事结构在引导受众以短期的、感性的和个人化的方式思考社会问题上，能产生显著的效果。“大多数新闻报道缺少对社会问题的**‘主题曲式’**的探索。正是这种探索，才激励人们思考影响这些问题的社会、政治和经济力量。”（**Iyengar & Kinder，2010：87；Iyengar，2008：36**）

美国学者雷·G·芬克豪泽（Ray G. Funkhouser）经研究得出这样的结论，除了事件本身的自然发展，媒体对新闻结构作出制造注意力的安排有五种机制，它们分别是：第一，媒体将单一事件置入事件流（stream of events）之中。当某个事件发生时，媒体会有一种“同类事件多得很”的心态，降低事件的叙事安排，突出选取其中某个角度加以报道。第二，选择意义重大和不寻常的事件，着重突出某个主题，对这一事件往往夸大处理，渲染它的主题意义，这通常是具有煽情性或利害关系的事件。第三，从不太具新闻价值的事件中，挑出具有新闻价值的部分予以报道，割断它和整个事件的联系。第四，大量设计假事件（pseudo-events），渲染导演的场面和情节，如游行队伍、示威、静坐抗议或喧嚷呼叫，将这类冲突塑造成媒体议题。第五，对根本没有新闻价值的事件，鼓吹其新闻价值很大，连篇累牍地报道，这时新闻不在于叙事，而在于反复强调一种社会运动或组织活动（**Funkhouser，1973**）。突出主题的上述五种手法，实际都是议题设置，以达到引起公众注意的目的。

三、突出关键词的组构方式

贝内特在谈到政治新闻时写道：“政治信息通常以一个关键词、观点或主题开始，从而为人们思考某一政治客体（一个问题、一个事件，甚至一个人）提供方便。例如，富兰克林·罗斯福就用简单的'新政'一词来指代他复杂的、实验性的、庞大的经济计划，从而迎合了广大群众的希望。约翰·肯尼迪以'新边疆'的名称将他的计划呈献给人民，从而增强人民对该计划的亲切感。罗纳德·里根则用'新联邦主义'的提法表明他不同于罗斯福的'新政'、肯尼迪的'新边疆'以及约翰逊的'伟大社会'所做的努力。当比尔·克林顿借用共和党的理念表达他对福利改革的支持时，称之为'新开端'，而乔治·W·布什则引入'邪恶轴心'的概念使美国公众意识到，在阿富汗战争后，反恐战争以及美国的国防建设仍将继续"（**Bennett，2011：153**）。提炼关键词的组构方式，适用于"观点新闻"的报道，在政治新闻中被广泛使用。

按埃弗里特·E·丹尼斯的看法，"最好的评论用证据说明问题，再得出结论，这是它的功能。评论者似乎都来自一定的政治范畴，倾向于反映他们自己的经验和兴趣。这就是观点新闻，在世界上许多国家，特别是欧洲都有这种新闻形式"（**DeFleur&Dennis，2005：71**）。然而，观点新闻不是就新闻评论而言的，丹尼斯的说法不十分准确。凡以表达观点为核心来组织、安排材料的新闻都称为**观点新闻**。甘斯指出，有些人认为记者应该毫无疑问地"忠实于事实"，但与此恰恰相反，新闻媒体应该有更多的观点。他指出，"记者经过很多调查采访后有了自己的观点，他们的观点以信息为依据，因而很有价值。他们应该和新闻受众分享这些观点"（**Gans，2004：101**）。艾伦也认为，最好用"新闻观点"来形容这些观点新闻，以便与一般人士的观点相区别。由于新闻观点来自必要的实地调查及专业知识和技能，使受众看到报道中记者个人的判断，这些判断不会因客观性的限制而无法传达给受众（**Allan，2004：242**）。

观点新闻往往围绕记者的重要看法谋篇布局，着重说明事件的要义。为此，记者或把政策提炼为一个寓意深刻的词汇，或对政治纷争做出形象的概括，或把政治挫折浓缩为具有象征意义的一句话，再用新闻事实来印证。传播学者多丽丝·格雷伯（Doris Appel Graber）的研究表明，"人们从媒体提供的具有启发性的象征和形象出发，主动地构筑了个人的含义。当人们开始为完成一个形象塑造而需要必要的事实和产生情感时，政治传播中具有象征意义的信息就变得越来越真实，越来越可信"（**Graber，1994：89**）。为此贝内特也指出，"一个形象中具有象征意义的部分是如此单一、抽象和缺乏细节，人们必须添加自己的理解、想象和关注才能使它真正有意义"（**Bennett，2011：153**）。

观点新闻的组构方式，一是抓取和凸显新闻事件的要义，二是避免阐释过多，否则叙事框架就只剩下意义的骨架。这种组构模式只有在某些政治报道中，对那些确实有特定意义的事实才能采用。正如约翰逊·格斯特尔（Johnson McPherson Gerstle）等学者所说，"我们注意到媒体积极地定义着政治'事实'；通过新闻采访以及新闻制作过程，最终把一个'成型'的阐述呈现在受众面前，告诉他在特定的时候，政治事件中哪些事情'真正'重要。记者向我们传递了政治的'意义'"（**Gerstle et al.，2007：313**）。

四、插入解释的组构方式

对新闻中主观性的认识在20世纪初有了改变，最重要的变化是客观性范围扩大，将解释性新闻（interpretative journalism）纳入其中。解释报道材料是对新闻源操纵新闻以及不满于只“让事实说话”做出的反应。“对于那些受到美国梦和新教伦理熏陶的人来说，高级资本主义社会的社会关系更加扑朔迷离，难以理解。黑暗的、威胁性的势力在欧洲酝酿着，即使在仅存的自由民主国家中，虽然公民权普及到几乎所有成年公民，权力却越来越集中，越来越远离平民百姓。世界不仅是复杂的，而且这种复杂变得越来越明显，越来越存在问题。正如新闻自身的口号所言，受众不仅想知道什么人（who）、什么事（what）、什么时间（when）和什么地点（where），还想知道什么原因（why）。”（**哈克特、赵月枝，2005：4**）

在事实陈述中插入解释，是为了揭示事件真相，分析和揭示错综复杂的现象，这类组合新闻材料的方式又称为深度新闻和新闻分析。将解释纳入新闻更为普遍的做法是，将它直接套入原有的“客观报道”模式中，保持记者“采访者”的身份，用采访对象的意见诠释事件，按客观报道的方式加以引述。这种方法使一批所谓的“专家”开始跃上台面对新近出现的社会议题发表意见，以至政府官员与民营机构的发言人也成为各种社会议题的权威解释者（**Roshco, 1979：63**）。这仅是解释性新闻的一种方式，此外，记者本人也可对事实进行诠释，揭示事件的真相。正如罗斯科指出的，“如果解释性信息无法经由采访对象给出，记者自行给出的背景或因果说明，只要不与事实冲突，也可成为报道内容的一部分，但不应引发记者背离‘客观性’的争议”（**Roshco, 1979：64**）。

柯蒂斯·麦克杜格尔（Curtis D. MacDougall）和罗伯特·雷德（Robert Delaware Reid）最早（1946年）给**解释性组构**下的定义是，“将新闻置于一个适当的环境中，用另外相关的背景材料将其装备起来，意味着为读者解释、详述并分析形势”（**MacDougall & Reid, 1987：3**）。以解释事实组构新闻，是要把主要新闻事实背后和明面相关的材料集中到一起，揭示全部事实的真相和各种联系，扩大最新发生的事实的界限，说明新闻的本来面目。解释性新闻打破了“事实为自己说话”的僵化观念，达到用更多、更全面的事实以及重要人物的引语为事实说话的目的。

在新闻中插入解释性材料，既有“客观性事实”也有“主观性意见”，只要发表的意见符合事实，二者并不排斥，仍能被受众接受。何况只要多数受众稍加思考，这两种解释性材料是能够辨认的，错误的“意见插入”也能被多数受众察觉。但有的研究者认为，客观性和主观性解释彼此不容易区分，“‘客观性解释’与‘主观性插入意见’之间的界限通常很难分清。在这个概念下，从受到新闻文化的偏见或价值观歪曲的解释中把客观性解释区分出来是困难的。在实践中，新闻工作者没有过多考虑这些概念性问题，他们用自己的方法把解释性报道与客观性新闻结合在一起，途径之一就是‘归属解释’，记者把对某一事件的见解或评价以出自一个相关来源的引语形式放在报道中”（**哈克特、赵月枝，2005：26**）。

认为新闻解释就是纳入引语，绝对不应表达记者的观点，是一种“机械客观论”。《一个自由而负责的新闻界》一书指出，“社会中所有重要的观点与利益都应该在大众传播机构上得到反映。那些持有这些观点和拥有这些利益的人，不能指望通过他们自己的报纸或电台，向自己的同胞解释这些观点和利益。一个理想的联合体势必囊括综合性媒体，它们虽然不可避免地关心己方观点的呈现，但是也公平地阐明他方观点。作为对它们是否公正的检验和部分地防止它们漏报重要事件的评点，更专门化的鼓吹辩护性媒体应该占有一种至关重要的地位。无论一家新闻单位是一个鼓吹者还是一个共同载体，它都应该确定事实、意见和论据的来源，以便读者和听众对它们做出判断。被呈现事实、意见和论据的个人在相当程度上受到其信息提供者总体可信度的影响。”(**新闻自由委员会，2004：13**)

新闻中运用解释是对那些复杂的、真伪难辨的和不易被人们正确认识的事件采取的一种报道方式，它仍以揭示事实为基础。对这类事实不加入记者的分析或组合现有事实之外的更多事实，受众只能感到混沌不清或被某些媒体制造的新闻假象所欺骗。基布斯和瓦霍沃写道：“‘无观点’规则对日报某些特定的写作体裁可以例外，这些特定的体裁包括新闻分析、社论、观点文章、个人专栏、评论和某些深度报道。即使在这些文章中，你也得用事实性的信息来支持你的观点。”最好的新闻解释，仍然要充分地告诉人们客观事实，因为受众“希望你展示事实，然后才能由自己下结论或形成他们的观点”(**Gibbs & Warhover，2002：61－62**)。所以，以解释组构新闻的方式主要是对新闻事实边界的扩大，挖掘其真相，不是脱离事实的空洞议论，更不是违背事实真相的主观表达。

第四节　当代新闻的新类型

盖伊·塔奇曼在《做新闻》一书中认为，“对新闻类型的划分所依据的是事件发生了的方式，而不是正在发生的方式。其次，类型化与内容只是相对无关，因为有些事件往往按照某一种时间节奏发生，而别的事件则按照另一种节奏发生……新闻工作者相信，对新闻的判断有具体的内容标准，他们同样相信，对新闻分类的依据就是事件的内容”(**塔奇曼，2008：64**)。按照塔奇曼等学者的观点，新闻依据内容可分为六类，即硬新闻、软新闻、突发性新闻、调查性新闻、发展性新闻和连续性新闻。30 年前这样分类尚觉新鲜，而在今天多数学者看来，只有硬新闻与软新闻仍有新意，同时还出现了高品位新闻、通俗新闻和快餐新闻三种新类型。

一、高品位新闻与通俗新闻

用约翰·菲斯克（John Fiske）的话说，“‘高品位新闻’生产的是那些公共领域和政府、政党政策顺利运作所需要的信息，是普及政策性的知识，也是那些与日常生活有一定距离的社会事件和社会运动的概括性介绍”(**Fiske，2002：49**)。他还提出与**高品位新闻**（superior news）相对的**通俗新闻**（popular news），是给大众提供浅显解读与娱乐性内容的新闻。彼得·戴尔格林（Peter Dahlgren）和科林·斯帕克斯（Colin Sparks）认为，通俗媒体“依据记者个人及媒体掌控者的动机与反应，及时提供关于社会与政治事实的解释性框架，尽量适合大众口味，甚至插入一些玩笑和戏谑，使复杂的社会现实变得支离破碎而庸俗肤浅，妨碍了民众对事件的理解，使他们无法理性地思考与行动”(**Dahlgren & Sparks，1992：2**)。

约翰·菲斯克认为，通俗新闻常常具有颠覆性，即使并非刻意为之，也会产生以揭丑为乐的效果。媒体总是从商业上考虑使自己的受众范围最大化，报道的事件大都有关政界人物的婚外恋、政府政策的失败、国际骇人听闻的危机、政府官员的性丑闻，等等。这类新闻往往抓取一点事实尽量放大，展开漫无边际的推测，让受众得到快感和宣泄。在菲斯克看来，只要这种新闻带来“充满质疑的精神”，揭露官方信息并攻击政府的陈词滥调，使公民形成挑战政府的意识，就会受到欢迎。报道通俗新闻的报纸，被称为**通俗报纸**，而“通俗报纸（还包括越来越多的八卦电视节目）一贯试图融入大众化的口吻，以公众的姿态面对官方信息，力求把大众怀疑的情结推向公共政治领域”（**Fiske，2002：60－61**）。

但菲斯克却给通俗新闻较高的评价，认为通俗新闻比高品位新闻更加诚实、更加开放，与大多数公民的生活更为息息相关。这种新闻的商业需求与大众修辞的碰撞，创造出极为重要的政治批评及异见空间，显示出媒体独立的政治表象。比如英国特雷弗·麦当劳广播公司（Trevor McDonald）推出的一档“君主政体：人们来选择”的电视辩论节目，该节目在商业频道的黄金时段播出，讨论并谴责王室的种种特权，表达了民众的心声。这是英国媒体上高品位新闻不敢触及的话题，也是每个英国人关注的重要社会问题（**Fiske，2002：62**）。

高品位新闻是国家政治的一部分，由于政府和各政党都力争利用媒体表达自己的观点，最终媒体被要求以独立、中立的态度报道政治问题。在民主政治体系中，媒体具有双重功能，既传递媒体外提供的政治信息，同时又传递记者亲自采写的政治新闻。“不管是政治纲领、政策综述、竞选呼吁，还是压力集团的活动或者恐怖主义行为，如果没有经过媒体报道并且为受众所受阅，那么就没有任何政治意义，更不要说产生有效的政治交流了。因此，任何政治传播者必须通过某种途径敲开媒体之门。”为此，“英国公共服务广播电视系统还颁布规定，要求在政治报道中做到不偏不倚，对不同的政治组织给予相同程度的报道”（**McNair，2011：11**）。

虽然平面媒体与广播电视媒体因各自的功能与角色不同而以不同的方式参与政治，但是都有大量的高品位新闻。西蒙·科特尔（Simon Cottle）把电视上高品位新闻称为“深度新闻”，“尤其是电视新闻中那些超出浅层次的报道，通过揭示社会深层问题、展开观点争鸣和提供生活经验，赋予事件以意义并推动事件的发展，为新闻的参与者、主人公和受众提供认识问题的观点和方法”（**Allan,2005：113**）。科特尔进一步指出，“电视新闻代表谁被看、谁发言、什么样的‘观点’被听到；新闻议程和新闻再现涉及如何描绘群体和个人，或把他们呈现为异常者、局外人及‘他者’，或把他们置于‘无声’与刻板的地位，或以宏大、可视化的新闻淹没他们的身影。然而，‘深度新闻’有可能纠正这种失衡和不公正，让被遮蔽的群体接近媒介渠道”（**Allan，2005：119**）。

当竞选到来时，高品位新闻和通俗新闻会展开角逐，从而形成鲜明对照。高品位媒体在“竞选期间，往往带有党派倾向，通过每一个报道积极地为自己支持的党派摇旗呐喊，同时攻击、诋毁对立的党派。通俗新闻则会以‘平民’方式公开抨击、揭露竞选对象，通常伴随不同程度的扭曲事实、撒谎以及故弄玄虚，而严肃的大报则会理性地分析它们的观点。有时，两者都会留意选择反映某个政党特殊形象的事实，或褒或贬，新闻事件往往被夸张，甚至到了与事实仅有一丝联系的程度”（**McNair，2011：274**）。

娱乐新闻（newszak）是今天西方通俗新闻中数量最多的一种，似乎赢得了广泛的市场。正如多米尼克所说，“新闻不仅为人类提供了信息、知识、教育等严肃内容，也提供了娱乐内容。翻看报纸不难发现，有时甚至全部内容都被不同程度地涂上了娱乐色彩，不论是素材本身，还是处理素材的手法，无不如此。鉴于所占版面之多以及存在的深刻原因，可以说娱乐已成为新闻的一种真正职能”（**Dominic，2010：41**）。为了在市场竞争中站住脚跟，新闻媒体不得不在某种程度上传播人们所喜欢的东西，新闻报道的目的就是娱乐公众，而不是为了公众本身。富兰克林指出，“小报风格现在已经渗透进了所有的报纸，无论小报还是大报经常将个人悲剧暴露在公众面前，打着人情味的旗号大量刊登丑闻和煽情主义新闻”（**Franklin，1997：3-4**）。

富兰克林还指出，娱乐化新闻有以下特征：（1）提供生活方式；（2）更多地关注娱乐界；（3）更偏重人的喜好而不是公共利益；（4）往往追求轰动效应，而不再具备审慎的判断；（5）花边新闻胜过重要事件，有关电视名角、体育明星和皇家成员的流言比重要的公共事件更具新闻地位；（6）忽略国际时事报道，国内报道的议程主要集中于犯罪事件。总之，娱乐化新闻反映了记者侧重于关注“吸引公众兴趣的故事，而不是事关公众利益的事件”（**Franklin，1997：4**）。

在今天西方的一些大报中，高品位新闻有逐渐被通俗新闻代替的趋势，正如戴维·罗（David Rowe）所指出的，大报习惯上被描述为“高品质”和“严肃”的报刊，但现在它们都在不断修正自己，向更明亮、生动以及不那么拘谨的风格转变，在新闻价值上更加民粹化。它们普遍采用小报所使用的风格，使用大图片、大标题，在内容上更加简洁、“急速轻快”……正在走向“软”的、“消费者主义的”和“生活化”的新闻（**Rowe，2005：123**）。舒德森认为，“过去数十年新闻被渗入喜剧或情节剧有着更多当代意识形态的根源。大众文化评论家令人信服地证明，20世纪60年代以来娱乐也成了一种教化方式”（**Schudson，1996：152**）。

二、硬新闻与软新闻

塔奇曼发表于1973年的一项研究成果表明，记者在将新闻分类的时候经常提到硬新闻和软新闻，并把它们对立起来。“硬新闻（hard news）是指那些具有可供分析和解释潜质的事件，包括有新闻价值的‘事件再现’。”（**Tuchman，1997：176**）**硬新闻**是重要的信息，反映人们生活不平凡的变动，涉及的是时事性事件或问题的报道。这类新闻通常引起受众触目凝思，关系到他们的切身利益，涉及的是严肃的内容。比如，一名恐怖分子劫持飞机就是硬新闻，一起谋杀或强奸案也是硬新闻。这些具有事件性特征，有人物的重要行为和发生地，能被人们耳闻目睹的突发性事实，不仅引起新闻机构的注意，也让受众为之震惊（**Reinemann et al.，2012：1-19**）。

里奇认为，“新闻有两个基本类别：硬新闻和软新闻。硬新闻包括对刚刚发生或正要发生的事件或冲突的及时报道。例如犯罪、火灾、会议、公众的抗议活动，演讲和法庭上的证言。其中‘硬’是指发生了什么，为什么会发生，读者将怎样被影响。这种新闻具有时效性。‘软新闻’（soft news）被定义为用于娱乐或告知的新闻，更强调趣味性和新奇性，并不要求较强的时效。例如，一个关于设计模型飞机的人物特写，或者一则关于某种节食方式有效的报道，都属于**软新闻**”（**Rich，2003：23**）。

麦奎因指出，严肃的、重要的、戏剧性的事件，如战争、灾难、恐怖主义、政治和经济危机、犯罪、著名人士的去世等在传统上都是居于主导地位的硬新闻。软新闻通常包括消费者特写、娱乐、有人情味的故事、稀奇古怪的事件、第一人称的经历详述、名人逸事等，多刊载于杂志和小报上。英国《每日邮报》的记者刘易斯还发现，硬新闻也有积极与消极之分："强调灾难、冲突和失败的冷酷"是消极的硬新闻；而积极的硬新闻则是报道提高矿工生产率、采矿工业正在发生什么新事，矿区的毁灭、富矿的关闭、安全标准下降、对矿工工作条件的恶劣提出控诉等。他认为报刊电视很少报道这类新闻，应为提倡这类积极的硬新闻而呼吁。麦奎因指出，"刘易斯提出的辨识硬新闻的这些论据，无疑暴露了他对新闻分类的意识形态维度"（**McQueen，2009：96**）。布鲁斯·伊图尔（Bruce D. Itule）和道格拉斯·安德森（Douglas A. Anderson）认为，"硬新闻在形式上尽可能简洁地纳入事件的人物、事件、时间、地点、原因以及如何发生等因素。如果这样的事件过分地关注人，例如人们如何应对寒冷的天气，或塑造和描写国家、民族和社区事务，就是软新闻。软新闻通常被写成专题报道或特写的形式"（**Itule & Anderson，2003：123**）。

硬新闻与软新闻的区别表现为事件的特征和新闻人物的类型。硬新闻事件重要而严肃，有趣的事件一般不能算是硬新闻。例如，关于娱乐圈中人物的新闻，如果以他们的生活为背景，就是软新闻。再如，关于婴儿瓶装牛奶中的化学品是否影响人的发育这一事件尽管被认为是有趣的，但在大众对疯牛病恐惧的背景下，对它的报道就是一条硬新闻。软新闻包含的信息被认为是相对不重要的，或随着时间的推移新闻价值不大，用处很小（**Briggs & Cobley，2002：433**）。软新闻发展到一定程度，变成重要的社会事件，就转化为硬新闻。英国女演员吉莉恩·泰弗斯（Gillian Taylforth）曾起诉《太阳报》，因为该报在一篇报道中声称，她因与情人有猥亵行为曾受到警方质疑。《太阳报》在原告的指控下走上法庭，各报开始报道这场官司的始末，原来的软新闻就变成硬新闻（**Briggs & Cobley，2002：434**）。

艾伦强调，硬新闻的话语以一种特殊的方式叙述事件，给受众展示一个高度秩序与形式化的社会，反映的是关键话题和事件，表现出一份报纸的社会个性和对新闻价值的职业敏感。严肃报纸多刊载硬新闻，使用冷静和没有激情的语言，更符合权威性和客观性的要求。"硬新闻是一种消耗品，总是面临着'过时'的危险。因此，此类报道的导语总是将时间放在醒目的位置（比如'昨天'）。硬新闻与其他类型的叙述文体，特别是同虚构故事的显著区别在于，报道的时间总以非线性的方式出现，遵循时间顺序叙述的新闻非常罕见。因为新闻的基本规则是事件的结局优先于原因"（**Allan，2004：90-93**）。

以事实为基础的硬新闻事件比其他事件更值得关注，不管是就新闻价值而言，还是从新闻机构的操作上看，都是如此。但陶冶性情和表彰优良风气的软新闻也是不可缺少的，"像父亲为救儿子不惜捐出一个肾，大卫·贝克汉姆穿裙子，空前多的人涌向巨石阵目睹夏至日的到来，连体双胞胎在分离手术中死去。这些新闻不像提高税收或更换政府这样的硬新闻那样对人们的生活产生直接的影响，但是却能引起受众的兴趣。这些新闻让你不禁惊叹，因为它们报道的总是那些'之最'：最先、最后、最快、最慢、最大、最贵等，同样引起很多受众的关注"（**富兰克林，2008：328**）。可见，对这两种新闻类型只能进行相对的划分，二者之间的界线有时较为模糊。有时同一个新闻事件，在一家电视台以软新闻播出，而在它的竞争对手那里却作为硬新闻来报道（**Tuchman，1997：155**）。

三、社会快餐化和快餐新闻

快餐新闻是 20 世纪 90 年代末美国快餐文化的产物，意指快速制作、满足受众对信息浅尝辄止要求的新闻，是美国当今社会“急用简从”、“用完即扔”生活方式的反映。1993 年乔治·里泽尔（George Ritzer）创造了“快餐食品”（fast food）和“快餐店”（fast-food restaurants）两个词，由此引申出了“快餐化”一词。快餐化又称麦当劳化（McDonaldization），用以描述紧张而快速的生活节奏，反映人高度受控的官僚化和非人性化的本质。在施洛瑟看来，“这种快餐店模式正日益渗透到甚至统治着美国社会各方面，其影响力波及世界其他国家”（**Schlosser，2007：2**）。快餐店的基本原则包括高效率、可计算性、可预见性和可控性，把追求数量和标准化作为主要目标，而忽略了产品的质量和多样化。

里泽尔在《麦当劳社会》、《麦当劳读者》和《麦当劳文墨》三本书中对美国文化领域的快餐化进行了生动的剖析：警察和法院迅速破案与定罪，又很快对错案匆忙更正，如麦当劳化的诽谤案的审判让人哭笑不得；性别关系也在麦当劳化，一次相见便如胶似漆，但两天后便各寻新欢；从杂志、书籍、报纸上搜罗文章编成畅销书，一夜成名；昨天还被世人赞为英雄，半天后则成了杀人狂；农业领域中出现速效蔬菜和速成家禽，百斤重的南瓜、果菜让人惊讶不已。快餐政治、快餐教育、快餐报纸、快餐电视、快餐体育、生物快餐、旅游快餐、社会运动快餐等等，层出不穷。文化消费的麦当劳化正向全球弥漫（**Ritzer，1993，2002，2007**）。

富兰克林用“快餐店”比喻现代媒介的特征，创造了“快餐新闻”、“麦当劳新闻”两个概念，因为现代新闻媒介也以高效率、可计算性、可预测性和可控性为基本原则。正如里泽尔所说，“我试图证明高标准化的、打包好的新闻的出现，可能是麦当劳化进一步的表现形式。给读者提供美味佳肴的高品质的地方新闻，已经被安德鲁·马尔（Andrew Marr）公然抨击为‘一口大小的鸡块新闻’（**Franklin，1997：5**）所取代。这大概可以更好地描述为**新闻的麦当劳化**”（**Allan，2005：141**）。

麦当劳的符号意义在美国变得如此重要，以至一些组织为体现麦当劳快餐的意味时，给许多事物冠以前缀“Mc”。比如美国的大众报纸《今日美国》的外号叫“麦当劳报纸”，以发行“鸡块新闻”而闻名。“新闻的麦当劳化”成为美国新闻界今天的实践活动及其产物，表现出一种明显的商业化标准风格，如电视新闻日趋统一，充斥着现场直播、同步采访和记者彼此互访，原创性的纪录片都已被乏味的、腔调一致的肥皂剧（docu-soaps）所取代（**Franklin，2005：139**）。快餐新闻已经到来，因此，里泽尔戏称《今日美国》（*USA Today*）是快餐报（McPaper），发表的短文都像“新闻麦香鸡块”（News McNuggets）。对一些电视台仿效报纸开办的快餐电视节目，一些人则把它们称为“新闻麦香系列”（News McRather）（**Ritzer，2009：4**）。

快餐新闻的主要特征是：第一，快速销售的数量对媒体相当重要，新闻只要有大量受众，并销售得快，就是好新闻。快速意味着对被量化的事物的重视，数量而不是质量成为衡量新闻价值的标准（**Ritzer，2009：62－82**）。“高发行量的大报或者免费发行的报纸要比社论的质量更重要，所以在新闻报道领域收视率高是决定性的标准。”（**Franklin，2005：160－161**）第二，新闻千篇一律，从内容到形式如出一辙，大同小异。正如里泽尔所说，“无论何时何地，麦当劳餐厅里的布局、食物和服务员的举止都是统一的。今天所吃的大汉堡与昨天和明天的都是一个口味”（**Ritzer，2009：83－89**）。第三，快餐新闻必须降低成本，获取更大的收益，至于它是否吸引受众无关紧要。“在地方性报社里和广播电视中，快餐新闻以节约成本和扩大广告收入为要务。新闻必须保证这种预见性，而非高质量。”（**Franklin，2005：162**）第四，快餐新闻的内容更多强调娱乐和消费议题，转向有人情味的故事，篇幅更短小、内容更肤浅，多使用醒目的大标题，受到媒介市场竞争和兼并的驱使而带有小报新闻的特征（**Franklin，1997：113**）。

在英国，有些学者把快餐新闻称为“一瞥新闻”或“简略新闻”，“报纸日益更多地给读者提供‘一瞥新闻’或‘简要新闻’，这种新闻在报纸版面的左边或者右边，以短栏排版的形式供‘繁忙的人们’阅读。地方新闻越来越多地按照‘效率’的要求进行报道，新闻界将这种现象解释为按照市场的原则组织新闻，也是追求效率的一种特征”。富兰克林认为，新闻麦当劳化带来两种后果：“第一，新闻似乎用‘汤勺喂养’读者，这种情况不仅在地方媒体中日益明显，而且在全国性报纸中也正在出现。第二，新闻以同一模式呈现，使读者对新闻的阅读品位走向雷同与单调。其后果正如顾客不想再进入快餐店，快餐店里有很多空座位，就连特色套餐也不能诱惑顾客再次回来尝试新的食物”（**Franklin，2005：151**）。

【本章思考题】

1. 怎样定义新闻才能概括新闻的内涵和外延？
2. 新闻有哪些性质和特征？
3. 分析新闻的形态与形式。
4. 记者如何报道新闻？叙述新闻的四种组构方式。
5. 列举新闻的所有类型，详述新出现的新闻类型。

第四章

新闻的真实、客观与真理

【本章要点】

新闻真实是可被查证的事实，第一真实居于事实的表层，第二真实隐藏于事实的内部，二者随时受到自我阴影与各种陷阱的考验。尽管新闻的客观性遭到多方质疑，但今天它仍属于西方新闻界的正统观念，它的一系列规则有力击败了新闻主观性的各种假说。新闻的公正性包含平衡原则，而新闻的中立性只是一种幻觉，可能使新闻坠入“邪恶的同谋”。

卡尔·伯恩斯坦（Carl Bernstein）于1992年在《新共和国》（*The New Republic*）杂志上发表了《白痴文化》（The Idiot Culture）一文，就水门事件后的美国新闻业提出一些重要观点。他指出，当前的新闻作风正在威胁新闻工作者的正直性，在很多方面未能达到受众的期望，“美国的新闻报道日益虚假、给人错觉，歪曲、虚构和脱离真实的生活……新闻报道被降格为街谈巷议。新闻广泛采用煽情手法，总是背离社会实际”（**Bernstein，1992**）。这种新闻报道有违真实、客观和真理性等新闻标准。正如约翰·H·麦克马纳斯所说，“新闻生产遵循一些新闻规范，或曰新闻标准，它体现在一些机构所制订的道德守则中……这些守则在实质上均宣布：一切新闻的主要目标是，尽量增进公众对塑造环境的当前事件和议题的理解，以赋予公众力量”（**McManus，1994：6**）。

第一节　新闻的第一与第二真实

新闻的第一个标准和规范，就是真实地报道事件，再现世界的本相。舒德森对**新闻真实**做出最简洁的概括，“新闻是对‘真实世界’的一种叙述，正如流言是对真实世界的另一种叙述，而历史小说又是不同的叙述一样”（**Schudson，1996：38**）。在某些学者看来，真实性，首先是指一种报道形式，根据消息来源核查事件并对其进行陈述。没有真实也就没有真正的新闻，同反映生活的小说相比，新闻真实是可被查证的事实，即构成真实的叙述内容与恰当的形式。

一、新闻真实是可被查证的事实

新闻的真实（factuality）告诉我们世界是什么样的，意味着可靠地回答这样一些问题：谁？是什么？在哪里？何时？为什么？事件会怎样发展？马修·基兰（Matthew Kieran）指出，"真实并不是那种难以把握的概念，在新闻工作中它区别于虚构，存在着内容的真实，而且这正是新闻工作客观性的目标……其中，当报道回避真实的目标，新闻工作者把他们的报道置于成见、假设、新闻议程或商业对娱乐的驱动下时，基于正义与自我反省的新闻工作理念就有消亡的危险"（**Kieran，1998：34－35**）。

那么，什么人定义的真实才算"真实"？如何验证新闻的真实？新闻记者在多大程度上能够真实地报道新闻？这些讨论通常涉及"事实"与"价值"有没有分离的可能性、怎样才能将"事实"从"价值"中分离出来。这两个理论问题说不清楚或无法解决，就很难实现新闻的真实。应当说真实与事实的价值不是一回事，新闻真实是指对事实全面、如实地反映，不是对事实好坏优劣的评价，正如罗恩·史密斯（Ron F. Smith）所说，"真实的报道意味着准确无误地报道事实……这种报道方式的确比早期政论报的那种吵吵嚷嚷的议论真实得多"（**Simth，2003：44**）。

塔奇曼同样提出类似的观点，"新闻需要的往往不仅仅是信息，而且是真实无误的事实。我所说的**事实**（fact），是指通过专业的而且是可靠的方式收集到的相关信息。信息的内容、获得信息的方式，以及二者间的关系都能够被查证。在新闻工作的程序中，新闻并不需要记者的论断，也不特别追求其与事物的决定性本质相联系，记者们不需要去预测或者证明什么放之四海皆准之真理。新闻和科学研究是不一样的，后者运用更严格、更缜密的方式探求事物的本质，而新闻工作则是与交稿期限紧密相关的实际工作，需要事实被立即得到证实。对于记者（和科学家一样）来说，光眼睛看见是不够的，验证事实既是一种政治需要，也是一种职业技能"（**Tuchman，1980：99**）。塔奇曼还指出，新闻工作者可能还要处理很多无法证实的事实，或在理论上可以被证实但实际上根本无法验证的事实，尤其是在交稿期限紧迫的情况下。但无论如何他们不是把不可证实的信息视为事实，而是在事实与信息源之间的交错关系中，处理好各种矛盾，掌握各种复杂的情况来验证事实的存在。

"对于许多新闻工作者而言，真实性仍以'被检验和解释的事实'的形式呈现出来。"（**Seib，2002：4**）要么达到这种真实，要么无法达到这种真实，如果记者无法达到的话，则可能是有人试图阻止他达到。在众多文化分析中，这种"一般真实的主张"，一经被执拗的主观经验所代替，即使记者亲眼目睹某个事件，也可能因为各种个人或文化因素而改变"真实的"内容，新闻事实便无法验证了（**Keeble，2008：182**）。所以欧美记者始终不会忘记艾伦的"真实具有至高无上地位"这个断语。艾伦说："记者的艺术首先应该是对真实的礼赞……上百万人之所以会观看和收听新闻，是因为我们把真实性放在了至高无上的地位上。信任是我们的代名词，这是一条不可更改的原则。它既是我们的遗产也是我们的任务，我宁可去伦敦扫大街也不愿在这一点上妥协让步。"（**Allan，2004：46**）"新型的新闻媒体、谈话节目、博客和解释性报道带来的一个风险就是它们把核实事实抛在脑后。采用错误数据或纯属偏见的辩论提供不了

任何信息，它只会煽动情绪，最终导致社会迷失方向。”（**科瓦齐、罗森斯蒂尔，2011：38**）

新闻是人们了解和思考身外世界的主要依据，所以“有用”和“可靠”成为新闻最受重视的素质，这一切都以新闻事实能否被证实为前提。任何虚假和欺骗都背离真实，不仅搞乱人们对外部世界的认识，也破坏了优良的社会制度。吉布斯和瓦霍沃指出，最差的美国新闻报道会扭曲我们的常识，给我们提供的是魔术师手里的版本，从而扭曲现实。“它们说谎不完全是通过散布虚假的言论，更多时候是删除那些能使事件的报道更完整、能反映事件亲历者真实感受的内容。”（**Gibbs & Warhover，2002：5**）德国学者认为，“在德国，不会因为人们知道的事情太多而使民主遭到破坏，恰恰相反，如果报纸不再刊登真实情况，真实只是在约翰内斯·马利欧·齐默尔（德国著名小说家，擅长心理分析描写）的小说中披着虚构的陌生外衣出现，才真正损害了德国的民主制……这些在‘巴舍尔事件’① 中突遭全部曝光，正是一种新闻欺骗”（**格罗茨，1990**）。能够验证的新闻事实，赋予新闻真实以生命，这样人们对世界才有确认感，人类的社会生活才能摸得着、看得见，从而达到新闻预期的目标。

二、新闻真实的三个尺度

准确性作为衡量新闻真实的首要尺度，构成新闻真实的基础。英国广播公司指出，新闻“必须准确，核实、反复核实并寻找信息材料来保证准确性。在可能的情况下，我们应当自己到达现场获取第一手信息，如果没有这种可能，也要与曾在现场的人交谈。但是，准确性常常不仅仅是获取正确的事实，而是对所有信息加以评估，以达到报道的真实度”（**Sanders，2011：33**）。美国新闻自由委员会特别强调“一种就当日事件在赋予其意义的情境中的真实、全面和智慧的报道，第一项要求是，媒介的报道应该准确。它们不应该撒谎……”（**新闻自由委员会，2004**）《纽约世界报》（*New York World*）的准确和公平竞争部部长艾萨克·D·怀特（Isaac D. White）曾经说：“准确性和公平竞争是新闻事业不可分割的部分。没有准确性，就谈不上公平竞争。不准确是当今报纸需要克服的最严重的问题。它会给无辜的人带来持续的伤害，促使公众普遍丧失对报纸（特别是刊登错误消息的报纸）的信任，并质疑报纸的专业诚意和动机”（**转引自弗林特，2005：11**）。

虽然新闻业非常看重时效，要求迅速为消费者提供信息，以便让人们作出有见地的、及时的决定，然而在每家媒体的新闻守则中都更强调准确性。这是因为，不准确的信息破坏了新闻业的纯洁，降低人们对当前议题和事件的理解。“很多理论书籍都提到，新闻真实应建立在‘准确’的基础上。‘准确’是新闻真实的基本标准。从历史上讲，在 20 世纪上半叶，真实的报道意味着准确无误地报道事实。”（**麦奎尔，2000：383**）弗林特在 20 世纪 20 年代就指出，“准确”是新闻最基本的要素，但却从未被真正掌握。有许多新闻工作者认为，“为追求新闻时效性和增加新闻趣味性，‘不准确’这种‘恶’是必要的，他们将报纸公信力维持在安全范围

---

① 巴舍尔在 20 世纪 80 年代任德国石荷州州长，职业政治家，为同社民党领导人恩霍尔竞选，雇佣著名记者担任新闻顾问，在报刊上制造虚假宣传，唆使追随者投寄匿名信、安装窃听器、诬陷竞选对手。《明镜周刊》获得线索后，紧追不舍，将之连连曝光于天下，最后其全部阴谋败露。巴舍尔于 1987 年 10 月 11 日畏罪自杀于日内瓦一家旅馆，并制造他杀现场，一时轰动德国政界和新闻界。

内的希望寄托在较高的**平均真实上**”（**弗林特，2005：10**）。所谓平均真实，就是大体真实而某些细节可以杜撰，这种“恶”会给新闻当事人带来严重的损誉。显然，损害新闻准确性的手法，第一是通过“渲染”新闻细节或数字，借助微妙的词句放大事实。准确性是解释、辩论等所有公共传播的基础。如果这一前提出现错误，就会导致其他所有信息都存在缺陷。

不可缺少主要事实和细节，是衡量新闻真实性的第二个尺度。弗林特说，有位拍摄罢工照片的摄影记者，无法在1张甚至12张照片中反映出整个街区的面貌。他遇到的第一个问题就是如何取舍。“如果要求摄影师忠实地反映事件的进展及当前形势，从而揭示事态因果的谜团，展示双方争执的要点和寻求的目标……即使记者完全超然事外，不涉及个人私利，他也只能讲述部分真实。负责任的新闻媒体尽其全力、最大限度地逼近真实，它的记者也会诚恳、努力地抛弃偏见。它的新闻主编在选择何者应该被刊登、何者应该在标题和导语中被强调时非常谨慎，这样才能避免改动现场目击者所表达的总体印象”（**弗林特，2005：44－45**）。这种**总体真实**就是总体符合的尺度，取决于不遗漏新闻的主要事实和细节。如果新闻忽略主要事实和细节而只报道次要的、枝节的事实，就会歪曲新闻的总体面貌。

《芝加哥论坛报》社长兼出版商杰克·富勒（Jack W. Fuller）在《信息时代的新闻价值思想》一书中将总体符合的尺度又分解为两种情况，他说：“依据哲学家的看法，有两种检验真实的尺度：一种是**符合一致论**的（correspondence）尺度，另一种是**融会贯通论**的（coherence）尺度（**Fuller，1996：194－195**）。”对于新闻而言，这两个尺度大体是说同事实原型符合一致和同事实原貌大体融通的真实。例如，“对一个会议或一场车祸这样简单的事件进行描述，说明车祸的时间、地点、伤亡损失、交通工具类型、制动状况、特殊的天气或路况，这些事实都有记录可查。一旦确定了这些事实，新闻记者会尽可能对事件的意义进行公正和可靠的叙述”（**科瓦齐、罗森斯蒂尔，2011：38**）。这是符合一致论的真实。融会贯通论的真实则是大体符合客观事实的原貌，但事实的某些细节有删减，因为受众需要整幅图画，而不是一部分画面（**Fuller，1997：197**）。不考虑是否有新闻价值，把原型事实各个细节一点不漏地报道出来，不仅受到媒体空间或时间的限制难以办到，而且没有突出事态的要点和因果。所以，新闻真实大都是事件的总体真实（总体印象的真实），而不是一切细节的真实。

检验新闻真实的第三个尺度是报道的事实是否全面，不以舍弃某个事实环节或侧面而制造假象。弗林特认为，新闻真实很重要的一个标准是全面地反映事实，特别是不能遗漏或故意隐瞒主要事实。“真实包括全面性，片面的事实可能是真实的，但主要真实的事实却被删去了，这是一种通用的宣传方法。”这种片面真实投射在一些新闻中，给宣传打上不光彩的烙印，动摇了人们对宣传的信任（**弗林特，2005：128**）。

依据瑞典学者乔根·韦斯特斯塔哈（Jörgen Westerstahl）的“真实”标准和詹姆斯·埃特玛（James Ettema）的“无可非议的事实性”（justifiably factual）的观点，还可把检验新闻真实的尺度具体化，归结为以下五种标准：第一，新闻的叙述必须是准确的，即如果记者身边有一个与事件毫无利害关系的观察者，他/她的叙述和记者的叙述应该几乎没有分歧。第二，如果新闻来源发布的事实与记者掌握的事实有出入，必须通过另一个新闻来源核实，用第三者提供的事实来确认。第三，对劣迹的断言必须经过证实，拿出权威的事实来印证，通过多个了解情况的人来证明。第四，所有新闻来源的名字和职位必须公开（除非新闻来源要求保密），便于受众对他们的言论进行监督。第五，如果记者宣称或暗示的结论并非常识，那么必须提供足够的事实作为证据（**Westerstahl，1983；Ettema，1987**）。记者提供新闻作品时，能够提出以上五种证据，才能确定他的新闻是真实的。

记者在采访完毕后如何判断得到素材的真假，如何确定堆放在办公桌上的新闻稿哪些可信，不仅要“多方求证”，而且还要从以下六方面进行核查：(1) 来自其他方面的消息是否能证实事情的存在；(2) 是否具有文献根据；(3) 提供信息的人有没有不当的动机，其动机是否经得起检验；(4) 对二手资料要保持怀疑；(5) 对有争议和受到攻击的观点的报道，是否公平；(6) 对不同意见的当事人是否给予回应，要尊重持不同观点的人的反诘权利（**Sanders，2011：121**）。

三、新闻的第二真实与真理

科瓦齐和罗森斯蒂尔把新闻真实看作寻找社会真相，摆脱错误性、误导性信息的过程。换句话说，“这里所说的真实是一个复杂的，甚至有时相互矛盾的现象，但是如果把它看成是一个持续的过程的话，新闻能够做到真实。新闻试图从一个令人迷惑的世界中找到真实，它首先从错误信息（misinformation）、误导性信息（disinformation）或自吹自擂的信息中剥离出有用的信息，接着观察社群的反应，然后再完成去伪存真的过程。寻找真相成为一场对话”（**科瓦齐、罗森斯蒂尔，2011：39-40**）。

新闻的真实性原则允许记者报道事件的表面事实，包括他们还不能识破的假象，这是因为在短时间内多数记者只能探知部分外部世界和外在现象。不仅因为他们的认识能力只能如此，而且客观事物的发展都有一个暴露过程，记者不可能报道他们难以发现的事物，所以不是任何记者和新闻都能达到报道真相、反映真理的层次。正如欧内斯特·盖尔纳（Ernest Gellner）指出的，“在某种程度上，对世界的复制以及对独立存在的本源的假设，以某种方式对表面现象负责，并不是荒谬、自大、迂回和毫无根据的——在这里我们无法窥视面纱的背后”。“在哪里可以达到‘另一个’真实并让大家都知道它的存在？这个地方是展现人类能力的地方。在人类的领域内，外部复制经验与表象背后的第二真实之间的联系，至少以两种形式存在，即通过人对多种信息的提供和通过时间的流逝”（**Gellner，1987：134**）。

记者无法亲自见证的事实，只能通过采访更多的当事人，对他们提供的材料经过一段时间的考察，才能发现和报道事件的**第二真实**，即表象真实背后的真相。事实确实发生了，其中包括记者没有识破的假象和谎言，对它们的直接报道都可称为真实的新闻，不过这只具备**第一真实**而缺少第二真实。具备第一真实的新闻是对那些简单外露、直截了当的事件的报道，没有发现或披露内幕或阴谋。但也有大量事件极其复杂，假象与真相交织，外显与内隐混杂，算计藏于直率，诡诈躲在笑脸之后，虚伪埋入表面的真诚之中，对这类事件的报道往往首先达到的是第一真实，经过曲折采访或多次报道才能反映真相，最后达到揭示真相。正如科瓦齐和罗森斯蒂尔所说，“单个记者或许无法超越表面准确的层面。但是在第一篇报道的基础上还会出现第二篇报道，消息源会对第一篇报道中错误的和疏漏的事实进行补充，然后还会有第三篇报道，以此类推”（**科瓦齐、罗森斯蒂尔，2011：39-40**）。

揭示事实真相，并做出正确的说明，就是新闻的真理问题。法国著名记者杰克·凯塞尔（Jack Kessel）曾宣称："真理问题是相当简单的，一个新闻记者必须说真话，歪曲事实或背叛真理的记者不配干这一行。"（**Kessel，1955：6**）新闻反映事件真相，同歪曲事实作斗争，就是坚持**新闻真理**。美国《普罗维登斯新闻报》（*Providence Journal*）曾宣告："我们有义务将真相按照我们发现的样子说出来，不畏惧后果——绝不为不公正和压迫行为遮掩，而是将它们立刻交付世界审判。政客们的意图是要遮盖自由女神，政府之间必须彼此保持表面上的尊重，无论它们的底有多么黑，行为有多么肮脏。可喜的是报纸没有这种束缚，当外交官们交换礼貌言辞时，报纸可以揭穿在星光下跳动的卑微的心，或指出紧握权杖的手沾满了血迹。新闻工作者的义务与历史学家一样——首先要找出真相，并向读者提供他能获得的最大限度的真相，而不是政府官僚希望读者知道的东西。"（**转引自弗林特，2005：271**）

但是今天却大不一样。英国著名记者和学者伊恩·哈格里夫斯（Ian Hargreaves）指出，今天从美国、加拿大、英国、俄罗斯、法国、澳大利亚到瑞典和德国，到处都是商人主导媒体，新闻肆意侵犯人们的隐私，却缺乏问责，新闻提供的是淫秽、琐碎、造谣与诽谤，而不是真相与真理。现在新闻的真正国际视角是：在媒体饱和时代，记者鼓吹战争与名人，捏造事实，制造紧张气氛，或以黄色和下流的内容污染思想，抑或已不敢报道真理。"实现商业利润和吸引最大化观众的压力，构成对新闻业的真正威胁，记者反映真理已成为一种冒险。因为现在倾向于认为新闻是一种商业活动，需要满足股东贪婪的需求和提供不断增加投资的回报。在这个新世纪的黎明，新闻面临什么样的危险是不难回答的。"（**Hargreaves，2003：7**）在《新闻学简论》中哈格里夫斯再次强调，"记者在政治决策中有重要地位，给我们传递大量信息的核心原则是新闻自由，这是揭示真理的必要条件"（**Hargreaves，2005：35**）。

德国学者赫尔曼·梅恩曾说："尊重真理，对公众作真实的报道，是新闻界的最高准则。"（**Meyn，1996：31**）新闻的真理性是以真实性为前提的，但又不等于真实性，事实上，真理是在实践中被证实的，并具有极大的科学权威。如果我们接受有意义的世界，就接受了关于事实的真理性，但真理常常被媒体掩盖或歪曲。所以杰克·凯塞尔说，报刊"如果在事实的歪曲和谎言面前采取放任和被动态度，对那些不重视真理的人就会起着鼓舞作用"。"我们感到取消真理、掩盖真理、使真理变坏，其结果无论是对每个人还是各国人民，无论是对民主还是对和平而言，都是有害的。"（**Kessel，1955：215**）

西方许多学者和记者提出，应把真实理解为一个目标——虽然有时难以把握——并仍然信奉它，就像阿尔伯特·爱因斯坦认为的那样，科学"存在可观察的和可被经验证实的客观真实"，关键是科学家能否达到这种真实的程度。在现实生活中，如果某个记者的信息来源于权威、调查彻底和方法透明，就会接近事实的真相。"虽然人们可能永远不能完整地看到并呈现出最终的真实，但有些记者写的历史总会比其他人更接近真实，更完整、更客观、更诚实，当我们看到这些作品时，我们一定会看得出来，事实上我们已经做到了真实。"（**科瓦齐、罗森斯蒂尔，2011：40**）

安德鲁·克莱因（Andrew R. Cline）指出，"我们可以观察到，存在经验可证实的现象，能够通过感官感知世界，然后思考、呼吁，用语言正确表达看法，这就是新闻的真理。真理在语言之前，语言是用来复述真理的，因为它是见证或经历，或是记者正确的符号系统。记者收集‘两面’说法或数据，不表示意见地呈现这些说法或数据，让读者运用推理来发现不正确的意见，也是新闻真理”。这样，安德鲁把新闻真理概括为下列六种关系：“（1）记者作为客观观察者，能够发现世界上还是有些事实能够被准确地观察和记录的；（2）记者能够辨别意义认定的观测值（即对意义大小，是否重要的判断与观察）和事实本义的差别；（3）记者能够对事实和观察到的情况，使用避免失真的语言，重现原始观测值，让受众有正确的心理和情感体验；（4）事实和真相、记者、新闻源以及受众都是独立存在的，没有被什么人操纵而蒙上假象；（5）事实的源码是能够被发现的，事实和精确地再现它的语言成为记者的权威；（6）受众释读记者的语言及其发现的意义，符合客观事实。”（**Cline，2004**）这一切，都是新闻真理的组成部分。

揭示事件的真相是以报道外在事实为基础的，因为真相往往寓于表面事实之内，新闻报道要达到第二真实，首先要实现第一真实。达到第二真实，需要搜集和整合散乱的事实。“一旦人们去除标准化情节的干扰，就可从新闻中寻找那些散落的事实，帮助他们理解新闻背后的东西。比如说，记者经常提及一些看似无关的事实，它们同新闻发展的主线是不合拍的，但却蕴含事实背后的重要谜底，把它们挖掘、整合起来足以完全改写新闻的含义。对这些散乱的事实进行解读，可以帮助读者更清楚地了解那些值得关注的新闻背后的政治事件。”（**Bennett，2011：312**）发现新闻真相，即获得第二真实，恰恰要注意搜集和考察那些枝节但又相关的事实，重视事实背后的各种关系。

四、新闻真实的阴影

一条新闻究竟是否真实，首先取决于记者的观察和感受是否准确。罗伯特·海凯特（Robert Hackett）说：“没有任何一种关于真实的叙述是独立于感受者之外的。任何目睹一起恋人分手事件的人都知道，每一方对于原因都有不同的解释。所有看到的东西都是以特殊的观察角度和观察目的为基础的。具体到新闻领域，不能简单地假设存在无偏见交流的可能性，也不能简单地假设对外部世界和政治世界可以进行客观的、非个人化的报道。”（**Hackett，1984**）这就是说，任何一个新闻言说，应该被认为是构思的结果，使新闻真实存在着自我阴影，即新闻的真实很容易受到记者主观的损害。媒体的意识形态、新闻源的陷阱和各种公关假事件都为新闻真实的实现设置了圈套。

麦克马纳斯认为，“海凯特的观点与我在先前提到的新闻理论类似。两者的基础理念都认为，人们，包括记者在内，会不由自主地主观地看待事物。个人的特定经历和目的形成了‘透镜’，不能把自己与之区分开来。记者在报道新闻时也不能不考虑雇佣机构的目的，结果他们的报道必然反映了某种意识形态。所谓**意识形态**，指的是一系列解释，它们解释了事物如何运转，解释了什么是真实的而什么是虚假的，解释了什么是有价值的而什么却一文不值”（**McManus，1994：160**）。受到意识形态支配的记者去解释和反映事件，让新闻完全不受影响地符合实际，是一个难以达到的目标。

更何况多数记者喜欢报道反映自身倾向的新闻，借以巩固他们的信念和看法，由此产生了**片面真实**。也就是说，即使记者列举的事实是真实的，也只能是他们选择出来的一部分事实的真实，或者是他们喜欢的真实。“看起来真实对我们来说过于复杂，以至于可遇而不可求。或许它根本就不曾存在，因为我们都是具有主观性的个体。”（**科瓦齐、罗森斯蒂尔，2011：35**）这个论点显然过于绝对，在哲学层面上或许能成立，但却是一种虚无主义观点。无论如何，新闻真实还是能够做到和实现的，毕竟不是每个记者和媒体都在说假话，大多数新闻仍能让我们看到一个真实世界。

还有的学者认为，没有人能够完全客观地记录自己感官所能接触的事物，记者“固有的主观性阻挠了其对现实的认识；我们之所以称某些事物是真实的（real），是因为人们对它们意见一致。我们对真实的界定不过是一种社会过程”（**McManus，1994：15**）。此外，缺乏专业知识会造成记者工作中的不准确及偏见。不熟悉某个领域，就难以掌握某个细节的必然逻辑，可能做出错误的判断。“为了弥补这一点，记者尤其需要用可靠的来源核实其报道。”（**贾米森、坎贝尔，2004：75**）另外，伯恩斯坦指出，“新闻从业人员中存在着一种令人担忧的傲慢情绪，他们日益强调‘速度和数量’，其代价就是丧失了‘报道的深度和质量’，更不用说‘报道的准确性和完整性’了。迫于竞争的压力，担心别人捷足先登，形成了一种疯狂抢新闻的环境：一方面是雪片般的信息，另一方面则是在争先恐后的竞争中缺乏应有的认真、细致和严肃的采访和写作”（**Bernstein，1992：24**）。快采、快写、快编、快报和快播，都暗藏失实的风险。

更为严重、防不胜防的失实陷阱，来自新闻源的蒙蔽。卡尔·豪斯曼写道：“尽管忠实报道（这里所指的忠实报道，是指依赖目击证人的谈话，或是从可靠的消息来源处获得资讯）的目标无可厚非，但是，当记者遭遇一场精心安排的政治秀时，忠实报道的采访方式就会制造出一个陷阱。只有在一些罕见的例子中，当政治秀出了差错，或是当有人揭发了政治秀的幕后秘闻时，记者才能发挥专业精神，做忠于事实真相的报道。否则，记者也很清楚，政治人物都会以相当专业的手法安排活动。就像布尔斯廷指出的，由于假事件都有自我支持和自我实践的根据，忠实报道的手法只不过强调了假事件自我合理的一些特点，并且模糊了隐藏于事件幕后的真相。”（**Hausman，1997：153**）

丹尼尔·布尔斯廷（Daniel J. Boorstin）1962年在《图像：美国假事件指南》一书中提出“假事件”的概念，用以解释当时新闻界“闭门造车”的报道手法和风气。他认为，19世纪以来，与大众媒体同步崛起的是媒体对新闻素材需求的惊人增长。“印刷与广播成本一旦增长，为了保证财政平衡，就必须让报业持续运转，让电视节目始终琳琅满目。这样一来，制造假事件的紧迫感就更强烈了，新闻采访继而转变为新闻制造”（**Boorstin，1992/1962：14**）。正像豪斯曼所说，“一场政治集会可能是特别为媒体准备的事件，媒体于是也跟着创造了这一事件，并且根据自己的创造报道新闻。经验老到的公关专家当然知道媒体会报道哪些事情，并且费心创造对媒体有用的材料。在公关人员的安排下，记者可以亲眼目睹那些场面，并且还可以引述可靠的公众人物的谈话，但这些都是事先设计好的”（**Hausman，1997：238**）。**假事件**就是人为事先设计的虚构事件，策划名人风采及其行为与角色，是“为了满足我们对人类伟大性的超常期待而专门塑造的”（**Boorstin，1992/1962：57－58**）。

西方学者认为，信任是新闻报道这座大厦得以平地而起的全部基础，真实则是其中基础的基础，许多新闻的虚假来自新闻源的釜底抽薪。桑德斯指出，“当我们看到有关非洲艾滋病的新闻报道时，当我们收听足球赛事的最终结果时，或者当我们从报纸上看到利率下降的消息时，我们完全相信记者的陈述。编辑们依赖记者的报道，而记者则完全依赖自己的新闻源。要想使一家新闻机构让人觉得值得信赖，建立一个报道精确、可靠、快速的形象是至关重要的。”（**Sanders，2011：117**）

第二节　新闻客观性：不死的上帝

在美国，客观性是新闻报道的古老命题，记者最重要的信条莫过于客观性原则。但在20世纪末，如在政党报纸时期，许多人认为客观性不可能达到，但也有人宣称客观性是新闻业“一个不死的上帝”（A God that won't die）（**Lind，1990**）。其原因是，作为新闻业的努力目标，客观性总是为自己开辟道路，成为自身生命力的文化形式。19世纪晚期形成的客观报道理论，至今仍是正直新闻工作者的指导理念，也是他们不得不遵循的新闻准则（**哈克特、赵月枝，2005：8－9**）。

一、美国新闻界的正统观念

美国记者菲利普·卡宁厄姆（Philip Cunningham）指出，“美国有一个好的传统——记者要说真话，不要看自己的国家行动，做一个客观的记者很重要。现在美国有一些媒体的新闻非常不客观，比如CNN的报道就不客观。这个问题可以理解，美国近况紧张，美国人害怕恐怖还没有结束”（**Cunningham，2002**）。美国新闻界中多数人对新闻报道始终信守三条标准：（1）客观，避免偏见和耸人听闻；（2）公正，提供反映一个事件所有方面的平衡报道；（3）准确，也就是事实正确，全面反映事件。不论对网络还是传统媒体，新闻报道的这三条标准反映了记者的基本伦理要求，追寻事实真相是其中的主要标准（**Pavlik，2001：102**）。

贝内特认为，在南北战争之前，美国报纸一点也不客观，大部分报纸不是接受某一政党的资助，就是同情某一政党、某个组织及其意识形态（**Bennett，1988：123**）。追求客观的理想从南北战争时期出现，一直演进到二战发生前。史坦萨斯（H. S. Stensaas）有一篇关于报纸新闻客观性的研究文章，刊登在1987年的《大众媒介伦理》期刊上，它分析了1868年到1874年、1905年到1914年以及1925年到1934年这三个阶段六家主要报纸的新闻报道，结果显示，不讲究新闻客观性是1868年到1874年这一时期的报道模式。不过，在1905年到1914年之间，报社已经开始接受客观报道的理念，到1925年客观报道成为报社要求记者遵行的主要规范（**Hausman，1997：61**）。

其实，在19世纪40—50年代出现的一批便士报已经奉行客观报道方式了。艾伦指出，正是由于报纸读者越来越钟情于“事实”，便士报开始流露出对事实新闻的偏好，缺少（主观的）编辑说明与评论。有讽刺意味的是，当充斥着党派利益之争的精英报纸让位于强调公众利益的大众报纸时，解释和批判也逐渐让位于堆砌在报纸上的缺乏评论的事实。“这就决定了‘客观’报道成为职业标准，并且以呈现‘事实本色’为存在的基础，报学史专家认为，出现于19世纪40年代的电报对此具有决定性作用。”“一位从美联社创始以来一直在其华盛顿总部工作的人士这样说：我的工作就是传播事实；不允许我对所传播的事实做出任何评论……约定俗成的通讯社报道方式不仅展示了叙述事实时所使用的朴实语言，而且在新闻制作的手法上也表现出程式化的操作流程，显而易见，这有利于确立‘客观’原则作为报道的完美典范。”（**Allan, 2004：10－11**）

在美国南北战争时期，**新闻客观性**的含义是指只真实地报道事实而不发表观点。当时美联社记者劳伦斯曾说：“我的任务就是报道事实，我的机构不允许我就我传播的事实作任何评论。我的电讯稿发往各种政治性报刊，那里的编辑能够为送来的电讯稿里的事实配上自家的评论，因此所考虑的是以正统的新闻为界限，不充当任何派别的政治家。我不需要表现得像个政治家，一定要属于什么派，但是我必须尽量尊重事实，不偏不倚。”（**Cited in Roshco，1979：31**）不做任何渲染和评论，作为客观报道的标志，一直是美国新闻界的正统观念。所以罗斯科接着说，客观性最早“是对新闻而不是对言论的注重，报纸必须提供事实性信息，报道直接来源于受过教育的人在政治活动中的启蒙思想，由此人们可得到关于公众生活的独立判断”。

在19世纪20年代，《纽约技工报》给**新闻客观性**下过一个新定义，“不带任何感情色彩地观察周围发生的事件，并以公共记者的身份冷静、不带偏见地发表观点”（**McGerr，2002：118**）。对新闻客观性的这个界定，发生了不同于前人的变化，即客观报道可以发表观点，但不应带有偏见和感情色彩。当时是一个对科学充满信心的时代，多数人认为新闻客观性是方法而不是目标，离开这个方法，新闻的客观性就不能实现，关键在于规范和约束报道方式，而不是目标。此后许多研究者对新闻客观性还做过其他解释。

1952年《华盛顿邮报》的阿兰·巴思（Alan Barth）写道：“客观性的传统是美国新闻业的一大荣耀。”19年后《哈特福德新闻报》（*Hartford Courant*）的赫伯特·布鲁克（Herbert Brucker）赞同这一观点，指出“我们可以做好工作……只要我们让客观性的旗帜高高飘扬。它对这个不完美的世界的描述，与相信一个托洛茨基分子或任何党派的党徒来指点我们相比，将更真实、更准确”。他的文章回顾了一些使客观性遭到讥笑和嘲弄的原因，如宣称“每个人都是主观的，记者没有例外的神奇力量”。然而他认为，几乎每个学过心理学的人都同意这个观点，但每个人都能看到客观存在的东西，并把它描述给他人听，这种描述大多是真实的，客观认识总是存在的（**Dennis & Merrill，2005：141**）。

麦奎尔说：“客观是一种特殊的传媒实践形式，也是对信息搜集、处理和传播工作的一种特殊态度。主要特征是：对报道对象采取超然和中立的立场，没有党派偏见；忠于准确性或其他真实标准；没有别的居心，不为第三方服务。”（**麦奎尔，2000：218**）费斯克指出，客观性“据信是由没有偏差的陈述而赋予发现的一种科学取向。客观性是自然科学的一个重要主题。传播研究提出这个问题，是由于那些有志于分析人类行为的学者对那些自然科学的仿效。如果我们考虑到语言与意识形态之间的内在联系，考虑到针对某个事件而产生的无数知觉，那么会认为有个外在的东西——它‘就在那里’等着被发现”（**费斯克，2004：190**）。法国学者瓦耶纳也写道：“作为主观性的反义词，客观性就是不断地努力摆脱自我，寻求他人，宁肯坚定不移地尊重事实，也决不随心所欲地屈从人意。”（**瓦耶纳，1986：36**）韦氏《新国际字典（第三版）》这样界定客观性：表明或者涉及运用事实时不受个人感情和偏见的歪曲。埃弗里特·E·

丹尼斯（Everette E. Dennis）认为，“客观性并不是指类似科学实验般的精确，而是说记者要努力写出或做出不带个人感情并将事实和观点分开的新闻或报道”（**Dennis，2005：151**）。

布伦特·卡宁厄姆（Brent Cunningham）特别指出，“客观性原则长盛不衰自有其理由，最重要的是至今尚未有哪个理论可以替代它，而且很多优秀的新闻从业者相信客观性，至少将追求客观性视为一种必然。客观性或对客观性的追求，使我们远离了在欧洲新闻界泛滥的党派性，有助于我们快速决断——毕竟我们是中立的观察者，客观性也使我们不必考虑我们所写的东西要对谁负责。我们愿意相信客观性拯救了新闻界岌岌可危的信誉，尽管这样说会遭到杰森·布莱尔（Jayson Blair）的假新闻丑闻案的受害者们强烈的无声抗议。当我们进入一个新的政党时期的时候，我们的读者们比以往任何时候都更需要真实可靠的新闻报道，以了解哪些事实是真实的，或尽可能接触到那些他们不知道的事实”（**Cunningham，2003**）。实际上，客观性报道的主要意义在于，它有助于避免新闻的主观性，帮助记者对事件进行客观考察，以便能够真实地报道新闻。

二、关于新闻客观性的纷争

20 世纪 80 年代，有关新闻客观性的争论开始活跃起来，报界有人已逐渐怀疑所谓赤裸裸的事实报道是否是客观的，因为大量事实的瞬息万变和悄然琐碎，不一定产生准确、全面和有意义的报道。这一观点的根据是，每个人必定是主观的，人永远不可能完全中立，没有人能完全无偏见地、准确地报道这个世界，无论他是多么客观。“我们进入了一个假象的世界，其中，模型出现在原型之前，地图不是领土。新闻报道不是事实本身，事实总是比字面所描述的广阔得多。”（**Baudillard，1983：2**）新闻客观性对研究者来说困扰已久，正如韦斯特斯塔哈所说，“在‘客观新闻报道’这个词中使用了‘客观’二字，很不妙的是，它隐含着如何看待知识的本质这个理论性问题，关于这个问题，哲学家们已经争论了几个世纪”（**Westerstahl，1983**）。

早在 20 世纪 60 年代，有关新闻客观性的争议就出现了。曾任美国总统新闻秘书，也做过记者的比尔·莫耶斯（Bill Moyers）认为，新闻客观根本不存在。“我们每个人其实都得依靠自己的生活经验来观察外部世界。这个世界到底发生了什么事，要看是谁在观察这些事。白宫的表现到底是活泼还是唐突，是自信还是傲慢，是轻松还是草率，是坦率还是粗鲁，是温和还是保守，是谨慎还是胆怯，是有同情心还是给人小恩小惠，是含蓄还是冷漠，都取决于是谁在采访白宫。”（**Moyers，1969** ）新闻记者，即便那些希望尽可能置身事外和不偏不倚的记者，都掉入了天然的主观性陷阱。他们将自己的思想和价值牵扯进报道中，即使他们字面上没将自己牵扯进去。“他们决定报道事件的哪一面，不报道哪一面；他们决定强调哪些部分，使用哪些引语和引语的哪些部分，或当他们转述而不是使用直接引语时，他们实际上变成解释者，解释能力对新闻的‘不客观’就起作用了。所以有的学者得出结论说，对于客观的渴望成为意识形态进程的推进器。换句话说，真正的客观是不可能的，而且，对于客观的证明不是缺少经验或判断力就是狡猾阴险，或两者都存在”（**Mcdonald，1975**）。

豪斯曼说，记者对观点的报道更难做到客观，所谓客观报道，最多只是一种虚幻的品质。“自称拥有公平而又客观的报道观点的媒体，或许会宣称他们既不偏左，也不偏右。但是，假使一家新闻机构没有左派或右派政治观点的偏见，就能确保这家媒体的报道一定很公正客观吗？并非如此。有些评论员，例如杰夫·科恩（Jeff Cohen）在左倾的媒介批评期刊《体制之外》中指出，《纽约时报》和其他一些报纸宣扬‘中立者的意识形态’，本身就是一种不公正的观点。科恩曾经对‘中立者的宣传’举过一个例子，那就是‘漫无节制地引述政府官员（通常以匿名消息来源方式处理）的谈话’……这些记者仿佛成了掌权者的速记员，而不太像新闻工作者。”（**Hausman，1992：14**）梅里尔指出，“理想中的客观报道应是超脱、毫无偏见、不固执己见、不牵扯个人利益、不抱成见、无所不知和绝对可靠的报道。即使是我们给新闻的客观性下一个现实的、可衡量的定义，我们还是可以看到它的确不存在，或者说新闻业从头到脚都是主观的”（**Dennis & Merrill，2005：148**）。

科瓦齐和罗森斯蒂尔强调，在最初的客观性概念里，中立并不是新闻工作的基本原则。中立只是一种语气或工具，其目的是说服受众相信传播的内容是准确或公平的。“然而，长期以来，原始而深刻的客观性观念却被人们解释得混乱不堪，以致逐渐消失。很多作者在作品中用这一概念暗示新闻工作者曾经是客观的……但是可想而知，这个观念无法实现。许多法学家也持这种观点，他们宣称客观性不可能实现。”就是说，记者最多报道的是他们所看到的情况，处于“偶然的目击”状态而已（**科瓦齐、罗森斯蒂尔，2011：76－77**）。

认为新闻“没有客观、不能客观、不该客观”的意见是站不住脚的，因为这等于说新闻都是主观的，新闻的真实也是做不到的。为此，朱迪思·利希滕伯格（Judith Lichtenberg）指出，认为新闻无需客观同时又指责新闻无法客观的主张，是根本没有道理的，思路也是混乱的。这种指责的对象究竟是什么呢？“我们最终发现，那些抨击与指责的对象并不是客观性，而是对客观性的各种不同理解。在把客观性抬到一个理想的高度的同时，也许会赞同任何一个不同的结论或实现它们的方法。正是由于这个原因，对于客观性的抨击只是一些不同的抱怨。因为决定‘客观性’的价值观有很大不同，在某种程度上它们是可能的、可行的并是真实的，也是值得向往的”（**Lichtenberg，2005**）。

利希滕伯格在《大众媒介与社会》一书中用5页的篇幅为新闻客观性进行了辩护。他指出，有时人们忘记了客观性仅仅是一种表述信息的方式。许多人否认客观性的主要原因是，他们把客观性主张看作权威主义的一种表现，是保守势力的一种立场。此外，无论客观性的抨击者怎么想，他们都同样不会抛弃客观性。“那些客观性的反对者引导我们发现新闻业的缺点和隐患，而他们自己却暗地里依靠客观性这一理念。他们真正的目标在于确认实现客观性的实践或方法的合理性。”最后，对于客观性最基本的兴趣在于对真理的兴趣，一条特定的新闻不是客观的就相当于声称它没有提供真相或没有提供所有真相，否认客观的可能性至少就是否认任何得到真相的方法，还等于说我们不可能获得真理，这使新闻真实性是否存在也成了问题（**Curran & Gurevitch，2005：240**）。

麦克马纳斯认为，新闻的客观性是新闻质量的可靠保证和标准。他写道：“你也可以采取多种方法来评价新闻采集的质量。为了方便，我选择了新闻采集的一个，也许是唯一的一个核心标准，即新闻的客观性。不管新闻客观性作为一个概念来说多么棘手，在世界上大部分的民主政治中，客观性仍然是新闻实践的最基本标准。正如韦斯特斯塔哈所观察到的那样，如果新闻最重要的功能是引导受众适应其所处的环境，那么‘为了保证人们的决定是独立的和理性的，新闻报道必须是真实的和公正的’。对于每个个案，我的第一步分析是记者是否保证了新闻的客观性，没有客观性，新闻报道根本无法做到真实性和公正性。”（**McManus，1994：185**）

赖特·C·米尔斯（Wright C. Mills）针对报道一场球赛谁胜谁败时强调，“‘客观性’选择并不是主观随意的。在主观随意者看来，一件事的好坏因人而异。尊重事实的本性仍然至关重要，它是建立信誉的正确基础。然而从本质上讲，这种情况通常要比报道足球比赛结果困难得多。即使如此，我们仍然认为，一旦进入一场球赛的报道，我们就卷入了对它的描述，包括该报道选择事实、判断、解释和推测，都要忠于事实。这就是客观性报道”（**Mills，2000：57**）。研究电视新闻的一些学者强调，电视记者多数仍在恪守客观性的界限，电视新闻是现实的一面镜子，只报道现存的事情，在这个意义上，电视新闻借用了写实的传统手法。“制作者的手没有在新闻节目中露出来，因此，事情似乎是原汁原味地出现在我们的眼前，这就是一种客观。”（**Fiske，1987**）电视新闻的图像内容既然摄自客观场景，必须是真实可信的，电视的这种自然性和客观性的统一，是经过努力完全可以做到的。

麦克马纳斯强调，许多媒体做不到客观报道是由于特定原因，主要有四种情况：第一，新闻工作者有个人偏见，不管有意还是无意，将自己的个人观点加诸新闻内容，超出了客观性标准所允许的范围。第二，媒介企业或其母公司及大型投资者的自身利益使然，不管有意还是无意，新闻工作者为了利益违背了客观性。第三，反映了外部社会精英自身的利益，包括政治掌权者，他们向记者提供的不是客观事实。第四，新闻工作者无意中犯了错误，在新闻采集和选择中忽略了全面事实或遗漏了主要事实，偏离了事件的客观原貌。人人都会犯错误，新闻报道的“时间压力使犯错误在所难免”，这类错误都是“随机性错误”，但却给新闻的客观内容加入了主观色彩（**McManus，1994：214－216**）。

三、新闻客观性的标准

许多学者和记者认为，新闻客观性指的是事实的直接展述方式，在新闻报道中是完全可能做到的。丹尼斯将它的标准归结为三点，即客观性有三个主要特征：（1）将事实和意见分开；（2）以超脱情感的观点表述新闻；（3）努力做到公平和平衡，给受众提供全面的信息（**Dennis & Merrill，2005：148**）。麦克奈尔同样界定了客观新闻的以上三个标准：事实和观点分离、对争论双方进行平衡报道，通过参考其他权威材料确认无偏见的新闻陈述。客观报道方式不仅在叙述事实时要使用朴实的语言，而且在新闻制作的手法上要表现出程式化的操作流程（**McNair，1998：68**）。

舒德森进一步解释了新闻的“客观性标准”，即新闻工作者“要区分事实与价值，而且只报道事实。客观性报道在语气方面应该是冷漠的，而不应是充满情感的。客观性报道在政治辩论方面，尽量公正地表现每个主要方面的观点。根据客观性标准，新闻报道由事件组成，而不以任何方式去评论事件、歪曲事件或对报道的事件形成模式化的表述”（**Schudson，1978：150**）。美国新闻自由委员会在它的报告中也指出，“与报道的准确性同样重要的是，要分清事实就是事实，观点就是观点，并尽可能将两者剥离。从记者的文件夹到复写台、排版台或社论部，最后到印刷好的成品，这一点要一以贯之”（**新闻自由委员会，2004：12**）。

除了验证"事实以外，以下几个特征也使新闻从业者可宣称自己的报道是客观的：第一，展现冲突性事实，使受众得知故事的所有方面，随着时间的变化看到事件的不同侧面，听到不同声音。第二，事实不言自明，记者不要替事实说话，替事实说话就没有客观性可言。第三，准确使用引号，引用别人的话要从故事中分离出来，通过添加更多的人名和引语，把自己的观点隔离出来"（**Briggs & Cobley，2002：288-289**）。法国学者瓦耶纳强调，作为主观性的反义词，客观性就是不断地努力摆脱自我，寻求他人，宁肯坚定不移地尊重事实，也决不随心所欲地屈从人意。这就要求新闻工作者同他人保持一定距离，不断地、条分缕析地对自己的判断——哪怕是最有把握的看法也要提出质疑。客观性要求新闻工作者敢于否定那些只是临时性的结论（**瓦耶纳，1986：36**）。

客观报道还要求记者不要修饰他们的故事，对模棱两可的问题不要做出自己的解释，这些原则也是纪实报道的要求。尽管纪实报道的目的无可挑剔，但实际上在操作过程中，会让记者陷入政治家精心设计的表演陷阱。只有在极少数情况下，精心设计的表演露馅，或者背后的舞台设计被揭露出来，记者才能真正进行纪实报道，否则，新闻就成了宣传工具。新闻报道的客观性还要求新闻本身指明新闻来源，能被其他事实所证明，让读者自行判断新闻是否隐含偏颇，这种做法早在16、17世纪的印刷新闻尚未取代手抄新闻的时代就已存在（**Frank，1961：3**）。所以罗斯科说："客观并不是指新闻本身，而是关乎行为模式。'客观'是一种价值观，必须有一种道德上的承诺——愿意以行为来实践客观。"（**Roshco，1979：82**）

从根本上说，记者要报道什么，必然会有报道者的动机与目的，因而也必然包含个人的思想在内。客观是相对的，绝对客观不仅难以做到，而且新闻报道也不需要绝对客观。因此法国学者瓦耶纳说："客观性是有局限的……如果记者对他报道的主题不熟悉，如果他不善于观察、辨别，他就无法透过现象看清本质，他就什么也看不出来。记者应当学会历史学家的工作方法：追根溯源，考订证据（当然也包括自己提供的证据），对证核实各种不同材料，淘汰那些不合实际的假设，等等，不然他会把真相和幻影混为一谈"（**瓦耶纳，1986：37**）。

但若记者对有些事实只做客观陈述，而回避告诉人们其蕴含的有害倾向或因果关系，则无异于是对受众的蒙蔽。在这时，客观报道是不适用的。面对特定的事件，事实与价值评价不可分离，经常被用来支撑**反客观**（anti-objectivist）的结论（即走向客观的反面）。另外，"事实没有那么'硬'，因为它们经常受到价值评价的影响。但是这种说法同样可以适用于另一种情况：价值评价也并不是那么'软'，因为它们也受到事实的影响。""有关价值判断的客观性，有两点值得一提：首先，记者关注的通常是客观性序列中最富有事实性的那一端；其次，更为重要的是，当记者（确切说应该是希望理解这个世界的任何人）费力探寻真相并发现确实无法完全得到真相时，一定很不情愿得出这样的结论：事物总是有某种不可摧毁的模糊性或不可决断性。"（**Lichtenberg，2000：249-250**）因此，对有些模糊不清的事实或处于模糊不清阶段的事实，进行客观报道不仅没有价值，还可能有害。

另外，很多事实都需要理解，然后才能把它们呈现给受众，用正确的思想与价值观去解释我们面临的事实，是后现代主义者积极提倡的意识形态。理查德·基布尔写道："主流新闻工作者对客观性的固执承诺，以及对'事实'能与'评论'分离的信念的追求，与后现代主义者对二元对立观点的批判是根本对立的。二元对立观把理智置于情感之上，精神置于物质之上，头脑置于心灵之上，客观置于主观之上。认为对信息的追求不受价值观的影响，这种客观至上的意识形态使主流新闻文化将道德与政治边缘化。”（**Keeble，2008：132**）布赖恩·麦克奈尔（Brian McNair）也指出，“新闻从来都不只是对世界‘那边’的一种记录或报道，而是一种综合的、充满价值观的记述。它包含其所生存的社会的主导思想与观念”（**McNair，2009：33**）。这意味着新闻对事实做出的评论，若多数当事人和知情人认为符合实际，观点没有受到记者的主观扭曲，则无疑也是一种客观。

最后，新闻报道很容易被个人倾向或被政治组织所利用，客观报道有时十分艰难。科瓦齐和罗森斯蒂尔甚至认为，“再严格的措施都无法防止个人的或外界思想的介入，无法保证新闻工作者始终独立于政治团体、政治或其他因素之外。最终，只有良好的判断，加上恪守忠于公民的原则，才能使新闻工作者独立于党派。拥有自己的观点不仅是允许的、自然的，也是非常有价值的，任何优秀的记者在报道新闻时都应该保持天生的怀疑和不信任。但是新闻工作者必须聪明和诚实，当他将所持观点用于新闻报道时，能认清这一观点确实是基于确凿的材料而不是个人信仰”（**科瓦齐、罗森斯蒂尔，2011：122**）。

第三节　新闻公正与平衡的信条

媒体需恪守“新闻客观性”的信条，记者被看成“中立的观察者”，他们必须不偏不倚，不受包括政党、经济集团以及记者所服务的新闻机构的利益所左右。“客观性新闻的信条可以用几个词来概括——平衡、中立和公正。”（**Eldridge，1993：371**）戴维·明迪奇（David T. Z. Mindich）写道：“一直以来，记者们都被叮嘱在工作中力图保持报道的客观性。这里所指的客观性包括：不偏不倚，党派中立，遵循真实、平衡、倒金字塔的形式。”（**Mindich，2000：8**）新闻客观性延伸到这些广泛的层面，不仅在记者、编辑的材料选择和文本中体现出来，也在掩盖他们社会关系的其他行为中表现出来（**Tebbell，1974：176**）。

一、新闻报道能否达到公正

西方新闻媒体向来推崇公正性原则，这在理论上是美好的理想，但在实际报道中成为棘手的问题。有的学者认为，“遵从‘公正性’原则实际上就是不根据事情的本来面目报道，而是根据被披露的或没有修饰过的材料进行报道”（**Didion，2002：243**）。科瓦齐和罗森斯蒂尔甚至怀疑公正与公平是做不到的，他们指出，“细察之下会发现公平过于抽象，最终比真实更加主观：对谁公平呢？如何检验是否公平？尽管达到真实有这样那样的困难，但至少还可以加以检验”（**科瓦齐、罗森斯蒂尔，2011：41**）。他们两人的意思是说，根本没有办法检验新闻的公平。克里斯·弗罗斯特（Chris Frost）则认为，公平性报道意味着新闻工作者要着眼于真实，而真正的客观性又要求给出完整的画面，对于新闻工作者来说这是不可能完成的任务。因为它是绘图者的任务，像地图一样，新闻报道仍然是一种经过选择和调整而对现实的表达（**Frost，**

2000：38）。

但大多数西方学者和记者仍然坚信，贯彻新闻公正性不仅必要，也是可以做到的。保证新闻的公正性，包含着不偏不倚和平衡原则，要同彼此对抗的新闻来源保持距离，既不倾向甲方也不倾向乙方，更不能站在某个党派的立场上报道新闻。西方的新闻公正性原则首先是一种反党派原则。正如弗林特所说，“一家普通的政党机关报永远是党派的支持者和追随者，无论政党是对是错，是好是坏。它从事的理论是，只要能帮助自己的党徒或伤害对手，一切都是公平的。对寻求真正的新闻和诚实的观点的读者，这些报纸不会把对他们是否公平放在心上。这种报纸要不就是臭名昭著的，要不就是阴险地歪曲和篡改新闻和观点，为自己的政党服务，打击其他政党……它的谴责惟一会被当成一回事的时候将是它谴责自己政党的罪恶的时候；但它从来不会承认它的党有任何值得稍事惩戒的错误”（弗林特，2005：96）。

新闻公正性的第二个要点是，媒体为双方提供同样的时间展示他们的观点。正如贝内特所言，“最稳妥的办法还是遵照最简单的公平原则，为双方提供同样的时间发表意见”（Bennett，2011：226）；尽管也会出现“给双方同样的时间，也并不意味着有同样的信息量”。**新闻公正（公平）**实际是指报道当事人的各方情况要合情合理，没有偏袒或损害哪一方，对受众理解新闻不会产生偏颇。就像科瓦齐和罗森斯蒂尔指出的那样，“如果把公平本身作为目标，那么它同样会被误解。公平应该意味着新闻工作者对事实公平、对公民理解事实做到公平。它不应被理解为：‘我对我的信源公平吗？不应该让他们不开心。’它也不意味着新闻工作者会问这样的问题：‘我的新闻看上去公平吗？’这些都是主观判断，会减少新闻工作者进行核实的需求。换句话说，公平只是一个目标，而不是方法，从根本上说它是一个主观判断”（科瓦齐、罗森斯蒂尔，2011：79）。

“公正性”和“客观性”这两个概念有时被交替使用，但公正性报道通常被定义为中立报道，而客观性报道则被视为对事实没有掺杂媒体主观见解的报道。按照麦奎尔的观点，公正性表示“在信息来源选择和使用上的平衡，为了反映不同的观点，也为了反映在表现新闻方面的中立性，把事实与看法分开，避免价值判断出现情绪化语言或画面”（McQuail，2000：321）。从上述引介的观点看，西方关于新闻公正性的看法很混乱，怀疑派持完全否定的态度，赞成派也有模棱两可的模糊见解。实际上，新闻公正的概念和操作是成立并可能的，只是大部分媒体难以做到而已。由于多数媒体都有或明或暗的政党倾向和利益瓜葛，很难不偏不倚地报道政治事件和社会问题。

二、新闻平衡的正义追求

美国新闻记者最早提出新闻的平衡报道问题。1729 年本杰明·富兰克林接办《宾夕法尼亚报》后对该报记者提出一个明确要求：“当人们持有不同意见时，双方均享有平等发表自己观点的机会，要让公众听到他们的声音。”西方新闻学者在论及“平衡报道”时，强调记者应平等对待冲突或对立的双方的观点，给予受到社会批评的一方说话的权利。1949 年通过的美国《联邦传播法》对“公平原则”还做出规定，“广播电视媒介应保持公正和平衡的标准，在对公众十分重要的议题上，要为冲突双方提供合理的辩驳机会”。

新闻的平衡性是新闻公正性的重要准则之一，也是衡量新闻公正性的标准。美国新闻学对**新闻平衡**最狭义的解释是，展现同时报道“一方面如何，另一方面又如何”的一种不偏不倚态度的手段。视听媒体还有一个“秒表”（stop-watch）定义，即一种观点占 30 秒时间，对立观点也占 30 秒（**Harcup，2009：197**）。后来电视新闻规范对此有非常清楚的表述，“广播公司必须不偏不倚地对待国内争论的对立观点，但不要求这种‘平衡’在某种简单的数学意义上或是在时间分配上得以体现”。对电台新闻平衡的定义也大体相似，“虽然这种平衡不需要达到数学意义上的时间相等，但是节目不得因为隐瞒相关事实或是误导性的强调而有所偏向”（**Ofcom，2003：Sect. 3**）。

韦斯特斯塔哈认为，“只有当新闻报道涉及产生冲突的各方时”才要求报道“平衡”，给予所有重要各方以适当的权利，至少涉及议题的各方必须各有一个有代表性的发言人，拥有发布评论和在报道中露面的机会（**Westerstahl，1983**）。对记者而言，同时陈述正反意见，确实表明一种平衡、公正的态度。半岛电视台网站的高级编辑费萨尔·博迪（Faisal Bodi）举例说，半岛电视台努力突破西方关于“客观性”新闻的界限，从相反方向提供了一种真实的世界。在伊拉克战争期间，伊拉克人民不仅是萨达姆·侯赛因政权的牺牲品，也是以摧毁暴政为名而入侵伊拉克的美国和英国军队的牺牲品。由于经常在报道中插播平民伤亡的可怕画面，半岛电视台改变了西方媒体掩盖这些画面的所谓那种“平衡性”的报道。当时，几乎在全球所有的主流新闻机构中，只有半岛电视台认为这场战争是非法行为，播放了令人心惊肉跳的轰炸、四处飞溅的脑浆、血流成河的街道、惊恐惨叫的儿童和遍地累累的尸体等场面，而不光是西方媒体播放的美英军队和萨达姆军队之间的战斗场面，真正实现了平衡报道（**Bodi，2003**）。

平衡报道方式同科学研究的思维一样，既要符合客观事物的本来面目，又要遵循人们全面认识世界的方法，对事件做出可信的描述。《纽约时报》、BBC 等西方各大媒体都规定，如果一个人或机构在一篇文章中被批评，那么被批评对象必须有答辩的机会，记者也必须尽一切努力与那些被批评的人取得联系，给他们充分的时间和空间做深思熟虑的解释。对有争议的问题进行报道，要避免观点失衡，严格斟酌采访中受访者发表的有异议的观点，给他们公平陈述的机会。《洛杉矶时报》还规定，当采访有争议的问题——罢工、堕胎、枪械控制等等时，应从所有观点中挑选出有才智的、清晰明白的观点，而不是迅速、草率地获得引语来制造一个平衡的表象。BBC 在报道涉及公共政策、政治或产业争论的议题时，为确保有广泛意义的观点应有的分量，会认真听取与比较各种意见，把各方的主要观点在节目中反映出来，哪怕是错误观点也要报道出来由广大观众和听众辨别。

这就是说，平衡报道反映的各方观点，不是盲目、随意地被发表，而是经过认真研究，弄清各方的实质性的观点究竟是什么。有的学者认为，新闻平衡离不开记者的主观权衡，这其中往往包含不确定性，这种不确定性意味着无法与地图上的道路和河流那种客观特征相比，而是力求寻找新闻各方面的重要事实，相信广大公众的判断力。这样，平衡报道“在实际中是可以实现的，绝不是抽象的理论。对事情重要性的判断，公民和新闻工作者可能存在差异。但如果公民们相信新闻工作者是服务于读者需求的话，他们会接受这些差异。关键在于公民相信新闻工作者的选择不是为了自己的利益”（**科瓦齐、罗森斯蒂尔，2011：192**）。埃尔德里奇把新闻的平衡性简单地归结为“呈现新闻的另一面”，不仅是新闻修辞的一部分，“更主要是记者们怀有寻找‘平衡’的动机。为了真实地再现世界，限制官员作为信源带来的影响，是必要的。然而，‘平衡’的运用是受限制的，通常只在可信赖的信源之间进行”（**Eldridge，1993：374**）。这表明，新闻平衡不仅是维护人们平等的表达权，更重要的是在尊重事实真实的前提下，体现媒体是社会正义的捍卫者。

新闻平衡还包括纠正宏观报道中新闻类别比例的失衡。媒体过多地报道社会阴暗面而不报道光明面，或只报道光明面而几乎不报道阴暗面，如果不符合实际，也是一种不平衡报道。2011 年 11 月新华社引述美国媒体的新闻说，美国犹他州第二大城市西瓦利市市长迈克·温德尔利用化名为犹他州媒体撰写关于西瓦利市的积极向上的新闻。这名市长在解释自己动机时承认，媒体报道西瓦利市违法犯罪事件过多，他写稿是为了报道平衡。同样的例子还有，2007 年 6 月 12 日英国首相布莱尔指责英国媒体已丧失了进行平衡报道的能力，对事件、人物的报道不是黑就是白，完全没有灰色地带。

三、新闻中立性与新闻偏见

新闻中立性被视为公正原则的一个侧面，指记者对新闻事件持有不偏不倚的态度，不做出倾向哪一方的价值判断。中立性“意味着在报道中，记者不能宣示对报道主题大表赞同或大肆否定”，对报道涉及的任何一个派别都不能表示赞誉和支持。韦斯特斯塔哈还认为，客观性有两个基本要素：事实性和不偏不倚。如果一则报道是真实的，议题涉及的各个方面是平衡的，叙述语言是中立的，那么这则报道就是不偏不倚的（**Westerstahl，1983**）。传统观点一直认为，媒体的“中立”使公平不仅在道德上，而且在经营上也是个好策略。但更重要的是，中立“显示出真正的良心，做出的是公正的新闻报道”（**弗林特，2005：136**）。

新闻的中立性在今天却受到许多新闻工作者的质疑，他们认为提倡中立性即意味着在“美好与邪恶、正义与错误、受害者与压迫者之间，保持中立的立场”，放弃个人正义，“就会成为一切邪恶的同谋；就波黑战争而言，它将成为种族灭绝的同谋”（**Smith，2003：58**）。这不可避免地提出了谁来定义美好与邪恶以及在这二者之间新闻工作者放弃正义的立场的问题，以致所谓客观地报道事件不过是骗人的鬼话（**Bell，1998：16**）。英国学者托尼·哈尔卡普（Tony Harcup）写道：“人们可能认为，新闻工作虽然不是中立的，但却可能是客观的，因为受众实际上知道新闻工作者来自何方。以此方式看，《社会主义工人报》就比英国广播公司新闻台（BBC News）更具有客观性，因为前者做出的政治和文化假设较为直白，能够指出何者正义或邪恶，因此受到受众的重视，而后者的政治和文化假设则比较含蓄”（**Harcup，2009：89**）。

梅里尔指出，新闻媒体在报道大选时，它们的新闻和大量文章不可能是中立的。“新闻记者都自称是中立的，不偏袒任何一方，但谈话节目的主持人在宣传他们喜欢的候选人时是不会这么说的。大多数报纸以及一些杂志的社论文章也会明确表明它们支持某一位候选人，而不是另一位。”（**Dennis & Merrill，2005：91**）今天西方大多数学者对新闻中立性的认识比较一致：中立性几乎不存在，新闻报道中立的说法是骗人的，因为这是关乎是非善恶的问题，对这类问题的报道恰恰应当支持具有正义和善举的一方，而不是中立。

但由于事物的复杂性，即使一些事件的是非界限清晰、明显，仍有一些记者仅仅从个人的好恶来确定是非善恶，就形成了他们特有的偏见。如果媒体与记者不调整自己错误的善恶态度，背离客观、平衡原则来报道善恶的事实和观点，就会陷入**新闻偏见**。莫特和凯西（Ralph D. Casey）早在1937年就说过："每家报纸都有自己的成见。每一位记者在进入这个行业之初，都必须在自己对生活及政治的看法，同所属的报纸对生活及政治的看法之间进行调整。"（**Mott & Casey，1937：380**）不仅是记者，如果报纸面对新事物不调整过去的思维和陈旧的观念，也会被新闻偏见所纠缠。正如梅里尔所强调的，新闻报道在很大程度上都是带有偏见的，特别是在处理政治新闻和其他有争议的社会新闻时，这种情况就更为普遍。这种偏见是天生的，是报道者个人价值体系和文化背景造成的。导致偏见产生的因素还有记者的教育背景、所信仰的宗教、所处的社会阶层、性别、党派、政治意识，以及一系列的个人狭隘的见解。"记者通过自己的偏见对新闻加以过滤，尽管这样做可能只是潜意识的，但却从某一方面使报道带有偏见。在许多情况下，偏见是在不知不觉中融入到报道中的，不能因为这一点就不称其为偏见"（**Dennis & Merrill，2005：89**）。

麦奎因在《理解电视》一书中指出，"偏见（bias），用于媒介的术语，指的是通过误传、轻描淡写或忽视某些观点而给予争端一方以'不公正'的处置。有偏见是电视新闻必须小心避免的指责"。"电视机构在法律上有责任表明'充分的公正性'……充分的公正性意味着考虑所有的见解和观念，对主流观念加以突出，同时还要敏感地意识到公众舆论的转变。在给出'观点'的地方必须明确标明出处，并立即配之以对立的观点。"（**McQueen，2009：104**）有的学者还认为，"有许多类型的新闻偏见，尤其是歪曲真实造成的偏见，几乎就成了说谎、宣传或意识形态"（**麦奎尔，2000：383**）。格拉斯哥媒介小组得出的结论却是：电视中所表露的偏见相当严重，已经违背了它理应进行平衡报道的职责。电视机构的过度等级化，与"官方的"和"可接受的"信息源保持紧密联系，导致新闻总是倾向于给这些世界的解释者及其解释方式以优先权（**McQueen，2009：107**）。无论从哪个角度看，新闻偏见是背离新闻公正性与平衡性的结果，而新闻报道的中立性则是不存在的。

【本章思考题】

1. 试述新闻真实的含义，为什么说真实是新闻的首要标准？衡量新闻是否真实有哪些尺度？
2. 新闻报道如何做到准确？
3. 阐述新闻的第一真实与第二真实的关系。
4. 怎样理解和把握新闻的真理性？
5. 论证损害新闻真实的主客观因素。
6. 新闻客观性的含义是什么？列举有关新闻客观性争论的正反观点。
7. 辨析新闻客观性、公正性、平衡性和偏见四个概念含义的差别。

第五章

新闻价值与新闻建构

【本章要点】

传统新闻价值说的扩张带来理论混乱，似乎新闻的一切都有价值内涵；而现代新闻价值说却固守价值本义，贴近人们对价值概念的理解，预示传统新闻价值说的转向。新闻价值判断直接影响新闻报道，为记者建构新闻确定标准、框架和范式。建构一条新闻，需经过深入信息源、发现新闻、选择事实、议程设置、新闻包装和新闻制作等六个环节。

在西方新闻学里，“新闻价值”通常是记者应该选择哪类事件来报道的标志。为了说明选择的目标，学者们经过多方努力，比较不同种类的事实是否带有“新闻价值个性”（newsworthiness）。他们得出的结论是，无论报纸还是广播电视新闻都必须有吸引力，能够引起受众的注意，**新闻价值**就是判断受众想要读什么或看什么的“基本准则”（ground rules），“新闻机构可能并没有把这些基本准则以书面的形式写下来，但是它们确实存在于日常工作和经验中”（**Harcup & O'Neil，2002**）。

第一节　传统新闻价值说的转向

“新闻价值”是西方新闻界最为混乱的概念，也是学者们争论不休的问题，各种价值假说五花八门。正如霍尔所说，“新闻工作者谈到‘新闻’，就好像事件选择了它们自己。此外，他们讲起新闻，就好像这就是‘最重要的’新闻报道，而且最突出的‘新闻视角’是从神明那里获得灵感的。然而在这个世界上，每天都发生数以百万计的事件，任何时候都只有很小比例的事件成为看得见的、‘潜在的新闻报道’。我们似乎在和两个‘深层结构’（选择和被选择）打交道，这种结构作为某种选择机制，即使对那些最懂新闻报道运作的人来说，也是看不见、摸不着的，由此他们创造了种种新闻价值理念”（**Hall，1973：181**）。

一、传统新闻价值要素的扩张

密苏里新闻学院写作组 1980 年在《新闻写作教程》一书中写道：“**新闻价值**的传统标准是

指历代新闻工作者用以判断什么样的事实能构成新闻以及衡量一些新闻报道胜过另一些新闻报道的尺度。”该书的四位作者罗列出判断新闻价值相当重要的标准：读者——有多少读者感兴趣；影响——新闻的重要性取决于它能影响多少人及其影响的程度；接近性——事件发生的距离越近，越是重要的新闻；及时性——时效越快，越要报道；显要性——越是名人越会成为新闻；异常性——不寻常的事情往往会成为新闻；冲突——报道战争、政治、犯罪或体育比赛的新闻更有价值（**Brooks et al，1980：1－6**）。

布鲁克斯（Brian Brooks）、莫恩（Daryl R. Moen）、肯尼迪（George Kennedy）和兰利（Don Ranly）概括的这七项衡量新闻价值的传统标准，在美国新闻界应用了一个多世纪。在20世纪60年代，西方新闻理论界仍感标准性价值太少，从各方面进一步探索，扩张了新闻价值的边界。扩张的主要路径有两个：第一，新闻工作者根据自身的经验和评估，列出了新闻报道的其他有价值的特征。例如，英国《卫报》的前主编阿利斯泰尔·赫瑟林顿（Alistair Hetherington）曾把新闻价值总结为重要性（significance），戏剧性（drama），轰动性（surprise），名人（personalities），性、丑闻和犯罪（sex，scandal and crime），报道的数量和规模（numbers，magnitude of the story），密切性（proximity）等七类事件。第二，通过总结报道样本，采用逆向分析的方法得出事件要具有新闻价值所应满足的一系列条件。在此类研究中，以挪威学者高唐（Galtung）和鲁格（Ruge）得出的结论最有影响，他们提出了新闻价值的12项特征，它们是：频率（frequency）、强度（intensity），或称“丰富性”（threshold）、明确性（unambiguity）、文化密切性（cultural proximity）或称“意义性”（meaningfulness）、可预测性（predictability）或称“符合性”（consonance）、意外性（unexpectedness）、连贯性（continuity，即后续报道）、综合性（composition，各新闻故事之间的组合性）、与精英人士相关（references to elite people）、与主要国家相关（reference to elite nations）、拟人性（personification）和负面性（negativity）。高唐和鲁格预言，一个事件越是满足这些条件，就越有价值，也就越有可能成为新闻而被报道（**Galtung & Ruge，1981**）。

在哈尔卡普和奥尼尔（D. O'Neill）对三份英国的全国性日报所做的研究中，重新检验了上述各项新闻价值的特征，发现它们在某些方面存在不足。这两位研究者认为，“由于仅关注对几起国际性危机事件的报道，高唐和鲁格忽略了国内新闻和日常新闻，所总结的新闻价值的特征中有些并不构成选择事件的标准，而只是体现记者撰写或者构建报道的方式。以‘明确性’为例，大多数记者经过培训，知道如何从明确的角度来撰写那些含糊复杂和不清晰的新闻故事。而其他的各项新闻价值指标，虽然在今天看来仍然有效，但如果稍微改一下用词，或者将某些类项合并，就可更好地反映新闻报道的选择标准”（**Harcup & O'Neill，2002**）。为此，哈尔卡普和奥尼尔重新提出了10项新闻价值标志，这就是与权力精英相关（reference to the power elite）、与社会名流（reference to celebrity）相关、娱乐性（entertainment）、轰动性（surprise）、好消息（good news）、坏消息（bad news）、规模性（magnitude）、相关性（relevance）、后续报道（follow up stories）和报纸议程（the newspaper's agenda）。

尽管这10项新闻价值的标志可能更好地总结了当代媒体的所有新闻内容，但仍然没有涉及新闻价值的核心。记者戴维·兰德尔（David Randall）更务实一些，提出了衡量事件价值的“浮动标准”（sliding scale for stories），其中占据首位的是事件对人们所产生的长期影响力

(**Randall，2000：28**)。相反，麦奎尔不认为通常罗列的价值标准或条件对新闻价值能够提供完整、切实的解释（**McQuail，2000：343**）；而且哈特利指出，它们可能掩盖新闻事件中的意识形态因素（**Hartley，1982：80**）。而甘斯则从事件的"适宜性"定义新闻价值，其中有三个基本组成部分——"真实性"、"作品"和"抢先报道"(**Gans，1980：145－180**)。

艾伦·贝尔进一步补充了抢先性（competition）的价值，增加了共同选择、预见性、预制性三项标准，认为它们十分重要（**Bell，1991：158－160**)。这些结论说明的是新闻的质量和报道要求，同新闻价值毫无关系。

总之，上述这些"新闻价值"指的是事件的特性和报道方式，或如何争得报道的机会，实际是指新闻机构的新闻运作规则。西方多数研究新闻价值的人，考虑的是异常事件和能被最快报道的事件，谈论的根本不是新闻价值问题，更谈不上是价值理论。这种**传统新闻价值说**之所以被西方新闻界运用了100多年，主要是从媒体和记者的角度衡量哪些新闻更容易卖出去、更能适合受众口味，对新闻商业化有至关重要的意义。实际上，他们把那些奇闻、丑闻等视为具有新闻价值的事件，把值得报道的事实和新闻价值混为一谈。

二、对传统新闻价值说的否定

柯蒂斯·D·麦克杜格尔（Curtis Daniel MacDougall）指出，"不从政策方面考虑，作为评判新闻的决定因素，报纸和其他所有传媒无论有何差异，当每天从千百万发生的事件中选择新闻时，都有确定而潜在的大体一致的新闻价值标准。从心理学上说，这些标准可能是肤浅甚至是错误的，但是它们已经受到年复一年的考验，在一批数目不容忽视的新闻编辑部盛行，用得正确与否这里就姑且不论了"(**MacDougall，1972：114**)。可见，传统新闻价值标准尽管在西方新闻界流行，但它可能是错误的，使用不当的现象极为普遍。

传统新闻价值说的第一个不当之处在于，它大都用生活中消极、负面的现象来吸引受众，危及大众的精神健康。正如伯恩斯坦所说，"在以哗众取宠为特征的新闻文化中，我们用以教育读者和观众的是：鸡毛蒜皮的小事才是重要的，骇人听闻和神经错乱的事比真正的新闻更重要。我们没有为受众服务，我们只是迎合他们。我们迁就受众，认为他们需要什么就给什么；我们认为什么可以打开销路，提高收视、收听率和读者数量，就把它卖给受众。不幸的是，很多受众接受了我们的迎合，并对垃圾信息充满热情。然而，记者还是有责任质疑大众，而不是迎合他们"(**Bernstein，1992**)。约翰·辛普森（John Simpson）指出，"每天我们在报纸上或电视上看到的大量东西与其说错了，不如说陷入了令人沮丧的程式化，记者们似乎只是根据一种陈旧的模式在思考：无辜的受害者、伟大的领导者、邪恶的杀人者、堕落的独裁者、悲惨的儿童、心怀报复的妻子和滥交的女人。经过这样的处理，反映复杂生活的真相几乎不见踪影"(**Simpson，2008：323**)。

即使赞成传统新闻价值说的西方学者在介绍新闻价值标准之后，仍或多或少提及它的缺点。梅尔文·L·德弗勒（**Melvin Lawrence DeFleur**）和埃弗里特·E·丹尼斯明确指出，"用这些标准确定的新闻价值所付出的代价是：许多新闻报道从其他角度看，实际上很有意义，却很可能被判定为太平淡，例如那些具有历史意义的事件，那些能改善人类环境的事件或扩展人类知识领域的事件等。有关这些事件的报道很可能在报纸的最后几页或新闻广播的末尾才能被找到（如果它们有幸被报道的话）”（**DeFleur & Dennis，2005：381**）。按照传统新闻价值标准选择新闻，有重要意义的事实因为没有趣味而被抛弃，或被放到受众不易发现的角落里，是西方很多媒体的惯例。

更重要的是，按照传统新闻价值标准报道新闻，经常没有把事件深层的原因揭示出来，重视的只是事件表面的炫目或惊奇。罗斯科曾说，在许多情况下，不仅新闻事件本身具有重要性，事件发生的诱因也非常重要。“以往的报道更多的只是关注新闻事件表面的事实，即‘热点新闻’（spot news，当前事件新闻），极少真正去探究事件发生的原因。”一次种族冲突、监狱暴动或一个境况堪忧的贫民窟，甚至一桩谋杀案，都有深厚的习俗、传统或基于地区经济条件的社会背景。“这些社会背景一向存在，而且可以被发掘，把这些背景挖掘出来，似乎应该是记者的责任。”（**Roshco，1975：71**）

传统新闻价值说的第二个不当之处是，概念混乱，各执一词，有的把有价值的事件称为新闻标准，有的称为新闻要素。而德弗勒和丹尼斯抛弃了标准说和因素说，把它们归统为事实的“程度”。他们认为，“新闻价值”就是公众对新闻报道的“潜在兴趣的程度”。“这些标准经过了长时期的孕育，代表了某种智慧的历史积淀，以确定公众要求在新闻报道中读到什么、听到什么或看到什么。”（**DeFleur & Dennis，2005：384**）密苏里新闻学院在其教科书里对新闻价值不作解释，用“尺度”代替了“标准”，指出“新闻价值的传统标准是指历代新闻工作者用以判断什么样的事实能构成新闻以及衡量一些新闻报道胜过另一些新闻报道的尺度。”（**Brooks et al.，1980：2**）

以上提到的“标准”、“程度”、“要素”、“尺度”等不同概念，常常被人们视作相同的东西，正如我国教科书上通常解释的那样，“新闻价值是记者衡量事实可否成为新闻的标准”、“新闻价值是新闻事实中存在的那些特殊素质”（**郑旷，1987：28**）。既然新闻价值等于新闻标准，又等于新闻的素质（要素），那么记者不是以价值判断新闻，而是以新闻的标准或素质、要素衡量事实能否构成新闻，这就把价值看作“新闻成立的条件”。正如麦奎尔所说，旧的新闻价值观点把新闻价值看作报道的“一种模式化的预见”，无法对新闻价值的本义给出准确的解释（**McQuail，2000：343**）。约翰·哈特利则指出，“识别新闻价值，告诉我们的是报道如何被呈现，而不是它们被选择的原因”（**Hartley，1982：79**）。这种呈现方式就是把新闻写得充满趣味性和娱乐化，但根本谈不上新闻价值。

传统新闻价值说的第三个不当之处是，导致媒体忽视对严肃社会问题的报道，特别是电视新闻要根据眼花缭乱的事实进行筛选，漏掉重要事件在所难免（**阿伯克龙比，2001：68**）。价值这个概念充分表明新闻在社会认知中的作用，即新闻媒体是否认为公众认同的事件和话语值得报道（**Lester，1980**）。北爱尔兰记者、BBC编辑约翰·考尔（John Cole）和其他人一样，认为新闻的价值观念不应被公众的观念所左右。他认为，“新闻必须依据它是否正确、有趣和有意义来加以判定”（**Bromley，1999**）。西方新闻界过去有个说法，即“流血的就是轰动的”。这种新闻价值的描述是臭名昭著的“小报”手法，使“高质量”的报道标准变得模糊。不少媒介批评家认为这一趋势必将导致“大麦乐鸡块新闻”的增多。用BBC记者安德鲁·玛尔（Andrew Marr）的话说，还会造成“弱智化”（dumbing down）的效果，使媒体担负的社会责任越来越小（**Bromley，1999**）。

新闻价值应反映社会经济、政治和意识形态等的价值观，不应排除重要事件。"虽然人们普遍认为新闻都是选择和某种社会意识形态一致的事件报道，但是这并不意味着和意识形态不一致的报道在本质上其新闻价值就低了：正因为与社会共同认可的意识形态之间存在差异性，它们可能更令人感兴趣，更能让人记住。所以，我们应该仔细区分新闻事件的新闻价值和有关这些新闻事件报道中的新闻价值观念"（**Van Dijk，1983**）。新闻价值和新闻价值观是相容的、一致的，只是后者有一套意识理论。

甘斯认为，"毫无疑问，每一个新闻故事都会表达几种价值，我将会采纳对于价值的狭义界定，检视那些有关国家与社会以及主要的国家与社会议题的偏向性的陈述。此外，我也会区分'话题性'（topical）与'恒久性'（enduring）这两种类型的价值。**话题性价值**是指媒体在特定时刻对于特定行动者或活动——不管是总统提名的官员，还是一项新的抑制通胀的政策所表达出来的意见。无论在新闻杂志与电视评论中的鲜明观点，还是在充斥于所有新闻故事的含蓄判断中，这类价值都有所体现。与此同时，**恒久性价值**则是那些在长时段内出现在很多不同类型的新闻故事中的价值。通常它们会把事件变成新闻而产生影响，因为其中的某些价值就是新闻定义中不可或缺的构成部分。恒久性价值不是亘古不变的，经年累月之后它们可能会有变化"（**Gans，2005：29**）。因此，新闻价值是媒体反映的社会经济、政治和意识形态等价值观在新闻报道中的具体化，简单说，是指新闻带给人们的好处。

三、现代新闻价值及其类型

布赖恩·布鲁克斯等在《新闻写作教程》中，对传统新闻价值作出分析后指出，"以往记者、编辑们使用这些标准来判断新闻价值，即什么样的稿件较为重要，因而易于为报纸、广播电台采用。但是，近年来新闻价值的标准发生了一些变化，并在继续发生变化。在过去的几年中，报纸往往用更多的时间和篇幅大部分报道不能以传统标准来衡量其价值的新闻。这些报道往往不包含冲突这个因素，也很少猎奇，它们报道的也不是名人。许多报道是没有时间性的。只有部分有接近性这个要素"（**Brooks et al.，1980：10**）。这就是具有现代新闻价值的新闻，它们贴近人们的生活，对人们如何认识生活和消费问题有益处。

麦尔文·门彻写道："最有生命力的报道是关于人们生活的报道，虽然它们可能是没有时间性的，甚至是没有趣味性的。介绍我们现在怎样生活，这样的报道是不会有人拒绝的。同时，这些标准[①]也没有告诉我们新闻价值的变化，没有就新闻编辑部的实际情况——它的压力和它的政策——给予我们任何的指点。"（**Mencher，1999，61**）早在1977年美国报纸出版协会进行的一次调查就了解到，如果按照年轻人的要求去做，报纸就要更多地报道有关消费、学校以及当地与全国发生的重大事件新闻。人们要求更多地知道政治、体育和社会新情况，需要更多的指导性专栏。这类报道才是有价值的。

这类有价值的消息称为"生活方式"新闻，主要有：（1）"怎么办"的报道。例如，保健

---

① 指传统新闻价值标准。

事业的发展，税法的更改，如何应对要求过高的上司，向读者提供专家的意见以指导他们如何应付这些难题。这类题材几乎取之不竭，读者反应强烈。(2) 指导日常消费的报道，即有关商品质量与服务质量的新闻。例如，如何买保险、买汽车和食品，甚至如何选择饭馆或电影的报道，都很有价值。(3) 大量涉及人们日常生活的时政新闻，凸显重要的价值。今天的新闻大都不是记者在大街小巷到处寻找的马路新闻，而是来自市政官员、社区管理部门或学校领导。政府新闻主要来源于新闻发言人、领导人及其他官员。记者大部分时间周旋于行使权力的人之间——政府、政治组织或者实业界，从这里得到的新闻对广大受众有直接影响（**Brooks et al.，1980：11－13**）。

英国独立电视公司 ITN（independent television news）研究发现，受众批评最多的是电视新闻过分倚重于戏剧性、可视性的事件，比如对洪水影响人们的生活制造戏剧性素材，而对导致洪水泛滥和许多人流离失所的原因（比如森林的毁灭）却很少报道。失业、污染、营养不良、疾病和政治压迫等问题缺少像地震或火箭发射所具有的视觉冲击力，较少引起电视编辑们的关注（**McQueen，2009：101**）。学者们指出，这类有关人类生存的新闻具有更大的价值，却没有被媒体认为是有价值的新闻。

麦克马纳斯还提出新闻的引导价值，即引导受众认识什么是重要的，如何观察和思考所处的环境和面临的问题。这种引导价值包括对个人的引导和对社会的引导两个维度。他写道："报道的引导价值要看它是否具有两个方面的重要性：个人的和社会的。我将社会重要性界定如下：'事件或信息具有的某种潜在可能性，即通过改变对环境的理解，直接或间接地改变社会环境或政治环境'"；"个人重要性则界定为：'事件或信息具有某种用途和潜在的可能性，帮助公民以某些方式发展自身或改善生活……尽管在衡量新闻价值时，新闻道德守则明显地将社会重要性置于个人重要性之上，但是两者都有引导价值。我们没有理由认为，报道中必须具有某个方面的重要性，让它居于主宰地位，另一个方面则可有可无"（**McManus，1994：166－167**）。

美国报人进行的一次调查表明，被调查者要求增加有关环境、公共事务、个人服务专栏的信息，美国新闻工作者和公众对重要新闻的看法大致相同，即媒介需要增加解决社会问题的报道，"这些报道包括有用处的新闻，尤其是怎么办的稿件和其他有关消费的新闻，包括教育新闻在内的公共事业新闻、地方性和全国性的大事、环境保护问题和关于普通人的报道"（**Brooks et al.，1980：15**）。这就提出了**现代新闻价值**的内涵，即它是以对受众"有用"为核心的。凯利·雷特（Kelly Leiter）、朱利安·哈里斯（Julian Harriss）、斯坦利·约翰逊（Stanley Johnson）尽管在《全能记者采编写基础》一书的最新版中仍然引述了11个传统新闻价值的特征，但他们给出的定义则是"新闻价值是一种信息功用"，并得出结论认为"具有新闻价值的事件是那种影响或改变社会、经济、政治、物质或其他关系的事件"（**Leiter et al.，2000：67**）。

在甘斯看来，美国最有价值的新闻是关于"民族优越感、利他的民主、负责任的资本主义、小城镇的田园主义、个人主义、温和主义、社会秩序以及国家领导权"的报道，除此之外还有很多具有其他价值的新闻。他说："我之所以排除它们，或是出于论述篇幅的考虑，或是因为它们虽然是有价值的，但已经被视为理所当然。其中包括对经济繁荣的渴望，对战争的反感（但有时不能扩展到特定的战争），家庭、爱情与友谊的美好，以及仇恨与偏见的丑陋。新闻通常都会支持那些有时被不公平地轻视的**'母性价值'**（motherhood values）的一系列价值”(**Gans，2005：47**)。甘斯在这里阐述的是新闻的思想价值、引导价值和生活价值，决定这三种新闻价值的是人类之爱、善良和正义的思想源泉，所以是新闻的母性价值。

进入20世纪90年代，一些媒体认为娱乐内容比有重大影响的事件更有新闻价值，“传统的新闻价值观被这一新价值观削弱，信息娱乐化日益泛滥”(**Franklin，1997：4**)。玛格丽特·莫尔斯（Margaret Morse）和塔尼娅·莫杰斯基（Tania Modleski）分析了娱乐新闻在新闻整体中的地位和作用，指出了它们的价值：“早间新闻和重要时段的新闻在一天工作和休闲的分界线时段播出，预示着从家庭的私人领域向工作领域过渡，新闻起到闹钟或节律器的作用，督促观众、听众加快脚步适应工作节奏。不管人们接触新闻的程度如何，新闻都会引导人们进入社会现实。”“相反，晚间新闻是一种混合的形式，帮助人们从一种现实过渡到另一种现实，从工作世界必须全神贯注过渡到享受黄金时段电视剧和娱乐节目组成的电视套餐，给全身心带来放松。放松是筋疲力尽工作之后不可缺少的”(**Morse，1986**)。

从上述种种观点看，把新闻或新闻价值的特征（标准）视为新闻价值，还是把新闻的“有用性”及受众的获益视为新闻价值才更贴切和适当，已十分清楚。新闻价值是满足受众需要所表现出的效用，这一现代新闻价值内涵，同传统新闻价值含义根本不同。传统新闻价值说远离价值的本意，围绕新闻事实的特征和标准转圈圈，谈的不是新闻价值问题，而是商业新闻追求的报道内容。

现代新闻价值关注的是受众的生活需要，可将其概括为以下五种类型：(1) 新闻指导生活的价值；(2) 新闻引导思想的价值；(3) 新闻改变和解决社会问题的价值；(4) 新闻维护社会秩序的价值；(5) 新闻的休闲娱乐价值 (**Leiter et al.，2000：23-26**)。具备这五种价值之一的新闻能满足受众的特定需要，体现媒体为公众谋取福祉的宗旨，正如卡斯珀·约斯特（Casper S. Yost）所说，“报纸的基本任务是出版有益于服务大众的新闻”(**Yost，1924：29**)。

第二节　新闻建构及其框架

舒德森在《大众媒介与社会》一书中写道：“记者往往说‘新闻建构’、‘制造新闻’、‘真实性的社会建构’、‘新闻是新闻人做出来的东西’，等等。根据一项研究，‘新闻是新闻工作者所采用的方法的产物’；根据另一项研究，‘新闻是记者制造与加工出来的’……这样的说法会驱使记者强烈地维护他们的工作，一个负责任的记者从来不伪造新闻。”(**Cited in Curran & Gurevitch，2005：176**) 塔奇曼也认为，“说一则新闻报道是一个故事，不多也不少，并不是贬低新闻，也不是指责它是被编造的。更准确地说，它提醒我们，新闻就像所有的公文一样，是一种被建构的事实，而这个事实支配着它的内在正确性”(**Tuchman，1976**)。

一、新闻建构的“预先模子”

对新闻建构的研究始于20世纪50年代有关“守门人”的探索。社会心理学家勒温（Kurt

Lewin）创造了“守门人”这一术语，后来怀特（David Manning White）将它用于新闻报道。他在研究了美国报纸编辑选择新闻的过程和原因后说：“我们可以看到这些编辑具有很强的主观性，新闻是建立在‘守门人’自己的一系列经验、态度和期待上的，可见，真正的新闻传播到底是什么样的！”（**Curran & Gurevitch，2005：177**）在社会组织视角里，新闻事实暗示它是社会性建构，在不同新闻制作者的互相交流中被修饰了，各个媒体构建新闻可以变换不同的角度。

人类学家马歇尔·塞林斯（Marshall Sahlins）认为，“新闻事件不仅是在世界上刚刚发生的事情，也是一个事情同具有象征意味的系统之间关系的体现”（**Sahlins，1985：153**）。社会组织对新闻视角的关注重点不放在日常生活最先发生的现象上，而放在与记者和官员职责范围有关联的、具有象征意味的事件上（**Curran & Gurevitch，2005：196**）。正如法国学者凯塞尔强调的，“报纸登的并不是记者审慎观察过和经历过的，而是预先安排好的。模子是事先设计好了的，这个模子也许符合公众意见，也许符合某种人的偏见，也许符合某种远见，也许符合领导人物的利益。记者所采访、所编写、所发回来的材料都必须在形式和内容上与这个模子一致”（**Kessel，1955：207**）。

这就是说，媒体报道新闻不单纯是对事实的叙述，而是按照事先预设的模子选择、陈述事件，这种建构有很强的预设性和计划性。芝加哥社会学派的罗伯特·帕克教授曾是一名记者，他确信，“新闻报道不仅是反映世界上所发生事件的一面镜子，而且是构筑社会真实的一个职业。从这种意义上说，新闻记者不只传播新闻，还制造新闻。问题是，一则关于社会真实的新闻报道如何才能令人信服。新闻的透明度要求它确保能够为公众进行有效的监督，原则上也要经得住有特殊兴趣或具有专业知识的公众的推敲。从本质上说，新闻是公众理性的一项附加实践，不可能被详尽地阐述，因为报纸有它自己较高的理解与价值，而且事先就有个模式。新闻和报纸将抑制批判性的思考，以麻醉取代认识现实，或是培育逃避现实主义者和失去理智的幻想者”（**Park，1967：121－122**）。

许多媒体精英都把制作新闻看作建构现实的行为，其重要规则是，如果记者从官方获得新闻原料，很多人会按照官员的意图设计新闻。M. 费什曼（Mark Fishman）在美国加利福尼亚州的一家报社进行过一项参与度调查，发现记者非常习惯于政府的官场运作及其组织，他们与官员打交道的好处是官僚机构能够提供连续不断的新闻，得到稳定的报道原料。他认为日常的新闻报道是记者与政府官员协作的结果。“记者唯一重要的是他获取预先设计好的新闻资源后如何使用这些资源。”（**Fishman，1988：35**）这意味着，记者建构新闻的许多模子来自政府官员，甚至主动为官员设计新闻模子——如何报道新闻。正如甘斯所说，“只要行政官员愿意接受记者的建议，记者就会保证报道的方向对官员有利；第二，当记者已经成为政客实际上的顾问时，他们便成了政客所属派系中的一分子了；第三，记者为了回报政客对他们的信任，可能会以有利于政客的观点报道新闻”（**Gans，2005：83－85**）。

新闻建构的模子还来自记者为之服务的新闻机构及收集新闻素材的方式。记者们趋向于强调同一个角度，采用同一个观点来报道每天发生的大量新闻，就好像在他们的包裹里贩卖的都是同样的货色，这种“打包新闻”已经逐渐取得了牢固的地位。塔奇曼认为，事实被组织化地定义了——事实是“有关联的信息通过专业的合法化的手段聚集在一起，具体说明知悉的是什么以及怎么知悉的。在新闻里，事实的证明即是政治诉求的实现，又是专业技术的体现”。“这个世界上的事件不会奇迹般地将自己转变成新闻，新闻制作过程和一系列实际事件的发生是互相影响的。飓风骤起、战争爆发、选举进行，新闻媒介可以用它们习惯的不同方式去建构这些事件。”（**Tuchman，1980：82－83**）

无论电视新闻看上去多么自然、真实和及时，它都是在模子支配下的一种建构，根据某种需要来选择镜头，“电视新闻除了时间、预算和新闻来源的限制，还要对新闻故事进行必要的选择、压缩和简化”（**Burns，1977：19**）。有时媒体要根据自己的标准和原则对新闻事实进行选择和编辑，表现一些事件而压制另一些事件，并不完全，甚至有时根本不接受官方的模子。在多数情况下，新闻模子是一种综合体，媒体一方面站在公众的立场上，另一方面又代表着公共机构、组织、官方管理者或社会权力精英的利益。在这种情况下，且不谈新闻的“客观性”，就媒体制作的意图和方式，也会多少有别于社会管理者提供的新闻（**Burns，1977：123**）。

西方大部分记者虽然对新闻建构的说法不予否定，但他们坚决反对虚构新闻。凯塞尔指出，“脱离事实的虚构是不能容忍的。应该深入主题，寻找消息的真正意义，这就要深入到事物的内部去发掘隐藏的事实”，“特别是要把我们的注意力放在那些不能用电视广播的消息上，放到突然发生的事件上，放到不为人所怀疑的情形上去”（**Kessel，1955：151**）。媒体可以充分运用掌握事实的权利，得到一条消息后便认识它、了解它、对它进行判断，然后决定如何去建构它。

二、介入新闻建构的内外因素

如果事实要成为新闻，就会以一定形式表现，对事实加以识别、选择和制成一定样式，通过“某种文化棱镜”进行社会构建（**Watson，1998：107**）。马吉·威克斯（Maggie Wykes）认为，“新闻的建构，同时为受众构建了一种解释框架，因为它表现了事实”（**Wykes，2001：187**）。杰克·卢尔（Jack Lule）说：“新闻工作者在早期报道的框架内，通过重述不朽的神话构建新闻，聚焦事件和事实后将其构建到新闻条目中，为这一过程提供部分解释”；“但现实事件发生的意义，因事件独立于媒体之外，其意义也是独立存在的”（**Cited in Curran & Seaton，2008：277**）。新闻建构往往扭曲事件的意义，使新闻脱离现实生活，新闻工作者不是报道新闻，而是在创作新闻。他们构建新闻，构建表述，目的是要构建事实的意义语境，重建“一个”现实（**Vasterman，1995**）。

新闻建构是由媒体系统内部和外部社会力量共同决定的，就内部因素而言，记者和媒体各种“把关人”都参与具体建构过程。甘斯认为，新闻选择与生产过程中，第一步是由报道事件的提议者迈出的，他们的工作就是发掘或想出新闻点子。有时选题的责任被指派到记者头上，要求他们追踪事件，提出适当的关于新闻事件的议题，其他所有新闻工作人员——包括首席编辑和制片人开始思考事件的主题，着手将其纳入报道议程。这一切都要和新闻源保持密切联系（**Gans，2005：93**）。提供消息来源的人能否成功地接近新闻从业者至少取决于四个相互关联的因素：（1）抱有的动机；（2）权力的大小；（3）提供信息的能力；（4）与新闻从业者空间的接近性。在这四者中，提供适宜信息的能力是至关重要的，其余三个因素可以强化这种能力。事实上，玛丽莲·莱斯特（Marilyn Lester）和哈维·莫罗奇（Harvey Molotch）已经指出，“新闻在很大程度上是由消息源的权力决定的”（**Molotch & Lester, 1974**）。

从媒体外部因素看，建构新闻受到多种社会组织及领域的影响。英国学者格雷厄姆·默多克认为，有三种思想因素支配媒体的新闻建构：一是政治与经济政策及其观念，新闻建构与国家的经济结构和新闻机构的经济来源有关。二是与相关的媒体社会组织和社会意识形态结构有关，记者的工作努力受到新闻组织和职业需求的抑制。三是受到文化影响，广泛的文化传统和象征系统不仅提供构思新闻的方法，而且也有抑制作用。新闻是一种文化形式，是一幅关于公共意义的风俗画，或者是一系列的风俗画，很多时候它飘浮在象征性的大气中。作为一种材料制品，需要用政治经济、社会和文化尺度来理解媒体的作品、贡献和对公众的占有（**Murdock, 1982**）。

对新闻最重要的影响来自新闻记者所依赖的消息源，正如莱斯特和莫罗奇所说，社会中有权有势的团体及它们的权势既能创造出所谓的“公共事件”（public events），又能获得接近新闻从业者的渠道，这是影响新闻建构的最重要的因素。消息源只有与新闻机构发生联系，新闻从业者才可能认为它提供的是适合受众的消息。由于受众是信息的接收者，为了维持受众的忠诚度，保证新闻机构的收入，受众的收视率、收听率与阅读率在某种程度上影响记者对信源的选择。若消息源、新闻从业者与受众的取向共存于一个系统中，同时都介入新闻建构，就会展开一场拉锯战。甘斯认为，“拉锯战其实是一种权力的表达；姑且不论其他，新闻乃是‘一种诠释现实权力的实践’。这种权力是由信息传递过程中的所有参与者一同行使的，也明显地存在于依照等级制组织起来的新闻机构内部。读者和观众拥有的权力，表现为针对所读所看的媒体内容的抗议与拒绝”（**Gans, 2005: 83-85**）。

在任何新闻机构内，对某些特定议题和报道的新闻判断，都受记者、编辑或发行人的主观看法或情绪的左右。总之，对新闻判断起关键影响的是记者和编辑的刻板印象，新闻组织运作的需求，以及受众的强大预期压力（**Roshco, 1979: 144**）。对于正直的记者而言，新闻事件的客观性是建构新闻的重要依据，正如甘斯指出的，“新闻从业者并不是凭空虚构新闻，而是依他们的经验从把握外部现实入手。从现象学出发的研究者在理解新闻记者和他们的工作方面作出了重要的贡献。他们发现，不管外部现实的本质如何，人类都只能借助自己的概念去感知现实，并由此‘建构’出现实。早在现象学理论流行之前，社会学家已经发现，表面上由新闻从业者报道的那些事件，实际上是按照时间顺序排列起来的新闻‘配件’，或者说是一组组相互关联的现象”（**Gans, 2005: 87**）。这些“配件”究竟如何安装，除了考虑提供配件的人的想法，很多记者还是按照社会经济、政治及文化框架和自己的专业标准来进行的。

三、新闻建构中的新闻审查

新闻机构总是想使其讯息获益最大化、伤害最小化，如果必要的话，他们会向记者施压，强迫记者改写新闻情节或剔除某个细节，这一过程就构成了**新闻审查**。在新闻建构中，这种审查随时可能出现，记者无法抵制审查压力时新闻建构就被审查者所支配。在克里斯蒂安·伍尔玛（Christian Wolmar）的定义中，“广义上的审查包括对所发布信息的控制……审查员并不只是拿着黑色的大笔将书籍或文章中他们所厌恶的信息划掉。他们可能是政府官员，也可能是出版人、法官、编辑、广告商，甚至可能是作者自己。他们也并不总是生活在遥远的独裁国家”

（Wolmar，1990：7）。诱使新闻从业者自愿改变或剔除故事，暗示他们改变自己的选择和意见，就是一种**自我审查**。当新闻从业者不相信他们有什么错，或者当“更正”是以强令而非请求的方式传达下来时，他们就处于一种压力之下。他们可以抗争，也可以屈服。修改新闻稿以平息施压者的怒火，服从外力审查的要求，是经常发生的。

西方各国政府或媒体本身从来没有停止过对新闻的审查，这种审查既有各种拐弯抹角的暗示，也有明确的指令。正如美国亚利桑纳州参议员约翰·麦凯恩（John McCain）在回忆河内的5年半战俘生涯时写道：“当时最想念的不是舒适的生活、可口的饭菜、自由，甚至家人和朋友；我最想念的是信息——未经审查和歪曲的、丰富的信息。”新闻的信息流受阻，等于黑暗降临，人们不知道周围环境发生了什么，焦虑增加，似乎世界变得过于寂静，孤独感会油然而生（科瓦齐、罗森斯蒂尔，2011：1）。

新闻从业者一般将审查界定为外部压力导致的对新闻稿的“枪毙”或修改，而自我审查则是对来自某种压力的反应。伍尔玛强调，新闻审查的两个特点：第一，审查通常被贬义地理解为对信息的扣压和限制，也就是“对信息的控制”，这是一种对信息和新闻的管理策略。第二，审查并不仅限于政府和公共权威，也可能是个人和私人机构行为的结果。事实上，记者们的自律正表明了这一点。第三，审查是所有政府的功能，特别是在战争期间。无论该政府持多么自由主义的立场，依据相关制度或法案要求，通常会限制或禁止报道某些事件和进程。

此外，新闻媒体处于很多组织化的利益集团的监督下，当它们认为媒体报道与它们息息相关的议题不够准确或公正时，也会提出抗议，通过投书媒体、组织记者招待会或召集公众大会等形式表达异议。当利益集团压力得到国会或其他政治势力的支持，或广告商发出说辞和警告时，这类反对意见常常能改变媒体的新闻建构。不过，来自无权无势的团体的压力则被媒体不屑一顾。新闻工作者“要么被垄断资本家和自由主义精英所左右，要么与资本主义或自由主义精英的反对者站在一起，但为了保住手中的饭碗，他们不得不压抑自己的政治价值，在新闻建构中屈从于外力审查和自我审查”（Gans，2005：298－300）。

新闻稿和新闻节目在编辑部经过多道“把关人”审阅，最后才能报道出去，这种认真的把关程序也是一种新闻审查。德国学者梅恩写道：“‘把门人’决定信息的取舍，裁决哪些信息可以通过，被传播出去，哪些信息应该扣下来。‘把门人’就是新闻中心的记者、通讯社办公室的编辑和地方报纸的时事政治编辑。他们可以根据完全不同的标准选择新闻，例如可以根据经济标准。‘如果涉及百万元收入则如何报道这个事件？’‘提出这个政治观点会引起国会的强烈反应吗？’在联邦德国我们每天都在讨论、衡量新闻稿件可能产生什么后果，无论出于什么原因，各个报纸、广播电台和电视台‘把门人’处理新闻的标准都不一致。虽然它们的消息常常来自同一个新闻源，但是在不同的报纸或广播电台和电视台中，有的把它作为轰动新闻，有的却根本不报道。”（Meyn，1996：289）

无论“守门人”是谁，无论是教会、国家还是媒体自身，直接由媒体的编辑负责人将新闻处理得干脆利落，对什么样的内容可以成为新闻或不能成为新闻做出决策，成为构建新闻的第一道关口。“把关人”“有权报道一些人和机构，也有权拒绝报道其他人和机构，不可避免地要支持一些人对事实的看法，这意味着新闻议程受到市政厅、法院、警方、商界和工业界的支配”（Herman & Chomsky，1999：173）。守门人的逻辑是，“在公众接收信息之前，其需要审查和批准，提供未经审查的信息，有毒害公众的风险，就像有毒食品或假药随意投放市场一样‘违法’”（**Tedford，1985：70－71**）。

长期以来，媒体内部“把关人”究竟采用何种标准来确定哪种新闻可以进入报道？这个标准就是爱德华·霍尔曼和诺姆·乔姆斯基多次提出的新闻制作过程中的五种“过滤器”，每一种都是针对不同社会集团或意识形态而采用的构建新闻的方针。这五种过滤器是：传媒的所有权和利润取向；作为媒体主要收入来源的广告；记者对政府、企业和军方新闻来源的依赖；控制媒体上的异议；将反社会主义作为一种控制性的意识形态（**Chomsky & Herman，2002：307－308**）。这五种过滤器既是构建新闻遵循的规范，也是新闻审查和把关的标准。

四、新闻建构的框架与范式

西方某些学者认为，“在新闻的筛选过程中，记者突出和强化某种意识形态立场，形成了新闻框架”（**Entman，1993；Gitlin，1999**）。早在1974年高夫曼（Goffman）就对新闻建构提出了“框架”（frame）的概念，他说：**新闻框架**是“约束我们主观参与的**事件**（至少是社会事件）的组织原则。框架将生活世界的片段组织起来”。戈夫曼把“片段”（strip）定义为“流动事件的随意切片”（**Goffman，1974：10－11**）。媒体选择、组织和安排新闻素材，表现报道的基调、角度和倾向，通过新闻源的发言或框定的事实体现某种意图，反映出建构新闻的要义。

（一）“镜子理论”与新闻框架

新闻框架以记者手中的“镜子”为基础，这面“镜子”照到哪里，记者就把照入的现象安排和组织进新闻中。美国记者通常使用“镜子”这个比喻来形容新闻报道如何反映世界。比如，美国广播记者的先锋爱德华·R·莫罗（Edward R. Morrow）曾说过一句很著名的话，新闻“必须在国家和整个世界背后支起一面镜子”，更重要的是，“镜面必须平整，支撑它的手也必须平稳”（**Cited in MacDonald，1979：310**）。新闻批评家也使用类似的语言提出论据，证明他们用“镜子理论”来质疑记者是否以“客观”的姿态映照了现实，如果不是，他们又在多大程度上纵容了某些“歪曲的信息”溜进了报道中（**Allan，2004：63**）。

许多研究者认为，“镜子”的比喻过于简单，甚至推崇这个比喻的人也承认，“镜子”存在大量“盲点”，无法看见某些类型的事件。“镜子这一比喻难以站住脚，因为它无法说明一些来自意识形态的驱动力，而这些驱动力扎根于新闻工作者的脑子里，影响他们对社会媒介化进程的看法。媒介化过程不仅包括认识世界的一系列程序，同样重要的是还包括不予认知的一系列程序。”（**Hallin，2006：52**）丹尼尔·哈林（Daniel C. Hallin）对“客观报道”体现出的“镜子”特征还这样写道：“这是一种新闻报道形式，它一方面致力于为公众提供对事件的中立报道，另一方面又依靠政府官员来描述和解释那些事件，显然这种新闻最终有可能成为一面并不反映现实的镜子，而是反映政府官员希望公众看到的‘现实’的镜子。”（**Hallin，2006：52**）

不管“镜子理论”的实质是什么，新闻建构都是按照某种意图选择和安排新闻素材的，出发点就是如何理解和反映世界，这就是**新闻框架**的基本含义。霍尔等人写道：“通过语言文字指代的背景框架，即新闻事件的定义、分类和组织，是媒体让读者和观众理解世界的根本方法。这种‘使事件易于理解’的过程是一个社会过程，由大量具体的新闻实践所构成，体现了（通常只是含蓄地体现了）关于什么是社会和社会怎样运作的关键性设想。其中一个重要的背景假设是对社会的共识”（**Hall et al.，2010：49-50**）。不言而喻，新闻建构是一定新闻框架的体现，承载着某种社会观。

（二）新闻框架在建构中的运用

贝内特认为，“新闻故事被固定于某一框架中，可归结为某种核心思想或意义的类型。这些框架对正在发生的事件的含义进行提示。当框架明确地构建一个事件时，相互争斗的政客们提供的信息便企图使这一事件或多或少地同观众有关”。比如，在克林顿与莱温斯基性丑闻中，有的媒体报道了共和党反对派传达的一个信息，即克林顿撒了谎，他在誓言中也撒了谎。有的媒体则报道，这一谎言对许多公众，特别是对许多国会议员来说，没有严重到足以启动弹劾程序的地步，关键的问题在于克林顿反驳说，这只是他的私人事务。这样，他的撒谎听起来反倒有理了（**Bennett，2011：158**）。不同媒体对克林顿丑闻报道的不同框架，显现出它们构建新闻的差别，体现了媒体报道的不同出发点。

托德·吉特林（Todd Gitlin）和阿兰·邓迪思（Alan Dundes）把“框架”这一民族志方法的概念加以扩展，努力使世界与某些话语规范一致，揭示自称提供“客观”、“平衡”报道的记者对新闻的“构建”带有显著的意识形态色彩。吉特林认为，新闻框架使超出直接经验的世界看上去变得自然，“选择、强调和展现新闻所遵循的原则，对于什么是存在的，什么正在发生，什么至关重要，都有一些心照不宣的理论，这些理论构成了新闻原则”（**Gitlin，1999**）。哈林曾在1994年指出，美国许多电视新闻一直按照冷战框架组织报道，对越南战争报道的思想导向是，这场战争实际是美国正义与苏联邪恶的较量。深受越南战争影响的记者把冷战式的报道仅看作多种报道的一种。后来对“萨尔瓦多事件”的报道则不再受这一框架指导，因为这一事件不是由苏联无形的手操纵的，而是由萨尔瓦多人民改变自己命运的愿望所支配的（**Hallin，2006/1994：81**）。

媒体利用预先设定的新闻框架处理素材，新闻可以被描述为一种观念的化身或新闻规则的运用，这正是新闻理论化的结果。任何一条新闻，都是在编辑记者整理、编排得到的事实过程中进行理解、消化以至写作，最后才完成报道的。塔奇曼说：“既然编排整理促进了对事实关系的理解，那么编排整理就是一种归类，并将其赋予某种形式。正是这种整理活动的要求创造了作为事实的新闻与社会现象之间的一种理论关系。”（**Tuchman，1980：212**）新闻框架实际是媒体对事实理论认识的结晶，或明或暗地表达对现实的看法。

（三）新闻范式与新闻定调

新闻建构赋予新闻事件意义，通过**新闻范式**体现出来。“在现代新闻工作中，新闻的这种范式是相当重要的，同时，新闻来源的观点和行为也非常重要。”媒介的“材料是如何被组织的，它的风格展示、对某种行为特征的聚焦和强调，以及媒介传播的措辞等构成了范式。范式成为用来展示和解释现象的一种框架和观点。这种观点的一个关键要素就是范式控制（format control），或者说新闻内容是如何被界定、选择、组织以及展示的”（**Altheide，1995：**

194-195）。

西方学者总结出几种建构新闻的范式，每一种范式都在为新闻定调。菲利普·施莱辛格（P. Schlesinger）等人指出：一是，新闻范式具有开放性—封闭性（open-closed），信息来源和各种观点能否被允许进入报道，要看它们同媒体的主导价值观和旨趣是否一致或相近。对背离媒体和国家利益的事件一般倾向于封闭式报道。二是，新闻要集中那些具有戏剧性、动作性和惊人的细节，既具有图式化，又有让人震惊的吸引力。三是，尽量扩大新闻事件的视野，把与新闻主题有关联的各种社会组织的行动，特别是强烈的社会反应纳入新闻，从多方面组织材料充实新闻框架。四是，收集事件的背景材料，说明事件发生的历史根源和现实动因，让受众知道为什么会发生这一事件，对其发展方向做出判断。五是，对新闻稿和新闻节目在语言、画面和结构上进行精细包装，尽可能使其成为录像新闻通稿（Video News Releases）（**Schlesinger, 1990：32-33**）。

此外，戴维·奥尔瑟德（David L. Altheide）还补充了"排他性—包容性"、"主体时间与物理时间"两个范式。排他性—包容性（tight-loose）指的是新闻报道的内部组织结构。"如果只允许有一个定义或观点，那么这个报道就是排他性的；如果各种观点都能得到表达或被允许在报道中出现，那么这个报道就是包容性的。事件性报道趋向于排他性，而主题性报道则倾向于包容性。前者在日常报道中更典型，倾向于围绕一个中心主题或角度被组织起来，几乎没有什么含糊之处。包容性的范式在某些政治议题或纪录片中更为常见，鼓励各种观点的比较，避免含糊性或不确定性。"另外，真实事件至少以三个维度的时间存在——（事件产生发展的）客观时间、记者采访（拍摄图像）的主观时间和报纸发行、传阅与电视新闻片放映的物理时间。处理这三个维度的时间要遵循"增强新闻的情景化和受众的理解力"的标准（**Altheide, 1995：169**），体现新闻定调的要求。

在电子信息时代，记者和受众对新闻范式有共同认识。戴维·奥尔瑟德和罗伯特·斯诺（Robert P. Snow）指出，在数字媒介世界中，有组织的新闻工作已经消亡，我们因两个理由而成为**后新闻工作者**（postjournalists）：第一，新闻实践、新闻技艺和方法如今要适合媒介范式；第二，记者所报道的话题、机构组织以及问题本身就是媒介，是新闻范式标准的产物。"在某种意义上，好像记者特别是电视记者，是从编辑部里报道着另一个世界。公共生活承认，在电子信息时代催生出来的媒介逻辑与范式下，被报道的政治家及其他人也在利用记者使用的范式判断新闻，而且常常比记者更加纯熟"（**Altheide & Snow, 1991：x-xxi**）。如今消息源及公众已经熟悉新闻的表述范式，新闻故事被广泛阅读，什么样的信息被认为有报道价值，已经在很大程度上转向了公众的接受形式。

第三节 新闻建构的六个环节

按照西方学者的说法，建构新闻的第一步是接触新闻源，发现和选择新闻。塔奇曼认为，成为一名记者，就意味着必须知道如何找到与他负责的新闻领域相关的事件。那些资历浅的记者可能会被分配去采访某个事件，但多数专题记者和资深记者都倾向于通过自己的消息源来获得新闻（**Tuchman，1980：87，92**）。甘斯指出，“所谓‘消息源’，是指新闻记者观察或访问的行动者，包括在电视节目中的被访者或在杂志文章中的被引述者，也包括那些只提供背景信息或新闻故事议题的人们……**消息源**最显著的特征是，作为组织化与非组织化利益团体乃至国家与社会部门的成员或代表，他们给新闻媒体提供了信息”（**Gans，2005：89**）。新闻建构从接触新闻源开始，依次进入新闻发现、新闻选择、操纵事实及议程设置、新闻包装和新闻制作等六个环节。

一、新闻源及对它的取舍

新闻源是新闻报道的人物、地点或组织的潜藏之处，也是新闻工作者核实报道事件的领域。艾伦·贝尔认为，“理想的新闻源同样也是新闻参与者，以自己的讲述成为新闻中的某个人”（**Bell，1991：193-194**）。他列举出主要的“新闻参与者”有政治人物、政府官员、名人大腕、体育人士、专业人士、罪犯、有人情味的人物以及受害者或目击者等等。新闻工作者也许喜欢说信息源随处可见，但实际上他们选择信息的范围狭窄，很大程度上“新闻是权威信息源告知的内容，处于劣势地位的信息源则往往被忽略”（**Bell，1991：191-192**）。

新闻建构的第一个环节就是接触信息源，从而评估大量复杂或隐蔽的信息和事件。评价信息源时，新闻工作者首先考虑的是有效性（efficiency）。根据甘斯的观点，“只有在短时间内采集信息的记者，才试图尽快和尽可能容易地从数量最少的信息源那里获得最合适的新闻”（**Gans，1980：128**）。记者综合各种谈话、理念和影像，呈现社会实况，有可能被某种假象所蒙蔽。那些提供“理念和影像的人之所以和记者合作，是为了自身的利益。因此消息源有时也成为扭曲社会实况的一种因素。例如被一位筹备群众集会的候选人扭曲了，然后又被媒介工作者再扭曲一遍”。贝内特把这种情形比喻为**“实况陷阱”**（reality trap）（**Bennett，2011：128**）。

官方信息源和社会可以接受的信息源，在顺序排列上优先于权威不大或政治上不正确的信息源。正如历史总是讲述胜利者和统治阶级的故事一样，新闻往往强调社会统治集团的观点，而不是突出受压迫者的想法（**Pape & Featherstone，2005：142**）。罗斯科认为，所有新闻都有双重来源。它既是社会化的产物，努力反映人们要弄清楚社会上发生的事情的愿望；又是组织化的产物，反映新闻机构对它的处理（**Roshco，1979：81**）。有些信息源，特别是议员和其他权威人物及舆论制造者，为了达到自己的目的，可能掩盖事件和社会问题，同时又不愿公开自己的姓名。有时他们要求匿名，甚至要求在媒体内部就保守他们身份的秘密（**Pape & Featherstone，2005：135**）。媒介为信息源保密，无异于信息源操纵媒介。

因为有时不能也无法拒绝来自政府的信息，尽管已经看出官员是在说谎，媒体对政府官员提供的谎言也给予报道，但报道谎言在历史和今天都不是常有的情况。美国《圣路易邮讯报》前社论主笔欧文·狄拉德（Irving Dilliard）曾举例说，二战前《圣路易邮讯报》总编辑指着一条头版新闻对编辑说：“这是一个谎言，而我也知道它是谎言。但是我却必须登它，因为它是一位重要官员说的。这个官员的名字和头衔让这段话具有新闻性。如果这是一个名不见经传的人的话，我早就将它扔进垃圾筒里去了。我已经尽可能地来表明我知道这段话不是事实，我用了小号字标题，把它的篇幅删减到不能再小的地步。刊登这种谎言，即使用这种方式处理，仍是我工作中最无奈的事。”（**Mott，1952：85**）

二、新闻发现的两种路径

麦克马纳斯指出，“新闻生产的发现阶段，即新闻工作者了解可能被报道的议题和事件的阶段，是非常重要的，因为新闻部门所有的决策都基于此。不管摄像师多么有艺术品位，不管记者多么才华横溢，或桀骜不驯，不管编辑多么细心，他们的天分都不会对新闻部门不了解的议题和事件产生任何影响。如果这些事件没有被其他媒体报道，就不会存在于公众的头脑之中，它们被排除在外，可能使公众无法获得信息并作出反应。更令人不安的是，一些例子表明，如果向公众隐瞒重要的信息，会酿成严重的错误和社会悲剧”（**McManus，1994：128**）。这说明，**新闻发现**是报道新闻的第二个环节，对重要事件的隐瞒对媒体的威望有极大的风险。

新闻发现有两种路径：一是新闻记者主动深入生活，自己发现新闻源及新闻；另一种是被动发现，由权力或社会机构提供信息和观点。“被动发现新闻，等于向政府、大公司和富有阶层等强势利益集团投降，放弃对公共信息的控制。这些特殊利益集团降低有利于它们的事件和观点的发现成本，尽量利用较低的成本影响公众的知情。公关机构和公关活动的激增表明，这些特殊利益集团日益渴望对媒体施加影响。”（**McManus，1994：132**）被动发现事件比主动发现新闻的成本要低得多，如电视新闻工作者通过阅读地方和地区性报纸、电信服务机构或者新闻稿发现新闻，与雇佣大批记者或现场制片人分布在整个信号覆盖区域，培养新闻源并了解可能有新闻价值的事件相比。“由于报纸、电信服务机构和卫星传输信息的订阅费比记者或现场制片人的工资低得多，大量的新闻发现行为是被动的，至少如竞争对手所允许的一样被动。”（**McManus，1994：127**）

记者常常由他人的告知，知晓自己未能眼见的新闻事件。告知可由深入的互动关系来实现，例如采访、人际联系与其他方式，即透过新闻通稿或其他纪录资料。新闻通稿也可能是采访的先导，而新闻搜集的过程，可由记者与新闻提供者的间接渠道，逐步进展到直接互动（**Roshco，1979：25**）。什么样的新闻源能被发现，并引起记者注意，以及它会怎样被展示，在很大程度上要视媒体的主导范式和框架而定。因此在某种意义上，新闻事件并不是因它们被认为像新闻而被发现，而是因为它有“冲突性、戏剧性和动作性”，特别是战争，对电视新闻更有特殊的意义。“戏剧性和视觉场景的潜质，如爆炸、轰炸、奔跑以及人们一系列情感反应，这样的新闻源得到记者很高评价，自然进入媒体的视线。”（**Altheide，1995：188**）

三、新闻选择的类型和标准

继新闻发现之后的新闻选择，是新闻建构的第三个环节。任何新闻内容都是一种选择的结果，甚至是一系列选择的产物，这些选择呈现出不同类型。例如新闻在媒体中处于什么位置——是放在第一版或广播的头条还是别处，如何使新闻的要素得以突出，某一事件在某一天可能成为专栏的头条新闻但换一天可能被认为只配当作简明新闻处理，这是确定要闻还是非要闻的选择（瓦耶纳，1986：242，244）。最通常也是最必需的选择是对**新闻素材的选择**，其中包括新闻**角度的选择和意义选择**。“选择这个瞬间而非那个瞬间，这个人物而非别人，这个角度而非其他任何一个角度……选择某一张图片来代表一连串事件和意义，是一种高度意识形态化的程序。”人们在永远被事先安排好的结构里寻求对真实性的保证，这一点不容置疑，也不存在主观诠释，这就是“真实的世界”（Hall，1997：241）。这是对真实还是非真实**事实的选择**。

在电视网和新闻杂志中，故事选择的任务分别是由高级制片人以及高级编辑与资深编辑承担的，但通常他们都会咨询记者、撰稿人以及其他充分掌握选题的记者，借此判定这个选题是否确实可用，是否能够被报道。正如汤姆·伯恩斯所说，“我们仍要记住，无论电视新闻看上去多么自然、真实和即时，它仍然是一种社会性构建的伟大壮举。电视新闻除了时间、预算和新闻来源的限制，还要对新闻故事进行必要的选择、压缩和简化”（Burns，1977：136）。

选择报道什么是媒体的一桩大事，在许多报社，即使是由记者、新闻社、报业辛迪加和宣传机构送来的新闻，被选中的也远比被扔掉的少。而这些也只是许许多多潜在新闻中很少的一部分。选择的目的在于确定有用的新闻，强调新闻要素。“一家媒体主编对新闻价值的判断可能会与另一家不同，这种不同并不意味着其中一位有所歪曲，他们各自的目的才是决定性因素。如果目的是追求更大范围的公义、更多的真实、更大的社会效益，那么无论是强调还是根据情况弱化处理，并不会受到道义方面的质询。”（弗林特，2005：48）这既是选择新闻的标准，也是不同媒体与记者选择的差别。

在已发现的事件和议题中进行选择，使之成为报纸和新闻节目的正式内容，通常要经过审查，这要碰到与克服一些冲突。“例如有关经济趋势或者政治观点的辩论的新闻报道，会发生市场规范和新闻规范的冲突；再如有关某个议题和事件的报道挑战公认的神话或偏见，或对广泛接受的国家政策提出质疑，或对广受欢迎的领导人提出疑问，新闻的要求和市场要求也会产生冲突。”（McManus，1994：119）为了解决这类冲突，新闻故事要接受新闻选择者的督导与把关。“新闻故事可能会被枪毙或者延后发表，其间的原因要么是不能及时得到必需的信息，要么是因为稿子需要太多的改写和编辑，或许像经常发生的那样，它们已经‘陈腐’，不再具有新闻价值。”（Gans，2005：93）

记者个人有选择新闻的权利，他们不是都听命于指挥，但也不是都有绝对的选择权。“每一位参与新闻选择或生产过程的新闻从业者都会密切关注来自上级的建议，因为他们有意要建立一个先例，只在一定限度内质疑来自上层的建议，高级编辑和制片人的权力也并非通达一切。权力下放取决于组织传统和首席编辑个人的风格。但无论出于何种理由，分权都必须使报刊或节目吸引大量受众，维持令人满意的编辑和记者的士气。”在新闻选择中之所以会存在权力下放，是因为这类新闻机构由强调个体的自主性的专业人士所构成。“有些新闻从业者宣称，他们拥有独立的新闻工作者和上司干预之外的自由，他们有权独立地作出新闻判断，这是他们不能接受他人命令的原因所在。固然个体自由常常只是一个幻象，特别是在权力集中的传媒组织中。”（Gans，2005：104，105）

此外，新闻选择还要通过两个维度的评价——信息的重要程度和情感的吸引力。“这两个维度有可能交叉，因为报道可能既提供信息又唤起情感。结果形成一个十字图形，被两个维度分为四个**象限**。某些报道可能在煽情和提供信息两方面得分都很高，这是有趣并且重要的报道；另一些报道可能正好相反，既不重要也不煽情。另外两个象限分别是：重要但是无趣的报道，或很煽情但缺乏重要性的报道”（**McManus，1994：119**）。这是说，新闻选择要遵循信息重要性和趣味性统一的标准。

戈夫曼认为，人们对世界的理解先于报纸上的故事，决定了记者会选择什么样的故事和以什么样的方式来讲故事（**Goffman，1986**）。根据福勒的看法，“新闻选择的中心因素是对与己相同的那些国家、社会和个人的优先关注”（**Fowler，1991：16**）。由此，那些反映并迎合共同的社会价值的事件便更可能被选择。从这个角度看，犯罪新闻就是“有关社会不正常形态的主要信息来源。它告诉我们什么是对的，什么是错的，告诉我们一个人不该逾越什么界限”（**Cohen & Young，1973：431**）。这种有告知意义的信息，成为新闻选择头等重要的标准。

四、从操纵事实到议程设置

一旦新闻事件被选择，记者或编辑的负责人就拍板决定，哪些故事和选题分配给记者或摄制组去完成。建构新闻的这个第四环节充满对事实的操纵，随之便进入议程设置。比如，在对伊拉克战争的报道中，电视不仅是展示人质画面的工具、发表声明的工具、下达最后通牒的工具，而且也是发布假情报的工具。“换句话说，存在着双方都能操纵事实以蒙骗敌人的可能性……人们的讲话被引用，互相冲突的讯息被提出，随后战争梦游般地被引入世界，广播电视公司要决定在多大程度上向操纵新闻的行为妥协与屈服。”（**Altheide，1991：2**）操纵事实的目的是要报道对自己有利的事实，尽力突出与渲染它的重要性，便于议程设置被广大受众接受。

所谓**操纵事实**，不仅是指媒体，也包括官方对新闻事实有取有舍，收进某些观点和信息，并加以突出；同时，又排除其他的或许是相反的观点，以此挡住观众的视线。这一过程是以几种不同的方式进行的。最为重要的是，新闻明确了问题，决定哪些是重要的，并根据新闻价值来安排内容的播报。（**阿伯克龙比，2001：74－75**）贝内特曾指出，要永远记住，事实是在一定背景下形成的，其相关性和可信性，取决于它们在何种程度上符合某一形势的需要。新闻绝不是一种科学的媒介，让有关现实的理论经得起考验。在新闻中，当形象能够符合大部分公众的信仰或倾向时，就能占据支配地位。“偏见需要的，就是挑选出能支持它的那部分事实。”（**Bennett，2011：301**）

尚托·延加与唐纳德·金德认为，媒体操纵事实、建构新闻的神奇效果，迎合了政治家的需要，利用媒体强调议程是他们实现目的的最好手段之一。“议程设置帮助观众理解社会和政治中哪些是重要的，需要他们来思考”（**Iyengar & Kinder 2010：180**）。有时，通过议程设置“往往只报道令人瞩目的少数人的观点，例如总统、国会议员以及社会领袖等，他们借助媒体把自己的观点裁减成一种易于理解的观点”（**Zaller，1992：75**）。重要新闻不仅要告诉公众该如何思考，还要告诉消息灵通的公众如何基于主流媒体的信息，按照政治家和利益集团的观点去思考。在西方，从总统到国会议员、堕胎支持者、环保主义者，以及反税收集团等，都学着如何走向公众，把他们的政治主张通过新闻议程传递给公众。

按辛顿的说法，实证学派认为媒体对公众思想不具什么影响力，但一些研究成果却显示并非如此。“人们并非必然会因为媒体的直接作用而改变想法，但媒体能够激发兴趣，固化意见。最为重要的是，能够使选民知情。人们知道的选情信息，绝大部分都来自媒体……媒体对议程的排序和选择，对那些没有鲜明主张的选民的影响尤其明显。电视的政治报道能够对原来对政治不感兴趣也很少受政治宣传影响的人们产生穿透力。因此，媒体的议程设置似乎对大部分选民来说，是越来越重要了。”(**Curran & Seaton，2008：331，334**)

但媒体操纵事实会变得吹毛求疵，把新闻的关注点放在不具普遍性的个人丑闻、政客的怪癖或派系间的攻讦上，好像只有记者认为它们重要。“记者有时是传话筒，有时又提供一系列精明独到的评论，在某种程度上，这种奇怪的结合反映了一种令人惊异的可能性：记者们在报道政治事件时并不真的把公众放在心中。……大多数记者对广大民众究竟是哪些人，他们究竟需要什么信息，概念是模糊的。”(**Herbst，1998：37**) 操纵事实导致对新闻事件的个人化、戏剧化处理，使新闻显得片断而琐碎成为必然。因此，“新闻以一种肤浅的、戏剧化的、简略的形式展现在人们面前，让人难以看清问题的根源和历史意义，或与其他问题的关联。加之新闻报道又被重要的公众人物牵着鼻子走，而不是以事件调查为基础，受众要想掌握某一问题的脉络实属不易”(**Bennett，2003：76**)。

电视记者操纵事实最得意的手法，是利用摄像机和剪辑图像来扭曲事件真相，表达记者要表达的意义。正如麦克马纳斯所说，“图像承载着现实的表象，摄像机是一个可调整的见证者。摄像机只能捕捉到镜头前方的一小部分活动，所有录像带中只有一部分被编辑挑选出来放在成品中。就新闻来说，一个典型的报道由 5～20 分钟的录像带压缩到 90 秒之内，镜头的角度与距离同样可以改变所拍摄的‘现实’的表象，观众所看到的只是现实的一部分”(**McManus，1994：69**)。甘特 (B. Gunter) 指出，“人们对画面的记忆要好于文字。而且在观看很久之后，对画面的记忆更加清晰。由于画面比文字更易于处理，由操纵事实设置的议程往往改变了新闻的内容，让人们对虚假事实留下永久的印象”(**Gunter，1987：71**)。利用避重就轻或细枝末节的图像曲解事实来设置议程，有时对观众产生深刻的影响，这种操纵事实的手法常被电视媒体所使用。

第四节　新闻包装与媒介逻辑

在新闻建构中，不管各种利益集团要宣传和推销什么，重要的是信息被包装的方式。包装作为新闻范式的外在形式，体现为记者编辑如何陈述新闻故事，这是建构新闻的第五个环节。例如，“曼玛埃尔·诺列加以妖魔化的方式使美国入侵巴拿马具有正当性；在伊拉克战争中，萨达姆·侯赛因的电视形象被展示得与希特勒一样，说他是罪犯、恐怖分子以及最臭名远扬的‘巴格达屠夫’，为即将到来的战争定了调子。新闻范式在这一过程中的作用是相当奏效的”。“这也由于新闻工作者从新闻源（政府）那里得到了他们（和受众）‘所需要的那种事件’”(**Ericson et al.，1991：371**)，新闻包装就水到渠成了。可见，依据新闻范式包装新闻，是由媒体和新闻源共同定调，首先完成框架设计，再由记者绞尽脑汁的陈述最后完成包装。

一、新闻构思与新闻陈述

记者所写的文字是以故事的形式出现在报纸或电视上的。新闻不是由政府官员、文化力量，或是魔法将自己转化为字母符号或影像的，而是由有血有肉的记者在构思、在叙述，逐字逐句或以一帧帧图像完成的。吉布斯与瓦霍沃写道："记者和编辑每天以类似的方式看待和定义一个报道，不仅仅是事实决定了如何讲一个故事，记者的观念、假定和选择也起着决定作用。任何两个不同的记者会以不同的方式来写同一个故事。例如，看一下同一天任何全国或大城市的报纸，你会看到同样的事件被以不同的方式描述，有时区别巨大，在《纽约时报》、《今日美国》、《基督教科学箴言报》、《华盛顿邮报》、《华尔街日报》、《芝加哥论坛报》和《洛杉矶时报》上都各不相同。"（**Gibbs & Warhover，2002：168**）

每个记者和编辑都有自己的思想、角度和叙事结构，从而使不同报纸的新闻有了区别，这些各不相同的角度和结构归因于各有不同的读者，还因为它们的编辑记者看待事物的观念和包装形式的不同。记者编辑在构思新闻时"都有自己独特的'滤光镜'，类似于专业摄影师在相机镜头前加的滤光镜一样，以特定方式去掉光线或蓝色。滤光镜改变了镜头所见以及最后制作出的照片。我们通常看不到我们自己及别人的滤光镜。比如，我们可能把某个人描述为'愤世嫉俗'、'过度敏感'或'苛刻过分'，但我们不经常会想到别人也会从他们的角度，把我们描述为'过分乐观'、'铁石心肠"或'冷漠无情'"（**Gibbs & Warhover，2002：168**）。作为受众，很少斟酌不同媒体对同一件事的不同报道，以及它们出现差异的原因。

吉布斯和瓦霍沃进一步强调，"通过选择、构思和编辑，新闻是创作出来的，就像其他任何讲故事的方式，或其他包装的方式"。耶鲁大学社会学教授耶和华·甘姆森在《当前》杂志中也写道："有声誉的新闻机构不是更着眼于强调它们传递的事实（新闻是观看世界的窗口，但看到的事实越来越不值钱），而是强调它们能被信赖，去诚实地选择、收集和呈现信息。它们不会编造事实，而会收集有价值的信息，它们会根据所见所闻讲述这个事件。这毕竟是被传递的信息。为了使这一信息可信，传递者必须被信任。"（**Gibbs & Warhover，2002：170**）记者编辑的构思影响着对所有事物的报道，他们更重视信息被如何陈述，而不是信息中的事实。"一个极端化地展现某一问题的报道，暗示了这个记者看重冲突和清晰阐明的政治立场；一个描述解决问题的各种各样的办法、鼓励公众找寻解决办法的报道，暗示这个记者对协调合作与公民参与的看重；而一个描述某人在逆境中取胜的报道，暗示这个记者看重人类生存的能力和积极向上的精神。诸如此类，都潜伏着记者的观点。"（**Gibbs & Warhover，2002：172**）

美国一些报纸，通常运用集体构思法来建构新闻，这就是被称为"大师思想"的集体头脑风暴。这种方法是20世纪90年代早期由新闻学教授莱安·贝克（Ryan Baker）与《洛根斯波特灯塔论坛报》的编辑记者们一起创造出来的。编辑、文字记者、版面设计编辑、摄影记者和美术编辑一起坐下来商讨每一个报道，被指定为"大师"的人在商讨会上提出报道、编辑设想与策划方案。他们构思的大体内容包括：（1）考虑读者对于报道的疑问；（2）提炼报道的理念；（3）把它画到版上；（4）发现存在的问题。通过将新闻画到版上，研究什么样的照片、信息图表适合使用，应该写一个什么样的导读或提示语，要不要连载图标元素。在这样的讨论中，这些编辑记者在头脑里就浮现出版面的基本模样（**Gibbs & Warhover，2002：238**）。

记者新闻陈述的基本方法，除了对故事进行白描，重点是对事实进行“点化”，西方学者把它称为“解释”。比如，若电视新闻只是提供图像，观众对许多内容就会看不明白。新闻播报员的口语或字幕就是对图像的点化，有了他（她）或字幕的解释我们才知道事件发生的时间、地点和原因。这种**新闻点化**，实际是记者把新闻事件的确切因素和背后的信息告诉受众，构成新闻陈述的关键内容。新闻“从本质上说是阐释性的（interpretative）”（**McNair，2001：51**）。塔奇曼也指出“信息是需要解释的”（**Tuchman，1980：104**）。罗斯科认为，“新闻界最令人匪夷所思的陈词滥调之一，就是要求所有的报道都‘让事实说明本身的意义’。严谨的新闻人员都知道，事实很少能够自己彰显意义。只有当诚实的新闻人以正确的方式、从正确的角度加以阐述时——也就是经过‘解释’，事实本身的意义才真正能够显现出来”（**Roshco，1979：69**）。

可见，新闻陈述的第一种方式是，真实地描述事实，客观地介绍事实发生发展的过程；陈述的第二种方式是，介绍事实的相关背景，用以说明事实为什么能发生，它有什么意义；陈述的第三种方式是，以客观报道引述不同的政治见解，用不同的事实表达记者的看法。这是一种客观的解释。总括而言，“如果记者希望取信于理性的读者和观众，就必须在他的义愤爆发之前，先公正客观地把事实真相呈现出来。诚然，事实真相是无法打动那些执意封闭思想以保护自身利益的人；然而，一个严谨的新闻行业所赖以维系的先决条件，仍然是以事实为根据的理性思维”（**Roshco，1979：157**）。这三种方式是新闻包装的基础，也是建构新闻并把它呈现给受众的基本前提。

二、新闻陈述中的观点表达

有的学者主张，在新闻陈述中依据事实发表看法，是新闻报道不可缺少的内容。《一个自由而负责的新闻界》一书中指出，今天受众对新闻媒体的期望是：第一，对当日事件赋予其意义情境的真实、全面和智慧的报道；第二，一个交流评论和批评的论坛；第三，一种供社会各群体互相传递意见与态度的工具；第四，一种呈现与阐释社会目标与价值观的方法；第五，一个将新闻界提供的信息流、思想流和感情流送达每个社会成员的途径。“对一个自由社会来说，至关重要的是一种思想观点不应被扼杀于摇篮中。不可能也不应该期待新闻界发表每一个人的观点，但大多数新闻媒体能够而且应该承担如下责任：作为客观报道的应有之义，发表与自己的观点相左的重要意见，这不同于适当的鼓吹辩护。”（**新闻自由委员会，2004：11-13**）新闻表达观点，表面上没有包装的意味，但实际却是直截了当的标签式包装。

曾在《芝加哥每日新闻》担任过二十年海外记者的史温（Raymond Gram Swing），在一次演讲中认为，“如要读者了解欧洲新闻，一定要加以解释。如要解释，就势必是主观的。对一个报社来说，欧洲特派员的价值就在于他的意见。虽然这和新闻伦理相抵触，但是了解这一点是很重要的”（**舒德森，2001：149**）。但《纽约时报》严禁在新闻版添加社论性或倾向性意见，该报坚信，如若不然则不可避免地导致倾向性新闻，以迎合报纸市场，甚至压制与报社立场相反的事实。在20世纪70年代以前，记者只像机器一样报道事件，不能有意见、感情色彩，甚至自己的风格，报道中如果展现一点幽默或个性，便会承受压力甚或遭到斥骂。这种传统认为，新闻是事实的东西，而不是记者抒发思想感情的内容。不管这种要求是好是坏，只能用这种方式而不是用他们认为最好的方式来写作（**舒德森，2001：80－84**）。

现在出现了建构新闻的一种新认识，即社会中所有重要观点与利益都应在新闻媒体上得到反映，持有这些观点和拥有这些利益的人，不仅通过他们自己的报纸或电台解释这些观点和利益，而且要求任何媒体都要公平地阐明他方的观点。对不同看法是否持有公正态度或防止漏报，都应在传播内容中加以检讨。但新闻媒体“无论是一个鼓吹者还是一个共同载体，都应该确定事实、意见和论据的来源，以便读者和听众对它们做出判断。呈现事实、意见和论据的记者在相当程度上受到其提供者总体可信度的影响”（**新闻自由委员会，2004：14**）。

依据政党新闻传统，新闻媒体不仅要反映社会争论，而且应积极地参与其中，并力图表明自己的观点，甚至强加于人。尽管新闻与观点二者有本质的区别，前者关涉价值判断，后者容易导致主观判断，观点包装很难有说服人心的影响力。正如瓦耶纳所说，“新闻应当并且必须证明其自身是否准确，而观点则不同，它是一种主观认识，即使某个观点看来比其他观点更合理，它本身也不一定就比人家更可靠”（**瓦耶纳，1986：22－27**）。

三、新闻的媒介化及媒介逻辑

经过包装、建构出来的新闻都有特定意义，它的范式每天弥漫在大众媒介中，无不浸透和影响公共生活，推动公共秩序的建立。新闻周而复始的传播，成为人们思索现实的中介，新闻与社会生活便被媒介化了。正如卡尔·库奇（Carl J. Couch）所说，“有相当多的公共生活呈现出大众媒介的框架或它所提供的解释性观点，特别是电视新闻。新闻是我们这个时代最有力的公共资源。媒介逻辑支撑着公共秩序的特性，转而为社会指明其建设性进程”（**Couch，1984：371**）。媒介唤起社会对文化与符号体系的兴趣，通过连续不断的议程设置、解释来确立社会秩序。“媒介以开阔的视野来观察生活，结合传播过程、解释和意义，使我们不满足于把大众媒介仅仅视为设置议程的工具，而是使社会媒介化的工具。”（**Carey，1988：75**）“我们也不满足于一种陈旧观点，即媒介受制于更强大的经济和意识形态旨趣，唯它们之命是从，大众媒介实际是公众自我意识的辨别和提升的途径。”（**Morrison & Tumber，1988：213**）

新闻的媒介化通过经常性的引导，支配受众思考问题的习惯，常常以不同方式回答或解决社会问题，看起来总是言之有理。每类媒介都有自己的范式，也都有一套说服受众的议程和报道方式。然而，“假如电视范式对视觉形象有强烈的钟爱，那么对大部分地方性、全国性和国际性的事件都会进行突出戏剧性、动作性、冲突性和暴力的报道，也会在报刊等其他媒介上表现这类内容。因为它们是普遍意识形态关注和解释的对象”（**Altheide，1995：153**）。权力通过媒介与新闻范式控制社会，媒介也就成为权力运作的中介和渠道。埃里克森（Ericson）等人指出，“权力和意识形态包含在所有的媒介内容之中，反过来，权力也通过新闻范式进行运作。观念、旨趣和意识形态都被编织在传播范式之中，正是后者的流通性（negotiability）才激活了前者。大众传播的文化复制能力（cultural reflexivity）包括新闻代码、娱乐代码和中介的逻辑，正是它的创造力的表现”（**Ericson et al.，1989：45**）。重要的新闻源（如警察和政治家）利用媒介范式，与媒体的新闻互动，使媒介控制了社会协商的主题和表述，不断促进社会秩序的建构。

新闻的媒介化的另一种含义是，新闻不再是原生态的事实，而是打上媒介包装和建构的烙印，成为一种思想产品。它让公众跟着媒介认知社会，凡媒介报道的，是许多公众都认为是重要的。这种媒介逻辑依靠日常新闻源——大部分是政府机构解释社会问题，说服非正义的举动，呼吁用超常规的手段惩罚非正义，谴责犯罪，来促进社会的安宁有序。奥尔瑟德指出，"依靠新闻广播，获得对重要事件的指导和非正式的判断标准，大众媒介越来越成为公众的议程（public agenda）。当重要的事情和危机开始看起来像是电视新闻里所报道的故事时，大多数人能轻松地得出经验性的结论。不管什么事情，只要没有被电视新闻报道就不大可能会与公众生活有太大的关系，当然就没有什么重要性可言"（**Altheide，1995：159**）。新闻材料只要符合一定政治范式，就能被各个媒体包装出来，等待恰当的时机给予报道，以便让整个社会的认识跟随媒介走（**Altheide，1995：178**）。

这样一来，新闻包装及媒介化经常掩盖社会的实质问题，误导民众，产生不可挽回的负面效果。奥尔瑟德以海湾战争为例强调，"海湾战争的新闻节目，不是常规的新闻报道，相反，它不是'现场'报道，在战争开始之前一个月就已经计划好了，等'时间一到'，就按预想的范式播出。海湾战争新闻的特点不能简单地归结为记者被蒙骗或误导，而他们本身就是大规模宣传和假情报活动的一部分"（**Altheide，1995：183**）。由于难以发现电视新闻对故事选择的痕迹，记者倾向于消除情景和观点来展示事件，这对理性地感知事件本来是必需的、有好处的（**Meyrowitz，1985：71**）。但在海湾战争报道中，电视被加上更多的情景和观点的包装，缺少对战争的原因和背景的揭示，媒介的新闻范式使邪恶不断上升，新闻建构的负面效果给伊拉克和美英社会带来潜在的灾难。

新闻建构的第六个环节，即新闻制作（又译新闻生产），将在第六章介绍。

【本章思考题】

1. 传统新闻价值说的实质是什么？
2. 传统新闻价值说有哪些消极因素？
3. 简述现代新闻价值的界定和类型，以及两种新闻价值说的区别。
4. 什么是新闻建构？哪些因素支配媒体的新闻建构？
5. 为什么说新闻把关是一种新闻审查？
6. 简述新闻框架与范式对建构新闻的意义。
7. 媒体选择新闻受哪些因素制约，选择新闻有哪些标准？
8. 新闻建构有哪些环节、能产生哪些社会效果？

第六章

新闻制作、传播与受众

【本章要点】

新闻的环形传播起始于新闻制作，决定于新闻的吸引力、能见度和质量。好新闻与坏新闻有不同的社会效应。新闻有六种影响力，这些影响力取决于新闻和受众追求的吻合度，并产生不同的传播效果。新闻受众类型的多重性显露出受众的不同偏好，可由受众调查得到证实。受众解读新闻依据现有知识、自身背景或偏见，在解码过程中出现三种解读方式。

新闻传播作为新闻报道的延伸，最终把新闻从媒体送达受众，但广义的新闻传播则是指从获取新闻源到受众接收的整个过程。正如甘斯指出的，“我将新闻看作从消息来源传递到受众的信息，在传递过程中，新闻从业者——他们既是官僚制的商业机构的雇员，也是一个专业领域的成员——概括、提炼并修正那些从信源那里得来的素材，将之变成适合受众接收的信息”（**Gans，2005：68**）。媒介以一定程序传播新闻，包含受众、媒介（技术）、新闻从业者之间的互动，并受若干逻辑支配。对此，奥尔瑟德写道：“媒介逻辑由传播形式构成，通过一定程序展示并传递信息。这些因素在我们所称的**媒介逻辑**的界域之内共同起作用。”（**Altheide，1995：139**）

第一节　新闻制作与环形传播

甘斯强调，“尽管新闻从业者将信息从信源传递到受众的这种观念暗示为一个线性过程，但实际上，这一过程是环形的，而大量的反馈回路则令这一过程更加复杂。举例来说，消息源只有与新闻机构内的成员发生联系，才有可能提供信息；新闻机构选择它认为适合受众的消息源；而那些想要将信息传递给受众的消息源也会斟酌以选择合适的新闻机构”。“受众不仅仅是信息的接收者，更是新闻公司的收入来源；由于新闻媒体必须维持受众的忠诚度，因此受众的观看与阅读也会在某种程度上影响记者对信源的选择。”（**Gans，2005：68－69**）新闻在信息源、媒介、受众之间不断互动、回荡和周转地传递，呈现出**传播的环形结构**，它决定新闻的内容选择和传播方式。

一、新闻制作的流水线

最近10多年，国内一些新闻学者直接把西方某些学者使用的“news production”、“news product”译成新闻生产与新闻产品，严格说，这种译法不符合汉语的表达习惯，是媒体受商业化影响的一种痕迹。贝内特曾总结说：“从什么意义上说新闻是一种产品？当然它与脆玉米片或者除腋臭剂不同，但很重要的一点是它和绝大部分商品一样通过产品形象开拓市场，产品形象塑造的是某种产品的独特性，往往忽略产品的质量及与其他产品的具体差别。”（**Bennett，2011：125－126**）西方某些新闻媒体老板把新闻视为纯粹的企业和商业活动，才使用“product”等相关概念。

英语production除有生产、产品、产量的含义外，还有制作、出示、提供的意思；product是指产品、产物、成品、作品、制品等。为符合汉语使用习惯，除在传媒经济学的语境下，本书将新闻的production和product尽量译成“制作”、“编写”、“产物”、“成品”、“作品”等。新闻制作不同于新闻写作，主要指对写好的新闻进行编排、审查及印制，直到做好成品（例如制成报纸、杂志、光盘等），这是新闻建构的第六个环节。有的学者指出，“由于对新闻制作过程进行的系统研究非常有限，很难了解新闻媒体报道中为什么多出现负面事件或主张选择的观点，我们对官方趋向控制报道的观点并不奇怪，但是我们感兴趣的是，这种复制工作是如何完成的，如果它失败的话，是什么因素在起作用”（**Bruck，1989**）。在甘斯看来，新闻报道是“团体的新闻业”（group journalism），“更准确地说，他们实践的是环环相扣的新闻业（seriatim journalism），每一则新闻故事在到达受众之前都要经过多个新闻从业者之手。鉴于此，某些新闻记者把他们的机构描绘成新闻制作的流水线，正如一位执行制片人所说，‘每天的常规工作仿佛是将螺母拧到螺栓上’”（**Gans，2005：88**）。这种比喻不完全准确，因为新闻是一种更加多样化的作品，与汽车这类工业品比较，是由更复杂的抽象部分组装起来的。但它确实需要一道道工序来完成，很像工厂流水线上的作业。

新闻的环形传播起始于新闻制作。新闻制作受技术条件的制约，不同类型媒介的新闻决策有显著的差异。“印刷媒介以版面尺寸来衡量，而在广播电视媒介中，则以时间作为单位。广播电视时间所受的限制要大于报纸空间，每天的播出时间最多只有24小时，但报纸的页数却并不固定。虽然有线电视能传送数百个频道，使电视容量迅速增长，但就某个电视台来说，它的内容量远不如一家报纸。报纸拥有较大空间，使它能够刊登更多新闻和更多广告。新闻吞吐量的大小对于新闻选择有重要意义，而一家媒体广告量的多寡也直接影响它所掌握的资源，进而影响到新闻制作。”（**McManus，1994：61**）

二、从新闻吸引力到受众注意力

大多数新闻媒体把新闻的吸引力作为新闻传播的重要问题来研究，因为这是抓住受众注意力的关键。新闻具有吸引力才能产生环形传播，直接抓住受众的眼球，受众也才可能做出不同形式的反馈。贝内特强调，“信息必须能够吸引注意力……如果一个信息能够比其他与之竞争的信息更为突出，在影响公众思想和行为中就能发挥更大的作用。信息凸显的预期效果解释了为什么广告客户们会花费大量的金钱，在媒体中反复播出其产品的广告语或口号，它同样也解释了为什么政治家会花费大量精力，在新闻中充分展现他们过分简单的信息。克林顿性丑闻案经过一个又一个月的新闻轰炸，其实就是脱口秀专家和知名记者不断以'性、性、性'这样的信息抓住观众的注意力，又通过不断强化共和党在国会中提出的'克林顿撒谎、克林顿撒谎、克林顿撒谎'这样的信息加以证实”（**Bennett，2003：142**）。

什么因素能使新闻具有吸引力呢？一项有关新闻“使用与满足”的综合研究显示，人们基于两个基本原因消费新闻：第一主要是知识上的，或曰认知上的，为了适应环境而从新闻中获知社会和环境的变故；第二是情感上的，即以一种娱乐或超然社会的态度来看待新闻。劳伦斯·温纳（Lawrence A. Wenner）对“使用与满足”研究作了个性化的评价，用两个维度描绘满足的“路线图”：“一个是内容的维度，另一个是过程的维度。内容的满足，或曰回报，主要来自认知行为。信息使用是为了获得知识，增加或减少个人环境和社会环境的不确定性，支持现存的信念。过程满足主要涉及情感或情绪——远离内容本身，包括大量'逃避式'的使用、'刺激式'的使用（常与'娱乐'密不可分），以及通过与中介文化及其参与者发生联系而完成'抵抗社会隔绝式'的使用”（**Wenner，1985**）。

早在1940年，罗伯特·帕克就曾指出，“如果某事件符合新闻价值体系中所强调的标准，该事件就会吸引更多人的注意力，那么会被新闻工作者选定为潜在的新闻事件。虽然这种看法基本上是正确的，但还是太笼统、太模糊。我们还不知道这个过程究竟是怎样进行的。而且，还需要更明确地分析传统上所谓的新闻偏见，必须考察新闻话语和它建设性地叙述现实这两者之间的联系”（**Park，1940**）。麦克马纳斯认真研究了人们收看晚间电视新闻的原因。他认为许多人着迷于电视晚间新闻的一个原因是信息因素，如了解谁赢得了选举，社会哪些地方是安全的或是危险的，哪些政治和商业领袖上了台，明天是否要带雨伞，诸如此类。另一个原因是娱乐和感情回报，如体验火灾和交通事故的幸存者所经历的恐惧，倾听新闻主持人悦耳的声音，欣赏富有吸引力的脸庞和身材，或为接受审判的杀人犯的暴行而震惊，诸如此类。“每个人和群体的选择过程也有相同点，即都在对两种普遍的内容维度（引导和娱乐）进行评价后做出选择，虽然这通常不是有意识的。”（**McManus，1994：149**）

法国学者雷米·里埃菲尔研究了冷战时期民主德国电视观众的收视行为，指出1976年至1988年期间在民主德国所做的一系列调查表明，民主德国的电视观众日益倾向于收看联邦德国电视台的政治新闻，这些新闻为民主德国的观众提供了与本国媒体极为不同的视野。任何围墙或铁丝网都不能完全阻隔广播和电视，一向奉行掩饰和不实新闻的民主德国媒体，事实上被大部分人所抛弃。民主德国的民众看到了西方消费社会的场景与自己日常生活巨大的反差，在对比之下认识到本国物资供给的匮乏。与联邦德国生活方式的比较是令人震惊的（**里埃菲尔，2009：73**）。这说明，新闻吸引受众注意力的关键，是给受众提供真实、新颖和符合需要的信息，这样的新闻才能进入受众的脑子里。

罗斯科把骤变事件的特性界定为**“强制性吸引力”**，它们强力地迫使媒体和大众注意，不经媒体报道就可在民间自动、快速地传播，为众人所周知。“具备这种强制性吸引力的事件，最明显的例子包括军事攻击、自然灾害、罢工、大规模意外事件等。即使大众传媒不报道，大部分新闻也能为大众所知（或及时为众人所知），这些新闻能影响到许多人的福祉。但也有例外，比如某项疾病的出现，若非卫生主管官员透过新闻或其他类似的渠道发布消息，许多未受感染的民众，可能要等到这项疾病已广为传播之时，才会意识到它的存在。”（**Roshco, 1975：81**）

大量新闻传播效果证实，娱乐化新闻能吸引许多受众。虽然说新闻对公众注意力的吸引既可能是引导方面的，也可能是娱乐方面的，或者两者兼有；“但这两个维度的吸引力大不相同。首先，在日常新闻中，包含引导信息的报道可能只吸引很小一部分公众，有引导价值的议题和事件常常不能填满版面和节目时间，娱乐却有更大的普遍性。感染力强的人情味报道、反常的事件或名人的一举一动，都有可能产生广泛的吸引力，不管它们是否有助于消费者理解其所处的环境”（**McManus，1994：153**）。麦克马纳斯强调，“广告商寻求的是公众的注意力而非公众教育，新闻节目和报纸不是在新闻市场中竞争，而是在公众**注意力市场**中竞争。这个市场中的很多人对于当天的重要议题和事件没有太多兴趣。如果要抓住这些消费者的注意力，就必须用娱乐化的方式来叙述当前发生的事，还需要插入戏剧化、煽情化和冲突性的要素”（**McManus, 1994：94**）。广告商的这个注意力，则是受众反馈传播的重要部分，甚至是新闻媒体最看重的受众注意力。

三、新闻质量决定传播效力

决定新闻环形传播的速度和效力的第一因素是新闻的质量，在新闻商业化时代，媒体正在为新闻质量寻求新的标准。麦克马纳斯写道：“事实上，严格的、具有操作性的**新闻质量**的界定正有待拓展。而学者们，比如那些哈钦斯委员会的学者们，对其并没有超越传统新闻业的宽泛界定。”“对于消费者来说，所有新闻作品的质量都是难以判定的，电视新闻质量的判定难度尤其大。”（**McManus，1994：91**）麦克马纳斯认为，像新闻这样的商品，其质量在消费之前一无所知，也无法清晰界定，因为消费者要评定其质量颇有难度。而如今，选择新闻的首要标准是看它是否具有广泛的吸引力，即到底有多少人觉得它有意思。因此，“市场重新对新闻质量进行界定，它的销路成为首先要考虑的问题”（**McManus，1994：97**）。新闻消费者购买新闻，至少需要对报纸和新闻节目三个方面的性质有一个评估：（1）报道应当是准确的，并且对各方都是公正的；（2）向社群提供的议题和事件应能载入史册；（3）应当报道足够的背景以扩展公众的理解力。消费者也许能够评价第三条，即一则新闻报道是否提供了足够的背景资料使之含义丰富，但他们不可能对第一条和第二条做出评价（**McManus，1994：89**）。

新闻媒体以有效的新闻吸引力控制受众，需要针对不同受众采用不同的传播内容与方法，这种策略能转化为新闻效力。史蒂文森指出，“**新闻效力**意味着新闻工作者个人对媒体实践和内容发挥作用的程度：记者如‘能够积极介入，说明具备新闻效力’”（**Stevenson，2002：226**）。假定新闻媒体具备新闻效力，新闻就具有吸引力，环形传播就有了动力。

从根本上说，满足受众需要是新闻质量的基础，受众不需要的新闻有再好的报道技巧，也谈不上质量，对受众也没有吸引力。法国学者瓦耶纳认为，“新闻界首先要满足人们想要了解情况这种‘需要’，但对这种需要的理解应是多种多样的。大概人们不仅是，或者主要不是需要它的实用性，除了有用以外，它还能满足人们想同别人一样地了解情况的欲望，能满足人们想起一定作用的需要，甚至只是满足人们一种习惯上的需要，这种习惯同梳洗和吸烟一样，很难说是为了什么。这种目的性不甚明确的新闻报道接触的对象可以是各种各样的，性格和水平都不相同。有个人也有集体，有生产者也有消费者，有无知者也有专家。甚至有人看报只是为了找到某一条他自认为急需的确切的消息，这种所谓急需，有时是很明显的，有时则完全是主观的。不管怎么说，在各种不同的动机中，至少有一个共同的因素：如同我们说过的，要求新闻机构报道不断变化的情况”（**瓦耶纳，1986：25－26**）。

有益于受众是新闻质量最重要的标准，这是好新闻的标志，与此相反，甘斯认为，坏新闻的标志则是不能保护受众免受过度的烦扰，也无法保护社会秩序免受大众的破坏，“因为那些令受众心烦意乱的新闻故事有可能导致他们将焦虑转变成行动”。在甘斯看来，坏新闻产生的效应主要包括：（1）受众因震惊而导致自我烦恼，为此电视记者必须谨小慎微，例如客机坠毁的消息只有等到航班号确定之后才能报道，以免那些受众为正在飞行途中的亲戚朋友担心。（2）因受众恐慌而导致行为错乱，新闻从业者竭力要阻止因灾难或骚乱引发的恐慌，消除那些可能导致恐慌的流言。某些证据显示，在犯罪猖獗的城市中，谣言会增加人们对犯罪活动的恐惧。（3）致使受众模仿有害的行为。“这种考量与其说是要保护受众，不如说更多的意图是要保护更大范围的社会秩序，以及新闻媒体本身。”（4）新闻没有品位，不把对裸体、亵渎、渎神以及流血的描绘列为“禁忌”。制定这些禁忌既是为了保护受众免受烦扰，也是为了使媒体远离大规模的受众愤怒（**Gans，2005：278－280**）。

新闻具有上乘质量，能培育受众正确的世界观与价值观，也就产生了良好的传播效果。约翰·科纳（John Corner）认为，**新闻传播效果**主要包含三种功能性含义：“第一，它告诉我们谁正在真正地消费传媒，从而受到了传媒可能有的影响。第二，个体面对传媒的效果就好像白板（tabula rasa）面对压力一样，无论认识上的还是行为上的，不单纯是个人受到影响，而是引起受众群的变化或成为他们变化的前提。第三，是否改变受众与传媒的关系，即受众对传媒产生认同感或疏离感，正如‘培养理论’（cultivation studies）所说的那种教化功能。”（**Corner，2000**）

四、新闻能见度及传播动力

大多数事件若要及时为公众所知，通常必须经由一些社会组织的运作，使它们透过新闻而加强**公共能见度**。所谓公共能见度，又称**新闻能见度**（news visibility），是指将新闻被大众知晓的特征凸显出来，引起受众的格外注意。罗斯科写道：“什么人物、哪些事件可以获得能见度；这些人物、事件、物品获取能见度的方法、时间及地点；为什么某些组织、个人可轻易获得能见度，而其他组织及个人则不能；拥有或争取‘新闻能见度’会带来什么结果——凡此种种皆是新闻制作过程中极为重要的考虑层面。”（**Roshco，1979：81**）具有能见度的新闻能快速广泛传播，如同获得一种动力。

新闻能见度来自新闻事件中人物的行为与沟通能力，与他们在团体组织层级中的地位有关。由社会地位衍生而来的社会能见度及观察力，同个人与社会分层（social stratification）产生了关联。罗伯特·默顿（Robert K. Merton）在讨论“参照团体”（reference groups）的问题时指出，社会分层影响了社会团体中不同成员的能见度及观察力，从而影响了团体之内的传播流程，继而又影响了团体中领导人物权威的行使。默顿最先对“能见度”与“观察力”赋予不同意义，将两者视为社会结构中的两种因子：“能见度”逐渐被形容为“被观察”的状态，“观察力”则被诠释为观察者因其地位而拥有的一种能力（**Merton，1998：330**）。

越是和人们生活联系密切的新闻，能见度越强，特别是关乎人们生活的电视新闻，天天以显著的信息流引起人们的注意。雷蒙德·威廉姆斯（Raymond Williams）指出，“电视新闻如此深入日常生活的文化，符合其仪式化的‘信息流’在结构上的规律性。不仅如此，电视新闻用特定方式每日重复报道社会风险和危机，使观众从他们熟悉和可预见的信息那里获得防卫意识。根据西尔夫斯通的理论，这些因素结合在一起，有利于观众产生和维持一种幸福感，以及对电视屏幕之外的世界的把握感和洞察力”（**Williams，1974：117**）。

目前美国的民主政治体系更多地被认为是有钱的政客的一种游戏，他们请了一帮传媒人玩弄政治阴谋，公民（尤其是年轻公民）对民主政治日益冷落，政府和政治信息的能见度就靠媒介的议程设置了。“尽管公众的不信任日益加剧，验证和吸引注意力只能借助把新闻事件提上公共议事日程这个最重要的途径了。‘议程设置’就是帮助观众理解社会和政治中哪些是重要的、需要他们来思考的。”（**Iyengar & Kinder，1987：134**）

第二节　新闻传播的六种影响力

弗林特写道：“根据‘影响力’这个词的意思，报纸作为信息分发器在人类事务中发挥了巨大作用，报纸的力量相当于学校，或用自然作比喻，像阳光或雨水。它是促使变革发生的因素之一，但不会直接导致变革，它是一种通向目的的被动媒介或途径，而不是充满活力的激发力量。大多数人似乎都同意，从‘影响力’这个意义来说，当今报纸拥有巨大的力量，远比以往任何时候都强大。”（**弗林特，2005：275**）**新闻的影响力**是指新闻的力量、巨大作用、促使变革的因素、达到目的的途径。没有任何一种脑力活动可以不留下影响，每个想法都会造成情感流，触发人的行动和愿望。“为了影响读者，报纸上的一条信息必须能对读者的某种态度或信念有修正、祛除或加强作用，或者必须诱发、或加强、或削弱、或打消一种情感状态，或必须导致他的实际行动”（**弗林特，2005：276**），这些都是新闻影响力的具体含义。

一、个体影响力与整体影响力

曾任《纽约太阳报》总编辑长达33年的切斯特·S·洛德（Chester S. Lord）说：“报纸最大的影响作用不是劝说能独立思考的人如何行动。它的影响力施加于巨大的人口数量，他们除了报纸没有其他的信息来源。上千个家庭一整年也不会买两三本书，买也是买小说；但几乎没有家庭不买一份日报的……这种情况特别适用于中等生活水平的人——包括雇员、佣工、靠体力或最简单的文职工作生活的人。他们很容易被影响，因为他们没有受过独立思考或分析的训练。他们依靠报纸获得信息、解释和建议。”（Lord，2010：146）可见，新闻对受众的影响是从对一个人、一个家庭和一个单位逐渐扩大到对大量人口的影响，可以将其概括为**个体影响力**和**整体影响力**。

新闻媒介的个体影响力和整体影响力交织在一起，通过影响个体改变某个群体和阶层的整体态度或行为，凝结着群体或阶层的意志。法国学者瓦耶纳指出，新闻刊物与其他消费品不同，它至少比其他消费品更具有象征价值。它是凝结一个集团感情的“一面旗帜”……报纸的色彩可以是各种各样的。不仅是政治方面，也有宗教、地方、技术等方面。从广义来说，这些色彩都是社会性的，因为它们从属于各种类型或阶层，而不是一种精确的选择。“打开什么刊物，甚至口袋里放着什么报纸，喜欢或讨厌什么样的报纸等比佩戴一枚徽章更能说明问题，它说明此人是某一集团成员或敌手。”（瓦耶纳，1986：266）

新闻对读者或听众个体的影响，首先引起其兴趣和感情的参与或变化，涉及“个人和日常生活经验，以及从自己的环境出发，通过反映他的意愿或拒绝正面或反面的联想而登上世界舞台。……认为自己是（新闻事实）片段中的演员，而不是局外人”。个体影响力实际是指让每个受众走进新闻之中，把新闻事件看作自己生活的一部分，加深或改变自己对社会的认识。整体影响力则是指个体影响力的扩散和放大，在同一条新闻的作用下许多人有了相同的思想和反应。“大部分人都是同时收到一个同样的信息。由于该信息的特点就是激起普遍的感情，那些互不相识、有很多不同的人都会做出同样的反应。开始这些效果是平行的，但在社会生活的其他接触中可能会相遇。于是，就开始形成一个集团的反应，如果几个集团都有共鸣，这个反应就会进一步扩大。”（瓦耶纳，1986：271－277）有时，整体影响将蔓延至整个社会。

艾伦和特斯特认为，电视的整体影响力最为突出，为观众提供了一种“社群的整体感”；同样，观众也认为电视新闻是讨论公共事务的良好论坛，通过交流寻求并形成一致的态度（Allan，2004：135；Tester，2001：210）。这一结论是建立在大众理论和社群理论基础上的。有的学者把受众视为无法区分的大众，他们是由形形色色的小组或小型社群构成的。在前一种情况下，受众被看作由媒体塑造的大规模人群；而在后一种情况下，受众则主要受到同类人群的影响。但在整个社会范围内，媒介的整体影响力取决于“各种不同社会结构、个人需求、欲望和依赖性之间的互动”（李特约翰等，2009：360－363）。新闻的整体影响力不光是新闻对每个受众直接发挥的作用，更主要是各类受众根据自己的价值观和主张，通过相互交流最后形成的整体认识。

法国学者里埃菲尔引用英国学者霍尔的看法，认为“个人对讯息的解码总是某种形式的集体解码”，重大新闻对个体的影响最终转化为对某个群体的影响。这是因为新闻的整体影响取决于接收者的整体性，即他们都属于有共同利益和兴趣的某个群体或阶层。为此，里埃菲尔写道：“生产与接收之间的各式各样的联系，也可以通过传者传布的讯息与受众接收的讯息之间显现的不一致，即生产阶段与接收阶段系统对应性的缺失得以体现。传播过程中上行和下行之间的非重合性可以由文化和社会层面的原因来解释。这种非重合性的根源尤其在于传者位置和受者位置之间的不对称性：二者中谁也无法调动同样的手段或同样的资源来强置其解读代码。读者和电视观众赋予其接收的讯息意义的能力的确是不等的，人们发现，他们在某种程度上享有带约束的自由。个人之间能力分布的差异性本身就属于更宽泛的背景，性别、年龄、社会出身等都是其中的变量；此外，所属的文化群体也对传媒受众发挥着不可忽视的影响作用。换句话说，个人对讯息的解码总是某种形式的集体解码。”（**里埃菲尔，2005：224**）

一直以来，报纸和广播电视的研究者相信媒体具有“影响”和“说服”整个受众的力量，可以“改变”大众的态度，甚至“影响人们的行为”。英国学者辛顿却认为，这些用语都是含糊其辞的。“说服”和“影响”指的是什么？“所有这些用于描绘媒体的词汇，都是基于行为主义。这种理论认为，一种外部独立的力量（媒体）会对一个单独的个体产生影响。实证研究通过非常狭隘的方法，对这些概念进行了重新审视，通过精密的效果测量，它们至少颠覆了过去这种从未受到质疑的说法。早期的调查似乎显示，媒体并没有改变人们的思想。拉扎斯菲尔德在1944年写道：‘矛盾的是，竞选宣传看上去产生了重要的效果，但是对投票行为却没有产生明显的效果——如果我们简单地把投票结果的改变认定为效果的话。’事实上，媒体只是强化了人们已有的看法。宣传活动能够将那些信徒汇集起来，组织在一起，但并不能‘赢得’那些摇摆不定或持反对意见的人。”（**Curran & Seaton，2008：329**）拉扎斯菲尔德的观点显然有些极端，客观的情况通常是，有些人的态度和行为能被媒体改变，而另一些人则不能被改变，至于新闻究竟能对多少人产生影响，要看新闻内容符合多少人的想法和要求。

二、渐进和激变影响力与滞后影响力

新闻对每个人、每个群体的影响是否大体一样？弗林特认为，新闻影响力是相对的，影响的大小取决于人们对媒体信任、关注的程度和媒体覆盖的范围。他指出，“现代报纸题材广泛、版面更多并不能说明它对人们思想的影响更大，正如现代学校更丰富的课程并不能证明其效力就超过从前一样。在谈及报纸的相对影响力时，应该同时考虑我们生活的整体内容。衡量当今或以往报纸普遍影响力的任何尝试，都需要确定所研究的一定时期内的报纸的相对可信性，以及报纸阅读的范围——报纸从人民那里获得的关注有多大”。报纸的影响力尽管很大，但弗林特认为这种影响力是间接的或一般性的（**弗林特，2005：279－281**）。弗特林这里使用的“相对影响力”和“一般影响力”都是指新闻不能很快唤起人们的行动，大都引发一部分受众在认识上微弱、渐进的反应。也就是说，报纸多产生**渐进影响力**。

弗林特进一步指出，报纸的读者很少仔细思考他们读到的东西，但他们的接受能力非常强，结论倾向于肯定，他们的本性愿意相信，而不是怀疑。“他很容易接受被巧妙地组织在一起的事实的引导。事实的报道比辩论的观点更容易引导人们的思考。在繁忙的生活中，他们没有时间对新闻中的观点进行老式的思考。快速得出结论是时髦的，这种结论并不是深入思考的结果，而是匆忙的结果。”（**弗林特，2005：278**）就是说，有些报纸新闻也能使读者“快速得出结论”，产生**激变影响力**。受众对新闻快速做出反应，标志新闻迅速引起受众的心理或行为的激烈反应，这往往是报纸的“造势运动”转化为“社会行动”。例如，报纸“通过情感诉求来感动冷漠的选民的意图——这种情况下的感情包括对立的恨和爱、感激和报复、自我牺牲和贪婪，以及仰慕和鄙视等”（**弗林特，2005：280－281**）。

政治新闻的内容通常都是简单的，大都从一个关键词、观点或主题开始。这类政治主题和口号第一次在新闻中出现，便能触动人们对当前局势的想象，很快激发他们迅速做出反应，新闻产生了激变影响力。拉舍尔·纽曼（Russell Neuman）等学者认为，“这是人类思维在政治信息作用下的产物，这种政治信息具有暗示性的意义。人们必须添加自己的理解、想象和关注才能使它真正有意义。一方面是象征性的暗示，另一方面是人们对这一暗示做出回应时产生的情感和假设，两者的共同作用形成了某种紧迫的反应。实际是人们从媒体提供的具有启发性的象征和形象出发，主动地构筑了个人的含义。颇具讽刺的是，一些最简单、最抽象的想法往往能激发某些真心实意的认识”（**Neuman，et al.，1993：211**）。这一来自多利斯·格雷伯和W·兰斯·贝内特的观点，说明新闻的意象不管真假对错，都可能激起并博得受众的认同。

激变影响力在某些场合，比如在选举中能很快激发、调动舆论，对实现媒体的目标十分奏效。自有报刊以来，这种刺激—反应作用始终得到体现。因为“它的影响可能是决定性的。这方面的例子是《每日镜报》（*Daily Mirror*）两次在伦敦选区选举中，成功发动了反对保守党候选人的运动。受到集中指挥的大量报纸为一个特定的目的行动起来，发展出联合的曝光机制，在短时间内激发了舆论，这是得到公认的”（**弗林特，2005：295**）。

还有学者试图探究报纸新闻改变人们对事件重要性的看法的议题，他们发现这种改变有时非常缓慢甚至是滞后的，而电视新闻容易产生激变影响力。辛顿指出，“根据一项美国总统大选期间议程设置的研究，贝克和迈克玛斯认为，这种（议程设置）影响非常重要，而且是渐进式的。不过，报纸和电视在这方面的影响有所差异。报纸产生的影响是一种滞后的反应。他们声称，报纸在6月份设定的政治议程，要到10月份才能变成选民的议程，在选民中产生影响。而电视发挥这种影响作用只需一分钟，基本上是即时生效的。在选举的收尾阶段，电视已经成为决定选民意志的最重要因素”（**Curran & Seaton，2008：334**）。这是媒体渐进和激变影响力的最好说明，同电视新闻的影响力相比，报纸新闻常常发生**滞后影响力**。

三、直接影响力和间接影响力

美国学者弗林特对新闻直接影响力和间接影响力的分析，常被今天的新闻界所提及。**直接影响力**是指媒体坦率、勇敢地表达观点，受众接受这些观点既不费周折，也不会产生任何疑虑。媒体表达的言辞如果是明智和真诚的，就会得到尊重，被受众直截了当地接受。“由于人天生地喜欢独立或怀疑或故意同别人的观点作对，那些教条的说法都可能被受众拒绝。人们不喜欢‘被告知’。至少有些人不喜欢，另一些人装作不喜欢，媒体就不可能产生直接的影响力。”（**弗林特，2005：280**）

弗林特还指出，“间接影响非常微妙，因此不太可能引起对立意见。它只呈现事实，让读者自己得出结论。这样得出的结论对得出结论的人非常有效，因为这是他们自己的结论。另一方面，也存在这样的风险，就是读者不会得出自己的结论，或者没有得出正确的结论。他们可能不去筛选互相矛盾的证据，不做必要的努力获得对问题全面的了解，他只是匆匆下个结论，来看待问题”（**弗林特，2005：279**）。**间接影响力**是指媒体及新闻用事实引导受众，潜移默化地改变受众的观点，但它会使受众产生不同的认识，受众甚至可能从事实中得出错误的结论。因此弗林特强调，如果媒体的意见是深思熟虑的，应当直率地说出自己的意见。

媒体的直接影响力往往通过社论来实现，在不同社论中可以重复说明一种观点，而新闻版中的消息不可能重复刊登。对受众的影响力有一半来自社论观点的反复告知，重复表达的效果就像反复刊登的广告的效果一样。报纸施加影响力部分取决于报纸的表现，部分取决于读者的态度。报纸对读者的态度可能有责任，也可能没什么责任。因为任何报纸的读者都可能非常容易受影响，或在某些方面受到影响；但是对于例如天气、农作物收成、公众健康、金融市场或其他报纸无法控制的东西，读者就不容易受到影响，因报纸的报道而改变态度。尽管并非所有左右报纸影响力的条件都是偶然的，但报纸的社会效果很难精确地把握。明智的办报人会对报纸的社会影响深思熟虑，以求取得良好的新闻传播效果（**弗林特，2005：283**）。

四、影响力的源泉与新闻力量

新闻影响力的产生不仅取决于媒体，而且取决于受众的知识和人格。弗林特指出，“报纸影响力的复杂性还在于它有两个未知的品质、两个变量和两组无法正确估量的因素。一个是力量的源泉——报纸本身，一个是它的对象、接受者，即读者”。“影响力的本质、量度和方向都是由接受方决定的。它取决于读者的知识、脾气、理想、哲学、生活环境，以及其他许多条件”（**弗林特，2005：288**）。

真正高品质的媒体和新闻是真实的，是永远存在与永远有效的力量，具有不可低估的影响。“你看不到、摸不到，也听不到它。大多数办报的人在日常工作中也没有有意识地施加这种影响。读报的男女对这种影响也毫无意识，而且如果你问他们的话，他们还会否认。但他们无法躲开报纸的影响，就像他们无法躲开家庭、事业、朋友或他们自己的习惯的影响一样。你阅读的报纸的报风是塑造你的生活的重要因素，这和其他任何因素同样重要。”弗林特还认为，报纸影响力的最高品质是它“追求一种新正义的心脏和灵魂。它是最有力地传播当今世界现有思想和知识的工具”（**弗林特，2005：283－284**）。

媒体一旦获得公众的信任，就标志新闻的影响已经构成一种力量，这是媒体反映“人民心声”的必然结果。梅里尔指出，“在民主社会里，新闻媒体的职能就是反映人民的声音，表达他们的心声，提供他们需要的信息，为他们的讨论和辩论创造渠道。幽默作家威尔·罗杰斯（Will Rogers）曾经说，一份优秀的报纸就如同‘一个民族同自己对话’。这种说法深刻体现了公众信任的思想。公众信任意味着媒体被信赖、被相信，成为公众的依赖。在许多国家公共事务中，媒体就是人民必要的代言人。近年来，公众信任这个概念常和可信度、可靠度相提并论”（**Dennis & Merrill，2005：42**）。

新闻的力量还表现在，观点和意见被媒体不断强化而越发强势，反之，观点与意见如果得不到媒体强化则会变成弱势甚而消失。辛顿指出，媒体的这种力量借助忽视某些主张而掩盖某种意见，扭转受众的注意力，这是非常危险的。他认为，“在对媒体效果的认识中，这一点很少被重视。媒体对受众所具有的权威地位，正源于受众对媒体的依赖和信任，这使媒体成为社会一股潜在的独立力量。这种力量近来似乎变得越来越强大”（**Curran & Seaton，2008：333**）。

在内容方面，优秀的媒体在以下几个方面影响受众：高扬民主理想——自由、平等、教育、宽容；启迪民众——不光是为他们提供信息，而是报道真正有意义的东西，承担启迪民众的义务；在保持曝光热情的同时，永远积极地保持报道的平衡。如果报道忽视按里程计算飞机的无事故比率，大肆强调飞行事故，就会阻碍航空业的发展。报纸牢记不那么戏剧性的事件有时反倒更重要。新闻有可能像文学、艺术一样高贵，以许多著名文学家、艺术家所留下的那样的真实写照、栩栩如生的故事教育人们，而“对转瞬即逝事物的粗俗爱好不屑一顾”（**弗林特，2005：320－321**）。

五、消除新闻传受障碍

在美国，许多学者认为，进入新世纪新闻影响力正在下降，新闻传受出现了许多障碍。艾伯塔齐（Albertazzi）与科布利（P. Cobley）指出，“造成新闻界和受众之间的隔阂以及新闻影响力下降的原因虽然复杂，但主要因素是新闻媒体有自己一套日程安排，过分凭借经验，没有理解日益多元化受众群的需要。另一个因素是编辑室的人才紧缺，报道引人入胜的故事变得更加困难……特别是招募有才能的新闻记者更不容易。这些因素削弱了报纸吸引和留住好的记者的条件，也影响了报纸报道好新闻的能力”（**Albertazzi & Cobley，2010：162**）。

为克服传受障碍，使编辑和记者更好地了解受众需要，有些媒体积极地建立和公众的联系，认真设计媒体报道项目。比如，“报纸赞助公共论坛，在这些论坛里，报社人员和居民讨论重要的公共议题。轮流参与读者提出建议的栏目，让每个读者在常规的原则上有机会在小的群体里和记者、编辑交流。设立大众编辑、大众生活记者和意见传达者的职位，承担这些任务的人必须预先考虑到读者所关注的问题，提醒编辑室重视这些关注点”（**Albertazzi & Cobley，2010：163**）。这些倡议通常和公民新闻或者公众新闻相联系，把受众和评论者当作一场选举、一次预算辩论、福利或健康论坛中的参与者与民主的管理者，要求新闻人变成一个公众的记述者。

克服报纸新闻传受的障碍，不仅需要告诉受众最新的信息，而且要说明新闻的意义。《底特律新闻》（*The Detroit News*）的编辑和出版人马克·希尔沃曼（Mark Silverman）说：“报纸必须更加注意提供意义而不止是信息。”“人们从很多地方都能得到信息：广播、电视和朋友的聊天。只有信息的意义才能使我们与众不同和必不可少。”美国报业联盟认为，就社论内容和经验来说，未来报纸应该更加贴近本土，更好地报道社区公众新闻。它们必须在报道问题的同时寻找解决方案，提供新闻的深度和公众的理解力，报道必关痛痒，提供一些情感上的回应。如果能够做到这些，报纸在21世纪将仍然是一种大众媒体（**Albertazzi & Cobley，2010：164**）。

新闻传受障碍还产生于受众的文化程度和传播环境，即使图像化、口语化的电视新闻的传播效果也会受到这两个因素的影响。尚托·延加、唐纳德·金德指出，在某些测量中发现，电视观众的政治面貌至少随着以下因素的变化而变化，比如观众是否对现任政府满意，是否认同政党的政策，以及是否觉得该党提名的候选人有足够的吸引力。这样，电视新闻设置公众议程的效果随着政治的起落而消长。如果政治事件强化了党派身份、政治兴趣和行为，那就会使观看电视的公众获得更多的信息资源，受到每晚电视新闻勾勒的国家生活速写的影响（**艾英戈、金德，2004：89**）。

就视觉新闻而言，增强报道的影像和形象性，是清除传播障碍的重要手段。麦克马纳斯指出，“我们为趋势和事件类型命名，把它们联系在一起以获得意义。我们谈论犯罪浪潮的高涨和低落，谈论经济的繁荣与萧条，谈论学校学生数量的减少和增加，谈论生态系统和无家可归者的问题。它们是抽象的，并不形象生动。通常，说明它们要比说明具体的事件更富有挑战性。比起报纸来，电视拥有视觉技术的优势，通过选择视觉上富有吸引力的事件来尽量体现这些问题。例如火灾中的熊熊烈火，高速路交通事故的幸存者在访谈中含泪的场面。如果节目中讨论的是如何通过改变建筑规范来避免某种类型的火灾，或者通过重新设计高速公路来减少交通事故，屏幕上净是喋喋不休的发言者，那么这种优势不可能充分展现。选择议题优先于选择事件，很可能会限制新闻节目带来的视觉刺激”（**McManus，1994：195**）。新闻永远是对动态事件的再现，背离这一原则，受众就会远离新闻。

但麦奎尔指出，新闻工作者在一定体制下工作，结构性因素对他们传播信息产生了制约，“不得不在一个有着各种约束需求和尝试利用各种权力或影响力的区域中做出决策”（**McQuail，2000：244－249**）。这些约束包括法律约束、实践规范，还有几乎看不见、摸不着的经营者的限制，再加上机构日常事务、市场力量、文化偏好、爱国精神、职业道德以及劳动力的性别、种族或阶级失衡等束缚。此外，时间、信源、主观性、受众、风格、广告客户是更进一步的约束因素。戴维·兰德尔建议新闻媒体应当克服这些因素来制定传播策略，比如“本报及其所刊登的几十万文字，难免出错。在拥挤的办公室里，大约15个小时内制作出来的新闻，是我们设法从不情愿吐露事实或者沉默不语的人那里获知的世界上发生的事件。这里刊登的报道调和了各种偏见。有些没有基本语境，使报道缺乏生动性或连贯性；而有些随意选择使用的语言，也是出于情感影响的目的，而非遵循语言的准确性；甚至有些特稿完全是为了吸引特定的广告客户而量身定做的”（**Randall，2000：21**）。为此，兰德尔建议每家报业公司刊登上述免责声明，以求读者的理解和原谅，使读者了解新闻背后的真相，强化新闻接受的针对性。

第三节　新闻消费者的受众倾向

新闻传播的终点是受众，作为同传播效果相联系的一个概念，受众的出现不仅标志新闻发生了传播，也意味着新闻传播产生了某种效果。正如尼古拉斯·加汉姆（Nicholas Garnham）所说，关于受众的定义履行着三个功能：第一，它告诉我们谁正在消费传媒，从而受到了传媒可能有的所有效果的影响。第二，在考虑效果的本质的时候已经有了一个明显的历史倾向，新闻无论是解释性的还是事件性的，都由社会定位和群体关系所决定。第三，就受众与传媒的关系，以及这种关系如何产生不同的社会认同而言，存在小规模的、大规模的和扩散中的受众。正如约翰·科纳提出的，“受众有着强烈的群体特征，这是从社会学观点来看待‘接受’的一个必要条件，也是任何试图说明为什么会对信息有不同解释的前提”（**Garnham，2000：123；Corner，1995：289**）。受众是个群体，但其中每个成员都有各自细微的倾向，他们对新闻既有相同的看法也有许多不同的认识。

一、新闻受众的分层与特征

劳伦斯·格罗斯伯格（Lawrence Grossberg）等人提出，“**受众**这个概念可由社会学来定义，包含很多不同的意思，用来指从事受阅活动的概念。有观看电视节目的人、阅读报纸的人、购买唱片专辑的人，他们都可以说成是特定的传媒作品的受众。但是，受众的概念从来都不仅仅是关于个体总数的单纯描述”。“问题的实质在于，如果受众这个概念不是按照不同的群体或不同的目的来定义的话，那么受众在现实世界中是不存在的。”（**Grossberg et al.，2006：208**）哈特利认为，“受众首先要在社会结构和分层的历史层面上来定义，作为研究分析社会范畴的问题，受众已经被社会性地建构起来，这种建构经过符号形式的生产活动，并从受众接收活动中分离出来”（**Hartley，1987**）。

这意味着，受众是社会各阶层具有不同社会地位的群体，依其政治或经济状况被划分出来，是由传播内容的制作者建构的。这种观点过于强调媒体对受众的塑造，而不是倾向于受众的自在形成。法国学者雷米·里埃菲尔则认为，不同受众形成的主要因素是自身的教育、经济状况和政治兴趣。他指出，“一般而言，感受传媒（无论何种媒介）提供的政治信息的程度，明显地随着个人的教育程度、职业状况甚至性别的不同而变化。作为新闻样式的政治拥有一个独特的维度，即对政治关心与否意味着兴趣、能力和积累的知识。在法国，阅读全国性大报似乎是相对有限的一部分公众特有的行为，即由受教育程度很高、生活在城市、多为男性的精英阶层组成的读者群行为，而阅读地区性报刊则是较为宽泛的行为”（**里埃菲尔，2009：120**）。

在霍尔看来，“个人之间能力分布的差异性本身就属于更宽泛的背景，性别、年龄、社会出身等都是其中的变量；此外，所属的文化群体也对传媒受众发挥着不可忽视的影响。换句话说，个人对讯息的解码总是某种形式的集体解码”（**里埃菲尔，2009：224**）。受众的集体解码受以上因素的制约，形成各种类型的阅听人，反映了受众的社会归类。作为市场的受众可以被界定为传媒服务和产品的实际消费者或潜在消费者的集合体，具有已知的社会经济面貌。传统意义上大众传播的受众是广泛的、混杂的，其成员还是匿名的，由各种人构成。概括西方学者对受众的界定，基本认为受众在使用和解释大众媒介的讯息时具有能动性和选择性，“被认为不是从媒介‘得到’讯息，而是将各种不同的意义‘赋予’媒介文本。用经典术语来表达就是，在受众的活动中，‘任意解释’（eisegesis）也许比‘正当解释’（exegesis）更为重要”（**巴雷特、纽博尔德，2004：214**）。

受众是由严格区分的各个群体构成的，每个群体都有自身的价值观、主张和利益。群体按照其所共享的意义对媒介内容加以阐释，就个人而言，同一群体的其他成员对他的影响要比媒介大得多。群体成员以相似的方式使用媒介，通过互动认定媒介信息的共同意义。杰拉得·舍恩宁（Gerard Schoening）和詹姆斯·安德森（James Anderson）对这种以群体互动为基础的“社会反应”进行了“社会行动媒介研究”（social action media studies），归纳出六个结论：第一，意义并不包含在信息中而是在受众阐释的过程中；第二，媒介信息的意义不是被动决定的，而是主动“理解”出来的；第三，群体成员以不同方式来对待媒介，媒介的意义不断变化；第四，节目或信息的意义从来不是以个人化的方式而是以集体的方式建立起来的；第五，群体是通过其成员之间的互动来决定媒介内容的意义的；第六，媒介研究者也加入他们所研究的群体，尽管他们的加入是短暂的（**Schoening & Anderson，1995**）。

“意义并不包含在信息中”这一结论，显然不完全符合实际。事实上，大量新闻信息都包含一定的意义，但在新闻中或许记者没有发现或没有把它写出来，也可能有意歪曲了信息的正确意义。一些受众自己能够体会信息的意义，并根据理解新闻信息的能力选择新闻，因此弗兰克·毕奥卡（Frank Biocca）认为，受众有五个主要特征，它们是：选择性（selectivity）——在媒介使用上具有较强的选择意愿和主动性；实用性（utilitarianism），即运用媒介满足某种特定的需要；意向性（intentionality）——有目的地使用媒介内容；参与性（involvement）——为参与某种事务，思考和使用媒介；最后，受众还有不受外在影响（impervious to influence）的特征，不容易被媒介说服（**Biocca，1991：51－52**）。毕奥卡的最后这个结论不具有普遍性，有很多受众容易受到外界影响，不受外界影响的受众是少数。

二、新闻受众的类型及划分

西方新闻学者和传播学者都很重视受众分类的研究，分类的方式和种别多种多样，有些分类具有很大随意性。斯坦利·巴兰、丹尼斯·戴维斯指出，“到了20世纪60年代，积极的受众和寻求满意度的受众的概念开始被接受，同时和功能分析混淆在一起。由于不能很好地区分媒介使用和媒介功能，以受众为中心的研究设计与解释受到阻碍”（**巴兰、戴维斯，2004/2000：258**）。对受众类型的划分转向功能主义，成为当代的流行趋向，反映了受众使用媒介的目的各有不同。

从宏观上看，受众可分为四种类型，即“广大公众”、“小型群体”、“被动型”与“主动型”。“广大公众”与“小型群体”受众只是相对而言。“广大公众”与“小型群体”简称为“**大众**”与“**小众**”。数量众多，对一切媒介及信息都想接触和使用，没有明确的接收方向和受阅重点的受众，成为大众。少量公众是某个媒体的固定受众，呈现出新闻传播的小众化，又称目标受众。某些新闻机构遵照“广告商的营销要求”采集、制作新闻，以吸引（甚或造就）一个特定受众群为目标，以便获取更大的广告收益（**Curran & Seaton，2008：37**）。小众有时是新闻媒体促销的结果。

在当代，受众的选择性越来越强，选择目标也越来越明确和具体，促成媒体市场的细分，造成受众接触媒介的比率下降。新闻的“小众化”导致媒介类型和对象的多样化，因而有人把受众视为无法区分的大众；又有人将其视为形形色色的小组或小型群体，而受众自身则无法确定自己属于哪个群体。乔舒亚·梅洛维茨（*Joshua Meyrowitz*）在他的《不知所在》（*No Sense of Place*）一书中写道：“电视让我们失去了‘界线感’——我们无法分清公共领域和私人空间、自然的和社会的还是各个社群之间的界线。从本质上说，人们不知道自己在当今世界中处于什么‘位置’。”（**Meyrowitz，1985：276**）

受众还可分为“被动型”与“主动型”两大类。**被动型受众**理论认为，人们很容易受到媒介的直接影响，在不知不觉中被媒介的新闻所吸引。大众社会理论倾向于“被动型受众”的概念，而大多数群体理论则接受“**主动型受众**”的概念，将其又称为积极的受众。“**简约效应**”

(minimal-effects) 理论则以主动型受众概念为基础。弗兰克·毕奥卡研究了“简约效应”理论中的“主动型受众”的主要特征指出，“选择各种不同的媒体，而每种选择只占据了一小部分的受众群。由于广告商愿意付出的价格直接与受众份额相关，受众分化具有一种连锁效应，导致收入和资源的减少”（**Biocca，1988：174**）。查尔斯·赖特（Charles Wright）在1959年的一本教材里就明确地把**积极的受众**与功能主义联系在一起，认为积极的受众是为了了解环境、联系社会、传播文化遗产和寻求娱乐，才积极地接触媒介（**Wright，1986：16**）。这里的“**积极的受众**”这一概念，实际是指受阅新闻具有主动性的受众。

有的学者还按可能接触或实际接收新闻的程度划分受众，例如法国学者瓦耶纳认为，到达受众的信息往往会有数次重复，由此可将其划分为：（1）潜在的发行量或听众，即报刊发行量或拥有收音机和电视机的受众；（2）初级接收者，即信息只到达过一次的受众；（3）第二级传播或接收者，即实际到达人数的总和（排除无法控制的传闻）（**瓦耶纳，1986：252**）。

甘斯把受众划分为有规律的和无规律的两类。他认为，受众总体上既包括有规律的受众也包括无规律的受众，且以无规律的受众为多数（**Gans，2004：268**）。甘斯还指出，新闻从业者一般将观众与读者分成四种类型，即“感兴趣的”、“不感兴趣的”、“被拒绝的”与“创造出来的”受众。“在新闻从业者的想象中，感兴趣的受众重视新闻，对其保持有规律的关注。不感兴趣的受众则不那么关注新闻。不规律的观众和读者，其注意力正是媒体追逐的目标，他们在多数时候对地方新闻感兴趣。”（**Gans，2005：279**）

三、媒体对受众的重构

西方有些学者认为，作为分析媒介的社会范畴，受众已被社会性地建构起来。这种建构经过符号生产使报道者与受众分离，受众与其他公众分离，生产者和受众的结构性分离是由市场关系决定的。这成为**受众分析**的重要切入点。为此，加汉姆指出，“受众或者公众首先和首要地都是被生产者构思出来的，被受众研究和营销部门当作市场来评估。”“尽管广告客户和市场商人为了应对市场的分化，正在建构更加复杂的消费者图谱，但是我们还是看到这样一个事实：传媒消费模式仍然和收入水平紧密相关。”（**Garnham，2000：123-126**）

詹姆斯·凯利（James Carey）强调，“新闻业的真正问题是，它所依靠的条件——公众——已经被分解了，被新闻业分解成几部分。新闻业只在与公众和公众生活的关系方面有意义。因此，新闻业的基本问题是重构公众，让公众回到它的原生态”（**Carey，1987**）。实际上，新闻媒体面对的是广大公众，大部分受众是由媒体从公众中塑造出来的。离开公众，任何媒体就像鲸鱼失去生存的辽阔海洋一样。凯利指出“从本体上讲，新闻业的神圣条件就是公众。没有这个条件，整个新闻业就没有意义。新闻业涉及的范围，一定是公众的范围；新闻业只要有主顾，这个主顾就一定是公众”。“公众是图腾，是护身符，是宗教仪式效忠的目标。”（**Carey，1987**）

加汉姆系统地分析了媒体重构受众是根据受众需要和市场的盈利进行的，主要目标是培植公众的兴趣。他写道：“我们总是需要从研究市场建构的方式及其社会机制的作用开始。当我们从消费中得到快乐的时候，这种快乐并不是自由洋溢的快乐，而是通过小心引导得来的快乐。尽管通过消费进行解码和建立所谓的亚文化认同来消除抵抗模式，毫无疑问这是完全可能的，但我们总是更容易按照潮流来建构认同”（**Garnham，2000：126**）。

甘斯也强调新闻人“创造受众”这一概念，他相信，媒体的新闻判断必定能够吸引观众与读者，创造出来的受众被修正为符合新闻人的判断。多数创造要考量如何吸引不感兴趣的受众。“他们希望观众和读者关注重要的新闻，因为人们应该知道世界上正在发生什么。新闻人会提供有趣的新闻故事取悦他们，有时编辑记者故意激怒受众，因为愤怒意味着受众卷入其中，而不仅仅是消极的旁观者。或者他们提供令受众难忘的故事，引发口耳相传的广告效应，从而扩大受众的规模。”（**Gans，2005：290-291**）

但有的学者持有与此相反的看法，强调媒体不是诱导和重构受众，而是受众引导和重塑媒体。詹姆斯·哈洛伦指出，“我们必须抛弃那种媒体对受众做了什么的思考习惯，取而代之的是考察受众对媒体会做什么。受众收受、选择以及拒绝媒介传播的内容促进了‘使用与满足’模型的发展。这一观念突出了一个事实：不同的媒体受众对一个特定节目会有不同的使用和诠释，这与传播者的本意可能大相径庭，随后则引导记者、编辑适应受众的口味编排内容”。这一观念强调了受众在意义建构中的作用。从本质上讲，“使用与满足”的模型是从心理学角度探究问题的，倾向于寻找需求的内在结构和心理满足的根本原因。然而，“以往的研究却未能有效地在社会—历史构架中确定受众的准确位置”（**Halloran，1970：79**）。

四、受众的偏好与收受行为

1964年，哈佛大学心理学家鲍尔（R. A. Bauer）发表了题为《固执的受众》一文。他指出，以往的受众研究总是集中于“讯息如何作用于受众”（what can the message do to the audience），而现在的研究应重视“受众如何处理信息”（what can the audience do with the message）（**Bauer，1964**）。鲍尔的论述标志着**“受众第一论”**的兴起，而卡茨等人的“使用与满足论”更是将其推上了顶峰。受众使用媒介是为了满足自己的需要和愿望，受众参与传播，就像在自助餐厅就餐，每个人根据自己的口味及当天食欲来挑选食物，而餐厅负责供应大量的、各式各样的食品，以此比喻媒介提供各式各样的信息。至于受众吃什么、吃多少，那是受众的事，媒介无法干预，也无法影响受众。

从此，西方学者对受众接收新闻的偏好进行了深入研究，这种偏好是受众在多方面的影响下形成的，不是他们的自觉总结而采取的习惯性收受方式。麦克马纳斯特别强调这一点。他针对电视观众的偏好写道：“观众是在对每个电视台提供的信息进行系统的、仔细的比较的基础上形成偏好的。偏好很少在系统研究之后形成，而是在对有效信息进行简单取样后形成的，并受到一起观看电视的家庭成员的影响，还受朋友、同事的影响。然而，每个人和群体的选择过程也有相同点，即都对两种普遍的内容维度（引导和娱乐）进行评价，虽然这通常不是有意识的。”（**McManus，1994：123**）

学者杰罗姆·巴伦（Jerome A. Barron）指出，“许多学者对受众的偏好持有消极态度，认为受众喜欢非正面的新闻和传播内容，他们喜欢的东西对他们不一定有益”（**Barron，1998：467**）。弗林特也认为，“公众真正想要的和我们喊着要的不一样。如果你以他们得到了什么来推测他们想要什么的话，结果肯定会令人失望。事实上，那些有权向公众一点点提供艺术素材的人，对付公众的办法就像廉租屋母亲对待大哭大闹的婴儿。可能已经留下一个非常好的营养食物配方，但这个配方需要根据婴儿的口味做点小的调整，好让他喜欢吃，但是这位廉租屋母亲看到婴儿抓到了香蕉，并且吃得津津有味，于是就给婴儿吃香蕉。结果自然是培养出营养不良的廉租屋婴儿"（**弗林特，2005：107**）。弗林特这一观点只适用于部分受众，绝大多数受众不会喜欢对己有害的信息，一部分受众愿意收受黄色的、低级的新闻内容，这种偏好不能代表全体受众的追求。

追求耸人听闻、震撼人心的消息，是部分受众接收新闻常见的偏好。法国著名新闻学者杰克·凯塞尔在《一种自由的死亡——新闻的技术与政治》一书中指出，"读者每日都准备看震撼人心的消息，但是他要求新闻的多样化。没有任何一种其他的东西比新闻更容易过时。过去，总是一连好几天把优先地位让给一件国际危机，或者内阁危机，甚或一桩'惊人的凶杀事件'的报道。今天，好奇心很快就迟钝了，必须不断发现一些未见过的主题，放上大标题，才能立即吸引人注意"（**Kessel，1955：73**）。为此，一些新闻媒体把报道耸人听闻的新闻作为一种目的，时常用这种办法制造未经证实的新闻来吸引受众。

不同媒介的传播方式也决定了不同受众接触新闻媒介的偏好，正如麦克马纳斯指出的，印刷媒介诉诸视觉感官，是静态的，同时诉诸触觉。对一些人来说，这种可触性是一种吸引力，而对另一些人则是一种负担，因为处理废旧报纸很麻烦。电视不通过手指，而是通过眼睛和耳朵传送信息（**McManus，1994：38**）。甘特认为，电视的影像是动态的，比印刷媒介和广播更接近真实生活。当影像和口语结合在一起时，传送信息的能力比单一方式要强得多。读报纸需要掌握一定的阅读技能才能对语言符号进行解码，对学龄前儿童和无力阅读英文的成年人，电视更具接近性，也提升了他们的理解力（**Gunter，1987：57**）。

受众并不是不加选择地接收所有新闻，媒体和受众都是广阔的文化和政治背景中的一部分，而文化和政治背景会促进或阻碍受众对媒体报道的接收。媒体与受众都不是单个的、同质的实体，受众对媒体信息可能产生有规律的误读，尽管两者共存于一个宽泛的"现实"中（**Eldridge，1993：335**）。在新闻传播中，受众也是主动的（虽然程度不同）参与者。他们根据自己已有的知识和想法来解释见闻，在不同媒体的新闻版本中加以选择，选择或不选择都是对媒体的回应。约翰·埃尔德里奇指出，"在意义建立的过程中，受众也是主动的（虽然程度不同）参与者。他们根据自己已有的知识和想法来解释他们的所见所闻。他们在不同的词语、不同的形象与不同的思想框架中删选转换，有选择地赞成、反对或重新提出其他看法。而且他们能够推翻主流观点，利用自己的经验、政治信仰以及对媒体和政府言论进行普遍批评而建立自己的另一种见解"（**Eldridge，1993：335**）。

五、受众满意度的测定

西方新闻从业人员定期或不定期地进行受众调查，测定新闻传播效果，力求发现新闻报道与传播中的问题。例如 1998 年 3 月 11 日，一项有关地方电视新闻的调查在美国 102 家电视台展开。数据显示，40%的新闻是"犯罪、灾难、战争或恐怖主义事件"。地方电视台播放节目的重要原则是追求利润。该项调查还表明，地方电视节目中有25%的内容“毫无价值”，包括“毛发文身、啤酒浴、走失的狗自己找到回家的路，以及加利福尼亚一匹陷入泥浆的马最终获救”（**Parkes，1998**），如此等等。

美国多数新闻界和学术界人士认为，如果地方电视节目中有什么新闻的话，除了骇人听闻的事件外，再也没有别的内容可以算得上新闻了（**Miller，1998**）。许多受众的反映表明，由于缺乏见多识广的公民，毫无说服力的地方电视新闻可能会变得更加刻板。“新闻机构似乎轻易就中了试图创造政治新闻假象（具有历史意义的欺骗）的公共关系策略的圈套，新闻媒体变得吹毛求疵，把关注点放在不具有普遍性的个人丑闻、政客的怪癖或派系间的攻讦上。对于这类事件，记者认为非常重要。记者有时是传话筒，有时又提供一系列精明独到的评论。在某种程度上，这种奇怪的结合反映了一种令人惊异的可能性：记者们在报道政治事件时并不真的把公众放在心中。很显然，记者、事件活动家、政客以及日常生活中的其他一些关键人物会关注记者们的报道，但大多数记者对广大民众究竟是哪些人，他们究竟需要什么信息，概念是模糊的”（**Herbst，1998：132**）。

要解决这个问题，只能借助受众调查。西方新闻界十分重视新闻收视率，**收视率**表明某个新闻或节目的收看人数。收视率随着拥有电视机的人数的增加而增加，百分之百的收视率意味着赢得了全体电视观众。贝内特指出，“广告率是由电视观众的人数（收视率）和广告产品的潜在购买者共同决定的。因为不是所有人在任何时间都坐在电视机前，广告费显示出在一个特定时段收看某一频道或栏目的比例或份额。比如，根据尼尔森媒体调查机构的调查，1999年的超级杯全美橄榄球联赛收视率达到了44.5个百分点，意味着有44.5×994 000（99.4万）个观众当时在收看比赛”。受众调查体现了某个媒体或节目的受众欢迎度，也提高了某个品牌广告的知名度，收视率高的节目会引起广告商的追捧（**Bennett，2011：133**）。

什么样的受众调查更有价值呢？比尔·科瓦齐和汤姆·罗森斯蒂尔认为，是那些有助于新闻工作者判断的调查，而不是代替他们做判断的调查。“我们不要使用那些把受众看成顾客，询问他们喜欢什么产品的市场调查。我们需要创造新闻的市场调查，把人民看成公民，告诉我们更多有关他们生活的事情。你如何分配时间？带我们进入你每天的生活。你花多长时间上班或上学？你担心些什么？你对小孩的期望和担忧是什么？这些都是调查宽泛的偏好趋势的开放性问题——它们可以让编辑知道如何才能设计出全面、均衡地代表社群及其需要的新闻组合”（**科瓦齐、罗森斯蒂尔，2011：197**）。

1993年8月，《时代镜报》“人民与新闻出版中心”主持了一项调查，结果显示，对各种各样的严肃新闻，公众没有太多的兴趣。然而，对于其他严肃事件的受众调查与这种无动于衷的公众心理产生了矛盾：41%的美国人非常关注本国经济，65%的美国人关心本国中西部洪水的报道（**McManus，1994：70**）。显然，受众对新闻的满意度源自不同受众群的社会关注点，不能依据某个群体或某项调查就对受众的新闻偏好做出简单的结论。美国的多次新闻受众调查显示，受众对待新闻的态度往往是：“对与个人有关的故事，人们更有可能以采取行动的方式加以思考。如果政治新闻离自己比较遥远，人们选择的余地很小，只能以纯私人的方式考察自己的信念。其次，如果新闻信息能够满足人们的好奇，较少给他们带来直接的忧虑，那么，他们就很少会表示不快和不解”（**Benett，2011：289**）。

第四节 受众对新闻的解读

新闻在社会情境中被受众受阅和理解，受众以社会规范、价值体系、生活目标和自身利益作为解读的出发点，这是受众理解新闻的重要特征。“人们阅读新闻通常并不只是为了更新个人对世界的认知模式，由于认知模式的社会关联还可能进一步发生社会互动，而不仅仅涉及新闻中的话题。”（**Van Dijk，1988：145**）因此，受众解读新闻是一种社会互动认知的过程，受制于自身背景的影响。

一、对新闻的感知与理解

荷兰学者梵·迪克和金特茨（W. Kintsch）认为，受众理解新闻包括如下几个步骤：（1）感知和注意；（2）阅读；（3）解码和解释；（4）事件在记忆中再现；（5）形成和更新情景与认知模式；（6）运用和改变原来的认知和信念（框架、预想、态度和意识形态）。“如果把这些步骤看作理解新闻开始阶段的必要前提或条件，那么不应遗漏新闻信息的检索和运用，只有检索、运用以前阅读报纸获得的信息，才能全面地理解新闻。”（**Van Dijk & Kintsch，1983：327**）瑞典新闻学者芬达赫尔（Findahl）和豪耶尔（Hoijer）研究广播电视新闻得出的结论是，人们收看收听新闻后，往往会遗忘细节，回忆起来的总是重要的主题，基本信息的回忆率只占25%。但如果记起事件发生的地点、人物、原因或影响等信息，能把回忆率提升至30%至40%（**Hoijer & Findahl，1984：186**）。新闻详细介绍事件的原因和结果不仅能改善受众对新闻的回忆，还能改进对新闻的总体记忆。若干家媒体的新闻阐述事件的情景和认知信息的一致，对受众理解新闻能产生结构性的影响（structural effect）。

多利斯·格雷伯则强调，新闻的政治主题和口号推动人们发挥想象力，透过新闻中的形象捕捉事件的意义。一种形象的产生并非无源之水、无本之木，它是人类思维在政治信息作用下的产物，政治信息具有暗示的象征意义。但“一个形象中具有象征意义的部分是如此单一、抽象和缺乏细节，人们必须添加自己的理解、想象和关注才能使它真正有意义。因此，新闻一方面是象征性的暗示，另一方面是人们对这一暗示作出回应时产生的情感和假设，两者的共同作用就形成了某种形象”。“人们从媒体提供的具有启发性的象征和形象出发，主动构筑了个人的含义。当人们依据新闻事实在头脑中完成形象的构型时，政治传播中具有象征意义的信息就变得越来越真实，越来越可信。具有讽刺意味的是，一些最简单、最抽象的想法往往能激发出某些真心实意的理解。”（**Graber，1988：217**）

当受众对新闻进行判断时，会对新闻产生许多个人的、充满感情色彩的认识，这种个人的认识可能不会发展成社会成员的共同认识，但任何个人的批判精神和分析能力，正是民主体制赖以茁壮成长的土壤。“由于对那些有劣迹的政治人物的错误和丑闻紧盯不放已成为媒体的通病，人们就会把他们在生活中的愤怒和不满发泄在这些遥远的、象征性的政治靶子上……无论被关注的是有同情心的英雄还是受害者，抑或是可憎的无赖、罪犯，媒体对个人化、人情味新闻的偏好造成了受众理解信息‘只见树木不见森林’的倾向，因此受众很难透过拥挤在媒体镜头前的众多的‘演员’看清事件的背景（或者说制度上的问题）。”（**Bennett，2011：69**）

盖洛普民意测验表明，公众往往根据自己的意识形态判断某一媒体大多数的报道，中间立场的人大都认为媒体比较中立；左派人士则会抱怨媒体太保守，而右派人士则认为媒体有“左倾”的嫌疑。即使媒体可以做到中立或是客观，但对一些问题，个人观点明确的公众也不会认可；即使新闻中包含很强的意识形态倾向，有观点的人（很可能一眼就能察觉出报道中的倾向性）依旧能够坚持自己的认识，并毫不动摇。许多国家都愿意本国的媒体分成不同的党派阵营，这样可以为公众辩论提供载体，使一些问题得到探究（**Gallup Organization，1986**）。

贝内特写道：“尽管你可以认为新闻每天都在给人们洗脑，或者容易让人们轻信新闻报道中的内容，但是，将人们简单地称为新闻的奴隶是非常不准确的。一项研究表明，人们不会盲目地相信他们在媒体中听见、看见和阅读到的东西。在遭遇了那么多的精心策划的宣传之后，作为新闻消费者，人们已经非常警觉。如果没有其他原因，面对不同观点之间喋喋不休的争论，人们主动过滤、筛选或对某些新闻置之不理，避免每天被没完没了的新闻事件所困扰。如果说人们成了新闻的奴隶，那也是在很微妙的层面上，要看信息、政府、社会是如何联系在一起的，以及普通大众是如何被排挤出这种联系之外的。”（**Bennett，2011：181**）许多受众不是积极、主动地感知、理解新闻，是因为他们对“名人政治”已经厌烦，或者他们根本就不是积极的受众。

二、新闻意义的编码解码

1973年霍尔发表了《电视讨论中的编码和解码》一文，起初这不过是一篇油印文章，被收入1980年出版的《文化、传媒、语言》一书后，却不断被人大量援引。文章批评了信息传播过程的“发送者—信息—接收者”的线性模式，提出电视话语“意义”的生成和传播结构，把电视话语的传播划分为三个阶段：第一阶段是电视话语的“编码”，即对客观材料进行加工，把加工者的观点及其世界观、意识形态加入到信息中。第二阶段是制作“成品”，作品被注入“意义”，变成一个话语系统。第三阶段最为关键，观众对电视作品进行“解码”（**Hall，1973**）。

霍尔后来指出，电视**新闻的编码**（coding）**和解码**（decoding）的本质，即记者把某种意义潜藏于新闻，让观众理解新闻背后的含义。霍尔强调，客观事物本身并没有意义，信息通过概念和符号构成了意义，媒体使用符码进行编码，受众则对意义进行翻译即**解码**来理解新闻（**Hall，1997：62**）。霍尔指出，“节目制作建构了信息，在某种意义上，传播从这里开始。制作过程并非没有‘话语’，它是由意义和思想组构的，即运用知识——对有关制作和日常秩序的认识、历史形成的技术技巧、职业观念、制度常识、定义和设想，以及对观众的判断等——处理新闻。所有这些都是制作、组构节目的惯例”（**Hall，1999**）。

霍尔对电视传播中的编码和解码进行了深入分析，揭示了承载意识形态的电视话语的意义如何被受众解读（解码），受众与主导意义的媒体如何就各自的理解展开较量。霍尔指出，“在这个信息产生效果（不管如何界定）、满足一个‘需要’或者付诸‘使用’之前，它首先必须被用作一个有意义的话语，是从意义上解码。正是已解码的意义‘产生效果’、发生影响、取悦于人、引导或者劝说他人，产生了非常复杂的感知、认知、情感、意识形态或行为结果。在一个‘确定的’环节中，这个结构利用符码生成‘信息’，在另一个确定的环节中，‘信息’通过解码而渗透到社会实践中”（**Hall，1997：61**）。

霍尔指出，“一个‘未经加工的’历史事件不能以这种形式通过电视新闻来传播。事件必须在电视话语的视听范围内符号化。在以话语符号传送的这一环节中，历史事件服从语言所赖以指涉的所有复杂的‘规则’。以悖论的方式而言，这个事件在变为可传播的事件之前，必须要变成一个‘故事’”（**Hall，1999**）。如果观众的文化规则与电视文本制作者相融通，意义则圆满地被接受；若双方文化规则不对应，受众不仅会对符号的意义产生误读，甚至有可能对其隐含的意义产生对抗。所谓“扭曲”和“误读”，都因为信息交流的双方缺乏相容性而产生的。

编码的常用手法是确定新闻事件的“内在意义”，让讯息表达出编码者的情感和意见。梅茨（C. Metz）写道：“电视制造内涵意义的手法和电影毫无二致：镜头的角度、灯光、背景音乐、切入切出的频率等等。音乐尤其可以用来点明——甚至制造某一镜头特定的内涵意义。一个开门的镜头，如果配上惯用的紧张音乐，可以传达一种悬疑不安的气氛；而同样一间空屋，借助不同的音乐，可以令人觉得一片安详”（**Metz，1974：97**）。很多电视深度报道都利用这个原理，配上音乐烘托事件的气氛和意义。

菲斯克与哈特利强调，符号的意义受主观感受的影响，在本质上不是符号发出的，而是有共同文化的人彼此作用产生的，即所谓的**“相互主观性”**。“在相互主观性上具有组织作用的迷思本身，彼此必须具有联系性和组织性，否则它们所代表的意义就会大打折扣。各种迷思组合起来，就成为我们所称的**神话**（mythology），或意识形态。”（**Fiske & Hartley，2003：23**）电视新闻的镜头角度与机位蕴含特定的意义，是编码最有效的手段。巴格雷（J. Baggaley）与达科（S. Duck）认为，“一般而言，在电视上以半侧面出现的讲话镜头，多给人一种可信度较高、专家性较强的感觉；因此电视记者访问专家时，多以半侧面镜头拍摄被访的专家，而表演者或新闻播报员则多以正面出现。由此可见，电视导演采用镜头往往受到媒介既定标准的约束，而艺术电影的导演却比较随心所欲，在作品中建立起个人的风格”（**Baggaley & Duck，1976：79**）。对于报刊的文字新闻，记者的选材与形象描写就是编码，读者如何认识记者对事实及角度的选择、陈述和描写，就是一种解码。解码基本符合媒体的报道意图，是多数受众解读新闻难以企及的目标。

三、三种解读新闻的方式

英国学者戴维·莫利（David Morley）于1980年在《举国上下的观众：结构与解码》一书中，按照霍尔的追随（赞同）式、协商式和对抗式解码框架，对“举国上下”电视新闻节目的观众反应进行了分类。结果发现企业主都展现出追随的立场，工人采取了激进的对抗的立场，工会官员们则显示出协商的立场；受过高等教育的黑人学生持对抗的立场，大学艺术专业的学生持协商的立场，学徒则持拒绝的立场。尽管学徒和黑人学生都采取了抵抗的立场，但他们的抵抗方式却有所不同（**Morley，1980：143**）。1999年戴维·莫利和夏洛特·布朗斯顿（Charlotte Brunsdon）对电视新闻节目“举国上下”（Nationwide）又做了进一步研究，发现观众因为阶级、种族和性别的不同对同一条新闻有“**正面解读**”（positive reading）、“**对抗解读**”（negative reading）和“**协商解读**”（negotiative reading）三种理解（**Morley & Brunsdon，1999：178**）。正面解读又称追随性解读、被支配性解读或偏爱性解读。

莫利认为，阅读新闻与媒体原创意图或多或少有一定的联系或对立。“观众有时比节目制作者更保守，会反对一个更为‘进步的’偏爱性阅读。因此，一个对抗性阅读不一定就是‘反建设性’的阅读。另一个结论是，不同的观众给他们的阅读带来不同的‘文化能力’。”在一名观众身上，不只是阶级，还有其他经济的、社会的和文化的因素能够“决定”他在不同层面上对新闻的理解。文本解码不能简单地将阶级、种族、性别或亚文化的地位“读掉”，“社会地位无疑与解码直接地联系在一起”（**Morley，1983**）。对抗性阅读又称抗拒性解读，是指受众从其生活地位和自身利益出发，对新闻抱有抵制性的理解，抗拒文本的意识形态，属于颠覆性阅读。

受众的对抗性阅读主要表现为同记者的意图相左，对记者津津乐道的新闻故事持有冷漠态度。在甘斯看来，很多观众和读者对接收到的新闻并没有多大兴致，他们宁愿观看或阅读有关名人的流言蜚语，也不愿接收重要人物活动的新闻。电视记者担心，很多观众会更喜欢富有吸引力或赏心悦目的“新闻播报者”，而不喜欢经验丰富的新闻从业者，或者青睐提供观点的而非客观报道的新闻记者。因此，记者们“担心一旦受众的需要被纳入考虑，新闻人的新闻判断就会被丢弃一旁”（**Gans，2005：282**）。

英国学者戴维·麦奎因在《电视：媒介学习指南》中写道：“在一个对抗性阅读中，一个观看同样的王室庆典节目的人会立即支持共和主义者的观点，而因此更加讨厌王室了。”（**McQueen，1998：115**）莫利认为，新闻文本的意义将“依靠读者对文本所具有的话语、知识、偏见或抗拒而得到不同的构建。界定文本意义的至关重要的因素是面对不同观众的话语库（repertoire），而且个体在社会结构中的位置，将决定哪类主题的新闻话语有可能被收看，由此他们将接触文本”（**Morley，1989**）。

尽管观众对于大多数电视节目或“文本”都可能做出或多或少的不同解读，但“**偏爱性解读**”（preferred reading）通常是被支配性的，甚或居于垄断地位。若观众里一部分人同意偏爱性解读，即同意编码者的假设，那么这样一种阅读便是被支配性、霸权性的，具有收编的性质。例如，如果一个正在观看王室庆典纪录片的观众是皇权主义者，他肯定对皇室特权持有完全赞同的态度，他的阅读便最有可能是被支配性的（**McQueen，1998：115**）。

在协商性文本或阅读中，意识形态的统治同样受到挑战，“官方的”或“建设性”的意图会被质疑，但却有一定妥协的观点。以英国王室庆典纪录片为例，一个观众可能希望看到在英国持续存在的王室，但却会反对王室花费纳税人大量金钱的行为，或对他们热衷狩猎抱有反对的态度。尼古拉斯·阿伯克龙比认为，正面解读和对抗解读混淆了“积极的受众”与“抵抗的受众”两个概念，积极的受众并不等于抵抗的受众。“研究表明，受众能够积极地创造出各种意义，但这些意义不一定和抵抗有关，它们也可能只属于一种游戏性的解读而已。它们是积极的、创造性的，但却不见得就是抵抗的。”（**Abercrombie & Longhurst，1998：31－32**）

【本章思考题】

1. 如何理解新闻传播和新闻生产的概念？
2. 什么样的新闻能吸引受众的注意？
3. 评价新闻质量的标准、好新闻与坏新闻的标志是什么？
4. 分析新闻受众的定义、类型和偏好。
5. 新闻的受众调查有什么意义？如何进行受众调查？
6. 新闻编码、解码的含义是什么？二者产生同化关系的条件是什么？
7. 论述正面解读、协商解读、对抗解读三者的主要区别。

第七章

新闻专业主义的突围

【本章要点】

西方新闻专业主义面临记者腐败、新闻商业化、媒体公司控制的冲击，同时，记者呈现多重人格。三种新闻伦理观、新闻道德恐慌论、反道德论与“深喉”现象同时盛行。清除崇高新闻事业的障碍，重塑记者的素质与角色，重建新闻职业规范，成为健全新闻专业主义的紧迫目标。

新闻专业主义是西方学者特别重视的研究议题，因为近些年西方新闻工作者的职业道德严重滑坡，“许多人认为新闻工作者是些腐败分子，他们既自大傲慢，又粗鲁无礼”（**Smith，2003：11**）。罗恩·史密斯（Ron F. Smith）继续写道：“新闻工作者有时自视为英雄。他们内心深处的自我评价是诸如‘公众的耳目’、‘公民的代言人’和‘公众的监察人’。但很多公众对新闻工作者的评价并不高。几年前的一次民意测验发现，记者的道德水平还不如二手车的销售商。大部分记者都以揭露政客的缺点和诡诈为乐，但民意测验表明，公众认为政客比新闻工作者的道德水平还高一些”（**Smith，2003：11**）。要改变这种局面，许多学者认为，必须重建新闻专业主义标准，突破新闻商业化、反道德论和媒体公司控制的重围。

第一节　记者的多重角色与人格

记者究竟是什么样的人？这个问题并不如以往人们羡慕记者的社会地位那样明了。“记者是历史学家、政治活动家还是改革者？是熟练的速记员还是作家？记者作为一种职业是在19世纪出现的，作为民主社会与城市商业意识的产物，记者同时也是它们的推动者。但是，它们已经形成自己的机体和独特的自我意识”（**Schudson，1996：82**）。记者这种职业无疑具有双重性，他们既是社会的发动机又是人类糟粕意识的传播者，尽管他们不断努力充当文化的正面角色，但总有些记者销蚀人类的进步因素。

一、记者的毁誉与荣耀

许多记者都会说，他们的角色是倾听和观察，还有告知、教育甚至给人带来娱乐；“但现实却是，记者的作品饱受人们批评——批评总是多于褒扬。只有极少的新闻记者获得人所共知的声誉，其作品也得到人们的赞许”（**Pape & Featherstone，2005：191**）。1993 年，英国公众就令人尊敬的职业进行过一次民意调查，房地产经纪人名列最末，而记者倒数第二。许多人认为，记者既招人反感，又有吸引力，他们是吉基尔博士和海德先生在 21 世纪的化身①，属于一群“雇佣文人”。

在西方，观察任何一部电视剧塑造的记者，都会看到一群扯着脖子喊叫的无赖。他们翻过尖桩栅栏，重重地敲击大门，高声叫喊并挥动支票簿；他们身着军用防水短上衣，头戴贴有“记者”字样的软毡帽。这些刻板印象在电视制片人的脑海里根深蒂固。“确有那些狂热的，以‘来吧，宝贝，告诉我们你知道什么’的小报风格获取信息的记者，但大多数记者则采取彬彬有礼、值得尊敬的方式做他们的工作——特别是那些在地方性和地区性报业公司任职的记者，他们在当地社区扮演的不是一个砸橱窗抢东西的人的角色”（**Pape & Featherstone，2005：187**）。

许多有影响力的媒体同政府权势紧密勾结，钟情于权力人物的活动，时而美化或掩盖他们的丑行。拉里·萨巴托教授在《饲养疯狂》一书中说，20 世纪的新闻界从候选人道德水准的看门狗演变成了哈巴狗。候选人和政治领袖沉溺于酒色时，新闻界却视而不见。有些人常常喝得酩酊大醉，以至难以坐稳参议院和众议院中的席位，但是，选民却无法从报纸上读到这些消息（**Smith，2003：210**）。在华盛顿报道政府事务的 4 000 多名记者，尤其习惯于利用官方的消息来源，依靠政府权威人士来报道新闻，即使他们的话明显损害公共利益也常被肯定地引用，这已成为新闻界的陈规陋习。

在电视娱乐节目的黄金时间，警察露面的次数最多，其次便是记者，但这些人物几乎都是反面角色。一项研究表明，作为虚构的人物，只有 24%的电视记者和 14%的报纸记者是好人。大部分记者都被描写成不讲道德、粗心大意、麻木不仁和愚不可及，每天都在撒谎、偷窃、偷听以及冒犯和教唆他人。他们有意对某些事实视而不见，因为这些事实使一个“好报道”索然无味。然后他们跑回编辑室，把爆炸性的“独家新闻”交给心花怒放的编辑（**Smith，2003：12**）。犯罪报道的记者将警察视为战友，国防通讯员亲近军队，而劳资关系专家则与工会交好。“新闻记者的工作建立在似是而非、论述合理和大量下意识假设的基础上，与其说他们是‘海盗’，还不如说是‘官僚’更为贴切。他们的工作之一就是将一些杂乱无章的事实片断整合成一篇有始有终、有因有果的整洁的报道。”（**Curran & Seatun，2008：336**）

但法国学者麦格雷却指出，新闻行业看似在走下坡路，但是记者的巨大成就不容置疑，如果我们停留在功能主义定义的死胡同里，不可能理解这种现状。抛开能力和技巧问题，考虑到记者团体的追求，就可看出，记者们已经成功地把自己变成一个构建且生产非确定性的团体，并且很有影响力。“记者声称是记录当代的历史学家，他们也能表现出一些相关的品质（有批判精神、寻找专家），他们还占据了第四权力的地位，最近又成了正义的化身，他们同时还要

① 吉基尔博士和海德是同一个人，他是 19 世纪英国小说家斯蒂文森所著的《化身博士》中的人物，集绅士与恶棍于一身，是具有极端双重性格的人。在公开场合，记者像吉基尔博士一样是正人君子，但一旦放弃自制，他们则变成像海德那样的无耻小人。

时不时地与娱乐的公众保持密切的关系，要继续吸引受众。”（**麦格雷，2009：135**）

舒德森强调，“我们可以用以下要素来定义一名**记者**：他是一个忠实于消息来源的人，以一个同惯常的智慧相符合的人，一个服从新闻机构政治文化的人，以及效忠于小范围的公众与文学表达的人。这几乎不是一个讨人喜欢的定义，但是比更多让人喜欢的定义有更加真实的东西”（**Schudson，1996：109**）。在舒德森看来，记者是寻求真相的人，而且通过集体探索来认识真相。像斯蒂芬斯、苏尔兹伯里这类著名记者，都把报道新闻当作一项科学和政治任务，记录真相是向过去表达敬意的行为。他们不断探寻恒定的规律以解释人类行为的变化，为此他们满足于“获取事实”，他们的客观性新闻不可避免地冲撞和挑战官方。他们都有崇高的责任感并忠于自己的职业，追求精确的意识和个人的诚实，一桩桩生动、真实的报道给他们带来荣耀。

在这个荣誉的岗位上，记者也随时面临道德困扰，追求真相可能失去自身的安全和利益，他们的成就都是在极端复杂的艰难中获得的。正如卡伦·桑德斯（Karen Sanders）所说，“新闻记者每天都要面对一系列的道德困境，很少有职业会面临一系列这样的难题，比如欺骗、重组故事，对恐怖主义、种族主义和同性恋恐惧症进行报道，侵犯他人隐私，揭露丑闻以及提供有偿新闻，等等。他们常常想挖掘事件，但权势阶层却极力掩盖，他们必须考虑揭露这些事件是否合理。不管情况如何，他们依旧把获取‘好’新闻的希望倾注在个人身上：他们需要对同事、信源、公众以及他们自己承担相应的责任，让自己成为被信任的人”（**Sanders，2011：29**）。总之，记者的所作所为都应遵循自己的良心，“应当清楚这一职业允许你做什么和不能做什么……但个人的良心却不受法律保护”（**Allan，2005：44**）。

舒德森认为，探讨记者是什么样的人以及这个职业类型的本体论，也许能够使人有所发现，这就是，真正的记者为寻求解放人类的普遍法则和真相而努力（**Schudson，1996：79－85**）。在民主社会中，虽然新闻界被赋予比较特殊的地位，但不等于记者的职业形象有了保证。凯利·雷特等人指出，“新闻记者的许多特征给了他们争取职业荣誉的强有力支持，与那些得到社会承认的职业相比，记者也有为公众服务的巨大责任，这种服务同样需要尊严。新闻记者在很大程度上是教育家。他们能影响舆论，而舆论则能影响法律的制定和废止。他们像监护人那样通过监督、报道政府官员和政府机构的行动为公众服务。对于他们所报道的人，他们具有使其声誉鹊起或声名狼藉的能力。有哪一项职业能提供如此之多、如此重要的社会服务并负载这样多的责任呢？但是，他们的另一种形象则会败坏他们的声誉。”（**Leiter et al.，2000：17**）

迈克·希尔（Mike Hill）认为，在媒介市场上有太多的年轻人都被称为“新闻记者”。“他们缺乏告知人们正在发生什么事件以及设法使他们的报道刊登在头版上的欲望。他们缺少对精彩引语、精彩事实的渴望。报道已成为他们某些人朝秦暮楚的工作。”但年轻记者比一些年纪较大、经验丰富以及也许玩世不恭的同行“更干净”。新闻记者应该把自己看作为读者说话的人，报道对他们至关重要的问题，支持代表他们的利益而举行的活动——记者在支持没有发言权的人们方面力量异常强大（**Pape & Featherstone，2005：203**）。

现在，西方的新闻媒体与记者已经变成“**第五等级**”。“第五等级”这个概念是由汤姆·贝斯托（Tom Baistow）在他的《第四等级：舰队街的解剖》（*Fourth-Rate Estate：An Anatomy of Fleet Street*）一书中最先使用的，用来指英国公共关系产业带来的不良后果（**Baistow，**

1985：67－76）。**第四等级**是指出版界、新闻媒体为保证政府行为的公开与负责而扮演批评者和监察者的角色。但是今天的政治和经济界的精英正在利用公共关系和市场营销专家所组成的第五等级来模糊和抵消记者们的批评监督。“所有的人，从首相到最近的摇滚明星，更不要说大的企业，都有各自想要出售的东西，无论是思想、个人形象还是消费品和服务，其结果是媒体以不间断的娱乐新闻兜售他们。”（**Baistow，1985：68**）埃朗·戴维斯（Aeron Davis）指出，“第四等级所体现的那种对于新闻的独立的追寻——那种自由主义的形象——遭到了公共关系部门发展的重大打击”（**Davis，2002：173**）。

面对这个复杂的世界，新闻从业者采取了近乎自相矛盾的态度，一方面他们要尊重事实、效忠受众，另一方面他们被权势和利益所支配，对非正常事务抱以官僚化的态度，掩盖事实真相和社会真实状况，让人相信表面事件具有独一无二的意义。为了应对权势的要求和职业竞争，记者也在抛出新东西，制造风险，或对他们认识到的深刻趋势有时保持沉默，有时曲解事实以迎合上司的喜好。这一切，使一些记者违背良知成为善变而不老实的人。

二、记者角色的多元和新变化

新闻工作者的直接职责就是提供新闻，判断和构建新闻事件，扩大新闻事件的影响力。“他们帮助我们创造了一个世界的图像，让我们可以超越自己当下的视野理解这个世界，我们由此对面临的问题产生忧虑、期望或奋斗精神。新闻工作至关重要：记者为我们绘出人们道德素养的素描，有助于我们对自己的认识，帮助我们解释这个世界，使世界的图景变得清晰。”（**Sanders，2011：11**）在社会学家那里，人在组织层面和认知层面都担当多元角色，记者在复杂、多样的社会里不仅角色是多元的，责任也是多元的。麦格雷指出，“记者以公众舆论裁判者自居，虽然接近司法规则却并不遵守，而是用公共领域反对政府，他们的身份认同和职业伦理就‘不可把握’了。记者们的立场不同，有时甚至对立，因为民主社会的价值观和角色根本上就是多元的”。“新闻活动不是简单地复制主导观点，也不像镜子一样忠实地反映世界，而是一个谈判的过程，其中某些人会比另一些人分量更重。”（**麦格雷，2009：134**）

正因为如此，客观、公正地报道新闻，为大众提供对世界正确的看法，成为社会思想的引导者，是记者最重要的角色。这是一项必须付出巨大努力的工作，需要摆脱自我目的，习惯于认识的多元性。正如麦克奈尔所说，“世界上存在着对事件中的新闻性可能做出的各种各样的报道，出现不同的版本，这符合世界存在多元化的观点，其中不止一个版本是有效的。”（**McNair，2009：36**）麦克马纳斯也认为，人们看待世界的方式不可避免地受到媒体塑造的各种思想的影响，这进而影响他们参与事件。值得注意的是，新闻记者的世界观同样显著地受到信息源的影响，从本质上讲，“信息源与记者合作的目标是记者思想能否获得公众舆论支持的关键”（**McManus，1994：186**）。

伊迪·戈登堡（Edie Goldenberg）指出，“记者是为消息匮乏阶层提供信息的关键，在这一过程中也起着过滤器的作用。然而记者只能是报社中的个人，他们的报纸有一定的目的、结构、标准程序和政策限制，这些客观条件在一定程度上限制了记者在新闻搜集和报道中的判断力”（**Goldenberg，1975：145**）。通过别人的眼睛看世界，将他的看法传达给社会，并与某个特定观点产生共鸣，成为重要社会信息的提供者，是记者扮演的主要角色。然而，“在伊拉克沙漠中，驻地通讯记者所得到的事实并不能总是与军事信息源以外的来源验证的事实一致。信息来源机构提供的事件、过程或事态立场与新闻机构的目的和所撰写的报道之间有很大的差异”（**Ericson et al.，1999：280**）。新闻记者如果过于接近某个信息源，则可能对他们的看法过多地信任，难以全面地认识问题，在不知不觉中扮演了信息源传声筒的角色。

在今天，互联网的交互参与性（interactivity engagement），对受众和记者都是最诱人、最有影响的要素，记者不再与被动的信息接收者打交道，意味着记者角色的新转变。“在传统意义上，新闻记者承担守门人的角色，如果他们认为有最有趣和有益于读者的内容，就可开启新闻渠道。现在的事实是，根本不可能决定是否向读者传播记者知道的一切，因为在现代世界里记者要有效地发挥作用，首先应当知道读者需要知道什么内容”（**Pape & Featherstone，2005：193**）。迈克·沃德认为，在一个充斥着各种信息来源的世界，记者“把关人”的角色变得多余了：“你无法阻止信息流。而你能够做的事情是手把手地带领用户或读者，使他们了解真相。新闻记者在这里起到一种整理和指出信息的作用，更多的是一位指导者，而不是一名守门人”（**Ward，2002：26**）。

在网络化时代，记者的角色究竟发生怎样的变化？帕夫利克写道：“我相信变化正以三种根本的方式发生：首先，在网络环境下的新闻和信息无处不在，全景化新闻的地位日益重要，要求记者不仅仅成为事实的讲述者，还要向教育者的角色转变，成为不断变化的知识地图的指引者，记者需要调整其作为指导者的角色。”其次，“记者作为事物解释者的角色将得到很大扩展。受众将重视为什么某个信息是重要的，它的意义和影响是什么，记者需要扮演作为事件意义创造者的角色……要求记者以新的、多变的方式思考问题，通过日益广阔的信息海洋来搜索新闻和归类，找到一根‘意义之针’”。帕夫利克最后指出，网络记者在联系受众方面要发挥核心作用，“记者和新闻机构对他们的受众更负责，需要习惯于阅读和答复受众的来信……网络世界要求记者更加注意细节和准确，因为读者反馈更快、更激烈并能自己更正记者的错误”（**Pavlik，2001：234－235**）。记者的这种角色变化，将有助于提高新闻质量，满足受众全面、正确理解新闻的需要。

三、记者的职业习性与素养

芭芭拉·菲利普斯（Barbara Phillips）认为，新闻工作的特点产生了“与职业习性相关的思维”，这种思维蒙蔽了新闻工作者探究问题的眼睛。她解释道：“与职业习性相关的思维，比如依赖（专业角度的）‘直觉’、具体的逻辑、现在进行时的取向，强调以事件的意外性而不是结构的必然性来建构新闻等，来自外部的限制（比如常规的电视节目）、机构内部的压力以及记者的自身倾向导致记者在日常工作中把每日发生的事件看成是不连贯的、没有联系的事物，这些事件拼成了表面的现实”（ **Phillips，1976：92**）。许多记者重视事件的外在环节，忽视它们的内在联系，使受众虽然感到新闻的新颖而却没有发现它们的实质及其新变化。

实际上，记者的思维习惯和他们每天的报道往往格格不入。英国学者佩普和费瑟斯通指出，“当你初次进入地方性或地区性报纸工作时，你也许认为，各个角落都充斥着圈套、骗局和两面三刀的做法，但在实际中，你更可能被安排撰写那些对世界和平并没造成什么威胁的事件和人物的报道。在撰写报道时你必须警惕坏人坏事、不良陋习和彻头彻尾的谎言，在必要和适当时进行披露，但你最有可能报道的新闻一般是社区成员做出了诚实而有意义的事，而不是图谋贬损女王和国家的事情”（**Pape & Featherstone，2005：187**）。记者有力求发现坏人坏事的思维，但大量好人好事却出现在他们的视野里；有些记者到处寻找世界的积极因素，负有用灯塔照亮人间的责任感，但却经常在采访中听到各种劣迹和罪孽。记者的思维与新闻实践往往背道而驰，这一职业特点养成他们多疑、机警的习性。

按佩普等人的观点，记者应遵照“**实践准则**”（The Code of Practice），需要小心行事，不误导或扭曲信息；一经发现重大错误、误导或扭曲事实，必须及时更正，并在适当的地方刊登致歉启事；不要偏听偏信，必须明确把评论、猜测与事实分开。面对受众的合理要求，必须提供一个对错误做出解释的机会；不要使用从其他信息来源那里获得的不符合要求的素材；严禁在未经同意的情况下闯入任何人的私生活；不允许未经个人同意在私人场所拍摄个人照片；不得参与恐吓、骚扰或追踪活动；一旦被要求停止，就不得坚持向个人提问、打电话、追逐或拍照。当新闻记者被要求离开或不得尾随时，就不得继续停留在私人领地；主编必须确保这些准则为他们工作的人所遵守（**Pape & Featherstone，2005：214**）。

绝大多数记者只是简单地应付工作，得到的报酬为数无几；优秀记者却始终充满高昂的热情，保持自我能动性并抱有坚定的决心，以最诚实的适当方式传播信息。他们在看到自己名字刊登出来时感到极大的满足，但是署名权仅为记者使用，读者却很少注意，多数新闻工作者忍受着默默无闻的边缘地位。许多新闻工作者最忌讳新闻提出无法回答的问题，新闻看上去毫无破绽，甚至表现得无所不知，竭力回避报道中的缺陷与漏洞。这是不好的职业习性和思维。面对复杂、无穷无尽的社会现象，记者永远是个“无知者”。自认为无所不知和报道完美，“在21世纪，当新闻工作者无法完全控制公众知晓公共事件时，他们不再是把关人时，这种观点就变得不太明智——如果它曾经明智的话”（**科瓦齐、罗森斯蒂尔，2011：86**）。

许多记者都想表现自己的个性，努力塑造报道的独特风格，这种思维支配他们为成为一名杰出的记者而奋斗，但这是极其艰巨和难以企及的。正如戴维·兰德尔所说，“任何一个聪明的人，只要经过足够的努力都能成为一名称职的记者；但要想成为一名杰出的新闻记者，必须在调查研究方面或在写作方面，或在这两方面都有真正的天赋。你必须拥有某种独特的个性和某种素质，才能成为出类拔萃的杰出的记者，因为他具备了这种素养与品质”（**Randall，2000：8**）。

英国记者与美国和欧洲大陆的同行相比，“有一点潦倒文人的味道”，反映出大众媒体的强烈传统。也许部分出于这一原因，他们不太喜欢声称自己在国家利益集团中扮演第四权力的角色。“英国记者对自己的作为和影响力没有不切实际的想法，他们认为新闻工作只是一门手艺，而不是专业，记者只是‘报道员’，更多地像牛虻，而不是看门狗，甚或说是爬虫，不是德国黑犬。”（**Sanders，2011：3**）一个成功的记者所需要的绝大部分品质可以在后天获得而并非来自遗传。“记者最重要的素养，除了写作的欲望和能力，还包括永不满足的好奇心——这种好奇心肯定会通过一种强烈的阅读习惯部分地表现出来，以及灵活而和蔼的个性，内涵丰富的性格，在截稿期限压力下的工作气质和接受事实真相的宽容度。一个成功的记者还需要有雄心壮志、朝气蓬勃和决断精神。自我约束力显然也是不可缺少的”（**Leiter et al.，2000：11**）。

在记者的能力中，最不容忽视的是表达和写作才能。如果你采写过、阅读过足够多的新闻，那么你就会意识到实际上只有两种新闻：出色的与糟糕的。“糟糕的新闻是由这类人采写的，他们急于下结论而忽略证据，纵容自己而不是关心读者，喜欢拐弯抹角而不是直截了当。措辞陈腐、模式固定、缺少创新，偏爱含糊其辞，把准确视为意外惊喜，把添油加醋视为有效工具，玩世不恭，缺乏理想。出色的新闻则是把兼具知识性、娱乐性并且可靠的信息以及恰到好处的背景融为一体。报道意图诚恳而有感染力，语言表达清新悦目，重在向人们揭示可以辨别的真实而不是为某种利益服务。不管面对何种受众、身临何种文化、使用何种语言、身处何种环境，这样的新闻都能在任何出版物上刊登”（**Randall，2000：8**）。

罗格·福勒指出，“新闻记者常用刻板印象、套话和隐喻作为文字表达方式以阐述意义，总是用同一种方式讲述不同事情。表达方式并不是随意、随机的，表达方式之间的差异意味着意识形态的不同（从而产生代表性的差异）”。“从本质上讲，人们说出或写出世界上的任何事情，都是从意识形态立场提炼出来的：语言不是一个清晰的窗户，而是一种折射的、构建性的媒介”（**Fowler，1996：4－10**）。许多记者，不管对写作的客观性付出多么艰苦的努力，最终还是为蕴含价值观的语言所害。

所以，记者向公众陈述、表达的能力，或说明一个观点、态度、原理或意见的才能，并不是绝顶的素养。这类才能总是有局限性的。记者第一位的素养是，“善于在舆论上提出问题，对抗正统和教条（而不是创造它们）。他不受政府和社团的指派，他代表所有的人提出依照常规别人没有提出又是人类都期待的来自物质世界的观点，并成为自由和公正行为的恰当标准，这才是记者的杰出才干”（**Said，1996：11**）。

第二节　新闻专业主义取向

通常认为，把系统的知识应用到某类行业，为从事这种职业的人提供行为规范和系统理念，并作为职业教育培训的原则，构成某一职业的“专业主义”。弗林特对“专业”的内涵曾做过概括，他指出，“专业”“这个词的含义包括：（1）自认获得某种特定的知识，不同于一般技巧；（2）具有实际处理事务的能力，而不单单是借助它从事研究或调查；（3）把运用这种知识为他人服务作为职业，而不仅是为个人的目的而学习这种知识”（**弗林特，2005：228**）。新闻工作无疑是一门职业，具有稳固、灵活而严格的专业性，但许多人并不承认它的专业属性，因而西方新闻学者多年都强调新闻工作的专业主义建设。

一、专业歧义与新闻职业危机

对“专业”一词学者们下过许多不同的定义，光从字典的解释来看，仍然无法真正把握它的含义。豪吉斯认为，“严格说，所谓专业，是指具有某种特性的一小类职业。这些特性使专业不同于一般的商业，专业被赋予社会地位及一些特权……我们必须承认新闻事业显然尚未具备传统专业的所有特性。不过，新闻事业的确有足够的特性，使它能够发展成一种专业”（Hodges，1986）。卡尔·豪斯曼强调，尽管对“专业”一词的定义有争议，但“各方人士都同意，专业体现为一种职业，是‘职业’之下的一个子类……如果说新闻事业成为一种专业，会不会带来一些后果。例如某些人可能无法进入新闻界工作，以及某种类型的证照制度将会限制什么样的人从事新闻工作”。他进一步指出，“所谓专业，只表示成为某一职业中的一位有责任感的成员。对于专业如此界定，不会有人反对。不过，倘若新闻事业追求医生、律师等专业标准，那么，会出现以上所说的那些专业化的后果，新闻界有可能排斥那些被视为不够资格的人”（Hausman，1997：107－110）。

新闻工作者喜欢把自己当成专业人员，把新闻报道当成一门高级职业，常常为维护新闻业的尊严而努力。梅里尔曾说：“最近我的一名新闻专业的学生对新闻工作是一门职业的观点情有独钟，所以，那种否定的观点让她大为忧伤。”（Dennis & Merrill，2005：183）但梅里尔认为，“记者不用（或者不要求）遵守什么道德准则，对记者的工作不做鉴定或许可，至少在美国是如此。没有为记者所公认或遵循的职业标准，很难说它已经形成专业”。梅里尔继续写道：“新闻工作是工作、事业、工艺或其他什么，但不是一种职业。它向所有的人开放，不管其教育程度如何。对新闻记者来说，没有入行要求……当然，新闻工作在一些方面很像是一种职业，但是它现在还不是”（Dennis & Merrill，2005：185－186）。

丹尼斯却持不同的看法，他认为新闻工作是否是一门职业，是新闻学中一个古老的话题，目前仍在争论。过去辩论的只是新闻工作是职业还是商业，自由主义者站在职业化一边，而保守派则倾向于把新闻工作视为盈利的产业。“新闻事业通常被视为由专业的传播者构成的行业，专注于职业标准。新闻记者自己本身也这么认为，甚至研究机构中的一些从事职业研究的精英分子也不加掩盖地、据实地认为，新闻工作者是专业人士”（Dennis & Merrill，2005：187）。在美国，一些学者对“职业”这一名称进行辩护，喜欢把新闻工作称为“亚职业”。有人认为，职业只是“一种主要的行业、工作或雇佣”；而更严格的观点认为，职业是“一种要求具有专门知识和长期的集中准备才能胜任的事业”［这两个定义皆见于《韦氏新国际英语词典》（第三版）］。因此，职业、专业人员和职业化的定义因这两种观点而不同（Dennis & Merrill，2005：189）。

目前，作为一个公共机构，职业新闻的衰落以至面临解体的危险，也许会成为事实。美国的广播网和全国有线电视过去宁愿亏本也要吸引受众，报道真正的新闻是它们声誉的标志，而在今天新闻已经成为公司盈利的“摇钱树”。美国全国广播公司声望颇高的记者阿瑟·肯特（Arthur Kent）最终离开了公司，并发表文章揭露公司不惜代价地削弱新闻价值，加强新闻审查。他写道：“现在，那些具有新闻意识的记者对每日新闻议程的真正影响比以前要小得多。如果他们斗胆说实情，将面临来自管理层粗暴的对待”（Kent，1998）。新闻工作作为一种职业或专业并不存在问题，问题是在西方它正在远离为公共利益服务的职业标准，而以唯利是图、捞取金钱为工作准则。

二、记者专业意识的发展

19世纪30年代，美国便士报逐步发展，许多记者在追求中立、公正的理想中，形成独立办报、拯救被损害者的新闻理念。建立于 1867 年的密苏里报刊协会（Missouri Press Association）在其会议记录中指出，协会成员不仅视自己犹如医生、律师、神职人员那样的专业工作者，而且在建立这个专业协会后，不断强调大学新闻教育和职业伦理标准，以努力促进专业化为目标（**Banning，1999**）。这是美国新闻史上第一次提出新闻工作专业化的设想。这期间，美国大众报刊开始大量雇佣专职记者，以专业主义为取向的赫德森（Hudson）的新闻史——《美国新闻业：1690—1872》在 1873 年出版，各报开始重视记者的业务训练，记者已成为许多人青睐的职业。

但同时，许多商业报刊的粗俗、淫秽和各种煽情主义大肆泛滥，到 19 世纪末，报刊黄潮与示丑竞相攀升，引起报刊批评家的强烈抨击，要求报业建立严格的道德规章。美国报业批评家兰伯特·威尔默（Lambert Wilmer）确认，第一篇使用“伦理”（ethics）一词批评报纸的文章出现于 1889 年，第一篇使用报刊“行为规约”（codes of conduct）一词的文章出现于 1890 年。这两篇文章都针对新闻记者的胡编滥造大加挞伐（**Marzolf，1991：37**）。“扒粪运动”和对俄国 1917 年革命报道中出现的大量谣言，震撼了西方新闻界有良知的人士，他们纷纷检讨报刊与记者的伦理和新闻标准问题，酝酿建立报道规范和新闻职业道德准则。

最早的“新闻准则”是由美国报纸编辑人协会（ASNE）在 1923 年制定的，提出“除公众的福利考虑外，任何事情都不能对报纸所拥有的吸引和保有读者的权利施加限制”，“为达到自私和其他卑鄙的目的而运用权力的新闻工作者，是不会忠于高尚职守的”，这一基本思想奠定了新闻专业主义的精髓。大约在同一时期，此类新闻准则被引进欧洲，尤其是法国、瑞典、芬兰等国，最后几乎遍及所有西方国家（**Laitila，1995**）。可见，新闻专业主义是美国政党报刊解体后，新闻界为树立“公共服务”理念而形成的新闻伦理和“采编”规范的结果。正如《纽约论坛报》的里德所说，“当时，我们的最大报纸都严格地按照新闻业是一个专业的观念来运作的”（**Cited in Hullin，1996**）。

1925 年弗林特在《报纸的良知》一书中，系统阐述了新闻事业作为专业来建设的必要性和可能性。他指出，如果一个职业本身不具备必要的特征，硬给它贴一个专业的标签，只会招致嘲笑。但说到新闻事业，这个问题就很有必要，也很重要，因为有以下几个很有说服力的理由：(1) 经过几代人的时间，社会已经显示出社会服务对报刊的需要，只有以专业精神运作的新闻事业才能提供这种服务。在向民主政体前进的过程中，在社会良知的成长过程中，这种需要越来越大。(2) 经验越来越清楚地显示，在非专业基础上的新闻事业，作为一种单纯的商业行为，不仅提供的是劣质的公共服务，并且充满对社会福利的威胁。(3) 在新闻界内部有越来越多的人愿意使他们的职业获得完全专业的地位，表明他们有能力成为引领者，而不是一群空想家。(4) 反对新闻事业获得正式专业地位的理由大多纠缠于细节，没有基本的原则性问题，所说的困难也不是没有解决的途径（**弗林特，2005：229**）。

到 20 世纪 40 年代，社会责任论遵循的新闻方针就是“职业化”与“专业主义”。当 1947 年美国新闻委员会调研和撰写那份著名的报告时，“专业主义”这一概念在新闻界已经流行，成为许多大报的业务指导思想（**Banning，1999**）。1953 年英国创立全国性报业评议会，为保护编辑以及其他国民的权利，依据新闻工作的专业要求和道德准则，听取针对报界的新闻投诉，引起美国和其他许多国家的效仿。可是在当代，在新闻集团和商业模式的控制下，新闻专业主义渐渐在西方式微。1986 年美国盖洛普民意调查公司进行的一次名为“人民与新闻界”的调查报告显示，公众认为“新闻工作者傲慢而不准确，新闻工作的专业水平严重下降”（**Gallup Organization 1986**）。在此后 30 年中，西方几个大国的一些新闻组织不断修改或制定新闻规约，其中，德意志新闻出版委员会从 1992 年至今多次印发的《新闻原则（新闻规范）》最为全面，它特别强调，“新闻记者应该忠实、公正和勇敢地搜集报道和转述信息，应该小心避免无意的错误，绝不允许故意扭曲事实，要尽可能判断消息来源的可靠性”（**Meyn，1996：35**）。

进入 21 世纪，对重大事件的扫荡式报道，使累积式报道或解释性新闻没有立足之地，所有权集中冻结了调查性报道的氛围，销蚀了记者追求严肃新闻的兴趣（**Haxton，2002：22－24**）。这种趋势激发西方新闻界再次萌生了对新闻专业主义的向往，在政治、经济、文化和诸多社会压力下进行一次新的突围。约翰·索罗斯基（John Soloski）认为，新闻专业主义是用来制约新闻机构及记者编辑低俗行为的有效工具，依靠新闻专业准则控制新闻报道与记者行为，才能使整个新闻工作健康地运转。“第一，它设定了记者行为的标准和规范；第二，它制定了专业奖励系统；第三，它给记者提供了更大的上升空间，有助于提高核心专业人员的忠诚度。”（**Tumber，2000：312－313**）

三、作为控制手段的新闻专业主义

在今天，西方新闻界正将新闻专业主义贯彻到业务层面，变成媒体公司控制记者和报道内容的一种手段，专业主义规范要比媒体的其他规章更有控制记者的作用。M. S. 拉尔森（Magali Sarfatti Larson）写道：“在选择和加工新闻的过程中，记者和编辑必须有足够的自主空间，但如此一来新闻机构的管理层要对记者的行为进行控制则十分困难，尤其是记者们大多数时间不在办公室，其他规章并不是十分有效。这是因为：第一，这些规章制度必须囊括记者可能遇到的所有情形，还要有对未包括在内的状况的处理方法；第二，这些具体条款是描述性的，不能约束记者对难以意料的事件的处理（这些意外事件往往是新闻的精华所在）；第三，管理层要花费很多时间和金钱去将这些规章制度贯彻到雇员中。然而，在非行政的报道机构（如新闻编辑部）里，专业主义是一个更加有效的控制手法。专业主义利用种种业务规范，使报道机构无须在自由工作的领域中设计控制机制，而让记者自觉遵守规范进行自我约束。”（**Larson，2012：168**）

虽然新闻事件和信源的选择是由新闻专业主义决定的，但记者所供职的新闻机构也可以影响这个过程。塔奇曼指出，“为了使投资的回报最大化，新闻机构通过设立不同的‘**新闻口**’（news beats）使新闻报道集中于各自的领域成为一种惯例。对新闻口的选择是在新闻专业主义和新闻机构资源的互动下形成的。新闻专业主义决定了哪些领域的报道是合法的并且具有新闻价值，而新闻机构本身则通过对新闻制作部门的预算控制来决定报道多少该领域的新闻”。新闻专业主义所认同的合法新闻报道领域，一般比实际工作中记者可以涉及的领域更宽一些（**Tuchman，1980：44－45**）。

美国学者约翰·索罗斯基为了研究新闻专业主义规范如何控制报道业务，在 1997 曾到几家报纸编辑部进行调查。经过实地观察后，他写出论文系统总结了新闻专业主义在报道过程中的约束作用。他认为，新闻专业主义和新闻方针的制定和实施都是为了最大限度地减少新闻机构的内部冲突，达到温和控制新闻内容的目的。虽然专业主义利用了可预测的判断力，但它并不是对记者的各种行为指手画脚，而是为记者的采访写作提供努力的方向，与新闻机构的新闻方针相比，在新闻故事的选择、报道和编辑中有效地约束了记者，又让记者感到他们有更多的自由。由于大多数记者都很清楚新闻专业主义规范，新闻机构只需让记者们掌握这一规范，制定出保证这一规范实施的方法，就可以放手让记者工作了（**Tumber，2000：315**）。

新闻专业主义是一把双刃剑。一方面，它限制了记者的肆意报道；另一方面，它独立于新闻机构，赋予记者独立的权力。当记者与管理层发生冲突时，新闻专业主义明确规定管理层不得直接介入新闻制作过程，使新闻报道免受管理层的干预。在确定报道内容的具体环节中，新闻专业主义成为主要指针。例如，在编辑会议上，主编会从下一级编辑所提供的新闻报道计划中选择一些故事，然后转告新闻主编，让他们派记者去负责各个故事的采写。会议上主编也会对一些记者的不好作品提出批评，比如指出新瓶装旧酒、版面设计不美观或文字缺润色以及其他问题。这些批评的出发点都是为了加强记者的专业素质，提高新闻质量（**Tumber，2000：315－318**）。

四、新闻专业主义的准则

新闻专业主义的形成有以下几个重要标志：（1）专业组织的建立，例如记者协会、新闻评议会、媒体自律联盟（例如：1909 年美国的 The Society of Professional Journalists，SPJ；1922 年的 The American Society of Newspaper Editors，ASNE；1912 年的 American Association of Teachers of Journalism；等等）。（2）制定专业行为准则并予公布，接受社会监督，如 1923 年美国报纸编辑协会（ASNE）的行为准则，1929 年的美国全国广播者协会（National Association of Broadcasters，NAB）的行为准则。（3）定期或不定期地开展新闻批评，检讨新闻报道的专业错误，指正背离新闻专业规范或新闻标准的种种表现。为此，创办了一些新闻评论刊物，许多大报都设立新闻监察员，聘请报评记者或报评编辑定期在专栏上评报，或答复读者的批评和质疑。（4）实行新闻教育，对记者进行专业培训，在大学开设新闻课程或建立新闻院系，如 1904 年的伊利诺斯大学和威斯康星大学的新闻本科教育，1908 年建立的密苏里大学新闻学院等。（5）设立新闻奖励制度，定期评选优秀新闻作品。（6）有一批学术研究者，围绕新闻专业主义问题探讨新闻界的进步或弊端，出版一定数量的较高水平的论著。

西方新闻专业主义的思想核心是新闻工作应贯彻如下基本原则：（1）传媒具有社会公器的职能，服务于公众利益，保持独立地位，而不遵从政党或其他利益集团的偏见；（2）新闻工作者是社会的观察者与事实的报道者，不是某个政党或利益集团的鼓吹者；（3）记者以报道事实、披露事件的真相为己任，应有高尚的道德，秉持公正、平衡、平等的立场对待所有的新闻源和事件当事人，决不能玷污他人人格；（4）记者要导人以善，以维护人的权利、尊严与合理利益为自身的最大追求，决不能为实现其经济利益和不当的政治企图而编造事实、践踏社会公德；（5）建立严格的业务规则和报道流程，遵循真实、客观和言论与事实分开的原则，虔诚地接受这些新闻自律的信条（**Altheide & Snow，1991：131－133**）。

哈林认为，“对新闻记者的意识形态控制”并不能确保媒体会持续不断地为资本主义社会主流机构的合法化服务（**Hallin，1994：19－23**）。在他看来，美国新闻业的内部矛盾和竞争的本质使它们与政治当局保持一定的距离，但它们也常常被收买，时而丧失其政治独立。大型媒体集团被商业资本所控制，在某些关键问题上难以持有独立的立场，建设独立的媒体成为实现新闻专业主义目标的最大难题。

新闻专业主义的最高信念是真实地反映客观事件，传播事物的真相与真理（truth）（**Patterson & Wilkins，2007：17**）。尽管实现这个信念往往遭遇挫折，因为新闻工作者自身的人生观、价值观及能力就预设了种种障碍，加上不同历史时期真理的标准也在变化，记者们不能不多方防范谎言和曲解的陷阱。德国学者梅恩指出，“尊重真理，为公众做真实的报道，是新闻界的最高准则”（**Meyn，1996：37**）。新闻的真理性是以真实、客观为前提的，但真理不是真实、客观本身，它是在科学实践中被验证的，坚守人类的正义，反复权衡怎样报道才能对人类无害。在媒介社会化和社会媒介化的当代，坚持真实的报道、挖掘事物的真相、维护一切人的合法和正当权益，绝不向强权和利益集团的暴戾屈就，是坚持新闻真理的无畏气概。

按照新闻专业主义理论，报业是一种自治体系，必须对政府、政党和政客采取独立批判的态度，否则不可能保持公众“保护者”的形象，更不可能拥有公众的信任。作为消息的发布者和事实、观点的反映者，新闻媒体是以其公信力作支撑的。公信力来自媒体对专业主义精神的履行，勇于独立、真实、准确而公正地报道新闻，是新闻专业主义的首要目标。“新闻工作者的责任，就是为公众采集和报道具有重要意义、事关其利益的信息，要做到准确、诚实和不偏不倚。”“要从新闻价值角度评估信息，摒弃煽情主义和任何形式的误导。”（**McManus，1994：34**）美国报纸编辑协会提出，“采集和发布信息、观点，其主要目的是服务于普遍的社会福祉，让民众知情，使其能够对当前的议题做出正确的判断”。

记者的廉洁、无私和一尘不染，是重要的新闻专业主义精神，是构成记者形象与品质的灵魂。“报纸的威信，由于记者喝了一杯咖啡，吃了一顿免费餐，或参加了一次免费旅行而受到损害。记者绝不应接受任何馈赠……在许多情况下，记者无权决定是否接受别人馈赠的礼品、门票，也无权决定是否应邀参加旅行。由于公众对向记者请客送礼提出批评，许多报社规定了记者可以接受什么，不可以接受什么。”（**布鲁克斯等，1986：456**）

例如美国的《圣彼德斯堡时报》，禁止记者接受一切礼品。《夏洛蒂新闻》禁止记者接受价值五美元以上的馈赠，在西弗吉尼亚州的查尔士敦，该报的这个限额是十美元。《比费福尔斯新闻先驱报》允许记者收一瓶酒，但同时规定，如果有人送来一箱酒，就要把它退回去。“总的说来，新闻界认为，应当拒收礼品，不参加免费旅行——但大家的意见并不完全一致。1974年美联社主编协会的调查表明，在这个协会的所属各报中，80％规定了有关是否接受登广告者、公共关系机构和新闻社的礼品问题的办法，70％就采访中接受旅费问题做出了规定，而对接受运动会或娱乐活动招待券问题做出规定的占40％。”（**布鲁克斯等，1986：457**）

新闻职业最根本的规范是记者要有**良心和良知**，自觉遵守社会道德和职业道德。桑德斯曾反问：“什么是良心呢？我们可以把它看作人类所具有的辨别是非的判断能力。当我们的行为端正的时候，我们会觉得心安理得；而当我们的行为败坏的时候，我们则会陷于不安的自责，甚至是极度的懊恼之中。”（**Sanders，2003：167**）实际上，**良心**是一种向善的追求和力量，制约记者不说谎、不危害公民和社会。如果做不到，就是丧失新闻的良心和良知，背离最根本的职业规范。

在 21 世纪，商业和技术竞争都极其激烈，新闻界如何维持公共服务的精髓将是一个巨大的挑战。那些担心利润决定一切的批评家们都指出，市场将从三方面围堵新闻规范的实施：这就是：（1）“权力即是真理”机制的建立，社会中的弱势群体被日益边缘化；（2）新闻报道背离记者的责任和新闻标准，例如“降低格调”，广告商的压力被滥用；（3）引诱记者放弃正直的追求。安德鲁·贝尔塞（Andrew Belsey）警告说：“正如我们在生活中的每一步都受到道德约束一样，合乎道德规范的新闻工作也面临着巨大压力，因为我们生活在一个由经济利益主导、由市场推动经济发展的世界里。”（**Belsey，1998**）以上这些原则奠定了新闻专业的理论基础，成为新闻工作者履行社会使命和社会责任的指南，也构成一切报道活动的行为准则（**Schudson，1978；Gans，1980**）。所以，“新闻事业不仅是一门职业，也是一种召唤，就像人们感到宗教神职对他们是一种召唤一样”（**海敦，1980：3**）。新闻专业主义构成记者价值观的核心。随着历史条件的变化其诠释对象可能不同，专业化的程度和形态也会改变，但新闻专业主义的基本原则不会变化。

第三节　新闻伦理与反道德论

对人类而言，自然法（natural law）就是道德法，它是被发现的，而不是被发明的。作为新闻专业主义的精髓和理论要素，**新闻伦理**的精华是“实施善举”和“保护生命”。为此桑德斯写道：“遵循自然法，人类实现自己的本性，完成亚里士多德所说的道德生活的目标——幸福和成功，具有普遍的适用性。所有人具有相同的本性，具有相同的目标。阿奎那论证道，自然法为所有人所知晓，它的首要原则是人必须趋善避恶。他得出更进一步的原则，例如保护生命，关心生命的传承，发展和调节富裕的物质社会，对真理的追求，对美的思考，以及对善的实践。为人类所知晓并且得到普遍赞同的善和价值构成了为后世思想家所深化的人权原则的基础。”（**Sanders，2011：20**）树立和实践这一伦理目标，是新闻专业主义建设的基础与根本方向。

一、三种新闻伦理观

在西方有三种新闻伦理观。第一种是**职业主义伦理观**。“强调新闻工作者遵守行业协会所制定的职业道德准则与编辑方针。相应地，道德准则也形成了一种集体意识，新闻工作者有服务公共利益的社会责任。尽管我们承认利润驱动和对收视率的关注会影响新闻工作者的行为，但该观点仍然强调市场能很好地为每个人的利益服务。”（**Whale，1972**）为此，“新闻专业主义也提出，新闻工作者的根本责任是保持客观中立、超然、平衡、公正和准确的报道，并应严格区分事实与评论，通过反映社会的复杂性报道各种（合法）言论以促进社会民主”（**Allan，**

2004：42）。

职业主义伦理观又称绝对主义或强制主义道德观，要求记者丝毫不能违反这类准则。持有这种伦理观的人总是把新闻道德放入媒介的功能和宗旨的情境中来看待，在记者权利和义务两个矛盾领域处理新闻伦理遭遇的问题。“当媒介想要发表一则对公众重要的新闻，但却侵犯了某人的隐私时，一种道德上的两难境地就出现了。这种两难境地通过确定什么是负责任的行动方案来解决，意味着在自由和责任中寻找平衡。”“对记者和其他传播者来说，这也意味着做出的决定要符合道德法典的职业准则和惯例。遵循新闻道德是一项自愿行为，有很大的回旋余地，具有法律强制力的道德规范的职业准则却没有这种回旋余地。”（Dennis & Merrill，2005：112）

许多学者认为，职业主义伦理观在许多国家的新闻界得到贯彻，被记者们所接受。正如丹尼斯所说，“依我看，新闻道德在美国仍然健康地存在着。记者们是道德的吗？是的，依据研究、个人经验和各种鼓励道德行为的激励措施，我认为他们是道德的。这些道德激励措施有：美国新闻业的奖惩制度，它很少奖励应受指责或不道德的新闻；来自越来越有教养的公众的压力，他们对所得到的新闻十分挑剔；最后，还有法律制度，法庭对那些被其同僚认为不负责任、不计后果或不道德的记者持有十分不利的看法。不过最重要的是，记者和绝大多数人一样是道德的，因为他们想要做正确的事”（Dennis & Merrill，2005：187）。

第二种是**自由主义伦理观**。完全集中于主流议题，依据各种不同立场批判标准的职业道德观，认为整个媒介对于名流、腐化的皇室、运动明星以及个性真实的电视报道，已不受道德约束而自由表达。唯一的新闻伦理意识就是记者的自由权利和无拘无束的娱乐报道（Greenslade，2004；Thussu，2003）。自由主义伦理观强调，“由于职业的关系，医生、律师和会计师都有非遵循不可的道德准则。然而，新闻工作者并没有为自己规定强制性的准则，因为它同新闻自由的思想相违背。一种具有强制性的道德准则必须有专门机构来执行，这才能真正生效。这就意味着要实行某种形式的记者执照开业的制度，而这种制度，恰恰是对新闻自由的否定。向新闻记者发放开业执照的权力，就是实行新闻检查的权力。迄今为止，任何向记者发放开业执照的主张都没有被通过。而且只要大多数记者对自己的所作所为负责，这类主张在将来也不会实现”（布鲁克斯等，1986：488）。

梅里尔强调，“记者基本上是不道德的。记者一般对传达信息、开启民智、报道真相、用准则约束自己的正确行为不感兴趣。个人利益和某种马基雅维利主义指导着他们的基本行为。实用、权力和成功是他们的主要目标。道德与新闻是自相矛盾的。道德准则毫无用处，只是摆给别人看的。记者尊崇事实，但却因为各种各样的原因背离事实。他们谈论人民的知情权，但却经常侵犯它，他们侵犯隐私，篡改真相，只挑选出那些符合他们偏见的特定的新闻和信息，而且基本上都很傲慢、自我袒护和自以为是”（Dennis & Merrill，2005：165）。

“持自由主义伦理观的记者唯一考虑的是一个事件是否有新闻价值。如果这个事件有趣、及时、有意义或重要，那么就应当把它报道出来，而不考虑其后果。一些报刊公开报道制造炸弹的方法，披露某些隐蔽的特工人员的姓名，就是根据这个原理干的。至于有人会据此制造炸弹，至于这些特工人员会遭到生命危险，持自由主义伦理观的记者是绝不考虑的”（布鲁克斯等，1986：450－451）。

第三种是**"境遇决定"伦理观**。桑德斯指出，"正如我们所看到的，记者要忠于事实有多么不容易，其困难有三：对荣誉的追求，为了赢得同行的尊重；对权力的追求；以及对金钱的追求……各种欲望之间的矛盾引起的不同道德困境及促进道德行为的途径，都要求记者呈现真实、准确的报道"。但记者在特殊情况下是否容许说谎？桑德斯认为，"避免传播谎言，严格限制对谎言的报道，但如果谎言不产生负面效果也不应反对，并要有充分的理由证明这样做的合理性。但无论如何，我们尽可能期望记者不是一个说谎者"（**Sanders，2011：167，45－49**）。

桑德斯的这个观点就是"境遇决定"伦理观，在强制主义和自由主义两个极端之间，提出的第三种新闻伦理路径。"境遇决定"伦理观认为，世界上存在着一整套规则，然而，只要情况需要就可随时违反这些规则。讲谎话是错误的，然而如果有杀人凶手问你要杀的人在哪里，被问的人为了挽救一条生命，完全可以撒谎。"对境遇论者来说，一切事物都是相对的。比如，《纽约时报》曾经发现，肯尼迪总统在1961年批准了一项入侵古巴的秘密计划，主编们就必须决定，究竟是政府的利益重要，还是人民了解事实真相的权利重要。主编们十分清楚：尽管入侵古巴业已迫在眉睫，然而，一旦这个消息透露出去，就会使入侵的计划归于夭折。他们决定不发表这条消息，结果入侵以美国惨败而告终。事后肯尼迪总统和《纽约时报》主编都一致认为，报纸要是发表即将入侵古巴的消息那就好了。"（**布鲁克斯等，1986：452**）境遇决定论者总是根据此时此地具体情况，自发采取行动，权衡多种因素做出是否报道或如何报道的决定。

诉诸非正义行为的欺骗是阴险的，为挽救生命或正义的欺骗，则是哲学家的道德让步。"如果我们欺骗非正义入侵者的主要目的在于拯救自己或别人的生命，那么就如同用武力对抗入侵者保卫自己和自己的家庭一样。问题是你的目的必须是正确的，诸如拯救生命之类，此时说假话的人就不是什么说谎者，就像杀了攻击者的人不属于凶手一样。如果我们认为出于自卫的杀人是合法的，那么认为出于同样原因而说假话者是非法的，那就令人费解了。"（**Sanders，2011：48**）所以，"境遇决定"伦理观是无可指责的，关键在于它要出于"善"的目的，达到"善"的效果。

二、新闻道德恐慌与反道德论

对社会道德与新闻道德的恐慌，弥漫在西方批评界和大众中，新闻界不断渲染这种恐慌，而且兴趣盎然。有关道德恐慌的描述，被引用最多的是斯坦利·科恩（Stanley Cohen）于1972年出版的《民间恶魔与道德恐慌》一书，其中对新闻界的道德恐慌的描述给人的印象十分深刻。该书概括指出，某一现象、事件、个人或群体浮现出来并被阐释为对社会价值观和社会利益的一种威胁，突出表现为对道德的破坏。它被大众媒介以一种刻板的、程式化的方式呈现出来，对新闻道德肆意践踏。编辑、主教、政治家及其他思想健全的人操纵着道德标准，不道德可能成为道德的标杆。社会认可的专家宣告他们的诊断及解决方案，作为破坏道德者却成为道德的建设者。处理方案被制定或者（更多地）被采用，但大众因道德的愈加恶化而惊恐。于是，这种恐慌状态或者消失或者愈演愈烈，从而变得更加突出（**Cohen，2002：9**）。

道德恐慌的对象有时非常新奇，但实际已存在很长时间，现在突然变得引人注目。这种恐慌有时可能会被忽略和遗忘，只存在于民间传说和人们共同的记忆中；有时却有更大和持久的反响，从而使诸如法律和社会政策，甚至社会自身的构建发生改变。科恩把新闻媒介纳入分析对象，因为从事道德研究的学者大都对大众媒介在定义和塑造社会恐慌中所扮演的角色给予特别关注。“媒介凭借自身的头衔扮演着道德捍卫者的角色，因为它们自觉地讨伐和揭发丑闻，对某些事实的报道足以使社会产生不安、焦虑、愤慨或恐慌。而当这些情绪和特定的价值观需要与被保护的认知相一致时，建立新规则或者定义社会问题的必要性就呈现出来了。”（**Cohen, 2002, 16**）

科恩及其他人的研究让我们知道，媒介是如何造成和宣扬道德恐慌的。它使人们发现某个新出现的、具有危险的社会问题，并发展出一个关于该问题的议程，包括原因及解决方案。道德恐慌论者的意见得到官方认可，某个要求被提出，政治精英们采取的相关行动受到肯定。在现代社会，这些过程只有通过新闻媒介的推动才能实现，但媒介的角色可能发生改变，通过全面传达利益群体的呼声或斡旋于主张者与其对手之间，设法挑起更大的道德恐慌，即制造新的道德恐慌，这就把媒介的新闻伦理推向了悬崖。

查斯·克里彻（Chas Critcher）指出，“然而它们的总体作用依然是战略性的；对于一场即将发生的道德恐慌，新闻媒介必须积极参与其中以实现其所需要的条件。针对新闻媒介在道德恐慌中所起的作用，明确提出一些基本问题是完全可行的。其中，每个问题都对应形成道德恐慌的某种必要条件。这就是：（1）某些事件为什么以及如何被新闻媒介认为象征一个更大的社会问题；（2）新的社会问题是如何被标注、定义和解释的；（3）新闻媒介会发展出什么样的报道议程，而这样的议程又是如何在新闻媒介之间变得很普遍；（4）对该问题的讨论，新闻媒介是以何种方式利用倡导者或专家们意见的；（5）新闻媒介的报道议程如何赢得有影响力的政治精英们的支持，从而足以引发政策改变”（**Allan, 2005: 181**）。

有些记者认为他们的首要责任是观察并报道新闻，而不是试着去改变它，因此他们宁可牺牲自己的道德来展示惨痛事件的发生，而不是阻止人的致命威胁的降临。一名佛教僧侣在西贡的街头通过自焚的方式抗议发生在越南的战争。两名美联社记者对事件的整个过程进行了全程拍录，然后在全世界播放。其中一人解释说：“当时如果我还有理智，并且冲上前去把汽油罐子踢开的话，我就可能阻止这起自杀事件的发生。作为人类的一员，我觉得我应该那样做；但是作为一名记者，我最终放弃了那样做。”（**Arnett, 1995: 119**）这名美联社记者的回答说明了其道德感的崩溃。假如自焚的是他儿子，他就会冲上前去救。他的行为与其说是新闻第一主义的胜利，倒不如说是缺少人类起码的良知。

这类新闻伦理的严重丧失来自一个极端观点，即记者同新闻源之间的关系天生就不纯洁，他们必须观察和容忍犯罪和各种伤害。珍妮特·马尔科姆（Janet Malcolm）指出，“新闻行业在道德上模棱两可并不表现在文本中，而是体现在产生文本的关系中——这种关系总是不可避免地存在着不平衡。……任何一名记者，只要他还没有笨到家或完全以自我为中心以致失去对事态发展的判断力的话，他就清楚自己有些行为是缺德的。他到处打听别人的秘密，利用人们的虚荣心、无知或者孤独来索取他们的信任，而后又毫无廉耻地背叛他们……记者为自己的背信弃义所做的辩护因人而异。相比之下，较为堂皇的理由是言论自由和履行‘公众的知情权’，最蹩脚的理由则认为这是一种艺术，或者看上去还有最合理的理由就是为了生计”（**Malcolm, 2011: 162**）。

这种新闻反道德论还提出更为无情的观点：道德问题与新闻工作者无关。媒体受利益的操控，任何关于道德的讨论都是理想主义者的空想。正如英国著名记者鲍勃·诺里斯（Bob Norris）对新闻道德准则不屑一顾的批评，“每则新闻都不尽相同，而且每位记者都有这样的冲动，要获得新闻，并且是在第一时间获得。设想一下，一个记者既要顾及协会的各种道德准则，又想在截稿时间前完成报道，这很不切合实际”（**Norris，2000：325**）。看来，新闻伦理的陨落似乎是职业需要的结果，实际是部分新闻人责任感和道德感的丧失，完全抛弃了新闻专业主义准则。

这种与绝对主义伦理观相对立的另一个极端，即**新闻反道德论**，否定一切伦理原则，乃至反对一切对“善”的追求，是反强制主义道德论的变种。他们的理由就是，在任何情况下，行动都是自发的、不可预料的。“持反强制论的记者置动机、后果和义务而不顾。这并不意味着他们要撒谎、欺骗或偷盗。持反强制论的记者有时为了把新闻搞到手，不惜掩盖自己的记者身份，而这样做的时候，他们并不感到有什么不合适。在他们看来，情况各不相同，决定行动时没有一成不变的准则。反强制论者认为，对任何情况他们都有能力临机处置，绝无必要事先考虑或做准备”（**布鲁克斯等，1986：451-452**）。反道德论对某些竭力追求名利的记者有吸引力，但他们只是极少数，大多数记者反对这种观念，不仅因为这同他们的教养格格不入，而且还因为同报界的责任大相径庭。

三、道德承诺与“深喉”线人

记者遵循道德规范工作，对公众负有道德承诺，才有助于构建媒体与受众之间的信任桥梁。作为一名新闻记者，必须为受众和他所采访的人员负责，诚实准确、不伤害公众，一言一行要做到彬彬有礼，尊重别人，这样才能获得更多、更好的报道。“你一边践行报道的职责，一边挥舞着真相之剑，昂首阔步走在高尚精神的战场上，这倒是挺好的，但还是有必要关注道德准则。因为大部分新闻工作者谈及道德时，屡见不鲜的说法是：‘我没有时间去思考道德——我还有一张报纸要出版呢。’”（**Pape & Featherstone，2005：213**）新闻行业保持最高的专业道德标准，追求**业务准则**（The Code of Practice），以保护公众利益，最终也能有效地保护记者个人的权利。

科瓦齐和罗森斯蒂尔指出，“每个新闻工作者，不论是从事业务工作还是从事管理工作，都应该有道德感和责任感，即道德罗盘。此外，他们还有责任大声说出自己的良心话，并且让周围其他人也这么做。为了让新闻工作者能够按良心行事，管理者和所有者必须创造一个开放的新闻编辑部，这种环境对于实现（新闻工作）的原则至关重要。数不清的障碍让新闻工作者很难制作出准确、公平、均衡、关注公众、具有独立思想和无畏精神的新闻报道。如果没有一个公开透明的氛围允许人们可以对彼此的前提假设、感知和偏见提出意见，这种努力就会被扼杀在襁褓之中”（**科瓦齐、罗森斯蒂尔，2011：207**）。真实、准确、公平、没有偏见地报道所见所闻，是记者的基本道德要求和业务准则。

对受众如果没有道德承诺，记者对战争中的苦难和各种伤害的报道就有可能沦为“视觉无度”，造成对遭受痛苦的人的漠视。对于记者来说，这也许是一种两难境地。一方面，“谁如果能对绞刑的场面或者快要饿死的人进行纯粹客观的描述，那么谁就会被认为是‘可耻的’或是‘没有人性的’”（**Boltanski，1999：24－25**）。另一方面，记者应该扮演见证者的角色，正直而富有同情心的见证是最具说服力的。“这对记者的新闻敏感和准确的判断力都提出了更高的要求。事件虽能满足我们病态的好奇心，但却无限地增加了受害家庭所遭受的痛苦，这时记者更需要同情心和道德感”（**Bell，1999**）。在此类报道中，记者的道德追求就是不触及受害者的痛处，给予当事人深切的同情。

南非自由摄影记者凯文·卡特（Kevin Carter）在1993年拍了一张照片，照片上是一个刚刚学会走路的苏丹孩子因为太虚弱以致连一段很短的路也走不动。这一段路的终点就是救济站，在小孩的身后则是一只对小孩虎视眈眈的秃鹰。就是这张照片使凯文·卡特获得了普利策新闻奖。但是，两个月以后，凯文·卡特自杀了。他的一位朋友后来这样写道：“凯文的道德感和人道精神开始更为频繁地受人质疑，凯文受到的压力也与日俱增。更让凯文无法承受的是他对自己在沃德（Ayod）那个炎热的一天里所做的事情产生了怀疑；而且对此，他几乎每天要作一番剧烈的思想斗争……凯文离救济站是如此之近，而且小孩确实已饿倒在地，那么他为什么不走上一步给予帮助呢？……面对悲剧的发生，新闻记者的义务和责任又是什么呢？如果一件可怕的事将要发生，而你有足够的能力去阻止其发生，或者你已经完成了你的职责，并且可以给别人以帮助，那么你为什么要袖手旁观呢？凯文完全可以这样做，而且这只不过是他的举手之劳。”（**Marinovich，2004**）

2005年5月当《新闻周刊》报道“亵渎《古兰经》事件”和“深喉”的身份被披露后，当了40年记者、在哥伦比亚大学教了11年“新闻报道与写作”课的普利策新闻奖秘书长西格·吉斯勒回答记者提出的“记者和媒体应遵守的职业道德是什么”时答道：“我想他们应该对公众保持诚实守信的态度，要遵守那些早已成为共识的准则，即准确、客观、公正地进行报道。如果你按照这些常规进行报道，也是普利策奖一向坚持的原则，你会在读者中受到尊重和信任，尽管这并不容易。”吉斯勒告诉人们：“‘深喉’正好在我们讨论应不应该使用匿名消息的时候坦白身份，这很有意思。有时候我们对匿名消息太过依赖了，尤其是单一的来源，这需要特别谨慎。这其中有一个判断问题，即你能不能确保这个单一消息来源是坚实可靠的。”（**转引自王寅，2005**）

“水门事件”中向记者透露白宫内部机密的神秘人物费尔特，隐姓埋名30多年后突然在媒体上公开身份，顿时引起激烈争论。争论的焦点是他的动机是否正当。当年他为什么不公开自己的身份？既然保密了30年，现在又为什么突然公开？很多人谴责这位身处高位却出卖总统机密的人是“叛徒”。但历史证明，“水门事件”揭露了白宫的违法违宪的犯罪活动，多数人认为费尔特是一个英雄（**Feldstein，2004**）。**深喉**（Deep Throat）是指深藏于某个部门并了解其内幕，在适当时机向媒体透露这一内幕的新闻线人。“深喉”与媒体联手曝光某些见不得人的勾当，有助于社会的健康发展，是符合新闻伦理准则的。

在美国，几乎所有重要的政府部门，如司法部、情报部、军队中都有大批线人，媒体在很大程度上依靠线人揭露美国政府的腐败（**Colodny & Gettlin，1992：343**）。记者不公开消息源的姓名、保护消息源的隐私，是记者的职业道德；但记者必须保证线人提供的每句话都是可靠的，又必须通过自己的细致探访来证实。“水门事件”之后，美国媒体的揭秘报道不断，里根的“伊朗门”、克林顿的“拉链门”、小布什的“虐囚门”和2012年“亵渎《古兰经》事件”，都有“深喉”的身影。记者对线人的道德承诺，使秘密新闻源敢于透露“机密”。只有如此，美国的调查性新闻才能大显身手。

第四节　创立崇高的新闻事业

进入新世纪，西方公众对新闻的信任度严重下降，不论新闻机构采取什么措施，都无法有效地遏制这一趋势。其中，为谁服务是最关键、常被忽略或误读的问题。科瓦齐和罗森斯蒂尔在《新闻的十大基本原则》一书中写道：“新闻工作者愿意把自己看成人民的代言人，为了公众利益报道社会的最新问题。然而公众却越来越不信任他们。人民看到的是煽情主义和以权谋私，感到新闻工作者是为了金钱或个人名誉而从事这项工作，甚至更糟的是，没准认为他们是因为可以从他人的不快乐中获得变态的快感而乐此不疲。”（**科瓦齐、罗森斯蒂尔，2011：66－67**）这一现象，不能不让人们警醒：创立崇高的新闻事业已成为十分迫切的任务。

一、重建新闻事业的目标

当人们要买一张报纸或收听、收看广播电视新闻时，要能意识到新闻的可靠性，意识到新闻更好地反映了事实或问题，才对新闻报道的高度职业化有了心理预期。“如果你在超市买了一张小报，收听一个电台谈话节目，或者收看一个透视人际异常状况的下午谈话节目，你或许有不同的心理预期，特别是在信息可靠性和新闻价值方面。当你信任一个特定的新闻机构时，没有遇到其他新闻机构的记者否认它是职业新闻的出版物、广播节目和网站而发出杂音，说明一个真正的新闻事业已经建立起来”（**Gibbs & Warhover，2002：380**）。

崇高的新闻事业的核心标准是，必须有严格的道德规范。“所谓道德，就是这样一套原则，它指导你的行动，帮助你区分正确与谬误，或者在有些情况下，区分两种谬误。行为的基础既可能是动机，也可能是你对自己所作所为后果的考虑，也可能是二者兼而有之。道德同时意味着义务——对自己或对他人的义务……简而言之，道德是某种行为准则。对于记者来说，遵循一种崇高的行为准则尤为重要。报界长期以来一直使公众的注意力集中在许多社会机构的不道德行为上，这样，报界自身就更应处于大众监督之下。新闻界为了揭发别人扔出去的石头，有的已经反弹回来，并且打破了自家的玻璃”（**布鲁克斯等，1986：449**）。

新闻的专业精神——准确、敏锐、广泛而又迅速地进行报道，是正当新闻事业追求的主要目的，但不是轻易就能实现的。这要求记者摆脱个人私利和偏见的纠缠，具有客观、超俗的观察力。戴维斯·梅里特指出，“记者用分离这一观念来指导自己的态度、思维和行动，将超脱看上去高于一切但却十分重要的美德。这就是：我们的道德规范要求编辑和广告分离，新闻和观点分离，事实和价值分离，真相和虚夸分离。报纸要和其他行业分离，因为报纸要对这些行业进行报道。记者要把职业身份和个人身份进行分离，讲事实要和讲事实带来的后果分离，因为这样我们才能报道事件的本质。记者如何感知事件要和记者如何报道事件分离，制造新闻事件的人要和报道新闻事件的人分离”（**Merritt，2000**）。记者只有超越复杂的环境，具有驾驭客观事件的能力，才能践行新闻专业主义精神。

真正的新闻事业的宗旨，是以阐述和维护公共利益为目标的。“报纸吸引和占有读者的行为不应违反公共利益，除此之外不受任何限制。报纸对其赢得的公共注意力的利用方式体现了它的责任心，报社的每位采编人员都分担了这种责任心，利用自己的权力牟取私利或达到任何卑劣目的的记者都是对崇高的信任不忠。”“新闻专业完全应该和其他专业相提并论，并比其他专业更深入地为公共服务。新闻工作者如果不能认识到自己对公众负有责任，就不可能对此专业有正确的认识。报纸并不只属于它的拥有人，满足私利也不是它的最高功能。我们坚信新闻事业是一个光荣的专业，它蕴含着为全体公民服务的机会。”（**弗林特，2005：289**）

新闻事业达到崇高程度的另一个标志，就是它有法律的保护并时刻都在影响法律，以至改变落后的法律。“没有人怀疑在报纸承担的更大责任中包括（1）对颁布法律，（2）对和平时期由官员执行法律，（3）对法律应用的司法解释，（4）对废除和修改法律的影响……通过发起公众舆论支持或反对某项措施，报纸在立法方面大有所为。厘清报纸和法律关系的首要目的是维持秩序和更大程度的公正。”（**弗林特，2005：319**）只有在符合公共利益的情况下，并只有当其他手段无法获得事实时，采取推测性的陈述或掩饰手段的行为才能够被视为是正当的（**Pape & Featherstone，2005：159**）。但在新闻中一定要说明这是记者的判断，而不是含糊其辞让受众误认为它已经存在。

崇高的新闻事业是公共判断的工具，推动公共判断的产生和发展。吉布斯和瓦霍沃指出，“任何一名记者无论在何时假定自己知道真理，他或她都会压制别的真理。相反，记者应该努力建设一个公共广场一样的东西，在广场中一个社会可以检验自己对未来的恐惧、关于未来的问题和梦想”（**Gibbs & Warhover，2002：393**）。

记者对公共广场的想法及在日常报道中的描述，是对成千上万人意见的速写，呈现出“公共判断”。这种公共意见高度发展的状态，要求媒介从各个方面反映问题，努力归纳和传播完善的意见，引导人们接受这种意见。

“近些年，博客的兴起和内容生产的民主化让公民可以发出监督政策、社会和媒体的声音，造就了一个由媒体权威和媒体批评家组成的新阶层。他们中一些人完全保持独立，另一些则在以监督媒体为目标的组织中工作，但他们的共同之处是承担起一项前所未有的责任——**监督主流媒体**（mainstream media）。今天，如果新闻编辑部内部出现了麻烦，总会被泄露出来。如果某些组织逃避责任，就会有人指出来。”（**科瓦齐、罗森斯蒂尔，2011：206**）记者尽到公共服务的责任，随时接受社会的批评，是创立崇高的新闻事业非常重要的前提。

二、新闻工作必须效忠公民

要创立崇高的新闻事业，记者必须效忠公民而不是老板，科瓦齐、罗森斯蒂尔系统地阐述了这个简单而重要的道理。他们认为，为了重新把人民和新闻联系在一起，再通过新闻把人民与更大的世界联系起来，新闻工作必须重新效忠公民，恢复新闻业被颠覆的传统。“真实和忠于公民只是使新闻事业得以运行的最初的两个步骤。下一步同样十分重要：新闻工作者获得真相的方法以及如何向公民解释这一方法。”（**科瓦齐、罗森斯蒂尔，2011：67**）效忠公民不仅是新闻职业自身的需要，也是与公众签订契约，向受众表明：新闻报道不会受到报道者自身利益的影响。新闻工作者挖掘和报道真相不应受到阻碍，即使媒体所有者的经济利益受到损失也在所不惜（**科瓦齐、罗森斯蒂尔，2011：47**）。

在美国，80%以上的记者受访者认为，为读者、听众和观众服务是第一位的，这是“新闻工作的核心原则”。有些记者对这一原则的遵守十分坚贞，某些新闻主管似乎也认同这一原则。记者尼克·克鲁尼（Nick Clooney）面对他所任职的电视台的负责人也敢正直地表达这一立场。他说：“事实上我不为你工作，如果说到忠诚的话，我只忠于打开电视机的人……这是我一直坚守的底线。当我表示这一立场时，从未受到过反驳。”（**Gardner et al.，2008：217**）但在许多新闻公司，坚持为公民服务的记者被嘲笑为幼稚、守旧和任性，如果记者向公司表示要为公众服务，通常被看成是个理想主义者，往往遭到白眼。这些新闻公司要求，新闻工作者应该对母公司和股东效忠，把受众放在第二位。“最好的编辑记者一定是个营销专家，总编辑或媒体管理者竟然评价好记者、好编辑是个出色的商人。”（**Overholser，1998**）

既然缺少为公民服务的新闻公司，网络的普及迅速培育出大量“公民新闻”工作者，人民在电脑上发出自己的声音，一场更加广泛的“公民新闻”运动蓬勃兴起。在美国，像圣迭戈之声网站、明尼波利斯邮报网站、纽海文独立网站等公民网络媒体先后出现，它们或受慈善家出资创办，或受众多私人捐赠，或由基金会支持，其财务目标是收支平衡，坚持非营利性的目标。公民新闻网站的工作人员通常由大小不等的公民群体组成，多为兼职或者从传统媒体退休、离职的人员。公民新闻网站偏重个人表达和资源共享，重视原创新闻的采集，提供当地主流媒体未能报道的事件，目标受众多是热心当地事务的市民和对传统媒体不满的年轻人。

2005年卡特里娜飓风横扫北美，带来重大损失和人员伤亡，第二天美国有线新闻网CNN在网站主页上增加了一个栏目——**“公民记者”**（Citizen-Journalist），通过这个栏目向所有公民发出信息，征集有关这次风灾的文字和图片。“公民记者”这个全新概念开始出现在美国最权威的新闻网站上。美国学者斯蒂夫·奥汀在他的文章《公民新闻的11个层次》中，依照公民在新闻报道和传播中的作用由小到大排列，将公民新闻划分为公共评论、公民新闻线索、信源报道、博客、独立公民新闻网站、公民新闻与专业新闻的整合、维基新闻等。维基新闻模式位居公民新闻的最高层次。

读者扮演记者和编辑的双重角色，颠覆了传统媒体对话语权的垄断，但公民新闻记者的运作不久就暴露出严重的问题，全球不少公民网站也都存在这类致命的缺陷：第一，信息失实，大量假新闻造成信息骗局；第二，人们每天都在海量信息中翻找、刷新、查阅，承受信息过载带来的痛苦；第三，垃圾信息已经把网民掩埋起来，引发了怨声载道的怒吼。现在看来，尽管公民新闻记者的热情和目标令人激动和鼓舞，但公民新闻网站距离崇高的新闻事业也有很远的路程。

三、记者的真诚与报道自律

创立崇高的新闻事业，有待于每个记者的历练和努力，首先要有诚实克己精神。科瓦齐和罗森斯蒂尔指出，“如果新闻工作者是真相的追求者，他们也必须对受众真诚——因为他们是真相的报道者。这项责任要求新闻工作者尽可能如实、公开地告诉受众，他们知道什么以及不知道什么。如果你首先都做不到对受众真诚，又如何能够自称追求和传递真相呢？在实践中，诚实地告诉人们你知道什么的唯一方法就是尽可能披露你的信源和知晓方法。你是如何知道一切的？谁是你的信源？他们是否拥有一手知识？他们可能有什么偏见？他们是否说过自相矛盾的话？还有哪些信息我们不知道？”（**科瓦齐、罗森斯蒂尔，2011：83**）

把自己知道的、应该告诉公众的情况，及时准确地告诉公众，如果隐瞒和遮掩一些事实就是不诚实。为此，记者必须坚持透明原则，在受众面前做一个坦诚的信息传播者。“透明的精神首先体现为在每件事情上，新闻工作者都要问一个问题：‘为了对这条信息做出评估，我的受众需要知道些什么？’这包括在可操作的前提下，尽可能地说明新闻机构是如何得到这条信息的。”此外，还要权衡是否需要对处理信息的方式做出解释，是否需要说明新闻取舍过程中有争议的决定。在一个对新闻工作充满怀疑的时代，对可能导致误会的决策做出更多的说明十分重要。新闻工作者必须承认，报道中还存在一些没有得到回答的问题，不要回避报道中的缺陷与漏洞。在新闻报道中，只有说明我们如何知道，才可以使我们的报道能被他人理解为一种观念，如果他们想这么做的话。这就是科学和新闻方法的客观性含义（**科瓦齐、罗森斯蒂尔，2011：86－87**）。

2002年6月采访世界著名实验物理学家丁肇中的记者曾说：“在这个世界上，诚实是一束阳光，能照亮一个人的心灵；诚实是一座桥梁，能沟通人与人之间的情感；诚实是一种可贵的品质，它的魅力在于不说假话、大话，以诚待人，以心感人。诚实不需要华丽的辞藻来修饰，不需要甜言蜜语来遮掩，它是生命的原汁原味，它是天地之间的一种本真和自然。”（**董保纲、白雪，2003**）1986年，美国心理学家安德森曾做过一次耐人寻味的调查，让大学生们选择自己喜欢的品质和最厌恶的德行，评价最高的品质是“真诚”，最厌恶的德行是“撒谎”、“虚伪”、“不老实”。许多记者害怕别人说自己写得不深刻，报道没有引起轰动，总是千方百计伪装或掩饰自己的采访或文笔不足，故作姿态，自我表演。写出的东西故弄玄虚，弄巧成拙。记者只有通过真诚才能打动人，媒体的真诚是创立崇高的新闻事业的基本要素之一。

合众国际社西班牙分社前主任，后任雪城大学（Syracuse University）新闻系教授的亨利·舒尔特（Henry Schulte）曾说，在记者的职业生涯中，有时总难免会有意地伤害某些人，“不过，你永远不可因为不小心而伤害到别人”（**Cited in Hausman，1997：265**）。绝不加害于采访对象，这也是崇高的新闻事业的一个重要尺度。对采访对象信守诺言，决不泄露新闻源要求保密的内容，除非新闻源的行为有害于社会。约翰·赫尔滕（John Hulteng）指出，“记者的承诺，代表消息源给予记者一种神圣的信赖，这是一个基本的新闻伦理守则。当然，在特殊状况下，基于后果论的考虑，例如救人一命或是防止严重犯罪，记者可能会违背保护消息源的承诺”（**Hulteng，1985：89－95**）。

学会自律、坚持自律，通过自律挽回对报道对象的损害，从而赢得受众的信任，是伟大的新闻事业不可缺少的规约内容，也是建立崇高的新闻事业的重要操守。桑德斯认为，“个人和报纸间的绝大部分争端，大概有90%可以通过自律来解决，而且自律无须支付金钱，又简便迅速，确实可以在不侵犯自由的情况下让人产生一种责任感。现在我们正处于一个由互联网和信息革命主宰的新世界，自律将成为实用、灵活的协调方法。所以我可以自信地说，尽管它可能不完善，但相比管理新闻业的司法制约而言，新闻业的自律能够为大众提供更多的好处”（**Sanders，2011：143**）。

20世纪50年代英美先后建立了新闻评议会这种自律形式，对新闻人的自我约束发挥了一定作用。“在英国，新闻评议会被视为可以取代法律诉讼和政府干预的一种自律制度，这是当时这种制度成功的主要原因。和美国记者相比，英国记者更难以忍受法律诉讼和政府干预的麻烦。”（**Hausman，1997：281**）美国的新闻评议，曾一度不仅仅是新闻界自己的事情，还吸收入其他行业的著名人士参加。南佛罗里达大学罗伯特·洛根（Robert A. Logan）教授曾指出，“美国全国性的新闻评议会的成员包括法官、法学院院长、新闻学教授、报纸和杂志的编辑与发行人、电视节目制作人、前任大使、企业经理，再加上宗教领袖和民权运动领袖等人”，之所以选择有这些背景的人担任委员，是为了展示新闻与政治领域、地理区域等多元因素的相关性，增强新闻自律的他律因素（**Logan，1985：68－77**）。豪斯曼认为，美国全国新闻评议会由各方人士组成，确实是很好的想法，但执行起来难以持久，于1984年就宣告终止活动了。今天西方有组织的新闻自律尚且难以坚持到底，记者个人的新闻自律就更难认真、广泛地开展，更谈不上始终如一了。

【本章思考题】

1. 西方记者表现出多重人格的原因是什么？
2. 分析记者的职业习性和应有的素质。
3. 说新闻工作是一门专业的根据是什么？新闻职业在西方出现了哪些危机？
4. 浅析新闻专业主义的要素、意义与作用。
5. 简述三种新闻伦理观的主要内容和区别。
6. 新闻道德恐慌论和反道德论是否有道理，为什么？
7. 记者应遵循哪些新闻道德？
8. 崇高的新闻事业应有哪些标准？实现的障碍与途径是什么？

第八章

当代西方的新闻自由

【本章要点】

新闻自由的当代定义，源自西方新闻自由的四种理念，而人民的新闻自由始终是一种神话。当代西方新闻自由面临多种威胁：新闻检查扼杀新闻自由，对压制新闻自由保持沉默，网络滥言毁灭新闻自由……新闻自由正受到新的挑战，许多学者正在艰难地探索，如新闻自由的多元理论、新闻自由的价值与界限、网络立法和网络言论的准则。

十年前，许多人认为西方有充分的新闻自由，最近几年又有很多人走向另一个极端：西方没有新闻自由。用甘斯的话说，这是一种“阴谋指控”。他写道：“新闻从业者是否真的不受约束？的确，他们对于无意识的或内在约束因素的依赖证明，那种认为新闻从业者要么被垄断资本家，要么被‘东海岸自由主义精英’所‘豢养’的简单的阴谋理论，不过是一种空泛的指控。这类理论来自为自己服务的假设，即如果新闻从业者身上的镣铐被砍断，他们将是自由主义精英和资本主义的反对者，但新闻从业者为了保住手中的饭碗，无论他们是激进还是极端保守，总是压抑自己的政治价值。”（Gans，2005：417）在美国没有人硬性阻碍记者的报道自由，但在涉及国家利益或广告商利害的重大问题上，他们一定要自由的话，可能会因其他理由被解雇。

第一节　对新闻自由的最新表述

自由具有巨大的意义，是西方传统的核心价值，今天西方的理论家如何看到新闻自由，是他们研究媒体时不能不考虑的问题。正如桑德斯所说：“‘媒体自由’和‘言论自由’是抵御国家权力压制的响亮呼声。当自由存在时，人们认为它理所当然，但在世界许多地方，为争取媒体自由的斗争仍然是长期、艰苦和未完成的任务。媒体的自由意味着什么？为什么我们要主张媒体自由；如果有限度，它的限度在哪里？”（Sanders，2011：63）对新闻自由的最新表述，涉及的主要是这些问题。

一、四种新闻自由理念

布里格斯和科布利在《媒介导论》一书中提出四种新闻自由传统，即市场决定的论自由（消费者的自由）、法治的自由、新闻资源的自由和文化价值观的自由。有人渴望得到某种信息自由，而有人却坚决抵制这种自由。“信息稀缺，但同时又受到社会某种力量的强硬封锁，这与从专业主义中获得自尊的记者的专业价值观相冲突，也与那些要求具有同等权利的人的愿望相冲突。”（**Briggs & Cobley，2002：90**）由于这些原因，在人类历史上出现了上述四种新闻自由传统。

第一种新闻自由理念是，遵奉思想市场对自由的分配，由理性决定记者（作者）的表达自由。对受众而言，法律保障他们有选择信息与思想的自由。塔奇曼把这种**市场决定论的自由**建立的基础概括为：“依据理性主义关于言论和真理的概念，启蒙运动的发动者假定，当相互冲突的观点和意见可以自由竞争时，真理就会显现。这一假说在宪法第一修正案（First Amendment）中建构了两个不同并对立的权利。一个是言论自由权，第一修正案使言论自由成为流行的概念。另一个是很少被人们讨论的知情权。根据启蒙运动的理性话语模式，要让真理能够传播，公众必须接触不同的观点，通过评析各种观点而认识真理，否则政府做出如何领导公众的决定很难是明智的。为了保护公众的知情权，政府各部门都应保证言论自由”（**Tuchman，1980：179**）。

这一经典的新闻自由理念表明，新闻与言论正确与否，以及是否允许其自由表达，都是由**观点市场**决定的。私人媒体是多元主义国家的重要组成部分，在一个没有严格限制的市场里，新闻自由确保社会广泛的观点和利益得以表达。如果一个观点未被表达，仅仅是因为它缺少充足的响应者维持其支持率。正如麦奎因所说，“一些自由主义理论家拿政治内容再现的过程同市场控制相比较。他们认为，媒介产品必须服从市场法则，在每次出售时都接受市场的选择，而政客们不间断地接受这些选择”（**McQueen，2009：219**）。

对这一自由传统的发展过程，美国学者赫伯特·阿特休尔（Herbert Altschull）做过典型的概括，他写道：“法国革命领袖米拉波深受弥尔顿影响，他向三级会议呼吁，‘让你们的法律的第一条永远奉献给出版自由，使它居于神圣的地位。在所有的自由中它最不能触犯、最不受限制’。”“1919年，美国最高法院大法官奥利弗·温德尔·霍姆斯进一步阐发了宪法第一修正案的思想，他提出‘观念的自由市场’概念：‘人们所追求的最高的善，最好是通过观念的自由交易来实现。检验真理的最好办法，是让思想的力量本身在市场的公开竞争中获取承认。’”“我们所憎恶的思想也有表达的自由。”美国民主之父杰斐逊在起草的弗吉尼亚宗教自由法草案中宣称：“真理是伟大的，如果任其自然，她终将得到传播。她是谬误天生的强大敌手，对争辩无所畏惧。”（**Altschull，1984：12－21**）

“自由主义理论家辩称，媒介为公众讨论时事提供了论坛，并表达公众在这些讨论中提出的意见，迫使政府考虑人们的想法。大众媒介对公民的全面教育发挥重要作用，让他们在选择意见时做出有见识的判断。媒介的种种‘武器’，包括电视，为社会不同集团间的对话提供了讲堂，允许他们对国家的重要问题做出反应，说出自己的想法。新闻记者、导演和节目制作者都是自由的，他们能报道他们想报道的任何事情，包括政府的过失或腐败，他们成为反对滥用行政权力和严重错误的独立的斗士。”（**McQueen，2009：220**）

这种观念也曾遭到知识精英的抵制，他们认为与之对立的或有害的言论不应有自由。桑德斯评价“思想市场决定论”的代表人物弥尔顿时就指出，“人们早已认识到言论自由和言论宽容应有明确的底线，弥尔顿就不容忍‘天主教的教义鼓吹迷信，因为它拒绝所有其他的宗教或公民的至上利益，所以它本身应该被消灭’”。弥尔顿主张消灭天主教的教义，是因为“它对所有信仰或行为方式抱着一种绝对亵渎或邪恶的态度，法律并不许可这样的方式，所以也不会倾向于容忍它的存在”（**Sanders，2011：65**）。在他看来，弥尔顿并不完全赞成市场决定论的言论自由观。

第二种新闻自由理念是法治铁律下的自由，即英美等国家实行的宪制自由，法律保护新闻自由，同时也保护广大公民不受新闻出版的侵害，简称为**法治的自由**。法治下的新闻自由，要求新闻媒体承担责任，什么该做什么不该做，媒体依据法律进行自我约束。桑德斯说：“法律影响信息自由和言论自由不仅仅涉及新闻记者，而且还涉及法律本身。法律在下列领域禁止言论自由：诽谤、诬蔑、藐视法庭、未成年人保护、亵渎上帝、种族关系和官方机密。确实有大量的法律约束着言论自由和媒体自由，人们常常批评说英国是一个遮遮掩掩的国家，应该做更大的努力去解决法律大量干涉言论自由的问题”（**Sanders，2011：67**）。

经过诸如此类的不屈不挠的半个多世纪的斗争，媒体与权力不断展开对决，新闻出版自由的法律制度才确定下来，并被人们广泛接受。

法治铁律下的新闻自由之所以被普遍赞同，是因为人们大都认识到，媒体无限制的自由给社会带来了不可预料的危害。奥尼尔·昂诺拉（O'Neil Onora）指出，“自由的媒体并不是无条件地被认为是一件好事。当它帮助公众寻求和检验各种意见，由公众自己判断谁和什么可以相信时，媒体的自由是一件好事。但如果一个强有力的媒体被允许出版、发行和推销一些信息，而不标明哪些是事实、哪些是谣言，哪些是出自规范的消息来源、哪些是臆想出来的，哪些是标准的分析、哪些是猜测，哪些消息来源是有见识的、哪些不是，那么公众的文化和生活都将受到损害”（**Onora，2002：Lecture 5**）。没有法治的新闻自由，媒体的欺骗与蒙蔽可能肆无忌惮，受众不可避免地被愚弄、被损害。

在法治新闻自由传统下，不排除政府对媒体的管理。戴维·凯利和罗格·荡维（Roger Dongway）认为，政府管理媒体提出三种限制媒体自由的理由，恰恰能够促进公众获得信息与言论自由。这三点理由是：第一，公众有表达权和接受信息的权利，公众如果无法接触信息，政府应当加以干涉，保障这种权利。第二，民主制度需要信息流通，政府要保证媒体提供实行民主的理论和信息。第三，为达到信息传播的目的，需要政府管理媒体。言论自由本身不是目的，也不是价值的根源，它具有获得诸如真理和正义等更高价值的作用。媒体能否发挥这一作用，需要外界力量的推动（**Lichtenberg，2000：78－81**）。但是，政府的新闻管理有时则导致新闻专制，威廉·哈克滕（William A. Hachten）和詹姆斯·斯科顿（James F. Scotton）指出，“战时或处于危机中的民主国家，有时也会对媒体采取集权主义式的控制。戴高乐及其几位后继者统治下的法国经历了本国电视系统受严格控制的噩梦。在很多国家，特别是拉丁美洲，从军政府到民主政府的更迭中，媒体在自由与被控制之间不断摇摆”（**Hachten & Scotton，2011：**

34）。

第三种新闻自由理念，是指新闻资源占有者支配的自由，可简称为**新闻资源的自由**。这种自由观认为，记者们在新闻生产中处于从属地位，不能决定他们的作品能否被发表，也不能控制它们是如何被编辑的，记者不可能有真正报道新闻的自由。谁掌握新闻资源、有权支配新闻资源，谁才有新闻自由，成为新闻消费的最初供应者。是政府官员和一切新闻事件的当事人决定媒体传播什么，传播多少，让广大受众知道什么或知道多少（**Briggs & Cobley，2002：90**）。哈克滕和斯科顿也指出，“从根本上说，让更多掌握新闻事件、了解情况的人讲话，才能扩大新闻自由。具备观点与新闻来源的多样性，公众才能从这个‘思想市场’上选取他们希望了解与相信的内容，因为没有任何个人、任何精神或世俗的统治阶层能对真相进行垄断”（**Hachten & Scotton，2011：38**）。

施莱辛格（P. Schlesinger）认为，“根据第三种传统，新闻自由的主体是新闻的提供者，而不是新闻的消费者。掌握新闻自由的人大都是权力的拥有者。据说，只有在媒体内部及其组织化工作过程中突出‘**媒介中心主义**’（media centrism）政策，社会各领域能够主动向媒介提供新闻资源，记者和受众才有新闻自由，也使权力有必要对新闻媒体的运作进行规范性的控制”（**Schlesinger，1990**）。安德斯·汉森（Anders Hansen）曾阐释说，社会环境中的文化和政治组织内不断发生各种事件，提出广泛的公众议程，它们争先恐后地向媒体提供新闻，使广大公众从20世纪60年代开始关注环境的变化。特别是各种社会论坛提供的新闻资源，使论坛产生了传播动力，提升了新闻自由的价值。新闻资源之间开放性的竞赛也反映了不同组织为了影响媒介而展开的竞争，使媒体受到政治和其他决策的影响的范围不断扩大，新闻自由开始向更广阔的生活领域深入（**Hansen，1991**）。

“第四种自由主义传统被阐述为：媒体是社会学中和谐社会文化价值观的反映。识别新闻由记者担当，他们报道的前提与假设都以社会的大众文化为框架。两个瑞典出版行业的研究为这一大众理论提供了良好的例子。”（**Nowak，1984**）“新闻的编辑与广告更多地宣传平等主义的价值观，这归结于瑞典社会和新价值观的一次改变，它同样也是一次使收入更为平等、合理分配的变革”。（**Briggs & Cobley，2002：90**）这种媒体**文化价值观的自由**，是指新闻从业人员平等、和谐地采集和传播新闻，依据人文主义的历史传统享有采访、报道以至获取报酬的自由。

在滕斯托尔、赫尔曼和迈克切斯尼等人看来，这是一种典型的激进主义的新闻自由思想。在媒体企业相对较小、独立的19世纪尚可行得通，但当媒体逐渐成为大的商业合作公司、以利益最大化为驱动而非传播优秀新闻为目的的时期，大型新闻公司在工业和商业系统中有相当的掌控力，它们的权力延伸到税收、利率和劳资关系方面，影响政府的倾向和政府的媒介政策，媒体中的记者不可能有平等、和谐的自由（**Tunstall，1996；Herman & McChesney，1997**）。现在，媒介产业不只作为第四产业存在，更是作为利润存在，它们愈发唯利是图。道格拉斯·凯尔纳（Douglas Kellner）写道：“媒体偏好转向保守主义的原因是，媒介机构由一些国际性企业所掌控，它们看重的是它们自身的经济利益。”（**Kellner，1995：172**）认为大型新闻公司和工商业系统对媒体的掌控同和谐的新闻自由并行不悖，显然是一种二元论。布里格斯和科布利也发表了同样的观点，“这些想法被激进的评论家认为是天真幼稚的。对于这种二元的观点，自由主义和后现代主义都夸大了人类行为的力量，因为它们忽略了在人类决策时同样还有原则、组织的标准和权力的作用”（Briggs & Cobley，2002：91）。

以上四种新闻自由理念，难以断定哪种更好，哪种更坏。舒德森认为，这些争议可以归结为连续发展的自由主义综合体。新闻媒体可以被认为是由消费者的需求、新闻工作者的专业视角、兼职的新闻资源与网络社会的集体价值观共同塑造的，各个影响因素在分量上没有统一的定论，但在一点上有着广泛的统一，那就是自由的媒体是为公众服务的媒介。“在具备私有媒体的自由社会中，公众对国家政策的批评往往要比在只有国有媒体或个人所有媒体的集权社会来得容易。英美媒介研究大体上都把自由民主看作天经地义，却对新闻生产背后的政治和法律的决定因素毫无察觉。从某种意义上说，英美媒介研究更是‘经济的’，而非‘政治的’。这一点正越来越被视为重大缺陷。”（Schudson，2000）

二、新闻自由的多种含义

今天如何定义**新闻自由**，应有新的思维。究其本质，允许广泛发表批评政府的言论和新闻，特别是政治批评，才是真正的新闻自由。正如哈克滕和斯科顿所说，“实际上，新闻自由的含义之一，就是媒体有权对政府进行报道、评论或批评，而不会受到政府的报复或威胁。这就是所谓的‘谈论政治的权利’。历史上，煽动性的言论通常意味着对政府、法律或官员进行批评。不因煽动性言论而治罪一直是用来衡量一个国家言论自由状况的标准之一，因为新闻自由涉及的重点正是与政治有关的言论”（Hachten & Scotton，2011：35）。

从理论上说，媒体应独立于统治阶层之外，自然也应存在于政府之外，并受法律保护而不受政府的恣意干预。一家独立的媒体意味着它处在民主的、实行市场经济的国家，应享受与其他私人商业企业一样的自主权。这样，它在政治上能够批评政府、监督政府，这不仅是它的主要使命，而且是新闻自由的主要价值与目标。正如科瓦齐和罗森斯蒂尔所说，“新闻自由来自独立。只有不受政府审查的新闻才能说出真相。在现代的环境下，自由的含义有所扩大，它同时意味着不受其他机构（政党、广告主、商业和其他势力）的控制。控制新闻的联合企业对新闻业的独立性构成了威胁，因为新闻业正在成为大型公司的附属机构，而这些大型公司本质上是为其他商业目标而存在的”（科瓦齐、罗森斯蒂尔，2011：26）。

哈克滕和斯科顿强调，“西方崇尚新闻自由的理想，实际在很大程度上是18世纪欧洲启蒙运动，以及约翰·弥尔顿、约翰·洛克、托马斯·杰斐逊，还有约翰·斯图尔特·穆勒等人的著作中所反映的自由政治传统结出的丰硕果实”（Hachten & Scotton，2011：39）。在美国，人们简单地认为新闻自由是宪法第一修正案赋予的权利，然而，实情却远非如此。第一修正案讲到国会不得制定限制自由的法律，但并未言及何谓“新闻自由”。

也许由于美国新闻哲学对全球的影响与巨大作用，世界上形成了一个极为明晰的新闻自由理念——美国新闻自由模式。“虽然也有语义上的噪音，但这个概念仍得到了长足发展。美国定义的核心是：新闻自由是免受政府干预的自由。请注意美国人基本不谈诸如商业势力、广告商、公民压力集团、发行人、主编等对新闻界的干扰。它关注的是政府、新闻界的自治——独立于政府的控制。”（戴比尔、梅里尔，2010：10）

在西方，言论与新闻自由这一概念既是新闻职业观的核心，又是西方资本主义社会主流价值体系的中心概念。正如约翰·奥尼尔（John O'Neill）所说，"自由市场带来了言论自由。而这种言论自由为老百姓提供了他们所需要的各种观点和有权使用的信息，从而促使他们以一种民主而负责任的方式为人处世。在一个开放的社会里，自由市场、新闻和民主这三者构成了一个彼此相互依赖的整体"（**O'Neill，1992：15**）。长期以来西方许多媒体的编辑特别是主编，认为应该由他们决定媒体传播的内容，新闻自由就是编辑们决定新闻报道的权利。美国《特罗伊记录报》的编辑马丁写道："在我的城市里，出版自由就是我说、我要说的权利。如果要行使这种权利，只有我们这些人才能做到和应当做到，这是出版家的权利。"（**Cited in Kessel，1955：59**）。在20世纪60年代以前流行的这一观念——新闻出版自由就是报纸主编和出版家的自由，在今天变得残缺不全了。

最大限度地保护新闻自由，又要杜绝它对社会带来的切实危害，是西方有关新闻自由的主流思想。彼得·菲利普斯（Peter Phillips）等人在《禁发新闻》一书中曾指出，"在我们的政府体制下，言论自由的作用是引进不同声音。当它制造了骚动，令人们对现状不满或让人愤怒时，才真正体现出它的最高目的。言论通常具有煽动性和挑战性，要向所有偏见和成见发起攻击，竭力让人们接受某种观点，必然造成深远而令人不安的影响。即使如此，它还是要受到保护，不允许被践踏，除非由此引发的后果给公众带来不幸和恼怒，对社会造成明显、严重的危害"（**Phillips et al.，2009：197**）。

法国新闻学者瓦耶纳对新闻自由的概念，提出过两点重要补充，扩充了新闻自由的外延，他认为新闻自由是媒体私有制的必然要求和结果。他写道："一方面消除一切公共事业的秘密。仅仅取消新闻检查是不够的，必须允许新闻公开并且流通。真正名副其实的新闻自由只能是保障大家认识和传播的自由。另一方面提出了新闻企业的控制问题。至少在历史上，自由主义是与私有制相联系的，私有制的概念意味着在自己家里可以任意'使用和滥用'权力，但是绝对不能有在他人家里行使同样权力的权利。因此，西方国家宪法承认新闻企业的运转如同私有制企业一样：它原则上完全属于私人企业范畴。一个自然人或法人创办一家报纸，只要遵守社会现行法令就行。如果他利用权力中和或曲解新闻，没有一条法令可以禁止他。从这点看来，新闻是业主的特权，而不是公众的财产。只有为公众争取这个权力，才谈得上**新闻权**"（**瓦耶纳，1986：306**）。

戴比尔和梅里尔指出，新闻自由的**"语义噪音"**是最大的难题。语义噪音是指传播者之间对意义的不同理解产生的困扰。比如对新闻自由这个术语就有多种解读及评价，道出不同认识、不同利益和不同目的，真理和谬论常常交织在一起。他写道："让我们听听全世界对新闻自由略显嘈杂的不同见解：新闻界有支持国家政策的自由；新闻自由是传统束缚下的自由；新闻界是自由的，不过仍有道德规范；新闻自由须遵循一系列新闻法；不考虑股东、经理和编辑们的私心，我们的新闻界是自由的；我们的新闻自由受制于广告商；新闻自由属于人民，不是新闻界的特权；新闻自由是新闻界的权力，与民无干；新闻界不自由亦不民主；新闻界有不刊载不雅、不道德内容的自由；新闻界没有逐利的商业大鳄的掣肘，不为国际传媒寡头及贪婪的财阀所左右。"（**戴比尔、梅里尔，2010：10**）。

无论怎样定义新闻自由，都难以把它定格在一个恰如其分的尺度上，让人们把握它的精确含义。正如终生都在思考新闻出版自由问题，并为其做出巨大努力的耶鲁法学院的亚历山大·比克尔（Alexander Bickel）教授所说，“我们越是要定义自由，我们就越不能享有自由”（**Bickel，1977：87**）。他与美国的布莱克法官一样，认为“我们本不应该篡改宪法第一修正案立法者的初衷，阐释新闻出版自由的意义和范围拥有相当大的空间。第一修正案已经不是一个原始状态的容器，新闻出版自由的特权现在变得更差，更不完整。它只是作为一个社会目标存在于人们的头脑中，而不是对今日美国媒体状况的现实描述。作为言论表达自由的一部分，新闻出版自由绝非一个已成定论的话题，它一直处于变化中，并要求人们警觉：那些懒惰的头脑随便作出界定，认为它已经结束战斗并取得了胜利”（**Dennis & Merrill，2005：11**）。也就是说，对新闻自由的界定如同新闻自由本身的实现，在今天还没有达到目标，得出准确的结论。

三、人民缺位的自由神话

在西方有关新闻自由的定义中，大都没有涉及或突出人民的主体地位，强调的是媒体或记者的自由。即使提及人民，也仅仅指他们的知情权应得到满足，忽略了民众的表达自由。人民无权发表言论和参与报道，新闻自由只能是一种“神话”。默里·埃德尔曼（Murray J. Edelman）指出，“媒体自由的神话也许让记者、政治家和公民倍感鼓舞，但也会影响人们对信息民主的理解。因为这类自由对美国新闻和信息体系的质量没能充分的关注，把民主变成观众观看体育表演（政治表演）的行为。政治家们在所有媒体上无休止地争论，剥夺了人民的发言权，造成了一种两难境地：要么人民拒绝简单化的政治幻象，远离各种观点和争论；要么人民接受那些政治符号，整日生活在危机与千篇一律的戏剧中，看着那些强有力的‘演员’来决定人民的命运”（**Edelman，1988：75**）。

与19世纪相比，这是一种明显的倒退，因为那个时代有大量报刊代表人民说话，或直接刊登人民反抗政府的言论。法国新闻学者凯塞尔曾写道：“在已往年代里，当人民还没有选择权的时候，政府实际上是代表特权阶级的。报刊当时是代表人民或站在人民立场上的，成为人民抗议和提出要求的讲台。执政者每当陷入困境就毫不犹豫地把责任推到报刊身上，对报刊的责难几乎千篇一律。1829年，当众议院对‘正义与爱情’的法律展开辩论时，这种责难经过一番修饰，多少带点挑衅的口吻出现：‘法兰西正当国泰民安之际，却存在着莫名的不安，有一种东西妨碍我们过幸福生活，我们应该把这种不安归咎于什么呢？归咎于写作过于随便。文学的衰落归咎于什么？归咎于写作过于随便。不平之气和不满情绪归咎于什么？归咎于写作过于随便。意见的分歧和公民之间的不团结归咎于什么？归咎于写作过于随便。不重视行善，使人们不能行善，这又归咎于什么呢？归咎于写作过于随便。”（**Kessel，1955：211**）。

凯塞尔接着指出，今天议会和它所控制的政府被认为是代表人民意志的，报刊和其他新闻工具却掌握在特权阶级手中，这仍是原有斗争的继续。假使在人民面前出现了新型的封建阶级要按照其意志向人民报道新闻并压抑人民的呼声，政府应为公民的利益而想出一种言论自由和新闻自由的制度。假使自由确实有保证的话，人民的要求、愿望、建议和批评都将更经常、更明确、更忠实地表达出来，政府也将得到好处（**Kessel，1955：212－214**）。凯塞尔的设想反映了西方新闻界理想主义者的渴望，指出新闻自由应体现人民的愿望，否则就不是真正的新闻自由。

在互联网出现之前，许多西方学者强调，由于缺少时间或缺少训练，也由于懒惰和对政治的漠不关心，单个公民完全不可能利用媒介报道新闻，实现人民的新闻自由，就连了解所有媒介的报道也很困难。因此有必要让尽量多的报纸、杂志、广播电台和电视台的节目给他们提供尽可能全面的信息。“这绝不只是一个信息数量的问题，因为再多的新闻媒介也不能自然而然地使公民走向成熟。关键在于信息的质量。民主社会需要判断力、责任感和有行动能力的国家公民——这也称作‘掌握信息的公民’。他们尤其要了解大众媒介的状况以及存在的问题，但他们自己很难利用媒介报道更多的信息。”（**Meyn，1994：285**）由媒体代表人民表达自由，实际是十分复杂、困难的问题。

这就是**新闻民主**的障碍之一，即媒体代替公民行使新闻自由权，让人民了解尽可能多的信息，既是民主的基础又会遇到重重阻力。“记者认为他们决定新闻、传播观点。许多记者就是怀揣这样的想法进入新闻界的，为人民搜集信息，告诉人民一切。在政府民主化的宏大图景中，记者是人民的代言人，是他们行动的代理人。因为人民无法作出艰深的政治决策（他们不愿，且能力也不及），政治精英（专制寡头）就会越俎代庖，最终统统包揽了自由。自然，来自官方及新闻界的说辞不会如此直白。新闻自由与民主息息相关已根植于现代思想中，即便是青年时代的卡尔·马克思，也认为新闻自由是民主生活的先决条件。”（**Hardt，2001：26**）

媒体代替人民行使自由权，使人民的新闻自由成为神话，多数媒体转而重视迎合大众的娱乐口味，满足民众追求流行文化的需要，把人民的新闻自由变为娱乐自由。由于法律规定媒体享有新闻自由权，新闻界又创办大量通俗报刊和大众文化节目，就把大众的娱乐消费看作人民实现新闻自由的标志。正如德国学者梅恩所说，“法律明确规定了报刊和广播电视的自由，但某些报刊和电视节目对这种自由并不珍惜和爱护，它们在法律允许的自由范围内，尽量利用新闻自由的一切可能打‘擦边球’：每天出版通俗报纸，播出庸俗节目，宁可冒着风险也对身边发生的政治事件做些荒唐报道。在民主社会，人们要对身边的某些事件从道义、教育或政治方面去评判它，如果歪曲这些事件，或把它们当作游戏，在实质上是限制了媒体的自由，这就损害了民主社会的本质特征”（**Meyn，1996：31**）。今天，媒体上大众文化的流行，掩盖了许多严肃的社会问题，对人民而言，新闻自由大都不再是政治的自由。

四、新闻自由的界限与价值

西方学者对新闻自由的论述有许多正确、精彩的观点，揭示了新闻自由的本质和界限。梅里尔指出，从新闻自由是相对的、现实的、合理的意义上来说，美国新闻界事实上是自由的，这是基于一个不言自明的道理：“新闻和出版自由当然受到来自新闻界外部和内部的一些限制而非绝对自由，正如评论家们经常提起的。”“当我们说美国享受着特别的言论表达的自由时，当然不是说新闻界享有彻底的、完全的、绝对的、不受任何约束的自由。每个认真思考新闻和出版自由或与此相关的任何一种自由的人，都充分理解自由需要某种程度上的约束和责任……自由和真理、法律、纪律、友谊、忠诚一样，是相对的、不完全的，受到各种不利因素的妨碍”（**Dennis & Merrill，2005：339，8**）。没有限制和不受约束的自由是不可能的，有理性的人不需要这样的自由。事实表明，任何可能和值得期待的自由都应该有某种限制。

限制新闻自由的，有些是外部因素比如对“国家安全的考虑、法庭的规定、诽谤的行为、来自广告主和其他群体的压力，以及订户的需要。有些是内部因素，比如新闻职业道德规范、编辑权力结构、新闻顾问班子，以及其他”（**Dennis & Merrill，2005：9**）。总的来看，新闻自由首先应以对别人是否造成伤害为界限。英国学者马丁·贝尔（Martin Bell）曾说：“理解‘伤害’并不如它所显示的那样简单明了，要论证人们行为中的偶然性是极为困难的。播放女性清晰的色情镜头是否会使有些男人沦为强奸犯？发表种族主义政治家的观点是否会在英国激起种族仇恨？赤裸裸的战争报道是否反对挽救生命？这类新闻如果对人类造成伤害后果，就没有报道的自由。”（**Bell，1998**）美国记者菲利普·卡宁厄姆也认为，“你做报道，可能就会伤害人。有时候自由会伤害别人，所以就有一定限制。这里的自由不是说什么都可以，自由要讲责任感。我觉得责任感或者说爱国主义，不是别人告诉你是怎么回事，而是由个人确定责任感。记者要讲责任感，不仅要爱国，还要爱这个世界，爱这个地球，爱人。”（**Cunningham，2002**）

新闻自由不具有绝对的价值，如果它带来了死亡和破坏，那么就很难再捍卫它。正如博克指出的，“互联网如果为恐怖主义、犯罪网络、爆炸指导和暴力色情利用的话……那么这就给所有科学家提出了一个特殊的问题”（**Bok，1999：109**）。即使满足“公众知情权”的报道，也要顾及是否给人们造成伤害。“事实上正如我们在战争报道中所看到的，大多数记者都认为‘公众的知情权’并不是绝对的，而是取决于一定条件，特别是它以报道不对他人造成不公正的伤害为限度。”（**Sanders，2011：74**）新闻自由还要受到不伤害他人的名誉和人格的限制，因为自由是人类追求善的重要力量，让记者在服从真理中完成使命，这种美好的道德应成为新闻自由的重要界限。“有些传播是不明智的，因为它们会产生较大伤害；有些报道可能是无益的和不必要的，因为它们会引起针对某些人的藐视。根据性别、种族渊源、性倾向或所谓的‘人种’特征而轻视某种人群是人类理性很大的失败，是缺乏道德智慧的表现。”（**Sanders，2011：76**）

德国学者梅恩写道：“除了对名誉的保护以外，报道自由还受到一般人格权的限制，这项权利在（德国）基本法第 1 条（个人的尊严）和第 2 条（人格的自由发展）中得到保障。只有在信息有助于形成客观舆论、有助于形成各州或社会的民主意志的情况下，人格权才能被允许受到冒犯。在具体场合中，判断一条信息中公众利益是否占主导地位以及是否应该限制个人的自由意志的权利，在考虑其他因素的同时，主要依据信息的重要性。与此同时，个人的私生活，尤其是男女个人的性生活则受到绝对的保护，只要本人没有公开讲述自己的爱情生活，传播媒介就不得随意报道。公司或商业的不良秘密可以被揭露，例如食品中加入了某种非法的添加剂，媒介可以提醒公众注意他们所面临的健康危险。而侵犯个人隐私，如未经本人同意而出版非公开谈话的录音或发表私人记事则受到禁止。”（**Meyn，1994：27**）

新闻自由还常受到政府某些指令的限制，这种限制如有法律依据，同样理所应当，但政府官员随心所欲地扼杀新闻自由并非合法。从根本上说，新闻自由的法律限度是它的本质所在。戴比尔和梅里尔指出，“从宪法的字面意义上看，总统和法院均有权限制新闻自由。因此，当世上的人讨论‘美国意义上’的新闻自由时，看似是说不受政府干预的自由，实际上他们所言的，是不受新闻法约束的自由。没有法律，新闻界就自由了吗？没有这样简单。纵览全球新闻事业，我们很快可以发现，除了法律手腕外还有很多手段都能扼杀新闻界。这已被军人政权所证明、神权政权所知晓，专制者、君王亦心知肚明”（**戴比尔、梅里尔，2010：11**）。

新闻自由的上述种种界限构成媒体和记者应有的责任，一言以蔽之，新闻自由不能超越社会责任，这同不伤害人类和社会具有连带关系。人们喜欢自由，因为它赋予人们掌控人和事的权力；不喜欢责任，因为它限制人们对欲望的满足。这就是为什么人类历史的特征是永不停息地追求自由的最大化和责任的最小化。但是这样想并无益处，任何真正增加的自由必然伴随着责任的相应增加（**Nielsen，1995：8**）。“即使在美国这样的国家，也有越来越多的知识分子开始对传统自由主义信念，如个人主义、观点的自由市场、强调传媒自由，持批判的态度。这群人中不乏公共或公民记者。在他们看来，社会责任及社群比自由更重要。这样一来，不论是在不发达国家的独裁利己者中，还是在经济较发达国家的利他反自由者中，自由都举步维艰。”（**戴比尔、梅里尔，2010：9**）

言论与新闻自由是政治生活和政治制度的核心，没有这种自由也就没有政治自由。一个被剥夺言论和新闻自由的国家，政治必然充满阴暗，许多阴谋诡计得以横行，最终所有人权都化为泡影。美国学者哈克滕指出，“对于大部分媒体归个人所有（广播系统通常国有）的西方国家来说，新闻界是为了向民众提供信息、反对政府滥用职权和维护自由而存在的。自由与社会公平不能等同视之，并且西方记者认为，当为了某些模糊不清的社会目标而牺牲新闻自由时，政治自由和人权就会遭到威胁”（**Hachten，2011：264**）。

第二节　新闻自由的威胁来自何处

今天西方的“记者和编辑们可能会觉得自己是在自由地进行报道，但事实上没那么自由。原因有三：首先，新闻工作者在受雇之前，通常已经认同了该新闻部门的报道方向；其次，新闻部门的报道限制只有在与报道发生冲突之时才会被察觉。一个记者可能只有在他的新闻稿被枪毙之后才发现，自己的报道可能伤害了大型广告客户，如那些汽车厂家、房地产商或连锁百货公司等。此外，社会组织还界定了一些敏感话题，新闻媒体不愿意涉及这类问题，把它排斥在报道范围之外。如果记者没有绕开这些敏感话题，与媒体企业的决策发生矛盾，新闻就要被撤掉”（**Reese，1990**）。记者和编辑所遇到的这些挫折，仅仅是西方整个新闻自由危机的一部分。

一、对新闻自由的四种威胁

戴比尔与梅里尔指出，传媒自由受多方面威胁，它们是一国政治体制、经济发展及文化方面的因素所导致的。第一，政局不稳是传媒自由受到限制的第一个威胁，主要来自政府对媒体的不当压制。在这种情势下，记者或传媒组织不是倒向一边、丧失自己的中立，就是因顾忌危险而对某些事件避而不谈。经济袭扰，破坏国家和社会安全，经常是政府控制传媒的原因。政府奖赏传媒的迎合态度，惩治传媒对政府的批评，这种操纵常见于新兴的民主国家。这类国家的广告市场尚不强大，广告市场无法维持大量传媒机构的生存，劣质新闻、对客观性的妥协压制了新闻自由，传媒体制内的腐败也不断泛滥（**戴比尔、梅里尔，2010：77**）。

第二，新闻自由的主要威胁来自传媒集中及其商业性质。商人积聚了大量财富，创办了传媒集团，组建传媒机构或并购现有的传媒组织。这类集团反映这些寡头的经济及政治议程，不会讨论与大众相关的社会话题。梅里尔指出，"对于大众和社会而言，所有权的集中是危险的。媒体所有权的集中使人们只能得到越来越少的消息，得到的大多是商人的看法，从服装样式到政治和公共决策，他们对公众的影响力几乎无所不在……这样的集中也使新闻和其他形式的交流变成商业。借用一个医学名词，协同作用已经开始控制媒体。在媒体世界里，同一家公司控制的不同媒体可以通过协同作用宣传相似的观点、产品、名人与政客"（**Dennis & Merrill, 2005：38**）。这样，美国宪法第一修正案不再是代表更广大社群的公共信托，相反，它是在为一个行业争取特殊权利。宪法第一修正案变成一种财产权，为商业竞争自由而不是为言论自由提供规则（**科瓦齐、罗森斯蒂尔，2011：26**）。

第三，对新闻自由的威胁还来自"变形"的法规和精英们的抨击。政府利用法律对传媒自由进行限制，以惩治诋毁及诽谤而使记者陷入牢狱之灾。他们借口传媒机构或记者刊登或播出了"不准确的消息"、"污蔑国家"或者"危害国家安全"，勒令报刊停止发行或撤掉广播电视节目。除了使用有关传媒内容的法规外，一些威权主义国家及新兴民主国家的官员还制定其他规定干涉传媒的运作，如借消防系统不合格、噪音太大等理由封闭报馆，限制其付印，或因"无法证明其有足够经济来源"拒发许可证（**戴比尔、梅里尔，2010：77**）。

贝内特指出，美国媒体的批评性报道，经常会给记者和他们所在的媒体带来社会和政治压力，即使是日常报道，也经常被政治和经济精英批评为"不客观"。花旗银行前总裁发出过这样的警告："被学术界自由分子支持的媒体，把所有的事情都说得很糟糕，而且越来越糟。他们想表达的中心意思就是美国主义的失败，没有人会赢……媒体应当小心，不要把混乱的种子播撒到人们的心里。"非媒体公司和政界的许多人在各种场合企图说服公众，公众和他们有一致的利益，是媒体把公众带入怀疑和困惑的邪路（**Bennett，2011：296**）。

第四，媒体自身的错误报道和新闻娱乐化，也在威胁新闻自由。西方媒体大量报道负面现象，使焦虑不安的情绪四处扩散。马什和麦克伦南 1994 年进行的一次民意调查显示：多达 78%的美国人认为，今天他们比父辈 20 年前面临的风险更大。菲利普斯指出，"新闻机构和大众文化媒体每天都给公民造成这样一种印象：我们生活在一个不友善的环境中，里面充斥着罪犯，他们威胁着我们，特别是威胁孩子的安全。娱乐节目激起人们对犯罪与危险的愤怒情绪，而'现实'题材的电视节目中有许多'头号要犯'被捕的镜头，这在黄金时段的电视节目中屡见不鲜"（**Phillips，2009：239**）。这一方面反映了美国社会的潜在危机，另一方面说明媒体对严肃的政治报道不感兴趣，偏好大肆报道犯罪新闻，神圣的新闻自由被亵渎。

二、国家控制及新闻检查

更为严重的是，新闻自由潜在的危机来自政府对媒体的控制。马休·阿诺德（Mathew

Arnold）在《文化和无政府状态》（*Culture and Anarchy*）一书中写道："一个自由主义者信仰自由，而自由意味着没有国家的侵犯。"但实际情况完全不像自由主义者想象的那样，麦奎因强调，"当宪法的构建者们同意提供言论自由和新闻自由的保证时，似乎清晰地暗示政府将在涉及各种形式的传媒上实行宽松政策。但自从1971年《人权法案》实施以来，美国政府总是利用宪法的各种观点，力图使其影响和管制传媒的行为合法化"（**McQueen，2009：109**）。

政府为控制媒体费尽心机，是因为"从君权神授时代直到今天，政府已认识到信息意味着权力，控制信息对获得公众对其政策的支持十分必要。这就是当年不列颠统治者们通过媒体执照制度和《煽动叛乱法》（Sedition Law）的原因。当时《纽约新闻周报》的主编约翰·彼得·曾格（John Peter Zenger）曾追踪报道腐败的州长参与秘密土地交易而被法庭指控为诽谤，经过曾格和律师的法庭抗争，曾格终于无罪获释。曾格的遭遇完全可以同现在的新闻记者的处境相提并论，只不过现在政府保守机密的做法已经发展到极端的地步，有时美国人民不能知晓他们需要知道的信息"（**Dennis & Merrill：2005：27**）。

一些政府首先控制国际新闻，把经过国家筛选后的新闻给受众受阅，受众难以全面了解世界上发生的重大事件。"在很多欠发达国家，各家报纸和广播电视台不允许直接从西方通讯社获取消息，而是先由政府新闻机构购买国外新闻，然后再将这些消息分发给当地媒体，在这一过程中国家充当审查人的角色。""西方新闻和娱乐节目并不是强加给别国，而通常是由各国官方机构精心挑选和购买的。贫穷国家里充斥着各种不受民众欢迎的稀奇古怪的国外消息，这种说法纯属天方夜谭，因为当地政府牢牢地掌握着控制权。"（**Hachten & Scotton，2011：212**）

西方记者一直幻想媒体必须独立于政府之外，不能充当政府的工具，同时揭露政府在国内外滥用职权。"现在，政府（以及大公司）比以往任何时候都需要有人监督。因为无论是民主政府还是集权主义政府，都有权力发动战争，无论是核战争还是常规战争。只有政府才有权力征召士兵并把他们派往生死未卜的战场；只有政府才有权力惩罚持不同政见者；只有政府才有权力建立劳动教养所，以及有权利用宗教对人民进行'种族清洗'。无论在南半球还是北半球，总有政府试图控制、操纵或者打压媒体希望报道的新闻，而且还往往能取得成功。面对这样的政府，各地媒体一直在进行着斗争。"（**Hachten & Scotton,2011：257**）

西方媒介批评家认为，有关"国际信息新秩序"的主张实质是对自由和独立的新闻报道的攻击。他们认为，一个独立的新闻界使自主管理和民主成为可能，世界新闻报道的中心问题是建立能够报道和批评本国政府而不受限制的独立媒体。极少数国家拥有这样的媒体，发挥了向没有独立报纸和广播电视台的国家的人民提供信息的作用。"对受本国政府限制的人民来说，外界的独立媒体可以提供他们所需要的新闻与信息，使他们接触到对侵犯人权、酷刑以及政治监禁的报道。但是建立'国际信息新秩序'的目的就是抵制西方独立媒体的渗透，阻止人民接触这些消息。"（**Hachten & Scotton，2011：212，223**）哈克滕和斯科顿的这一观点不免有些片面，因为西方媒体也散布谣言和谬论，也受政府的操纵发布颠覆其他国家的消息，其他国家的人民岂能从这类媒体中完全得到真正客观的新闻？

美、英、法等国的政府危及报道自由的主要手段是实施新闻检查。"新闻检查是一切政府的古典的镇压武器……新闻检查就和押韵一样。它限制了思想，但也给思想帮了大忙，逼迫人们不得不巧用脑筋，设法找到在不受检查的时代，人们不肯费事去寻找的东西。"新闻检查具有最有害的形式，是在让读者看不到的情况下进行的，因为“开天窗”的办法被禁止使用。新闻检查有时是在领导层讨价还价地进行，以暗地里折中的办法实施，甚至连思想与作品受到打击的新闻记者都不知道（**Kessel，1955：161**）。

在德国的某些媒体机构，今天仍在实行“内部的书报检查”。梅恩说：“地方报纸编辑们的新闻自由多么不牢靠，偶尔从透露出来的内部规定中反映出来。这些规定说，遇到令人不快的问题，要么用一定倾向性对其进行加工，要么避而不谈。《东弗里西亚日报》的主编库尔特·维尔肯在给他的编辑们的信中说：鉴于现有的原因，我指出，《东弗里西亚日报》不再谈论所谓的‘炎热的秋天’。我们没有任何理由通过新闻支持举行和平示威的人、扩充军备的反对者和诸如此类的少数人……谁不同意这样做，后果自负。”（**Meyn，1994：57**）

新闻审查既有攻击性的也有防卫性的。**防卫性审查**是删节、禁止或枪毙不受欢迎的稿件，不让它同公众见面；“而**攻击性审查**的做法恰恰相反，在媒体上大肆刊登歪曲事实的报道，阻止公众了解非传统媒体的观点，或者使它们的观点四处碰壁。攻击性审查的一个典型例子是1991年海湾战争期间，媒体上充斥着由国会山精心挑选的、十分具有欺骗性的电视画面。那些更能反映事物全貌与真相的事件或细节，由于层层封锁，记者根本无法获知”（**Phillips，2009：153**）。

弗林特早就指出，“在自由和民主的社会，政府对新闻的检查和政府对社会的检查同样令人厌恶。因为在任何情况下，对于真相、事实和人们关注的事情及其利益，都不存在固定的标准。无论什么性质的大小事件都必须通过人这个媒介来报道，人不可能不犯错误，设立一个政府监控者，由他来判断每天新闻的真实性的做法是无稽之谈。每个人都知道官方检查制度的历史缺陷，即政府检察官带有政府倾向。”“要像控制煤气公司一样对新闻出版进行控制，必然要重新建立一种政府检查制度，这会对新闻和言论自由的基本原则造成致命的打击，就像政府对公众信仰的监控也会对公认的宗教信仰自由构成致命打击一样。”（**弗林特，2005：226**）新闻检查扼杀了正常人的判断，把新闻检查官的判断视为真理，从根本上来说扼杀的不仅是新闻自由。

三、对危害自由的忍让与沉默

有的学者曾用“沉默”和“脆弱”两个概念形容西方新闻自由的危机状态。“沉默”有两个含义：一个是，官方对新闻报道的好坏保持沉默，报道后产生违法的后果再追究媒体的责任；另一个是，在政府的压力下，媒体由于惧怕权势不敢报道敏感问题，只好保持沉默。菲利普·怀利（Philip Wylie）指出，“我们的媒体在相当大的程度上是怯懦的和不自由的……媒体以其大量发行和大众观赏的形式，要么培养了产业的虚假形象，要么对腐败、混乱、诺言、人类的堕落以及其他隐藏在偶像背后的不受人欢迎的真相保持沉默。它们前行的同时也得到沉默的支持，是对新闻自由进行干预的虔诚的沉默”（**Wylie，1969：212**）。丹尼斯却指出，“大多数研究新闻和出版自由的人都承认，新闻和出版自由在美国实现的基本条件是，出版领域没有预先的禁令。这意味着，新闻界必须能够自由出版其希望出版的内容而不受来自政府的干涉，出版后出现问题才可能受到各种形式的司法审查。这是一种沉默的自由，但是即使是在这个范围内，新闻和出版自由的记录也绝对称不上清白”（**Dennis & Merrill，2005：6**）。在这两段论述中，媒体与大众对政府干涉新闻自由的沉默，反映了对新闻自由遭到威胁，只能被迫表示无奈的忍让。

早在20世纪50年代中期，凯塞尔就提出**“沉默的自由”**的概念，他写道：“即使言论表达自由的含义也包括保持沉默的自由在内，然而在一个民主国家里，沉默也仍然是敌人。沉默不管是对那些保持沉默的人而言，或是对那些被迫保持沉默的人而言，都不会带来好处。政府必须说明事实，新闻企业和其他企业相比，一定要反映这种说法。政府所实行的检查制度是对知识的犯罪行为。相反，报纸对政府的行为置之不理，或对它们加以歪曲，也是一种反面的检查制度，这种检查和别的检查一样都应该被谴责。”（**Kessel，1955：207**）

这就造成了“当事实、价值观和政策触及新闻出版自由的复杂性时，事实、价值观和政策会涉及许多复杂的态度和立场，几乎所有的态度都认同：新闻出版自由是脆弱和易变的，缺乏真正的稳定性”（**Denis & Merrill，2005：6**）。既然新闻自由问题既复杂又不稳定，很多媒体没有把握确定自己的报道意图是正确的，那么对政府与媒体主宰者的干预就不能不保持沉默。布赖恩·格龙布里奇（Brian Groombridge）认为，在政府封锁消息的社会里，公民犹如生活在别的国家一样，自己不过是个“寄居者”，不敢也不便讲话。“当如此多的信息被封锁的时候，我们仿佛生活在——常常默认生活在——他人的社会里。得到的信息促进了这种意识的形成，社会就要造就顺民，包括掌权者和公众”（**Groombridge，1972：96**）。

第三节　新闻自由的新思潮

没有一种制度能给自由以绝对的保护，维护自由的真正目标是反对一切形式的压迫，同时也反对借助自由权力传播虚假和荒唐的新闻。众所周知，国际紧张局势的加剧，在一定程度上是由于媒体发表歪曲的新闻所致。这类新闻为某些利益集团所利用，增强了互不信任，制造了仇恨，给鼓吹战争的力量增加了动力。追求和界定真正的新闻自由，需要有新的探索，要允许新的思潮展开讨论，进一步认识新闻自由的复杂性。

一、媒体是否是政府的敌人

在美国，人们通常认为政府有一个敌对的媒体及新闻体系，媒体和政府是一种敌对关系。“这种关系被人们看作是合适的和必需的，这种概念经常出现在新闻工作者的谈论中……我们姑且承认，许多有关美国新闻事业的陈旧表述——例如，新闻界是政府的第四分支，或是对政府的制约力量，或是监察者的角色，都暗示了媒体同政府敌对关系的有效性”（**Dennis & Merrill，2005：17**）。但梅里尔认为这种说法没有道理，美国的自由意志在理论上不存在敌对关系，媒体也不需要这样一种敌对关系。

梅里尔指出，新闻界把自己定义为政府的敌人，并以此为荣。从理论上说，这种关系并非真正的敌对，而且也不应该是敌对的，这种关系应该是合作与和谐的。实际上，“这种关系应该是意义很不明确的关系，一种对立随遇而释的关系，一种经常变化的关系。这样的关系才符合新闻界自我意识中的独立特征，符合多元精神与新闻自由”（**Dennis & Merrill，2005：18**）。在自由意志论看来，媒体和政府的关系应是多样的。有关敌对关系的言语是对现实的歪曲，媒体把自己作为政府的敌人极为荒谬。媒体采取这样的立场的含义是，政府总是错的，媒体总是对的。同时媒体把自己视为献身某种事业的机构，为了公众把政府描绘成有错误和负面的，政府必须时时受到监控，否则它会对人民造成巨大伤害（**Dennis & Merrill，2005：18**）。

库尔特·路克（Kurt Luedtke）① 也认为，“美国媒体更多地和官方消息源保持密切关系，并依靠他们，与他们保持合作。毫无疑问，这会导致一些问题，但这也是新闻事业的优势之一。有时候新闻界为政府的政策扮演新闻拉拉队的角色，提供给公众信息让他们了解政府。如果政府官员把新闻界看作敌人，新闻界对他们则会小心，产生不信任和怀疑态度，缺少开放和坦诚，甚至产生某种敌意……新闻界应该知道其在相当大程度上依赖政府获得新闻，发表的所有关于政府的信息都来自政府或与政府有关的人，还需要得到政府有关人士的证实。如果媒体想要限制或切断这样的消息源，那么它就会强调他们的敌对角色；如果它要拓展消息源，就会强调与政府的合作与友好关系”（**Luedtke ，1981**）。

梅里尔断言，与新闻界相比，政府和人民的距离更近，因为政府的大部分成员是人民选出来的，而新闻界却不是。媒体大多数是一些谋取利润的私营企业，它们只是简单地把自己树立为人民的代表和政府审查者的形象。“媒体和政府不是对手和敌人，敌对关系可能偶尔存在，但是在一个自由和开放的新闻体系中，这样的关系应该受到严格限制。不排除有些媒体在某些时候、在某种情况下、就某些特定的问题可能反对政府，但是从总体上来说，媒体反对政府不仅不合理，同时也有悖于自由的媒体和独立的媒体的基本信条。”（**Dennis & Merrill，2005：23**）

丹尼斯恰好持相反的观点，认为媒体与政府应该是对立的。他说：“从某种意义上看，媒体在社会中的功能就像会计师和审计员对于商业企业的作用一样。他们检查账目，寻找准确的收支平衡，如果发现不一致的地方，就会迅速指出这些问题。一个审计机制及公认的财务制度使那些不审慎的商业人士不能窜改账目。政府也是如此。没有媒体的监督，没有积极的、对立的冲突，就不能保证民主制度的正常运转。换句话说，民主国家是不能没有审计的…… 全世界的批评家都认为这种对立关系使美国媒体与众不同。美国媒体在极大程度上是保持低调的，但有时也会挺身而出，猛烈地抨击政府。……在大多数情况下，媒体采取这种极端态度是没有必要的，但大多数记者赞同对政府活动采取基本不信任的态度。”（**Dennis & Merrill，2005：24－26**）所以，媒体站在政府的对立面，审视政府的一切行为，被视为新闻自由的民主要素。

二、保障新闻自由的多元模式

德国学者梅恩指出，在当代保障言论多元性是必要的，德国联邦宪法法院关于广播电视的

---

① 库尔特·利德基是《底特律自由新闻》（*Detroit Free Press*）的前任责任编辑，也是电影《没有恶意》（*Absence of Malice*）的剧本作者。影片针对新闻自由和新闻道德问题批评了新闻界，此外影片《惊报内幕》、《美国与大事件》均对媒体的新闻自由态度进行了批判。

“第三个裁决”中要求：“立法机关有责任确保广播电视节目在总体上有助于言论的多元性，这是自由民主的标志。任何关于公共生活的意见都不能排除在舆论形成过程之外，任何拥有广播电视频率资源和资金的媒介都不得在公众舆论形成中居支配地位……通过有规则可循的广播电视制度，有可能实现多种观点的平衡。”为此，德国宪法规定：“必须保证新闻自由与广播、电视报道的自由，禁止各州权力机构对新闻媒体的审查。”［**Grundgesetz der Bundesrepublik Deutschland（GG），Art. 5，2010**］①。

欧洲于1999年颁布了《数字化时代欧共体视听政策的指导原则与行动纲领》，要求各成员国贯彻“言论自由、尊重反馈权、实行多元主义、保护作者与其作品、维护语言与文化的多样性、保护未成年人及人类尊严与消费者、电视无国界”等方针。欧盟第一、第二媒体计划与成员国计划相互补充，维护欧洲文化与语言的多样性。在欧洲范围内建立单一的视听区域，或者通过视听媒体单一化促进欧洲认同的想法是不现实的（**Commission of the European Communities，1999**）。

世界各国的记者对新闻报道的理念具有多元性，戴比尔和梅里尔把它们划分为两类，一类属于“严肃—分析”派，另一类属于“通俗—直白”派。前者持有精英主义的文艺及哲学立场，提倡高质量的报纸与广播电视，向大众提供有思想内涵的新闻，从严肃的历史视角看问题。后者则是面向大众的通俗记者，具有平民主义倾向，主张新闻报道浅显易懂，以消遣为目的，为大众日常兴趣服务。这派甚至主张报道丑闻、性事、犯罪、绯闻。他们认为，“艺术气质的或平实的、存在主义的或理性主义的、自由的或反自由的、利己的或利他的、社群主义的或个人主义的、自由至上主义的或威权主义的、对抗政府的或与政府合作的、宗教的或世俗的、客观的或感性的、乐观的或悲观的、平民主义的或精英主义的、讲道德的或不讲道德的、现实主义的或理想主义的，不可穷尽。事实上，记者们多具有混合特性”（**戴比尔、梅里尔，2009：14**）。种种有关自由或与自由相关的主张，除有害于受众的自由追求，多数学者认为都应作为新闻自由的多元性加以保护。

其中，**威权主义自由观**最有诱惑力，充满诱人的品质与严明的纪律氛围。对于那些向往秩序与严肃观念的人来说，井井有条的秩序才是真正动人的自由。因为它“给人安全和社会机制稳定的感觉，是强大的社会政治磁石，不断吸引各个国家及其人民——自然也包括新闻事业。它内含威权，正好满足群氓对领袖的渴求。在许多国家，甚至记者明知言论方向上悬有强权，却仍感觉甚佳”（**戴比尔、梅里尔，2009：19**）。既然有人喜欢这类严肃而又有秩序的新闻自由，自然它有存在的价值。

丹尼尔·哈林与保罗·曼西尼（Paolo Mancini）把当今世界的媒体制度划分为三种模式，即多元模式、民主社团模式和自由主义模式（**Hallin & Mancini，2004：89**）。每一种模式的媒体在政治中扮演不同的角色，对新闻自由有不同的追求，衡量自由的尺度也有许多区别，又形成了三种不同的新闻自由模式。在美国占统治地位的是**新闻自由主义模式**，新闻自由建立在人人皆可出版报纸、无须当权者许可的基础上。虽然出版人必须在法律约束范围内行事，但他们不必提前提交审查。报纸只服务于读者，要讲真话，民众通过自由市场的民主政治得到他们希

① 这是德国宪法第五款的规定。

望和应当得到的新闻。在梅里尔看来，美国的新闻自由模式已经“在全球自立为王”，成为一种规范的理念，这种模式也成了判断他国“自由”程度的标准。哈林与曼西尼却认为，美国的“新闻自由的话语实际上是狭隘的，因为它与全球不同地区现有的自由模式存在着巨大差异。简单地认为前者是认识全球传媒唯一的或是正确的方法，会忽略理想与现实之间的差距”（**Hallin & Mancini，2004：255**）。巨型全球传媒集团奉行的是新闻自由主义模式，主张其媒体自由进入各个国家，只要市场允许，兼并和收购其他媒体不应设置障碍，应允许其报道一切新闻和信息。

民主社团的新闻自由模式包括社区媒体、民间公共媒体、政府设立的公共广播以及依据民主原则行事的政党报纸，它们强烈争取媒体的生存空间与报道自由。社团性质的媒体通过共识进行重要报道，新闻运作实行少数服从多数原则，传播内容立足于面向大多数民众，同时又代表社团组织或群体的意图。民主社团媒体在奉行商业化的同时，越来越强调新闻专业主义，新闻自由遵奉新闻专业主义原则，很少有低俗内容的报道（Hallin & Mancini，2004：255）。

英国学者斯图亚特·艾伦认为，“自由的多元理论认为记者在现代社会中所扮演角色的核心信念，就是公民的言论自由权要得到最好的保护，必须有一个以市场为基础的大众媒体系统。这一信条的倡导者有许多人就是记者，他们坚持认为新闻媒体代表了第四等级（从历史上看，它区别于教会、司法部门和平民），新闻被赋予了一项重大使命，即确保公众利用‘市场中的多样化观点’，维护或挑战对世界的各种理解”（**Allan，2004：45**）。信息来源于多元化的社会各阶层，记者不能不给予这些阶层的人表达意见的机会，因此**多元化的新闻自由模式**是自然而然的，而记者则处于公共生活的中心。

自由多元论者口中的“自由”、“独立”和“客观”的新闻媒体，遭到乔姆斯基和赫尔曼的反驳。他们两人认为，如果新闻媒体确实具有社会目标，那也是为了“维护并向人民灌输在国内社会和国家事务中占主导地位的特权集团制定的经济、社会和政治议程”。“宣传运动也许是由国家本身组织的，或者是由一个或几个顶级的媒体公司（甚至是它们的联合体）组织的，但是，无论如何，新闻媒体之间的协作都是先决条件。”（**Chomsky & Herman，2010：309，34**）乔姆斯基和赫尔曼以大量事实证明记者如何原封不动地重申政府的官方立场，言外之意是，他们难以表达多元的立场。

三、公众知情权的合理推断

当代新闻自由的另一个值得关注的问题是，缩小国家保密范围，尽量满足公众知情的需要，因为许多国家的政府往往借口国家机密向媒体封锁消息，挤压新闻自由的空间。德国学者亚历山大·冯·霍夫曼（Alexandre von Hoffman）指出，“任何一个自称民主并以此而自豪的社会都面临一个明确的要求，即把被掩盖的信息减少到最低限度。这个社会中的行政当局必须愿意大量提供信息。相应地，这一点同样适用于活跃于这个社会中的记者，他们必须尽可能地拓宽收集信息的领域，在行政当局希望保密的问题上尽可能地持保留态度。然而，我们的行政权力却热衷于相反的做法，即进一步扩大保密的范围”（**Hoffman，2010：317**）。这就是知情权与新闻自由紧密相连的焦点问题。

知情权是美国记者的发明，在20世纪50年代早期，当新闻界越来越感到官僚们妨碍他们获取官方消息时，就提出了知情权的要求。哈罗德·L·克罗斯（Harold L. Cross）于1953年写了名为《人民的知情权：合法地获取关于公共事务的档案和会议记录》这本书，提出记者应当参加各种会议并得到官方档案、文件以及州和联邦级别的公报，随之在新闻界出现一场“信息自由运动”（FOI）。权威人士认为，这些人的努力形成了一枚重磅思想炸弹，迫使政府制定了《阳光法案》，政府行为应及时向公众公开。《阳光法案》（公开会议、公开立法记录）逐渐在许多州实行，促成《信息自由法案》的制定，使以前不能对新闻界和公众开放的政府会议得以开放。

尽管许多国家宪法并没有提到公众**知情权**，但记者等媒体人都相信知情权的存在。这种权利通常被定义为公众有权了解政府决策和制定政策的有关信息。新闻界把自己看作传播此类信息的渠道，因为一般公民没有能力也没有途径收集关于政府正在做什么的详尽信息。“为了成为知识丰富的选举人和合格的市民，人民必须充分地了解政府正在做什么的信息。如果政府总是严守秘密，就会引起怀疑，导致人民对政府官员及其制定的政策缺乏信赖。在《阳光法案》中，人民的知情权从抽象的原则转变为具体的现实，尽管这种转变还不够完善。”（**Dennis & Merrill，2005：69**）。

政府应该公开运作，对人民负责，那么媒体获得信息就是公众知情权的保证。梅里尔指出，“人民的知情权没有明确被写入宪法，或许并不重要，但记者绝不仅仅发明了这种权利，从新闻自由条款中推导出人民知情权的存在，是个非常合理的推断。从某种意义上说，记者们已经看到，这项公共权利处于支持新闻自由的哲学阴影下……知情权具有重大的意义，如果真有民权的话，它是美国政府的基石，而知情权是公众讨论、明智投票和公众表达观点的基石，是民主机构和民主精髓的基石。然而人们对于这项权利的关心似乎很少甚至没有，但不能因为不关心就取消这项权利”（**Dennis & Merrill，2005：77**）。富兰克林·海曼（Franklyn S. Haiman）也指出，“从根本上说，政府手中的信息本属于公众，它是依靠纳税人的钱收集到的，目的是行使从人民那里得到的权力”（**Haiman，1984：368－369**）。

在美国，许多新闻人士不赞成知情权这种信息权利，记者兼编剧家科特·卢埃克（Cote Lu Aike）说：“没有所谓公众知情权这回事。你们把它创造出来，却故意不明确指出公众有权知道什么。公众只知道你们选择告诉他们的消息，再多也没有，再少也不行。假如公众确有知情权，那么他们对你们选择出来的叫作新闻的东西就应该发表自己的意见。”（**Lu Aike，1982：4－5**）丹尼斯也强调，“在宪法中找不到知情权，宪法维护个人权利，而不是机构的权利。确切地说，知情权是法庭的发明，只是一种可以随时拿走的特权。在上升到宪法的高度以前，必须对知情权有比现在更多的认可。‘信息自由运动’原本主要是为了取得阅读政府资料的合法权，但现今已经扩大了目标，要求得到一个普遍的知情权。然而即使接近官方资料的权利现在也严重地受到各种例外限制，比如隐私、经济利益、社会稳定和国家安全等问题的限制。知情权包含许多受严重限制的特权，把它称为权利是有误导性的”（**Dennis & Merrill，2005：79**）。

但法国学者瓦耶纳则证明，知情权是法律规定的新闻自由权。他写道：“新闻权第一点——接触新闻的概念不仅开始在人们的思想上建立起来了，而且在法令中也有所体现。1789 年《人权宣言》中承认‘言论、著述和、出版自由’的权利。1948 年联合国大会通过的《人权宣言》(具有世界性) 宣布，‘任何人，不分国界，不管以什么表达方式都有寻求、接收和传播新闻和思想的权利’。此处‘寻求’是一个新的概念，虽然意思还不够明确。后来，教科文组织和其他公共或私人的国际组织都尽力在实际中执行这条原则。十年前，美国法令将每个公民有可能接触国家档案文献的条件的规定放宽了，法国和其他国家在这方面也有进步，但是步子不大。相当奇怪的是，马克思主义制度的国家反而搞形式自由，宣称它们宪法规定毫不反对新闻与思想的自由流通，而实践中与宪法精神却完全背道而驰。”(**瓦耶纳，1986：307**)

四、抗击网络“自由”的严峻挑战

今天世界已经不再拥有一个自由意志论的新闻体制，但不受检查的互联网却走入人们的生活，与自由意志论拥有共同的价值观。新媒体对政府的批评不受什么约束，为民主、自由的实现提供了前提，人人都可以利用它表达自己的意见，只要他有这个意愿。正如新闻哲学家约瑟夫·阿博特·利布林 (Joseph Abbott Liebling) 指出的那样，“只有拥有媒介的人才会有言论自由”(**Liebling，1998：91**)。现在的互联网使几乎所有的人都可以拥有一个电子媒体，网络成为自由言论最广阔的渠道。

但“这种自由在促进网络形成创新、轻松氛围的同时，产生了十分糟糕的作品，不仅出现层出不穷的语法错误、拼写错误和用词不当，同时网络作者通常还信口开河，大造谣言”(**Craig，2004：155**)。2005 年美国著名新闻网站“连线新闻”曝出一桩惊天丑闻：该网站老牌自由撰稿人德里奥涉嫌多次伪造新闻，在 18 个月里她先后在“连线新闻”网站上发表了数百篇文章，仅新闻报道就有 160 多篇，其中有 80%的消息无法核实。2003 年 3 月 28 日美国有线电视新闻网称，微软总裁比尔·盖茨在洛杉矶出席一个慈善活动时遭暗杀死亡，随后全美及其他国家各大新闻网站纷纷转载。事后证实，所谓“盖茨被暗杀”完全是网上传出的恶作剧。2004 年 11 月 29 日晚 8 时左右，一条关于美国总统布什在加拿大被捕的新闻出现在美国 www. World-CNN. com 网站上。这条自称是美联社记者发自“渥太华”的消息说：“布什总统访问加拿大的第一天，就被加拿大警方以战争罪拘捕，理由是布什部分参与了折磨关塔那摩和阿布格莱布监狱犯人的行动。”许多人起初对此信以为真。

网络的迅速发展和新技术的应用，向传统言论自由理论发起挑战。按照美国的宪法原则，只要不带“明显的和立即的危险”(clear and present danger)，任何言论都可以自由表达和传播。所谓“明显的和立即的危险”是指诸如剧场中突然有人故意大叫“失火了!”引起观众竞相逃生而自相踩踏的那种恶果 (**Terry，1990：89**)。现在面对电脑，不论信息发送者还是接收者，不论所传播的信息多么危险，都不会产生明显的和立即的危险，因此限制网页内容的任何意图都被视作违反宪法。美国宪法第一修正案的这一重要原则，由于网络谣言和示暴的无所顾忌，一再受到强烈冲击。不仅色情网站正在毒害儿童，而且网上随时能够查阅到的“如何利用家用化学品制造炸弹”、“如何杀害异教徒”、“如何诈骗钱财”、“如何勾引女人”、“如何自杀”

等致命的教唆……是否属于言论自由的范围？如何确定网络传播自由的尺度？各国学者、网络媒体和政府正在积极探索。

美国学者德里克·巴姆鲍尔（Derek Bambauer）指出，“自由是一个意味深长的词。它有修辞效应，把对手描绘成反对互联网自由是一个厉害的战术。实现互联网自由的困难之一是，支持互联网自由的人们使用同一个词语表述了多种含义。可以把自由视为具有很强的个人主义属性，只要用户不直接损害他人，他们就可以随意自由行事。也可以把它看作具有共同体的属性，须符合社会规范和标准。自由能够保护我们不受国家、公司和彼此的干涉。它可以决定我们有上网的权利或是有上网的机会”（**Bambauer，2010**）。

2000 年 6 月 25 日到 27 日，防止利用互联网传播种族仇恨的国际会议在柏林召开，会议的最后声明呼吁各国就打击滥用互联网的行为开展有效合作，各国应惩罚滥用网络的行为并制定刑事处罚标准。会议对右翼极端分子利用互联网传播种族仇恨、反犹太主义和鼓吹纳粹的意识形态表示非常关注。据会议公布，1995 年互联网上仅有一个传播种族仇恨的网站，到 2000 年此类网站已超过 2 000 个，仅在德国就有 500 多个此类网站。各国的立法者和司法机关都对网络传播感到无法可依。美国国务卿希拉里·克林顿（Hillary Rodham Clinton）在 2010 年 1 月的一个讲话中说：“在很多方面，信息从未像今天这么自由。与过去任何时候相比，今天都有更多的方式把更多的想法传播给更多的人。即使在集权国家，信息网络也在帮助人们发现新的事实，向政府更多地问责。”但她同时指出，“我们看到对信息自由流通的威胁正在激增……我们不能容忍煽动他人从事暴力的人，例如此刻正利用互联网在全世界宣扬大规模屠杀无辜百姓的‘基地’组织成员。那些以种族、宗教、性别或性取向为由攻击他人的仇恨言论也应受到严厉斥责。遗憾的是，这些问题均构成日益严重的挑战，国际社会必须共同进行抗击”。

网络空间是真实的还是虚拟的，是否需要法律控制，已不是疑问，各国政府的注意力更多地转向制定网络法，并有效地实施这类法律。许多国家通过了限制网络内容的法规，如德国、澳大利亚、日本和中国。但这些法律和政府规定也在制定和实施的过程中引发了激烈争论，因为言论自由与其他有争议的问题——隐私权、访问权、知识产权和加密技术等直接相关。同时，在美国却出现倒退，除对上述问题存有争议外，《通信正当行为法案》（CDA）和刚刚制定的《儿童网上隐私保护法案》（COPPA），先后被法院判定违反了保护言论、出版、集会和请愿自由的宪法第一修正案，政府和立法者保护儿童免受有害的网络内容侵害的努力在法庭上失败了。最终，美国联邦最高法院就有关网络诽谤的诉讼案表示，网络上的新闻、评述、言论及各种信息，如同传统媒体上的各种信息一样受宪法的约束和规范。

把使用互联网视为权利还是特权，反映出失去上网机会意味着什么。各国对互联网自由的定位不同，即不受什么人或者什么因素控制的自由，政府是一个主要的威胁来源。“国家能够通过多种途径侵犯网上自由，如对言论或行为治罪、监控通信或者屏蔽内容。在美国的自由观念中，最要紧的是防范政府权力，不能让它不受制约，但是还有其他威胁。例如，欧洲国家经常对公司收集用户的私人信息持警惕态度。最近关于脸谱（Facebook）的隐私设置、谷歌（Google）在意大利的视频服务和谷歌街景（Street View）地理测绘项目的争议都表明，人们对被私人行业收集信息和被政府监视存在担忧”（**Bambauer，2010**）。

2013年6月发生的“斯诺登事件”①，击毁了美国政府掩耳盗铃的保护人权的自我标榜。美国政府大肆在国内外奉行网络检查，肆意入侵他国计算机网络，已遭到多国的谴责。世界电信联盟大多数国家曾要求国际互联网的“根目录”（信息指向路径）不要集中在美国，要分散**根目录**，防止信息及密码被他国截获。“斯诺登事件”说明这种担忧不是没有根据的。人们在忘记斯诺登、忘记“棱镜事件”之前，都在深思网络自由的价值，以及如何保障这一宝贵的自由不受侵害。

【本章思考题】

1. 西方有哪几种新闻自由理念？
2. 如何界定新闻自由的概念才是科学的？
3. 为什么说西方人民的新闻自由是一种神话？
4. 分析对新闻自由的正当限制，论证新闻自由的重大价值。
5. 对新闻自由的威胁主要来自哪些方面？
6. 西方的新闻检查如何扼杀新闻自由？
7. 剖析西方新闻自由的三种模式。
8. 互联网的传播自由遇到哪些问题？你认为如何才能解决这些问题？

---

① 斯诺登曾是美国中情局的职员，负责美国国安局的秘密项目。2013年6月他将这个项目的内幕披露给英国《卫报》和《华盛顿邮报》，还向媒体提供包括“棱镜”项目在内的美国政府的多个机密。这些项目主要是监视所有的日常通信和上网信息及主要国家的公民、首脑和政府的通信。斯诺登为逃避美国政府惩罚，曾到香港避难，8月俄罗斯准予他在俄政治避难，美国要将其引渡回国受审的要求遭到俄罗斯的拒绝。

第九章

市场失灵与新闻法治

【本章要点】

西方新闻自由斗争史培育了新闻法律制度，新闻法理深入人心，法律规制具体并有操作性。但新闻法治的健全却暴露出思想自由市场理论的弊端，促进新闻立法与判案原则的不断发展，新闻报道的法律禁区也日益清晰。

美国的埃德温·贝克（Edwin Baker）教授在谈到新闻出版自由时提出，接近权理论的支持者实际是假定第一修正案的“市场失灵”。他指出，“对**市场失灵**的矫治要有一套标准来指导政府干预。如果规定充分的接近权是目标，那么对‘充分性’缺乏标准会逐渐破坏政府管理的合法性，因为政府在决定接近权是否充分时已经不包含对市场中发生问题的判断了”（**Baker，1978**）。今天思想市场失灵已是西方新闻界的现实祸水，治理的唯一方法是实行保障“接近权”之类的法律。正如密苏里新闻学院的教科书所说的那样，“为了实现‘不受限制地进行思想交流’，美国重视其公民获得新闻的权利。与此同时，美国也制定了一些法律，对新闻自由的规模进行必要的限制”（**布鲁克斯等，1986：432**）。

第一节　从思想市场到新闻法治

新闻出版自由被西方奉为民主制度的圭臬。在美国，最初由宪法第一修正案规定，后来又有第十四修正案补充的新闻出版自由不受政府限制，成为防止政府滥用权力的把关者。杰罗姆·巴伦指出，这两个法案在18世纪政治宣传的黄金时代也许是符合现实的，但在传播工业技术发生非凡进步的时代，却委实过于理想化了。他提出对第一修正案的全新阐释，赋予处于垄断地位的报纸以积极的责任来回应新的问题（**Barron，1967**）。实际上，**新闻法治**是伴随新闻自由思想的滥用而孕育出来的，是人类思想表达的硬规范。

一、人权与民主的历史硕果

西方的新闻法治起源于13世纪英国的《大宪章》和17世纪的《权利法案》，确保新闻自由的早期法律是1789年法国颁布的《人权宣言》。该宣言称："自由传达思想和意见是人类最宝贵的权利之一；因此，各个公民都有言论、著述和出版自由，但在法律所规定的情况下，应对滥用此项自由承担责任。"1791年的美国宪法第一修正案也规定，国会不得制定法律剥夺言论或出版自由。

法国国民议会主席、政治记者奥诺雷·米拉波1791年1月向三级会议呼吁，"让你们的法律第一条永远奉献给出版自由，使它居于神圣的地位。在所有的自由中，它最不能触犯，最不受限制。假如我们丧失了它，其他自由便永远得不到保障"（**Altschull，1995：12－13**）。

1919年，美国最高法院大法官奥利弗·温德尔·霍姆斯深刻解释了宪法第一修正案的真谛，明确提出"观念的自由市场"的概念，又称"**思想自由市场**"。他指出，"人们所追求的最高的善，最好是通过观念的自由交易来实现。检验真理的最好办法，是让思想的力量本身在市场的公开竞争中获取承认。"（**Altschull，1995：17**）这是对约翰·弥尔顿那篇《论出版自由》的演说做出的具体、精准的概括。

但出版物上的思想自由交流，首先出现了对人格的诽谤，人权被侵犯，因此从平民到有些贵族都要求制定法律消除有害于真理传播的行为。诽谤法是西方最早和主要的新闻出版法，它的出现是人格升华和珍视人权的结果。在古罗马的法律中，将诽谤分为私下和公开发表两种，诽谤性歌谣和匿名讽刺诗构成刑事性诽谤，该法律还规定，"任何书面诽谤，或是针对普通平民的，或是针对官员或其他公众人物的，一律都要严惩。虽然这一诽谤只是针对个人的，但是它将刺激其家族中所有成员、亲戚、朋友起来复仇，会造成争斗从而破坏社会安宁与和平，导致流血牺牲和其他巨大的麻烦。如果这一诽谤针对的是官员或其他公众人物，就是一种更大的冒犯"（**周枏，1994：66**）。

罗马诽谤法后来被引入英国判例法，英国国会于1275年制定了《高官名誉保护法》，由星室法庭负责受理侵害皇亲贵族名誉的诉讼，普通民众的名誉毁损案件仍由教会法庭审理。到17世纪中叶，星室法庭与教会法庭均遭裁撤，所有诽谤案件均归普通法院办理（**Doherty，2000：263－266**）。

1474年法国官方开始管理出版业，1537年建立出版检查制度，严格控制思想传播。1791年8月22日制宪议会通过《新闻责任法》，对滥用出版自由作出规定。至此，一部新闻出版法的雏形已经出现，但是很快就被一系列的政治权力更迭所废弃。雅各宾派在1793年通过了一部宪法，规定实行无限制的出版自由，1794年7月雅各宾政权被热月党人推翻。1794年6月救国委员会提出"牧月法令"，把传播假新闻的人定性为"人民公敌"，并规定"通过叛乱性文字迷惑舆论的人"要判处死刑。从1805年起，各报编辑部设立新闻检察官。1810年8月，政府又规定每省只准出版一种报纸。1819年较为开明的司法大臣赛尔尝试制定新闻法，废除了预审制，报刊案件交陪审团审理，但该法只存了在3个月就被他的继任者废除。1820年后对新闻出版的管制愈加严厉。1877年5月总统麦克马企图建立军事独裁，对报刊进行空前的压制，但在随后的大选中共和派获胜，他从总统宝座上跌落，法国政府的新闻专制随之瓦解。

在英、美、法等国多党制形成时期，报刊成为重要的政治力量，各党派都把它作为斗争的武器，报刊上充满乌烟瘴气的思想攻击。19 世纪，多个国家的国会议员享有不受诽谤指控的特权，他们的放肆的言论往往被报刊公之于众，报刊被指责为发表污言秽语而进行诽谤。1843 年英国制定了“诽谤法令”，规定：第一，报纸上的诽谤，被告的道歉和更正，不能以向法院支付金钱来免除；第二，被告最早的道歉可请求减少赔偿。不过，新闻记者却没有这项特权。在专制制度下，报刊对统治者和权贵的任何批评都被视为诽谤，都属最严重的罪行之一，记者被迫对一些敏感的人物和事件缄口不言。

从 1878 年起，法国开始制定新闻法，经过议会的多次辩论，《新闻自由法》终于在 1881 年 7 月 29 日通过，剥夺了政府对报业施加压力的一切权力，彻底授予报刊批评政府官员的充分自由，在很大范围内免除了诽谤罪的威胁。到 20 世纪三四十年代，除了德意日等法西斯独裁国家，民主政治的制衡理念在西方深入人心，政府对国民的表达自由开始给予高度的容忍与保障，有关新闻报道的诉讼案件逐渐较少。“在美国，大众传媒承担重要的民主功能，是联系公众和政府的重要纽带。舆论的形成依赖于新闻媒介向公众提供的内容，民主政府在很大程度上建立在舆论的基础上，并以公众得到公正和充分的信息为前提”（**Cummings，2006：106，223**）。

20 世纪 70 年代，《纽约时报》连续刊载美国五角大楼关于越南战争的高级机密文件。尼克松政府要求法院予以制止，官司打到最高法院，结果是泄露机密者受到惩罚，报纸仍然胜诉。其原因在于，媒体有理由获知国家的信息并将之告诉人民，这不仅是实施民主参与制度必需的前提，也是人民和国家存在的基础。正如美国学者布赖恩·格龙布里奇所说，“不仅民众参与需要信息，信息的提供是一项权利这一点还产生很重要的心理影响，使人民形成作为国家的一员而感觉自己不是臣民或外人的想法”（**Groombridge，1972：96**）。这样，国家才是稳固的。

二、西方的新闻法律体系

像所有法律法规一样，新闻法律法规的演进与社会制度的变化并不是同步的，有一定的滞后性，也出现过历史反复。西方的新闻法律制度由于各国历史和政治变革状况不同，具有不同的体系，这是由各国的制度与新闻事业发展水平决定的。法国和德国是大陆法系国家，新闻法治都采用**“成文法”**形式。美国、英国基本采用**判例法**，属于海洋法系国家，此外还采用制定法和判例法结合的方式。各国**新闻法体系**的形成，都经历漫长的过程，新闻报道实践、法理学说、借鉴他国法律法规和某些国际新闻法成为主要法源。

具体说，西方新闻法的两种体系是：第一，大陆法系制定专门的新闻法或新闻出版法，附加广播法、电视法、大众传播法等，形成系统的法律体系。世界上第一部成文新闻法是瑞典于 1776 年生效的《出版自由法》，对新闻媒体及新闻报道进行全面的法律规制，条款齐全，规范详尽。法国、俄罗斯、意大利、德国、澳大利亚、丹麦、芬兰、挪威、伊朗、阿富汗、埃及、韩国、印度、泰国、越南、吉尔吉斯斯坦、阿塞拜疆、马来西亚、坦桑尼亚、塞内加尔、哥伦比亚、委内瑞拉等国，都有专门的新闻法。第二，海洋法系不制定专门的新闻法，而是在宪法、刑法、保密法等法律中设有适用于新闻、出版的法律条款，或在某些判例中提出某个法律条文。美、英、日等国家依情况不同，又具体分为三种：以宪法或宪法性文件形式体现新闻出版的权利；不是在宪法中，而是在相关法律或判案中规定新闻管理的条款；在那些没有新闻成文法或宪法的国家，如英国、加拿大等，对于新闻出版的管理多以《出版法》、《诽谤法》、《官方保密法》等专项法律形式出现。

美国没有新闻成文法，但在其他法律中对新闻的管制有很多条例，例如曾在《间谍法》中规定对那些故意制作企图干扰军事行动的虚假报道，在军队中挑动不忠诚、妨碍征兵的新闻，均处以高额罚款或监禁。在《煽动法》中规定任何报纸杂志不得“对美国政府的形式或宪法、陆海空三军、国旗或军队制服使用不忠诚的、亵渎的谩骂或污辱性的语言”，否则将被治罪。在《国家安全法》、《原子能法》、《信息自由法》、《阳光法案》、《涉密案件程序法》、《情报人员身份保护法》、《公共利益解密法》、《情报改革和防恐法》中，都有限制新闻报道的条款。这些法律在划定底线的同时，也给媒体和公众很多权利，比如《信息自由法》和《阳光法案》，使媒体和公众得以从多方面了解政府的信息，对政府实施监督。限制新闻报道的条款有的极其严格，例如《史密斯法案》曾规定：“意图颠覆、破坏联邦政府，提倡、鼓吹、教唆或印刷、发行、编辑、出版、公布、出售、公开展示颠覆、破坏联邦政府的必要性、适宜性的书写品或印刷品，一律禁止。”（**张国庆，2011**）

法国是大陆法系国家，具有一部新闻成文法。1881 年颁发的《新闻自由法》规定“印刷、出版享有自由权，任何报纸期刊之发行仅需向政府声明由谁负责即可。既无须事前申请许可，也无须缴纳任何资金保证，只需向政府申报报纸、期刊的负责人的姓名”。《新闻出版自由法》于 1889 年得到重要补充，禁止政府未经法院裁决直接查封报社。除 1894 年报刊因宣传无政府主义曾被起诉外，至今再未发生过报刊因发表反政府观点而被起诉或被政府查封的事件。《新闻自由法》确定的重要准则是：第一，确立了新闻自由的基本原则，取消新闻检查和出版的事先限制。第二，对各种滥用新闻自由的违法犯罪行为进行事后惩罚。第三，建立经理和出版人责任承担制度。第四，限定诽谤罪和侮辱罪的适用范围，受害人不同，处罚不一样。第五，规定了有利于新闻自由的诉讼规则和量刑制度。第六，保障当事人的更正权和答辩权（**McKenzie，2005**）。

德国也是大陆法系国家，但德国联邦政府没有新闻成文法，新闻成文法由各州制定。在德国宪法、刑法、民法、未成年人保护法、婚姻法、森林保护法、环境保护法中都有涉及管束媒体的内容，诸如对名誉权、诽谤罪、侮辱罪等规定。德国基本法第 5 条提出，每个人都享有以语言、文字和图像自由地发表和传播意见的权利，对此不得进行内容审查，公民有不受阻挠地获取信息的权利。1997 年，德国制定了有名的《多媒体法》（Information and Communication Services Act，又称《信息与通信服务法》）。该法对互联网的规制提出了新的方法，规定了互联网内容的提供方、服务方和网络搜索服务的法律责任。2003 年，德国联邦政府制定了新的《青少年保护法》，代替 1985 年出台的《散布不良内容残害青少年法》，将适用范围扩展到广播电视和网络领域（**Metzger，1993：15**）

德国联邦政府以宪法形式对地方新闻自由做了保障性规定，成为各州具体新闻立法的基础。德国各州的新闻成文法有：巴登符腾堡《新闻法》（1964 年）；巴伐利亚《新闻法》（1946

年)；柏林的《柏林新闻法》(1965 年)；不来梅《新闻法》(1965 年)；汉堡的《汉堡新闻法》(1965 年)；黑森的《黑森新闻自由和权利法》(1949 年通过，1958 年颁布)；下萨克森的《下萨克森新闻法》(1965 年)；北莱茵和威斯特伐利亚的《北莱茵和威斯特伐利亚新闻法》(1966 年)；莱茵兰《新闻法》(1965 年)；萨尔兰《萨尔兰新闻法》(1965 年)；石勒苏益格—荷尔施泰因《新闻法》(1964 年)。

此外还有《自由柏林广播电台法》、《不来梅媒介法》、《黑森州私营广播电视法》以及不以"新闻法"命名的新闻法，例如德国布兰登堡州的《布兰登堡法》(1991 年颁布)，该法第 20 条规定："人人有权以任何形式自由传播信息，并且从可普遍接触的信息来源自由获得信息。这些权利在服务和工作关系中的有效性仅仅受到基于法律的限制。""报刊、广电和其他大众传媒的自由得到保障。法律必须通过程序化的规定来确保社会上存在的各种观点在报刊、广播和电视中得到表达。""允许通过法律的制约来保护青少年、保护（个人）名誉和其他重要的法律价值。不得从事战争宣传和宣扬伤害人类尊严的公共歧视。"

三、西方新闻法治的灵魂

西方新闻法治的灵魂，在于保障监督政府的自由并防止对这种自由的滥用，维护公众利益不受侵害。在民主社会，公民获得参政权，要根据得到的信息表达自己的意见，而这些信息主要是由媒介提供的。如果公民没有得到充分、正确、全面的信息，也就没有"充分知情的民主"(well-informed democracy)，民众参政就是一句空话。1966 年，美国的《信息自由法》(Freedom of Information Act) 最终由约翰逊总统签署生效，到 1974 年又通过了"授权联邦法院判断政府以国家安全为由不予公开的文件是否有根据"和"限定政府依法在十天内对要求提供信息者做出答复"的两项修正案，最终促使美国各级政府的信息开放（**Cummings & Wise, 2006：106**）。1976 年美国通过了《阳光法案》，即《公开会议法》，随后各州先后制定"知情权法"，主要包括三个基本内容：第一，公众有权查阅政府记录，隐瞒信息的政府官员承担举证责任，某些政府资料可享受法律豁免权。第二，让记者有最大可能了解政府的内部运作，享有报道政府事务和官员活动的更多自由。第三，媒体监督政府的正当行为受到法律保护。这一信息公开化运动很快遍及西方各国，挪威、丹麦（1970 年）、法国、荷兰（1978 年）、加拿大、澳大利亚（1980 年）以及瑞典、芬兰等相继制定了"知情权"法律。

1964 年美国联邦最高法院就"《纽约时报》诉苏利文案"① 创设了"实际恶意"(actual malice) 原则，即记者只要没有恶意，允许媒体对官员不当行为的揭露出现错误。两个月后通过受理"葛瑞森诉路易斯安那州案"，将此原则扩大为适用一切刑事诽谤案件，最大限度地保

① 1960 年 3 月 29 日，美国 64 位民权人士购买《纽约时报》一个整版，刊登题为《请倾听他们的呐喊》(Heed Their Rising Voices) 的政治宣传广告，为民权运动募捐基金。广告抨击了美国南方各级政府镇压民权示威的举动，谴责亚拉巴马州蒙哥马利市警方以"恐怖浪潮"对待非暴力示威群众。广告中有个别细节不够真实，蒙哥马利负责管理警察的市政专员萨利文（L. B. Sullivan）写信给《纽约时报》和部分签名人士，要求撤回广告。在遭到拒绝后，便控告 4 名在广告上署名的黑人牧师和《纽约时报》损害了他作为警方首脑的名誉，犯有诽谤罪，要求 50 万美元的赔偿。经过法庭辩论，联邦最高法院法官认为，《纽约时报》刊登这则广告符合宪法第一修正案，媒体在监督政府官员时出现错误应当予以宽容，驳回了萨利文的起诉讼请求。

护言论与新闻自由。正如美国最高法院前大法官威廉·布伦纳（William Brennan）所说，“美国上下普遍认同的一项原则是，对于公众事务的辩论，应当毫无拘束、富有活力和广泛公开。它可以是针对政府和公职人员的一些言词激烈、语调尖刻，有时甚至令人极不愉快的尖锐抨击”（**New York Times *Co. v. Sullivan*，376 *U. S.* 254，270－272，1964**）。但法院可以调查记者的倾向，以判断他在写文章时是否怀有恶意。为了保证报道的合法性，避免旷日持久、耗费巨资的诽谤诉讼，《纽约时报》、《华盛顿邮报》等全美著名大报先后设立律师事务部，与编辑、记者合作，确保批评政府和官员的报道与言论能在法律上站住脚。

2000 年 11 月 30 日，英国通过了《信息公开法》，2005 年又实施了《信息自由法》。《信息自由法》明确规定：第一，除豁免和限制条件，广大民众有获取公共信息的权利。即使是在适合豁免的情况下，对信息的公开也应考虑到公众的利益，并根据具体情况处理。第二，公共部门（包括政府部门）有积极、主动地发布公共信息的义务。第三，设立专门的政府官员和机构（审查委员会）监管信息公开（**肖永英，2003**）。英国对广播电视公司实施国家干预政策，《1990 年广播电视法》规定，排除品位低下、鼓励犯罪、扰乱秩序的内容；保证新闻的正确性，坚持不偏不倚的立场；禁止播放社论；照顾青少年视听时间，严防对 18 周岁以下未成年人的精神侵害，从凌晨 5 点 30 分到晚上 9 点，禁止电视台播出任何带有“成人内容”的电视节目，包括性、暴力、下流语言、吸毒等（**刘迪，1988：167**）。

互联网技术较之其他媒介给立法者和司法者提出更紧迫的任务，主要涉及言论自由、国家安全、种族尊严、公民人格权、知识产权、虚假信息等侵害领域。较常见的网络侵权诉讼涉及的是名誉权、隐私权、著作权、暴力、色情、淫秽等内容。如何建立新型的网络新闻与信息纠纷规范机制，在各国都尚在探索中。德国是全球第一个订立网络成文法的国家，于 1997 年公布了《信息与通信服务法》。该法规定：信息提供者要对自己提供的内容负责；若提供的是他人的信息，提供者只有在了解这些内容、在技术上有可能阻止其传播的情况下对内容负责；一切内容提供者都有义务依法阻止违法的内容。同时，欧盟也严格实施了网络管制，主要遵循三个原则：表达自由原则、比例原则和尊重隐私原则。所谓**比例原则**是指公权力的行使与其所意欲实现的目的之间，在发布信息方面应有合理的比例。

国际新闻公约和国际记者组织制定的一些法规，是西方各国重要的新闻法源，对保障各国新闻媒体的权利和义务发挥一定的作用。1948 年联合国通过的《国际新闻自由公约（草案）》是一部具有国际法效力的世界新闻规章，规定给予新闻与意见的自由不包括“B. 意图煽动他人以暴力改变政府制度或扰乱治安者。C. 意图煽惑人民犯罪者……J. 有计划地传播足以损害人民或国家的虚构或曲解新闻者”。该公约还指出：“1. 不正确新闻之发表足以危害各国人民间友好关系及和平之保持。2. 防止足以危害各国间友好关系之虚构或歪曲新闻的传递。3. 凡发表歪曲事实及侵害他国权益的新闻，受侵害国有权提出‘更正书’，要求侵权者立即作出更正。如果侵权的媒体拒绝更正，则行使更正权之政府可将上述更正书提交联合国秘书处，联合国秘书处于接获该项更正书后五天内，适当公布之。”

根据日内瓦第三公约和第一附加议定书规定，战争中的新闻记者分为一般新闻记者和战地记者。敌对方的一般新闻记者属于平民，应按照保护平民的规定给予尊重和保护，但以不从事“敌对行动”为限。敌方的战地记者是经其武装部队准许伴随该武装部队行进的，虽不一定直接参加战斗，但若被俘，即成为战俘。

第二节　媒介与政府的平衡器

随着媒体竞争与对民众的影响越来越大，报道质量也越来越“快餐化”，西方许多人开始抱怨媒体缺少应有的社会责任，最明显的例子是对戴安娜之死和克林顿性丑闻铺天盖地的追踪报道。但坚信新闻自由的人认为，强大的媒体、狂轰滥炸的报道是媒体监督政府、发挥正面作用的必然代价。美国宪法学者德沃金认为，“如果说新闻界在权力、资源及影响方面大大超过了它在18世纪的情形，那么，政府在这些方面的发展则更大，更有能力掩盖它本身的犯罪及渎职行为。新闻具有极大影响力的很大一部分原因是因为很多人有理由相信，一个健康而自由的新闻界是对官方掩饰虚假的最智慧的制约”（**德沃金，2001：264**）。为了监督和制约强大的政府，必须有一个独立强大的新闻界，但新闻媒介又必须受到法律的限制。

一、对滥用新闻自由的遏制

表达自由挑战了人类自身的弱点，因为总有些人思想冲动、认识片面，难以避免散布错误信息与观点。“即使弥尔顿在表达自由问题上，也不是个绝对论者。他并不认为天主教徒有宗教信仰的自由，后来他还成了奥利弗·克伦威尔的一名审查员。”（**Siebert，1965：34**）正是基于这一理由，对新闻自由必须限制，否则它会被某些人所滥用，这种限制唯一有力并合理的尺度就是新闻法治。

2011年7月4日，默多克新闻集团旗下的英国《世界新闻报》窃听丑闻曝光，受害者多达4 000人，窃听丑闻让默多克成为英国的“全民公敌”。他不只遭到民众的唾弃，各路政客也纷纷撇清与他的关系，争先恐后接受媒体采访，谴责默多克和他的新闻集团。7月10日，默多克不得不宣布拥有160多年历史的《世界新闻报》就此关门。8月6日，伦敦发生骚乱，由于骚乱分子利用社交网站在全国范围串联，不少人认为社交网站对骚乱起到推波助澜的作用。这两宗事件发生后，人们开始对媒体的力量产生担忧，有报纸开始讨论“媒体监督政府，谁来监督媒体”的话题。英国媒体大臣亨特表示，要用新《通信法》规范媒体，“我已要求英国电信局研究，对新闻市场份额设定绝对限制是否可取。”英国政府希望在2015年前出台新的通信法。

在西方，“事物的常态不是新闻，变态才是新闻；好消息不是新闻，坏消息才是好新闻；人们都在工作不是新闻，罢工才是新闻；官员奉公守法不是新闻，贪污腐败才是新闻。他们的新闻主题是权力被贪婪的商人、沆瀣一气的政客、傲慢的官僚、施虐狂的将军、残暴的警察等所滥用。他们把穷人、少数民族、老年人和劳动阶级描绘成官方的极度贪婪和高级官员冷漠的牺牲品。他们宁愿从自由主义的、具有改革倾向的和代表公共利益的集团获取材料，对政府、公司和科学界的材料持怀疑态度。大多数新闻都具有坏消息的癖好”（**Dye et al.，1992：6－7**）。新闻媒体执意揭露丑闻甚至不惜歪曲事实丑化他人，不断发生法律诉讼，媒体的恣意妄为需要法律约束。

卡斯·杉斯坦（Cass R. Sunstein）指出，“政治上的成果要依靠论争，但对政治平等的承诺以及抉择的理性，是取得这类成果的前提，‘市场’的概念忽视了理性应有的限度，必须以法律来规定传播不同观点的权利。控制广告内容，限制儿童节目的广告时间和对儿童有害的节目”（**Sunstein，1995：249**）。媒体上泛滥的男权至上主义、色情以及种族主义，使反对者们感到“思想自由市场”理论恰恰把这类东西强加于人类。女权主义作家凯瑟琳·麦金农（Catharine Mackinnon）否认在“思想市场”理论中妇女拥有“推定”的第一修正案给予保障的权利。她说：“首先，‘思想市场’理论非常讲求实际，那些占有社会大多数财富的人能够掌握最大多数的言论，然而妇女却一无所有。其次，第一修正案保护色情作品的作者，但这不会促进妇女的言论自由，色情刊物令妇女陷入沉默。站在自由主义者的立场，言论自由被理解为一种抽象制度，但站在女权主义者的立场，言论自由则是如何实现权利平等的制度。”（**Mackinnon，1988：140**）法治不仅要限制坏消息泛滥和播出对儿童有害的节目，而且要禁止媒体对女性尊严和人格的侵害。

二、制约政府对媒体的监控

2013 年 9 月 9 日雅虎向美国外国情报监视法庭提起诉讼，要求允许该公司对外公布美国国家安全局向该公司索要网民数据的请求次数。雅虎称，美国政府禁止该公司公开其向美国国家安全局提供私人信息。雅虎公司同谷歌、微软等互联网巨头联手起诉美国联邦政府，要求获得披露美国政府索取用户数据细节的授权。美国政府曾要求雅虎提供超过 4 万个用户的资料，并对雅虎的言论进行限制。法庭根据《外国情报监视法》（FISA）判决雅虎胜诉，命令美国政府须向法庭报告，说明哪些资料可被公开。这一案件表明，自称言论自由倡导和捍卫者的美国政府肆意干预媒体的信息传播，压制媒体保护民众的隐私权。

法西斯主义是大众传播时代的产物，报纸和广播等大众传播手段是一切法西斯主义政党控制社会的有力工具，严厉控制和压制媒体是专制权力的基础。希特勒曾说：“我的新闻组织是一个真正成功的例子，我们已经消除了任何人想说什么就有权利说什么的政治自由的观念。”墨索里尼也得意地说过：“我认为法西斯新闻理论是我的交响乐。”在民主社会，大众传播能够成为民主的工具，在民主体制中发挥有效的作用，是以对新闻自由的法律保障为基础的。依法限制政府无端地干预和压制媒体，是民主社会中保护新闻自由唯一有效的手段。

政府控制媒体的目标之一是取缔或蔑视记者对消息来源的保密权，阻止媒体对官员不当行为的揭发，打击维护公共利益的正义呼声。西方新闻界人士认为，如果不允许记者对消息来源保密，他们就无法对政府进行有力的监督，报道公众应该知道的消息。法院和一些律师认为，法院需要根据具体情况对保护新闻源做出公正的审理，使了解内幕的人免受不法行为之害。美国通过了《新闻源保护法》，允许记者对消息来源保密，但仍然有因坚持不透露消息来源而被判藐视法庭罪的情况，有关这方面的争论仍没有公正的结果（**德弗勒等，1989：96－100**）。

在西方民主制度下，媒体如果没有违法、破坏公共利益，政府官员对媒体的批评都被视为对媒体的压制，因为它干涉了新闻自由。在一个民主法治国家，政府没有权利为了巩固自己的权力，以禁止某些思想的传播。但政府仍有对言论的督导责任，其目的是主导社会正义，维护公共利益。无论是为了保护社会弱势群体而督导歧视性言论，还是为了保护儿童而督导色情暴力，都必须合法，坚持法治原则。所以，言论自由坚持的不是言论不容许批评，而恰恰是言论必须认真对待批评。政府在运用批评权力时尤其应该特别小心。官员不能用“禁令”即审查（censorship）去管制公民和媒体的言论自由，而应以督导的方式去引导社会价值观，让公民与媒体发挥道德判断和舆论作用。

三、平衡媒介市场的准入权

自19世纪中叶，每个占支配地位的媒体都采取策略提高操纵市场的能力，从传播内容到发行总是力图主导受众，使小型的独立媒体占有市场的能力十分脆弱。随着某些新闻公司在规模和财力上的膨胀，它们的强制力给小媒体带来两难的选择——是卖掉企业，还是等着慢慢毁灭。“一些大公司凭借巨大财力在价格和促销上削弱小的独立媒体，新闻消费者变得不重要了。新闻卡特尔对公共信息进行控制，强悍地操作和摆布新闻，为自己的商业利益和政治目标服务，而为公众的非商业信息服务却显著减少。”（**Tumber，2000：432**）思想市场被少数大媒体所控制，在广播电视领域尤其严重，限制巨型新闻公司对市场的垄断，同样需要制定有效的法律，平衡媒介市场的准入权。

在美国，根据《无线电法》（1927年），成立了联邦广播委员会（FRC），1934年国会又通过《通信法》，将联邦广播委员会改名为联邦通信委员会（FCC），专门管理广播电台及电话、电报事务。它并不直接审查广播节目，而是通过三年一度的电台营业执照审查，对广播市场进行监管。美国还先后制定了《国家电视所有权法》（1941年）、《地方广播所有权法》（1941年）、《地方电视所有权法》（1964年）、《电视——广播交叉所有权法》（1970年）、《广播——报纸交叉所有权法》（1975年），2001年还对《地方广播所有权法》和《广播——报纸交叉所有权法》进行了修订。这一系列法律法规对规范美国的广播电视市场，保障受众利益起到了不可低估的作用（**张国庆，2011**）。

同私营报纸相比，要求广播电视台的经营符合法律愈显突出。“私营报纸扩大政治、经济和社会的影响只取决于两个方面：足够数量的读者及广告商带来的经济效益同记者编辑与出版者的新闻道德。获得许可证的电台享有的新闻自由少于报纸，它必须在企业愿意做与作为‘公共受托人’需要去做的事情之间保持平衡。FCC为了履行其法定职责，对此实行非审查式的监督。”（**Gillmor et al.，1998：518**）FCC是美国广播法的执行者，约束广播电台频道播出的节目内容。“广播寻求并获准自由，但却受限地使用公共领域有限和有价值的资源，并在接受这种特许的同时意味着负有强制的公共义务。报纸则可以随着经营者的意图来运营，广播却不能。”（**Gillmor et al.，1998：649**）

唐纳德·M·吉尔摩（Donald M. Gillmor）、杰罗姆·A·巴伦和托德·F·西蒙（Todd F. Simon）以美国广播电台的频道分配为例认为，如果某地区由于设备的限制只能分配到两个电台，临近城市功率较强的电台将会覆盖掉这个地区其他电台的信号，使人们无法收听到它们的节目，这些电台之间也会相互干扰。那么功率强大的电台就有可能支配其他功率弱的电台，有实力的电台可能去申请兼并这两家电台，结果只向该地区提供一个广播服务。美国的《通信法》并未将这种情况排除在FCC授权和管理之外，国会在授权的用语中也包含防止发生这种情况的含义。《通信法》指出，"通信法的目标应该直接将公众需要最大化，而不是通过确定公众需要再制定具体的节目来满足这种需要。委员会应当通过市场机制，依靠广播媒体本身的力量来决定公众的需要，再由公众的需要来决定公共利益。考虑到第一修正案关于不得限制表达内容自由的严格规定，FCC应当逐渐淡化它在被许可经营决策中起到的作用"（**Gillmor et al.，1998：710－721**）。这就造成媒介市场的失衡，放弃法律管理而导致市场秩序的混乱。

实际上报刊市场的兼并风潮早在20世纪初就开始了，出现了同时垄断报纸和广电的新闻巨头。自2000年以来，美国一些大型工业公司已经兼并了一些公共传媒机构，其中包括对报刊的过度收购。通过使用新技术，占有其他人的股份，热衷于以合伙人的身份参与媒体企业经营，创造了传播"卡特尔"（**Tumber，2000：433**）。"在数字技术革命和应用的媒体不断被兼并的帮助下，大众传播运营的每个步骤，从内容到邮递发行和传播线路，传播卡特尔已经通过国家法律和政府机构的协助，产生了巨大的影响。这些影响发生的范围和力量在20年前曾被认为是可耻的和不合法的。"（**Tumber，2000：433**）媒体经营法规总是有利于媒体巨头，正是它们享有越来越大的市场准入权。

第三节　新闻报道的法律边界

西方传统新闻观认为，媒体的任务就是揭露。从好的方面看，媒体可以揭露阴谋诡计、间谍和诈骗；从坏的方面讲，它们会介入与公共利益无关的私人领域，而公共领域和私人领域之间有时又很难区分。在当代社会，媒体依赖公众的注意力。同时，政治家、电视"名人"等都离不开媒体，但媒体偏爱"坏消息"也给他们制造"麻烦"。对记者而言，灰色的道德地带常常使他们陷入违法境地，遭到公众与官方的指责或控告。记者最易违法的报道主要是有关隐私、诽谤、淫秽、暴力和政府机密的事件，立法机构和法官都为这类事件的不可涉足设置了边界，阐释了充足的违法理由。

一、不应和允许侵犯的隐私

当前，在西方法律中对"隐私"还没有令人满意的定义。**隐私**是自由自在的个人空间，包括个人的私生活、财产、个人行为和安宁。**隐私权**是个人空间不受他人侵犯、人人都应有法律保护的权利。分析隐私权不是以公众的感受为依据，而是以权利受到侵害的个人心理为标准。这一权利源于受侵犯的伤害而非社会道德观念，这给司法纷争提供了更为确定的法理基础。

对隐私权的界定，最为熟知的名言是"不被他人打扰的权利"（the right to be let alone）。这是美国联邦最高法院前任大法官布兰迪斯（Louis Brandeis）做出的界定。其实，最早提出类似说法的是一位名叫库利（Cooley）的法官，布兰迪斯只不过对库利的说法略加修饰。后来联邦最高法院大法官道格拉斯（William O. Douglas）也引用了这个说法。道格拉斯指出，“不被他人打扰的权利是所有自由的起点”（**Hausman，1997：158**）。

隐私和公开是对立的，正如汉娜·阿伦特（Hannah Arendt）指出的，在古代世界中，隐私是“公开世界的另一面，是隐藏着的。隐私在政治上的含义就是人最起码的应有的安谧处境（比如奴隶是没有的），否则意味他不再是人”（**Arendt，1999：64**）。虽然私人化的处境及其边界不断变化，但对个人空间有所控制是人类的需求和生存特点。人一生中最重要的事件——出生、死亡、性的亲密接触——通常要挡住人们的视线。在这个意义上，隐私与秘密的概念相关联，是一种“隐藏的、被放在一边的”东西，与神圣不可侵犯的概念相类似。但是博克却认为，秘密和隐私有着重要区别，秘密是有意隐藏的东西，而隐私是“被保护而不想让别人知晓的事情”（**Bok，1989：10**）。由于隐私与诸如身份、自主和尊严的概念相联系，在确定某事是不是隐私时，记者较多从道德而非法律角度考虑。

史密斯指出，问题不是应不应该侵犯隐私，而是侵犯什么、何时可以侵犯，以及可以侵犯到何种程度，对隐私的侵犯从合理到不合理的转折点在哪里（**Smith，2003：174**）？这需要为隐私设定界限，包括思想、行为、财产、物件、姓名和话语等日常生活中不让公众关注的方面。贝尔西归纳了三种不同的隐私：(1) 身体隐私，肢体及其行为自由而不受侵犯；(2) 精神或交流的隐私，在思想和情感上独处，按照自己的愿望进行交流，不被偷听或其他形式的侵犯；(3) 信息隐私，保护诸如医疗记录和财务数据等个人信息（**Belsey，1992：83**）。不侵犯隐私是指保证个人行为和信息不被公开，如果记者偷窃了他人的信件，但没有公开披露其内容，只能指控他盗窃，而不能说他侵犯隐私。

任何对隐私权的侵犯必须有正当的理由，即在公开隐私的同时必须证明有助于公共利益，诸如揭露或调查犯罪或不体面行为，保护公众健康和安全，揭露容易误导公众的个人或团体的言论，或揭露公职人员的腐败和不称职现象（**Spilsbury，2000：319**）。当有人控告记者侵犯他人隐私时，“用以辩护的基本论点应是：作为一名记者，你正在采访有新闻价值的材料。记者采访公众感兴趣的事情，法院通常是给予保护的，使其不受侵犯他人隐私的指控，但有时也有例外。法庭认为，只有以病态的、耸人听闻的方式窥探他人私生活，侵犯他人隐私的罪名才能成立。记者如果在一篇报道中使人处于不愉快和难堪的境地，还不足以借此指控记者侵犯个人隐私”（**布鲁克斯等，1986：443**）。

不同人的隐私权，允许侵入或不该侵入也有明显的区别。贝尔西认为，任何将本应在公共领域的信息公开，都不算侵犯隐私，媒体能够证明某则消息是在公共领域内发生的，那么发表出来就不是对个人隐私的侵犯。贝尔西把可能会引起公众注意的人分为三组：(1) 政治家或掌权者；(2) 知名人士；(3) 不希望进入公众视线的普通民众。对第一种人“隐私保护非常有限”，所有关于他们的信息都可以被取笑或批评，这可能是品位的追求，而不是什么侵犯隐私。当涉及他们的私生活，特别涉及其性道德及私人行为，能揭示他们伪善的一面时尤其如此。对第二种人来说，如果要揭示他们的私人信息，最好应当得到他们的同意。而对第三种人来说，必须得到同意后，才能揭示其隐私（**Belsey，1992：82**）。

人类社会已进入信息化时代，盗取他人信息如同盗窃财富一样严重损害他人隐私和利益。入侵他人电脑，对他人的隐私与财产可产生巨大的危害，甚至可能对一个国家造成毁灭性破坏。西方国家加强了对信息数据库使用的立法，例如，澳大利亚的《隐私权法案》（Privacy Act）、德国的《数据保护法案》（Data Protection Act）、瑞典的《瑞典数据法案》（Swedish Data Act）、英国的《数据保护法案》（Data Protection Act）等，都是保护网络隐私的法律。1998年英国颁布的《数据保护法案》规定，政府采集与公民自身或企业有关的信息，必须遵守资料保护的法律与相关程序，维护资料安全，确保信息收集行为的合法性、收集目的的正当性、收集过程的科学性、信息内容的正确性、数据的完整性和准确性。无论政府和个人都不准侵入他人电脑窃取数据。

二、亵渎性诽谤与煽动性诽谤

诽谤的要害是损害一个人的名誉；而侵犯他人隐私则是妨碍其行使独自生活的权利。

有关公众人物和官员的诽谤诉讼案重要的是，记者是否知道报道错误或忽视核实事实。"如果你无恶意地发表关于本镇镇长或本县县长的有误报道，对方不能成功诉你诽谤。只有你提前知道这个信息是假的，或者你根本就不怎么关心事实，没有对人们声称的东西进行核实，诉案才能成立。"（**Gibbs & Warhover，2002：387**）就一般而言，诽谤和中伤都由以下因素构成：它是错误的，而且败坏了人的名誉，使被报道者名声扫地。

诽谤是损害他人名誉的行为，其目的是使被诽谤者在公众面前被人憎恨、鄙视或嘲讽。这类新闻的内容主要有三方面：（1）指责一个人犯了罪；（2）指责一个人渎职或违反职业道德，从而破坏其声誉；（3）指责妇女不贞。记者为防止诽谤，除了不直接损害新闻主体的名誉，还要真实地报道外界对某些丑陋行为的披露或判定。记者在一定条件下享有报道官员谈话的特权，这个条件就是必须一丝不差地报道谈话的内容，或充分、公正、准确地报道法庭对案件的审理、议会开会及总统的记者招待会，即使在这些场合中发表的言论有损于别人的名誉（**布鲁克斯等，1986：433-435**）。布鲁克斯等认为，在这种情况下记者不负法律责任，而是信息提供者、判定者犯有诽谤行为，记者只是做了真实的报道。但就严格的法律规范而言，记者也应承担重要的法律责任，因为正是记者的报道使诽谤内容得以扩散，严重地损害了被诽谤者的名誉。

有两类诽谤极其敏感，直接涉及记者违法问题。英国学者指出，一是**亵渎性诽谤**，习惯称亵渎罪，指恶意败坏客体的形象和名声。现在很少对这种犯罪提起公诉，然而，此种犯罪应负刑事责任。欧洲人权法院认为，只要相关限制为法律所规定，与其所追求的目标相适应，法院支持保护宗教感情而对言论亵渎施加惩罚。二是**煽动性诽谤**，可致使相关人员承担刑事责任。1991年小说《撒旦诗篇》在英格兰和威尔士的穆斯林群众中引起广泛的不满，作者和出版商被指控犯有煽动性诽谤罪。为了表明煽动性诽谤罪的存在，必须证明出版商或作者存在煽动故意，只举证行为人存在不同信仰或敌对情绪的故意，不足以证明其犯有煽动性诽谤罪。"此种犯罪中的故意必须涉及特定事项的主观态度，即其旨在煽动暴力，或制造公共骚乱，或旨在使女王政府或其政府机构陷入无序状态。"（**Spilsbury，2000：421**）

如果一个报道被恶意地制造出来，其主要目的是对原告造成破坏，给原告造成损失，那么这个报道本身成为证明报道者恶意的重要因素。被告的恶意大都要从他所说、所做、所知中推导出来（**Spilsbury，2000：152**）。为了对诽谤行为提起成功的诉讼，名人不得不证明对其姓名或肖像的使用已对其名誉产生了损害。“在通常情况下，指控诽谤包括这样一个断言，即对名人姓名或肖像的使用产生了使其信用低下的效果，将其人格暴露在人们的嘲弄之下”（**Spilsbury，2000：425**）。

网上言论多是匿名发表的，公众很难知道信息发出者和转发者的身份，这就鼓励了一些别有用心的人实施诽谤行为。从英美等国的判例看，网络诽谤被看作**永久性诽谤**。其法理是，尽管网上的文字和图片可以被删除或更新，不像报刊书本的文字图片那样永久存在，但网上的诽谤可能被很多人下载以数码或其他形式保存，构成永久性诽谤。网络内容服务商（ISP）的法律责任就是：它们等同于传统媒体的发行人，对用户在网上的诽谤行为负责。如果有人在网络上撰写文章、散布谣言诽谤他人，ISP同样要负相应的法律责任。

从法理上讲，那些通过电子邮件把这些言论转发出去的人，也可以被起诉诽谤。任何一个网络使用者在接触到诽谤性的信息或言论时，可能阅读，也可能读后立刻把言论转发给他人。国外有的法学家因此认为，每传出去一次，在法律上就等于一次发表或散布（publication），都可以被追究诽谤的责任（**张西明，2001**）。

三、披露秘密信息的法律底线

半个世纪以来，美国媒体的几乎所有爆炸性、划时代的新闻都来自秘密渠道，如越战经过（五角大楼文件）、“水门事件”、克林顿性丑闻、烟草和核工业谎言及安然公司真相。对1万个报纸、杂志和电视故事进行调查的“2005年美国媒体状况”发现，有13%的“大新闻”来自秘密渠道。在西方，约束泄露秘密信息的法律，不仅涉及国家机密，也包括私人企业和其他组织的内部机密。防止侵犯秘密的法律有多种实施的理由，而且适用于各种各样的情况，让法律诉讼中的原告有了法律依据。

向媒体披露国家机关或私人组织的秘密的人，被称为“吹哨人”或“深喉”，披露对象大部分有欺诈与腐败、侵犯公众利益或其他不道德行为。在遇到强势的行政权力或企业时，人们往往无法正常揭露内幕性的丑陋行为，甚至在揭露后受到报复。鉴于此，英国国会于1998年7月2日通过了《1998年公众利益披露法》（1999年生效），建立了保护揭发秘密信息者的法律框架，使之免于受迫害和被解雇。该法规定，雇员在揭露恶劣性内幕时，必须基于善意，通过合理的方式进行：（1）举报人首先要确认自己所披露的内容正确；（2）举报人在向法律规定的相关单位披露前，不应将消息捅给媒体；（3）不应单纯谋求个人利益。

严格的披露要件可以降低该制度被滥用的可能。“在对秘密信息进行披露的场合下，当公共利益的要求超过了保密责任的重要性时，此类秘密信息的披露将被许可”（**Spilsbury，2000：196**）。格理菲斯（Griffiths）法官发现，“我毫无疑问地认为……在对秘密提出私人要求的情况下，如果秘密的性质、保密责任以及损害或潜在的损害这三个基本因素都被确立，被告人就要承担举证责任，以证明至关重要的公共利益应抵消原告人被赋予的保护其秘密信息的权利”。

长期以来，西方新闻界有一条重要规则，即如果秘密消息来源向记者提供了可用于公开报道的信息，记者和媒体则不应披露其身份，承担对不愿透露身份的人保密的责任，即保护新闻来源的道德准则。记者这一特权，是建立在采集新闻过程中获得的消息，包括记者的笔记、文件、照片、录像等具体内容，有不受外在强制力威胁而保持沉默的权利的基础之上。记者对消息来源的保密特权，是建立在消息是否与公众利益有关，以及消息是否对国家安全、社会秩序、人民福祉产生立即且危险影响的基础之上。当记者为了商业利益与个人私利而保守新闻来源的秘密时，就不再享有这个特权了（**彭家法，2004**）。

2003 年 5 月，BBC 援引一位“source”的话报道说，英国政府为了寻找出兵伊拉克的理由，故意夸大了伊拉克武器威胁的能力。这一报道使布莱尔政府陷入尴尬。报道该消息的 BBC 记者吉利根事后透露，英国国防部生化武器专家、曾参与联合国对伊拉克武器核查工作的凯利，就是向自己提供这一消息的“source”。在凯利的身份暴露之前，《泰晤士报》、《观察家报》、《卫报》等英国主流媒体就已经开始把向 BBC 透露这一消息的人称为“鼹鼠”（mole，喻指间谍）。吉利根的泄密使凯利难以承受巨大的精神压力，于同年 7 月 18 日割腕身亡。“凯利事件”表明，记者违背保密承诺会对消息提供者带来相当严重的后果。

2003 年《纽约时报》报道驻尼日尔前大使约瑟夫·威尔逊驳斥美国总统布什发动伊拉克战争的理由不能成立，其中将其妻子、中情局女特工普拉梅的身份披露于报端。据认为，《纽约时报》记者朱蒂丝·米勒与此事有关，泄密者无疑是白宫内部布什身边的高层人士。披露特工身份在美国属于重罪。2005 年 7 月，联邦法院调查这一案件时，米勒拒绝透露她的消息来源，独立检察官菲茨杰拉德向相关证人施压，法官托马斯·霍根（Thomas Hogan）判决米勒以妨碍司法罪入狱 120 天，还暗示要对这名女记者作出更严厉的刑事处罚。

英国现行《官方保密法》也涉及国家安全、情报、国防与国际关系的保密信息，违反《官方保密法》可以处以 3 个月至 2 年刑罚、罚款或两者并罚。安全保密审查分为反恐审查、涉密审查、直接人员审查和生活圈审查四个等级。但直到 2013 年，英国法庭对媒体泄露国家机密的案件很少做出严厉的法律判决。2013 年 8 月 18 日英国当局在机场扣留了最先报道斯诺登揭露美国监控计划的《卫报》记者格林沃尔德的伴侣米兰达。英国警视厅证实，28 岁的米兰达从德国乘飞机在伦敦希思罗机场中转，前往里约热内卢，他们以反恐法为由将其在伦敦机场扣留了 9 个小时，切断其同外界的一切联系，其个人物品被没收，包括手机、电脑和存储设备。在人权组织的谴责下，英国最后释放了米兰达。

四、淫秽内容的分级限制

色情和暴力内容的泛滥一直是西方媒体突出的问题，大部分国家的政府认为出版或散发淫秽材料是犯罪行为，对传播这类内容的预先制约是符合宪法的。它们制定法律法规致力于不让儿童接触色情作品，但成人有获取这类材料的自愿权利。在德国，刑法禁止散发有关儿童内容的色情材料；在瑞典有关性暴力的图像受到禁止；在美国禁止向 18 岁以下未成年人出售任何色情作品和物品，针对媒体传播淫秽、儿童色情和猥亵制定了专门的法律。

美国法院对这类问题有判定的标准。**淫秽**是指具有腐化和败坏思想倾向的出版物和淫秽物，持有者因为阅读此类读物和看到淫秽物产生性欲而导致堕落。即使作品中有色情内容的描写，但只要它不是整部作品的基调，就不会被认定为淫秽作品。美国最高法院强调：第一，作品或物品明显令人厌恶（patently offensive），明显违反描写和表达性事的当代社区标准。第二，完全没有社会积极价值（redeeming social value）。第三，只有赤裸裸描写性行为的色情作品（hardcore pornography），才应当受到处罚。第四，认定赤裸裸描写性行为的色情作品时，所参照的当代社区标准应当是地区或各州的标准，而不是全国的标准。**儿童色情**是指与儿童有关的色情印刷品或视听产品，比如有儿童参与的色情音频、视频作品，或在杂志、报纸上登载儿童色情文章、图片等。作品无须达到明显令人厌恶的程度，只要涉及儿童，就应受到法律严惩（**New York v. Ferber，458 U. S. 747，1982**）。最后是**猥亵**。凡是与“下流”和“粗俗”言论、行为有关的内容，都称为猥亵，具有“明显令人厌恶”的特征。衡量的标准是言论与行为是否粗鲁（vulgar）、令人震惊（shocking），该言论或行为是“集中”（concentrated）且反复出现（repeated）还是“短暂”（fleeting）且孤立（isolated）地出现在媒体或公开场所，能不能排除青少年观看或收听，以及作品本身是否具有社会积极价值。1992 年的《公共电信法》（Public Telecommunication Law）规定：猥亵性节目只能在晚间 12 时到第 2 天的 6 时之间播出；如果电台、电视台的节目在晚上 12 点之前结束，则可以将此类节目的播出时间提前到晚上 10 点以后。

英国于 1959 年修订了《淫秽出版物法》（Obscene Publications Act），规定“造成在一切相关情景下很可能读到、看到、听到其中所含或所示内容的人的堕落腐化，那么该出版物则被认为是淫秽的”。德国刑法典第 184 条 C 款规定，通过媒介或视频传播色情表演，包括直播现场表演，将受到惩罚，除非通过采取技术或其他防护措施确保 18 岁以下的人看不到表演。德国刑法典第 184 条 B 款规定：获得或拥有儿童色情影视材料的，将面临 2 年以下有期徒刑；为他人搞到儿童色情影视材料的，将面临 5 年以下有期徒刑。

美国《儿童互联网保护法》把在网上向未满 18 岁的青少年传播色情内容的行为视为犯罪。早在 2001 年美国司法部就摧毁了全美最大的传播猥亵儿童内容的网站，逮捕了 100 多名涉案人员，其中两名责任人分别被判处终身监禁和 14 年有期徒刑。美国一家名为“提倡保护儿童网站协会”的非政府机构，通过与许多网站及热心人士合作，举报和查证各种色情网站。他们对被举报的色情网站的服务器、收费方式、IP 地址、拥有者等进行分析，一旦发现儿童色情内容就会向美国联邦调查局、全国失踪和受虐儿童中心等政府机构报告。据统计，2003 年以来，该协会已经分析了 47.5 万个色情网站，向政府机构举报了 7 800 多家网站。

第四节 新闻判案的法理与原则

从总体上看，西方的新闻法治基本是完善、健全的，新闻法律法规对新闻内容与报道方式有清晰的界定，这是调整和解决媒体社会冲突的重要、合理的依据。在英国，有关信息公布方面的法律有 250 多部，这些法律涉及诽谤、中伤、藐视法庭、亵渎以及未成年人、恐怖主义和国家安全事务等方面的规定。但“法律并不完全等于正义和善良，这几乎是公认的真理。然而，如果我们承认一部法律本身是正义或善良的，那么它就是提倡道德行为的最佳途径，能够为人们规定一个可以普遍接受的行为框架”（**Belsey & Chadwick，1995：465**）。西方各国的立法机构和法院面对新闻案件，遵循社会道德和公众利益的法理原则，既保障法律赋予记者的权利，又严格约束记者不逾越法律边界。

一、言论自由的相对原则

西方对言论的界定非常宽泛，口头语言、书面表达、音乐、绘画甚至行为都是在表达意愿，同样都是语言，新闻报道自然也是一种言论形式。在司法实践中各国最高法院实际将“言论”分为三类：**纯粹言论**、**象征性言论**（symbolic speech）和**附加言论**（speech-plus-conduct）。纯粹言论是指“口语、文字、图画、音像、肢体语言等纯粹用于表达、展现思想、技艺等而不与外界或他人直接发生物理冲突的形式和手段”。象征性言论则是指“目的在于表达、沟通或传播思想的行为”，如焚烧国旗、佩戴黑纱等。附加言论即语言加行动，通常指“在设置纠察线（或警戒线）的游行、示威时，言论和行动的并用”。这三种言论一旦违法，就会给社会秩序造成不同危害，法院对它们制定了不同的法律处罚规定（**甄树青，2000：23-24**）。

西方法律界普遍认为，纯粹言论应受到最高保护，象征性言论近似纯粹言论，如果表意行为正当，也可适度保护，附加言论则被认为应受到限制，因为“它是在没有交流作用的环境中的语言表达形式”。1968 年美国首席大法官沃伦代表最高法院提出，只有在满足下列条件的情况下对非言论部分进行限制才是符合宪法的：(1) 促进重要的或实质性的国家利益；(2) 与压制自由表达无关；(3) 自由带来的附带限制不得大于促进政府利益所需要的程度。如果政府对象征性言论的限制已经构成内容限制，那么法院将转而判定其是否符合审查标准，政府必须证明审查的目的是实现国家利益。最高法院往往赞成对附加言论实行严厉的管制（**巴伦等，1995：202，189**）。

美国最高法院将言论划分为信息限制和“内容中立”限制两部分，法律只对蕴含价值的言论提供保护，凡是不能在一定程度上提升价值的言论，如亵渎宗教信仰的言论、散布仇恨的言论、歧视性言论、欺骗性言论严格禁止在媒体上传播，淫秽言论、虚假陈述、不良商业广告等也不应受法律保护，或只受到最低保护。**高价值言论**指的主要是正确的但看上去是危险的思想和信息；**低价值言论**则是指商业言论与包含不正当思想的言论，蕴含价值较少，也应受较少的保护。法院对“低价值言论”的法律限制比对“高价值言论”宽容得多，因为对其限制与其所传达的内容无关，只是限制其发表的时间、地点和方法，如禁止在医院附近进行嘈杂的演讲（**Stone et al.，2012：16-17**）。

对不同类型的言论，决定是否限制及限制的方法也不同，一般认为对政治性言论的限制比较严格，而对商业性的违法言论的限制则比较宽松。各国根据自己对言论自由的理解，从自己的价值观出发，确定对言论限制和保护的程度，也是一种相对主义原则（**侯健，2000：100-**

104)。

网络言论属于纯粹言论，根据纯粹言论本身的性质，应该适用相应的保护原则。对商业广告、“不当言论”等“低价值言论”，给以比较宽松的原则进行法律限制。淫秽言论是不受保护的言论，绝禁其在网络空间中传播。猥亵言论与“不当言论”的性质完全不同，猥亵言论不受保护，而“不当言论”却应视其情况而可能受到保护。此外，对于网上的谣言诽谤，应依据诽谤法予以严格限制和制裁。

二、“明显而即刻的危险”的原则

1919 年美国社会党总书记申克因散发传单、煽动男子抵制征召入伍，被联邦区法院判决违反《1917 年的侦察法》(Espionage Act of 1917，又称《反间谍法》)。申克认为侦察法违背宪法第一修正案对言论自由的保护，上诉到联邦最高法院。联邦最高法院一致认定申克构成犯罪。但首席法官霍姆斯（Holmes）在判决意见中写道：“我们承认，被告传单所说的一切，若在平时的许多场合，都属宪法所保障的权利。但一切行为的性质应由行为时的环境来确定。对言论自由要作最严格的保护，不会容忍一个人在戏院中妄呼起火，引起恐慌。一切可造成暴力后果的言论不受保护。一切有关言论的案件，其问题在于所发表的言论在当时所处的环境及其性质，是否能造成明显而即刻的危险，产生实际祸害。如果有这种危险，政府就有权阻止。这是一个是否迫近和程度的问题。当国家处于战争状态时，许多和平时期可容许的言论，因其妨碍战事而变得不能容许了，法院也不认为它们是宪法所保障的权利”（**Cited in Geoffery et al.，2013：944**）。这就是有名的惩处有即刻危险的言论的原则。

从法理上看，美国宪法第一修正案保护言论自由不是绝对的权利，对言论自由的保护，有时间、环境与场合的差别。在特殊条件下有些言论对国家和他人能产生即时的危险，应采取法律手段立刻强行制止。对言论自由的保护是普遍性原则，限制只是例外。在涉及言论自由的讼案时，言论是否要承担责任，要视发表言论的性质和当时的环境而定。言论有罪的判决，必须能证明被告的言论，确有导致实际祸害的明显而即刻的危险，若仅仅认为它有“恶劣倾向”是不够的。

到 20 世纪 50 年代，该项原则的内容在新闻判案中有所变化，如 1951 年的丹尼斯诉合众国（Dennis v. United. States）案，首席法官文森明确指出适用“明显而即刻的危险”原则，但他又强调，追究言论的责任并不绝对要求造成的祸害是现实的，还可以是潜在的，排除了对言论造成祸害的时间，也就是否定了言论责任的“即刻”的限制。另外，不考虑言论的环境，只要言论是法律所禁止的就予以惩罚，纯粹以言论的性质来论定言论的责任（**荆知仁，1984：162**）。1969 年在“布兰登堡诉俄亥俄州”（Brandenburg v. Ohio.）案中，法官布兰克（Black）和道格拉斯（Douglas）一致认为，不能以“明显而即刻的危险”的原则来阐释宪法第一修正案。但 1978 年首席法官史蒂文斯反驳了上述法官的看法，强烈主张对一切试图控制言论自由的立法，要根据严格的“明显而即刻的危险”标准进行审查（**Rotunda，2010：728**）。

三、“媒介过失”和“实际恶意”原则

1964 年在美国“《纽约时报》诉萨利文”一案中，大法官布伦南（Willian Brennan）认为，公共官员应当接受媒介监督，而新闻媒介在报道公共官员行为时是很难做到不出一点差错的，媒介犯错误的权利必须受到法律保护，因为真理需要这种生存空间。由此美国最高法院确立了这样一个原则：为保障宪法的权利，公共官员起诉新闻媒介诽谤案，不仅要证明有关内容已经发表，给自己造成了损害，而且要证明被告具有“实际恶意”，才有可能胜诉。此案后，“媒介过失”与“实际恶意”原则被多次援引，使新闻媒介在诽谤诉讼中处于非常有利的地位。

当时美高等法院强调，如果政府官员想在与其相关的名誉损失案中胜诉，必须举证说明被告（媒体）在做出那些具有诽谤和诬蔑的报道时怀有恶意，即媒体在报道时清楚地知道使用的材料或信息是“虚假不实的”（false），或对其使用的材料和信息的真伪予以“肆无忌惮的无视”（reckless disregard）。布伦南法官将此称为“**实际恶意**”原则，美国最高法院把“实际恶意”定义为明知新闻陈述是谬误的，却“毫不顾及”地公布于众，该原则成为后来美国法院处理类似案件的指南。

1967 年最高法院又将这一原则适用的对象从“公共官员”（public official）扩展到“**公众人物**”（public figure），包括娱乐明星、体育精英、工商大亨、知识权威和社会贤达，甚至社区负责人。这些人在长期活跃于公众面前而博得知名度后，被新闻界曝光见不得人的隐私，无可厚非。他们由于新闻界的不慎而被错误地曝光并损失一点荣光，不宜追究媒介的责任，这是媒体对社会强势人物进行舆论监督难以避免的过失，也是这种监督应有的代价。但媒体必须公开更正其报道错误，澄清事实，恢复公共官员和公众人物的名誉。而普通人物（private figure）受到诽谤时，要打赢官司则只需证明媒体和记者言论不实，不需要证明有没有实际恶意（**李亚虹，1999：173－174**）。

但美国司法界的另一些人士认为，“实际恶意”规则存在明显的缺陷，因为对“实际恶意”的认定是个司法难题。对同一种行为，视角不同，描述的语言会有很大差别，何谓正当批评，何谓恶意侮辱，难以确定二者的界限。如果没有立法或司法的严格解释，承办案件的法官就会无所适从。新闻腐败也可能在这种法律漏洞中繁衍滋长，某些记者借此进行隐蔽的恶意攻击，会轻易得手。因此不少人试图对这一规则作出某种程度的修订，但提出的任何提案和建议都无法堵住这一原则的漏洞（**德沃金，2001：267**）。

四、使用媒体的均等原则

在西方，政治家认为他们的命运很大程度上取决于媒体，特别是广播电视公司怎样对待他们。美国 1927 年的《无线电法》第 18 条在广播公司和政治候选人的关系上，对广播公司提出了两个约束：第一，让法律上合格的候选人在竞选公共职位时使用电台或电视台，必须为候选人的竞争对手提供“平等机会”；第二，不管候选人何时按照该规定使用电台或电视台，广播公司都不能对其进行节目审查（**Gillmor，1998：793**）。

美国的FCC还规定，候选人可以获得自己想要的播放时段，为防止广播公司把自己青睐的候选人的节目放在平时人们上下班开车时播出，要求给他的对手也提供相等的时段，即两个竞争对手的播出时段完全一致。要使他们的听众或观众也一致是不可能的，因为安排两个人必须出现在同一个节目中是有困难的。如果把两个人出现的时间放在明显不同的时段，收听收看节目的观众、听众数量将迥然不同，会与“机会均等原则”相抵触。FCC认为，“平等机会意味着候选人在获得使用电台或电视台的机会时所签订的商业条件必须是相同的，比如支出的费用是相同的，不要求必须向候选人提供免费的播放时间，对待互相竞争的候选人必须采用相同的规则”（**Gillmor，1998：711**）。

所有国家的新闻伦理规范都要求公正地对待新闻主体（**Keeble，2008：12**），这一原则不仅适用于候选人对媒体的使用，还推及媒体对有争议的新闻主体材料的引用及报道量的多少，都必须是公平、公正和客观的。英国电台和电视台遵守更为严格的公正性和无偏见的准则，它们的规范反映了法律监管的要求。这些准则规范承认报道政治和社会问题的复杂性，允许通过多个节目而不是单个节目来达到公平性。“不同的规范只是在对新闻公正性的程度上有所差别。公正性一般是指不能对事实和引语的选择进行歪曲，要分辨事实和评论，对争议的所有方都有评价，以及任何不公正或重大错误都要及时更正，有必要的话还可向有关方面提供辩驳权。”（**富兰克林等，2008：99**）

【本章思考题】

1. 简述西方新闻法治形成的历史。
2. 为什么说西方新闻法治是人权与民主制度的产物？
3. 详述西方的新闻法律制度。
4. 英美法德有哪些新闻法律法规？主要内容是什么？
5. 论述思想自由市场的失灵。
6. 新闻立法与判案应遵循哪些法理与原则？
7. 言论分为哪几类，它们的主要含义是什么？
8. 详述西方对侵犯隐私、诽谤、泄露国家机密与传播色情暴力内容的法律限制。

第十章 媒介体制与新闻管理

【本章要点】

西方大国的新闻管理，主要通过对媒体的柔性控制，达到政府与媒体合作与冲突的平衡。政府的新闻管理包括施压、妥协、新闻检查、发言人引导、民主托管和公共服务体系的运作，借助监视、安抚、法律诉讼、信息公开、信息垄断和媒体公关等措施，诱导和影响媒体的报道，形成自由、制约和社会责任统一的媒介体制。

英国学者鲍勃·富兰克林等在2005年出版的《新闻学关键概念》一书中说："**新闻管理**这个词很大程度上能够自我解释，它是指某些组织和个人通过各种手段来'管理'与其相关的新闻并影响媒体的报道。因此，新闻管理与议程设置、议程建立和建构等问题有着密切联系。"（**富兰克林等，2008：223**）美国学者贝内特也指出，"管理媒体已成为成功的政治统治的重要部分。从市政厅到白宫，从基层的社会运动到庞大的利益预期组织，都是如此。尽管它们管理的基本方法在不同级别都大体相似，但没有一个地方的新闻媒体比在白宫可能遇到更高的风险。就总统这个级别来说，从20世纪50年代就加大了对新闻媒体的日常管理"（**Bennett, 2011：176**）。

第一节 新闻管理与媒体应对

贝内特举例说，当比尔·克林顿抵达华盛顿就职时，有1 700多位记者、电视制作人、技术人员和其他有关人员共2 800人聚集在白宫。如果没有充分的管理、安排设计和措施，一位政治家将如何应对这么一大群人。"白宫的媒体操作是与媒体力量一起，有时甚至是早于媒体开始策划的。"政府通过体制途径进行新闻管理，包括新闻审查、国防通告和新闻秘书的每日吹风会，全方位地控制媒体的新闻报道。

一、政府对媒体的监控与渗透

西方主要大国的政府都努力增强管理和操纵信息的能力，因为"媒体是仅有的几种可以向其挑战的力量。从君权神授时代直到今天，政府已认识到：信息意味着权力，控制信息（至少在一定程度上）对获得公众对其政策和指令的支持十分必要”（**Dennis & Merrill，2005：23**）。西方新闻媒体和政治家都依赖对方，但又都很机警，经常相互猜疑和警惕。当记者过于激进和苛刻时，新闻管理的运作通常会出来救场。

不能控制新闻就等于政治上的失败，正如美国一位总统竞选的策划者说，“竞选的实质在于利用媒体”（**Arterton，1977**）。“没有离开新闻现实的政治现实”——这一论断源自罗纳德·里根的首席助手詹姆士·贝克。有一次，全国广播电视网记者问贝克：“总统似乎不愿对他向国会提交的一项糟糕的预算做出妥协，这是为什么?”贝克回答说：“任何妥协或示弱都是不可取的，因为在媒体中‘出现的每一件事都事关输赢’。”（**NBC News，1981**）为此，政府把新闻管理看得十分重要，竭力把媒体吸附在自己的新闻政策之下。

英国媒体管理借助简报制度（又称大厅制度），给记者提供当天新闻事件及其评论，新闻里出现的“政府相信”、“据首相身边人员透露”等这些字眼，使政府信息的准确度被不断增强或质疑。当政府面临冲突的时候，这样的托词也被大规模的谎言所填充。在1991年海湾战争期间，西方政府关于伊拉克军队抢劫育儿院然后让那些小婴儿慢慢死去等虚假消息，通过为科威特政府服务的Hill和Knowlton公关公司发动媒体大肆传播，让西方各国的民众十分震惊，推动了选民投票支持政府发动战争，导致对伊拉克的一次智能武器的打击（**Briggs & Cobley，2002：74－75**）。英国政府极力拉近和记者的关系，让记者进驻政府各主要部门，对媒体进行渗透。进驻政府部门的专业记者参加报道政策的讨论，大量新闻价值由政府机构——新闻办公室、国防部、教育部、农业部等部门首先提出来，记者或附和或接受新闻定调，使英国政府实际成为重大新闻的生产机器。

在2012年一系列窃听丑闻被发现后，英国三个主要政党就成立新闻监管机构一度达成协议，但对细节问题分歧较大。负责调查窃听案的莱维森法官也建议成立一个有立法支持的、独立的媒体监督部门。他在调查报告中指出，英国媒体与政党游说团体以及政府官员的关系过于密切。由于报业的反对，各政党的具体意见没能统一，枢密院的立场也摇摆不定，这个机构至今没有建立起来。

众多证据显示，美国政府为监控媒体，耗费巨资操纵媒介的信息传播，总统的职位也作为信息控制的手段——通过总统制造新闻，策略性地泄露情报，诱导媒体支持政府的政策。“策略性泄露在政治上的运用，反映了媒介与政府的共生关系：政府需要媒介传达信息并支持政府，媒介则需要政府这个主要消息源，媒介与政府之间的信息双向流动进一步加强了媒介与政府的合作”（**Jamieson & Cappella，1997：151，153**）。在美国，让新闻机构进驻政府的主要部门，以至进入国会和最高法院，采集的新闻大多来自新闻发布会、新闻会议、政府的每日简讯和官方会刊，毫不费力地把记者置于政府的监视下。白宫新闻团有200多名记者，每位记者在听取白宫披露的信息和观点后，可以自己决定报道。不用担心他们中的个别记者会唱反调，因为事实和政府的观点来自白宫，多数记者奉行客观报道就十分奏效了。克林顿的新闻秘书认为，这是成功的做法。在媒体的四次报道中，有一次能找到我们想要的新闻，有两次反映了我们的观点，哪怕还有一次新闻界不听我们的话，也就足够了。美国的新闻管理已经技术化，政府保证不冷对媒体，但又最大限度地、巧妙地让它们维护政府的立场。

在法国，有两种新闻管理的理论和政策：一直争论不休。一是鼓励媒体竞争，让公众自由选择不同内容的新闻媒介，维持**新闻多元主义**；二是媒体作为重要的意识形态部门，政府有必要代表社会对其进行掌控，实行**新闻国家干预主义**。就报业而言，法国从未放弃竞争原则，但又始终未脱离国家的保护和资助。“一方面，国家通过各种法律条款力图维护竞争局面，如对报刊企业的创办和企业形式的放任，下调报刊企业创办资本额，限制报业的集中和垄断。另一方面，国家保留对报业‘神圣的保护’，努力使大小企业地位均等。主要措施是给予报刊企业一视同仁的资助，包括减免税收及实行新闻订费和新闻纸价格的统一政策。”（**张玉、黄延峰，2006**）许多法国学者认为，国家对新闻媒介的干预，能保障弱小声音在媒体上传播，竞争只能导致集中和垄断，葬送多元主义原则。宪法委员会宣布要保护报业的“多元主义”，防止媒体过度集中，保证新闻记者的活动自由和作者的“观念自主权”。

大众媒介在发达资本主义社会是传播思想和价值观的代理机构，绝不会挑战现存权力，何况有些报纸是由政府或政党办的，多数报纸有政党倾向。例如，德国的许多区县一级的报纸主要由政府主办，政府对这类报纸一般实施直接控制。“这些官方报纸除了刊登官方公告和广告外，包揽了区乡、协会和教育部门的所有通告，可以使公民随时了解本地区发生的重要事情……有时它们被指责为市长的单向传声筒。出版商十分厌恶它们，因为区县报纸夺去了他们的广告，而且还截留了商业日报刊登官方公告的收入。”（**Meyn，1996：70**）西方政府或政党所属的媒体，成为政府直接管理的对象，它们成为政府宣传和报道的工具。

二、媒体对政府管理的反弹

并不是所有媒体都接受政府的管理，与其配合默契；一家媒体也不是在任何时候和任何问题上都与政府合作。威廉·哈克滕和詹姆斯·斯科顿指出，报业为公众利益服务最重要的，“是通过更多、更广的信息来源，传递反映尽可能多的事实的新闻……通过一千张嘴得出的结论，也许比任何一种形式的政府指令都更正确。对于很多人来说，这也许只是一种愚昧的见解，但是，我们确实把宝押在了这上面。在国际上的有关争论中，西方新闻理论坚持认为，**信息的自由流通**不应受到任何干预与制约，任何国家的政府都不应妨碍新闻的采写与播发。对各地读者与观众来说，只有不受官方限制的新闻媒体才是最可靠的”（**Hachten & Scotton，2011：51**）。“不论作为人际交流还是大众传播的中介，新闻都是社会控制的有力工具。这是因为人们依赖新闻提供的现实图景以采取行动。因此，针对新闻控制权，必然会产生种种斗争。”（**Mc-Manus，1994：233**）有些媒体对政府的控制，往往采取多种手段进行反击。

这样，政府的新闻管理与一些媒体的抵制，使两者时时处于尖锐冲突中，特别是国家元首一旦行为出轨，便遭到媒体毫不客气的攻击。美国总统从乔治·华盛顿到乔治·布什，都能找到被媒体气得发疯的例子，尽管总统本人都表示对新闻自由的信仰。丹尼斯指出，“政府和媒体不总是和睦融洽的。政府和政府领导人需要公众支持他们的政策，而新闻界通常扮演的是敏感而尖刻的批评家的角色”（**Dennis & Merrill，2005：18**）。主流媒体报道的政治内容可能会惊人的统一，但是它不会总是照搬政治家的原稿。“当政治家陷入个人危机、丑闻或者权力斗争时，新闻媒体会一下子从四面八方涌来，仿佛一群饿狗吞食他们的政治猎物。如果再加上一些性丑闻的线索或者众所周知的政治贿赂，这种群起而攻之的阵势，能使一些有权有势的大人物身败名裂。”（Bennett，2011：310）

新闻界可以监督政府，看政府是否正确履行其职责。媒体和政府作为“对头”存在，被人们看作是合适的和必需的，这种概念经常出现在西方新闻工作者们的言语中。全世界的批评家都认为，美国媒体与政府的“对立关系使美国媒体与众不同。美国媒体在极大程度上是保持低调的，但有时也会挺身而出，猛烈地抨击政府。这时候政府消息源就被当成是充分揭露和信息自由流动的敌人来对待。当然，在大多数情况下，媒体采取这种极端态度是没有必要的，但大多数记者赞同对政府活动采取基本不信任的态度”（Dennis & Merrill，2005：29）。

造成这种紧张关系的第一个原因是，政府常常指使媒体报道官员的活动和讲话，遭到拒绝后则指责媒体违背国家利益。而“报纸的现实也往往是只刊登这些身居要职者和要人显贵的自我表白。然而，新闻记者每天都必须决定是发表还是扣压这些题材。新闻记者毕竟在制造政治，尽管他们并不想这么做”（哥罗姆贝斯，1990）。第二个原因是，政府管理新闻的手段强硬，态度傲慢，常常受到媒体的冷遇。英国学者富兰克林等曾指出，“工党政府非常热衷于管理新闻媒体中对其事务的讨论，以至于一些记者认为他们有时对于院外记者团的态度是相当倨傲和轻蔑的。一位资深记者曾将工党政府和新闻传播主管描述为‘控制偏执狂’”（富兰克林等，2008：223）。

造成媒体与政府关系紧张的第三个原因是，政府的媒体政策受到各种不同哲学思想的影响，正在走向权力强化主义，对媒体的自由主义传统难以容忍。英国学者詹姆斯·科伦和珍·辛顿指出，“媒体运营对官方的主要思路，都有共同之处，就是怀疑政府不会支持媒体的自由主义。对政府的这种怀疑，在历届皇家报业委员会上尖锐地表现出来，它们的报告与其他媒体调查，也隐约地表现出某种冲突”（Curran & Seaton，2008：384）。

媒体与政府关系紧张的最根本原因在于，记者坚持独立报道、不受政府摆布这一观念根深蒂固。在德国学者梅恩看来，“如果新闻记者不加批判地照搬政治家说的话，那么，他们就会变成政党的免费搬运工。查证事实的原则不能丢。政治家是否真的说了什么，或者说官员廉洁是否只代表他自己的立场，必须进行核实。……为了报纸这个事业的利益，报社、总编室和编辑必须步调一致。报纸不能屈服于政治家及政党的日益提高的申诉权。从公众代理人的责任来说，报纸是政治文化的重要载体。它刊登什么，以什么形式刊登，都不能受人控制”（Meyn，1996：59）。在西方民主政治中，传媒的合法性和在公众中的可信度是建立在它们的非政治地位和没有明显的政治倾向的基础上的，尤其是没有公开的党派的政治动机，这一定位使它注重人格和事件的流动而不是政策的基础（哈克特、赵月枝，2005：140）。

但有的学者和记者认为，新闻界把自己看作政府的对头不仅在理论上值得质疑，同时也导致了一些和伦理道德有关的问题。“新闻界必须对政府进行制约，是政府的批评者，或者是监督政府的看门狗，但会促成过分活跃和好斗的新闻界。”（Dennis & Merrill，2005：21）。在这场游戏中，新闻界玩得津津有味，自命为扮演着让政府保持诚实的角色，这就形成了新闻界的偏见。多数记者强调，“新闻记者必须进行调查研究，必须为了读者和民主的利益而报道社会的阴暗面，搞政治交易的人同新闻记者之间的冲突是不可避免的。我们的民主制度的标志就是多元化、公开性、均衡原则。均衡是指不能使任何一个组织（机构）过于强大；不能使任何一个组织（机构）有过多的发言权。破坏均衡就可能危及民主”（**Meyn，1996；69**）。

媒体应对政府控制的另一种手法，就是用信息娱乐化减轻政治新闻的分量，让受众不再把来自政府官员的信息当回事。“政治也不再唯我独尊，它已经让位给八卦消息、娱乐新闻、经济信息、体育新闻等。为提高收视率，那些大的传媒公司，靠‘寡而无味’的新闻来吸引观众，也往往要冒很大风险，因此他们想把引发争论的许多事情，诸如医疗卫生、宪法、国际冲突、政治等问题进行‘信息娱乐化’处理。一旦政治性的故事被媒体忽视或低估，观众也就会认为政治事件没有那样重要”（**涂蕾，2004**），这就会失去一大批严肃的读者。媒体对政府及其政治的戏谑态度，使政府的新闻管理遭到轻浮的回击，降低了国家政治行为在民众心中的地位。

三、无法解决的报道乱象

目前，西方的新闻管理陷入两难境地：没有政府的管理，许多媒体便毫无顾忌地背离政府的意图与政府对抗；政府如果对其加强管理，不仅引起媒体的反弹，而且有的记者以种种手段刁难官员，甚至渲染、编造事件让官员难堪。麦克马纳斯认为这一矛盾是永恒的，因为媒体“一方面要尽其所能准确地反映现实，另一方面为对抗新闻控制者又不得不进行某些虚假的反映。新闻的控制者可能是部落酋长、教皇、国王、战争主宰者、政府官员，也可能是大公司……这就会因某些不可告人的目的而有选择地说出事实，或者添枝加叶，或者干脆掩盖整个事实，而不管其代价！”（**McManus，1994：233**）由于媒体的直接控制权不断集中在大公司手中，加上政府对新闻内容的审查，影响了对新闻的选择和报道方式。

这样，“要争取并保持记者和观众们的注意力变得越来越困难，所以新闻制造者和他们的顾问们已经开发出更为精密的技术[①]来了解公众的心态，并对来自政府部门、商业以及利益组织的新闻流持有审慎和怀疑的态度。随着这些战略性传播方法成为新闻制造者们（政客、商界、利益群体、名人等）使用的常规手段，新闻内容越来越由幕后运作的传播学专业人才来设计”（**Dowie，1995**）。具有讽刺意味的是，传播技术的进步应该使新闻内容更为丰富、更具互动性，“但现在的趋势是，利用这些技术创造更具娱乐形式和更华而不实的信息，新闻内容越来越多地留给了新闻策划”（**Dowie，1995**）。

政府控制新闻报道，要媒体迎合政府官员塑造形象和宣传政策的需要，但在现实中缺少这样令人满意的事件，以致服从政府管理的媒体不得不制造假事件。所以丹尼尔·布尔斯廷（Daniel Boorstin）说：“完全被控制的媒体作品通常称为假事件。”（**Boorstin，2012：207**）**假事件**是指以设计出来的、现实化的表现形式来掩盖实际的政治形势，从而创造出有用的政治形象。“一个假事件利用精心设计出来的背景、文本和表演创造出根本与事实无关，但却令人信服的形象。通过将某一真实情况的碎片整合到戏剧化的情节中，用想象填补空白，再以这些破碎的事实为基础构造完整的解释。在一个制作得非常成功的假事件中，文本、表演和背景都充分利用了现实生活中的道具，让人难以区分什么是真实的，什么是现实主义的”（**Bennett，2011：167**）。

重要的自发事件一旦进入精心的设计之中，足以使情节中自发的因素黯然失色，暴露出编

---

① 指民意调查技术。

造事实的拙劣，正如1970年理查德·尼克松与一群受伤的越南老兵共享感恩节晚餐的报道那样。“这一报道既反驳了一直以来人们认为尼克松冷酷的看法，又为他在这场战争中对人性（失踪、被俘以及受伤士兵的命运）的关注赢得了支持，但在记者对多个士兵采访中暴露了在和谈期间政府曾命令部队进攻北越，而且这次袭击最终失败。但国防部长和其他官员却在为国会提供的证词中，声称并没有类似的袭击发生，结果引起舆论大哗”（**Wise，2013：3，16**）。

美国媒体在两次海湾战争中报道的大部分消息来自军方发言人，但这些消息大都十分笼统和模糊，军方拥有足够理由对媒体实行新闻检查与控制。例如，摧毁伊拉克军事指挥和通信能力的空中轰炸，就对媒体封锁了可能暴露美方军队作战意图的信息，以便把伊军打得猝不及防。第一次海湾战争时海湾地区当时汇聚了1 600多名记者，只有100来人能参加采访团，深入50万名美军官兵中进行报道。当地面战争逐步逼近时，越来越多的记者对于无法进入第一线采写感到烦躁和沮丧（**Hachten & Scotton，2011：193**）。在战争时期，即使是再民主的政府也会力图控制和操纵有关战争的新闻，使自己获取战略优势。前线记者发出的任何有关战场的消息，都要接受军方的新闻检查，对新闻的审查和宣传，是现代战争不可或缺的组成部分。这就造成报道口径一致、新闻内容单一，背离了所谓独立报道、新闻多样化的西方媒体精神。

第二节　多种新闻体制的相克与互济

美国学者丹尼斯认为，“今天，我们已经不再拥有自由意志论的新闻体制。尽管自由的、不受检查的互联网已经走入人们的生活，但我们的确拥有一种媒体制度，而这一制度与自由意志论下的新闻体制拥有共同的价值观，即对政府采取批评或对立态度。我们也拥有社会责任论的制度，在这个制度里，新闻媒体具有某些权利，承担相应的责任和义务。责任之一就是要对政府活动进行全面、坚定的报道。但也要承担这样的责任与义务，即采取同政府对立的态度，这即使不是必需的，也是很有用的”（**Dennis & Merrill，2005：23**）。西方多种新闻体制的相克、互济与互补加诸媒体，构成自由、制约和社会责任的统一，西方多数学者认为这是西方新闻体制的精髓。

一、政府管理机构的柔性控制

40多年前，理查德·尼克松创立了白宫新闻办公室，控制来自各方的信息流，并“越过媒体”与民众直接交流。这被政治学者塞缪尔·科纳尔（Samuel Kernell）称为“公众趋向”（**Kernell，2006：153**）。在白宫办公厅主任H. R. 霍尔德曼（H. R. Haldeman）的帮助下，尼克松建立了一套影响新闻报道的操作系统，对媒体进行全天候地监视，发展出一套媒体管理战略。其中包括：隔绝，即不让媒体接触总统；安抚，即主动向媒体提供新闻，但隐瞒关键信息；回避，即严格审查消息来源，依赖广播和电视向大众直接传递信息。尼克松认为，媒体感兴趣的往往是事件的戏剧性，对媒体来说“进展不是新闻，麻烦才是新闻”（**Paletz & Entman,**

1982：17）。

尼克松对媒体的防范经常抱有“受围心态”（siege mentality），认为媒体总试图拆他的台，指示他的助手“多给媒体一点新闻稿，这样他们就没什么好抱怨的了”。在1971年的备忘录中，尼克松说，他出席了最近一次新闻界晚餐会，“记者的表现比平常还坏”，“这证实了我的理论，那就是对他们采取轻视的态度是一个长期有效的策略”（**靖洪，2005**）。1969年尼克松建立了传播办公室，这一机构被历届总统保留下来，尽管运作形式各有不同，但根本任务没有改变，主要是协调新闻发言人、演讲稿撰写和媒体事务办公室的工作，对总统的活动和消息发布进行策划和包装（**李希光、周庆安，2005：110**）。1983年里根政府入侵格林纳达，为了确保军事行动成功，美军实行了严厉的战时新闻管制，所有采访记者必须经军方批准和安排，所写新闻稿必须经军方审查。

1984年美国政府建立了信息员记者小组制度，要求记者不能随意发表有关政府的报道，要报道的新闻稿必须事先提交安全部门审查。“9·11”事件后，政府对媒体的军事报道加强管制，战争新闻必须严格遵照国防部的要求，凡违反规定的媒体和记者都给予严厉惩处。如著名记者、普利策奖获得者彼得·阿内特因国防部的压力而被CNN开除；美国广播公司（ABC）谈话节目“政治不正确”被停播，白宫新闻发言人弗莱舍曾两次在新闻发布会上谴责这个节目；“美国之音”台长惠特沃恩因不顾政府禁令直播塔利班的首领奥马尔的采访讲话，被美国国务院撤职（**张艳梅，2009**）。

2002年7月，白宫专门设立了全球信息办公室，负责和组织国际舆论战。每当发生重大国际事件时，先由白宫官员、政府新闻主管以及国防部发言人确定“新闻话题”，后由全球信息办公室起草通稿，对发生的事件或引用的材料进行核对、充实和完善，写成简报发给美国各电视台和新闻机构。根据事态的发展，白宫在一天之内将会发出一批排列有序的简报。有关军事事件，比如对伊战争的内容，还要将简报发往美国驻卡塔尔的中央司令部，由该司令部向媒体发布。2001年10月，在美国五角大楼的一次新闻发布会上，国防部长拉姆斯菲尔德严厉批评了媒体报道特种部队在阿富汗的行动是“泄露机密”，并警告媒体“不得触犯联邦法律”。2003年2月，布什总统签署命令，正式成立白宫全球宣传办公室，专门推动与国外电台、电视台的合作，向外界传递美方信息，宣传美国的外交政策。

第二次海湾战争期间，美国国防部“做了应付新闻界的战前准备，采取‘**损害控制**’”，与美国中央情报局总部、联合参谋部、新闻机构等部门多次召开协调会议，提出“**无害报道**”的要求。即对记者采取严控措施：封闭战场敏感区域，控制记者活动范围；严禁记者个人自由采访，建立新闻记者团制度；采取“人盯人”战术，为战地记者配备公共事务陪同军官；向每位记者发放采写新闻准则表和规则表，要求其严格遵守。在伊拉克战争打响前，五角大楼宣布派出数百名报社记者与作战部队捆绑在一起进行“**嵌入式报道**”，记者必须遵守军方定下的“三不准”规定，即“不准问伤亡情况；不准问与军事行动有关的问题；不准问与军事行动计划有关的问题”。记者团的所有新闻稿件都必须接受严格审查，不准拍摄、播发刺激性画面，必要时摧毁敌国的电视台和转播站（**李希光、周庆安，2005：118**）。

1997年英国工党政府建立了新闻办公室和战略传播小组，在内阁办公室还建立了媒体监管小组，招募了多名专家和顾问提高其新闻管理能力。2001年7月，英国政府在内阁办公室设立了非军事意外事件秘书处，负责协调各部门的紧急应变工作和活动，包括政府与媒体的协作，要求各部门随时配合媒体的“紧急反应”。政府各部门在发布消息前统一口径，对有关事项的内部讨论、推测和不同意见都予以保密，预防谣言的出现。对危机事件，英国媒体的反应速度快，通常由记者在现场打电话到首相府，新闻发言人立即安排消息发布。政府在接到重大危机事件信息后的20分钟内，要向传媒发布第一次新闻。在这20分钟内，政府一方面要核实、了解危机事件情况，另一方面通知各主要媒体到首相府参加新闻吹风会（**黎慈，2008**）。

英国BBC和IBA（独立广播局）的管理委员会由政府任命或在政府的忠告下由议会任命，通过任用可靠的人对广播进行控制。政府的主要领导人特别是首相，借助媒体向外透露各种信息。经常接触政界人物或聆听发布信息的记者是“议会记者”，享有其他记者不能享有的特权：可以在下院休息厅与议员交谈，参加首相、议会首脑人物、反对党领袖定期举行的记者会，甚至能比普通议员更早得到官方文件。这些记者发表的文章、专论都会体现政府的意图，反映政府的主张。这种**柔性控制**可以避免给人造成政府干涉媒体的印象。概括起来柔性控制的主要方法有：官员不直接干预媒体工作，通过发布新闻，左右舆论；鼓励行业自律，引导记者按照行业行为准则及新闻投诉委员会规则，进行自我审查；政府尽力自我节制，一旦政府跟媒体发生冲突，国会有权干预，但却很少这样做；进行渐进改革。英国主流的保守主义思潮非常尊重个人权利和财产、尊重个人自由但反对个人主义和平均主义，尊重权威却强烈反对独断专行，媒体违反这些思想传统不仅会遭到政府的委婉批评，政府还会逐步提出改革媒体行为准则的要求。

法国政府通过立法和视听领域最高权力机构——最高视听委员会来管理媒体，委员会在制定广播电视管理的法规条例、频率频道分配、监督制裁媒体违规等方面扮演重要角色。法国地方政府也相继设立了宣传管理部门，例如阿拉斯共同体的新闻宣传部隶属于共同体总务局，直接由共同体主席负责。法国各级政府还通过自办媒体控制新闻报道，主要媒体形式有四种：一是面向全社会的公共刊物，如《阿拉斯共同体》刊物，免费发放。二是仅对公务员发行的内部刊物，如阿拉斯共同体的《生活圈》杂志。三是政府网站，发挥信息技术的优势，提高宣传的时效性，扩大辐射面。四是开办电视台或广播电台（**国家发改委考察团，2008**）。

意大利对媒体主要实施法律管理和行业管理。**法律管理**即指宪法赋予公民新闻自由和言论自由权，具体法规赋予新闻媒体相应的权利和义务；**行业管理**则指新闻行业组织通过自律和维权来实施管理，行业组织通常是记者公会或记者联合会。互联网成为主流媒体后，意大利相关部门为监管和净化网上色情传播，实施了严厉的法律与行政措施。1998年，意大利警方在一位神父协助下粉碎了一家大型儿童色情网站，逮捕了来自12个国家的107名男子。在2003年，意大利警方破获了多个利用互联网进行儿童色情犯罪的团伙，取缔了33家相关网站。2010年一些意大利人在网上为意大利总理贝卢斯科尼受袭一事“叫好”，有不少网民发帖讽刺贝卢斯科尼，这些网站包括著名网站YouTube，随后应意大利政府要求删除了极端和不当言论。意大利《晚邮报》著名记者斯戴拉认为，对网络阴暗面采取限制的做法十分必要（**王鑫，2010**）。

西方大国主要通过法律管理媒体，无论出于何种意图，媒体只要威胁、妨碍或者侵害政府的工作、社会安全或某个案件的审理，都会被认定为“蔑视法律”，对媒体采取法律诉讼。此外，各种形式的经济资助也是新闻管理体制的重要组成部分。美国众议院拨款委员会多年来要求美国国际广播管理委员会（BBG）向大型电视网拨款，重点资助对中国的广播与全球反恐的广播。美国新闻署每年向“美国之音”拨付1.7亿多美元以支持其宣传美国的价值观。BBC是英国政府资助但独立运作的媒体，对它不仅按时拨款，而且规定所有买电视的人每年都必须向BBC缴纳牌照费126.5英镑，为BBC带来29.4亿英镑的年收入。在媒介体制的柔性控制下，媒体在许多方面有报道与言论的自由，但有形无形的政府干预与检查可能随时出现。正如美国专栏作家克鲁格曼所说，在这个国家，我们确实没有书报检查，找到不同的观点仍然是可能的；但是我们确实有一个制度，在这个制度里，主要的媒体公司以取悦执政党的方式去报道新闻（**梁相斌，2009**）。

二、政府与媒体的合作与施压

实际上，许多新闻学者认为，媒体反映的大都是掌权集团和公司的利益，它们支持和实际控制着媒体。“大多数新闻就是在看那些权贵们在做什么，说什么。因此，新闻成为负荷最重的东西。用加拿大社会学家理查德·埃里克松（Richard Ericson）的话说，新闻就是‘官方的认识’。”（**涂蕾，2004**）乔治·里迪（George E. Reedy）指出，“媒体与政府表面上冲突，暗地里却达成共识。这样，媒体就要谨慎地保持一种平衡状态。但这并不意味着媒体与政府之间谁勾结谁，就像所有的仪式一样，所有参与者在日常的新闻信息展示中都真诚地、把自己融入到冲突的角色中。在单独某个层面，双方都有得有失，这种游戏看起来很真实。当双方在攻击对方一些基本价值观的时候，又会影响自己的合理性，所以，在传统的合作层面上就产生了稳定的共生关系”（**Reedy，1983**）。

媒体和官员之间这种共生关系，反映了塔奇曼早先提出的报道模式，即为了保证新闻的客观性，需要保护政府官员的合法性和权威。记者发表的所有有关政府的信息大都来自政府或和政府有关的人，通常还需要得到与政府有关的人士的证实。新闻人对公共事务和公共问题几乎一无所知，只能从外界消息源和外界权威那里获得信息。媒体想要警惕或拒绝这样的消息源，就会强调他们的敌对角色；但为了拓展消息源和获取需要的信息，媒体又要与政府保持合作和友好，因此它们不能不接受政府的管理（**Dennis & Merrill，2005：18**）。

政府的**新闻管理**除了呈现其与媒体相互合作的一面，还有相互施压、互不妥协的一面，似乎让大众看到媒体在履行民主的“看门狗”的角色，而政府也在显示有权对媒体进行必要的监管。政府在这一仪式中通常采取两种方式：一是有时对媒体进行口头批评，指出媒体令政府不满意的问题，这种批评实际受到媒体的抵制——对其不加理睬，不报道这些批评。二是政府实施防御性措施，在一定程度上故意保密，对媒体封锁消息。“使用这件武器，会使政府把自己置于更多的问题面前：因为一些不满意的小职员会泄露机密；而媒体一旦了解到政府隐瞒的情况，媒体的批评力度就会更大”（**Dennis & Merrill，2005：19**）。

从控制新闻源到直接出面批评媒体，是美国历届政府惯常的做法。一般而言，美国媒体会与新一届政府有一个短暂的“合作期”，随后就会接连出现龃龉。肯尼迪曾指责媒体说：“事实上，我们的敌人声称，他们是通过我们的新闻报道获得了他们通常要使用大量密探、窃听、行贿等手段才能得到的信息。你们媒体总是问自己，这是新闻吗？而我建议你们还要加上一个问题：这符合国家利益吗？”（**顾耀铭，2000：218**）在维护国家利益的口号下，政府对媒体施加巨大压力，媒体不得不做出让步。

媒体的重要新闻多来自官方，即使是富有批判性、以敢于揭露政府闻名的《纽约时报》和《华盛顿邮报》也有3/4以上的重要新闻来自政府官员，只有1/6的新闻来自政府以外（**Bennett，2011：147**）。《华盛顿邮报》执行编辑本·布莱德利（Ben Bradlee）承认，“我们的确就一些敏感的报道向政府咨询，其次，我们的确因为国家安全而撤掉一些报道，这类情况比人们猜测的次数更多。《华盛顿邮报》这一年出于这些原因就撤掉了十多篇敏感文章”（**Van Ginneken，1998：98**）。

一旦媒体对政府的指令不加理睬，甚至针锋相对，“政府也有新闻界所拥有的同样权利来反击。在这种关系中，政府可以试图拒绝提供信息，开秘密会议，歪曲信息来符合自己的利益，拥有自己喜欢的记者并用各种不同的方式来回报他们，提供反面消息以及玩弄宣传伎俩，用传票传唤新闻记者，用各种手段限制他们的活动”（**Dennis & Merrill，2005：19**）。2003年，“布什总统曾经亲自对一家‘用词不妥’的媒体表示了‘极大的愤慨’，吓得这家媒体在后来的报道中处处谨慎小心”（**柯醒褚，2003**）。《纽约时报》曾有一名记者扬言不参加白宫新闻吹风会，认为这种吹风会没有必要。记者走后，白宫新闻发言人转身回到办公室，开始在当天的《纽约时报》上找茬，标出25处冠有“政府官员”、“白宫人士”的引言，写了一封措辞严厉的信件连同这份报纸送给该报负责人，告诉他：“只有当你的记者不再依靠道听途说写报道时，你们才不用出席我们的背景‘吹风会’。”《纽约时报》从此再也没有缺席过任何一场吹风会（**黄友义，2006**）。

在英阿马岛战争中，英国媒体比以往更依赖军队的帮助参与战事报道，使记者处于军队的严密控制下。“由于军队和官方宣传部门的谨慎、海战的环境和技术问题，加上国防部公关政策的不协调，导致同新闻界关系的紧张，有时战地指挥官和伦敦政府在控制和发送特殊信息的问题上相互指责。跟随的记者常在恼怒中工作，但最终不得不认同军队的安排，以至英国死难者的照片与图像从来不曾在英国新闻媒体上出现，新闻界反映的战争形象在某种程度上被高度净化了”（**Bankowski & Mungham，1980：250－254**），也就是被“政府化”了。

新闻发布会上或政府官员私下向记者透露信息，大多是政府官员“咀嚼并沾满唾液”的消息，使新闻操纵具有不知不觉的特点。美国报人理查德·霍奇勒（Richard Horchler）在《操控新闻》（Managing the News）一文中指出，“许多美国报纸的读者并不知道，他们所阅读的新闻，很多其实并非出自新闻人本身的勤奋发掘或谨慎思考，而是来自某份由政府机构所发布、上面印有‘请勿引述来源’的新闻资料”（**Horchler，1963**）。记者通常将政府的这种“代理观察”视为合理的新闻获取方式，接受政府操纵信息的做法。只有当官员们操控新闻的方式过于粗暴时，记者才会纷纷提出疑问，继而群起而攻之。

政府操纵媒介的仪式来自媒介依赖市场生存的机制，媒介有自己的切身利益，政府必须给予考虑，对报业尤其如此。英国学者科伦分析指出，“报业现在已经成为大型企业的一部分，而这些企业的收益率会受到权力极端扩大的政府制定的政策的影响。反过来，政府也会受到报纸编辑方针的影响，这是因为部长大臣们是在一个非常动荡的环境中行使职权的，不再因为阶级忠诚、阶级之间的妥协和大众政党机器的支持而保持稳定。因此形成了这样一种局面，不论是报业对政府的监督，还是政府对报业的官方政策，都会受到双方利益的影响。这与报业简单的‘公众哨兵’的自由主义形象相距甚远，而维护这种形象的至关重要的独立性是通过市场自由得以保障的”（**卡瑞、辛顿，2005：289**）。

三、商业体制的“民主托管”

从 20 世纪六七十年代，西方报业开始进入现代企业化过程，例如，“大部分英国报纸都被出版业之外的企业收购或共同拥有。到 1977 年，所有主要的全国性和地区性报纸都成为大型企业集团的一部分，这些集团涉足的领域包括石油、运输、矿业、建筑、工程、金融和休闲产业等。与其说报业包含其他产业的利益，不如说报业已经成为其他产业的一个分支”（**卡瑞、辛顿，2005：290**）。大型商业化的新闻企业，以提供公民必须知情的新闻，参与到民主之中，这种报刊体制的运作简称为商业化的**新闻的民主托管**。

在相当长的历史时期内，新闻工作者接受了这种新闻体制。“托管新闻模式是市场驱动新闻事业（market-driven journalism）的唯一选择。新闻事业被理解为一场坚决的战斗——赞成市场模式的坏人、交易商和支持托管模式新闻的好人之间的战斗，后者是勇于献身的专业新闻工作者，他们就真相指责权力，并据此报道，不管报道会触及什么地方，会阻碍什么人以及怎样吸引少量的读者。在这一模式中，新闻工作者认为公众常常过于心不在焉，注意力分散，不能自己行使公民权，因此，公民把一定的主权委托给新闻工作者，就像人们把身体控制权委托给医生一样。新闻工作者们是专家，帮助公民们行使公民权；公民们依赖专家的经验或政治分析，来获取他们想要的国家和政府的信息。”（**Glasser，1999：120**）

这种体制代替了以往政党对公共领域的驾驭，也部分代替了政府对编辑、记者的直接干预，实现了从私有新闻业到托管新闻业的转变，使媒体的公共空间独立于某个政治集团。它的宗旨“不是独立于社会，而是独立于政党。新闻工作者与‘进步运动’结成联盟，用系统质询报道的方法发现事实。这不仅是独立于党派政治的宣言，也是通过公正无私的调查效忠于独立选民、进步运动和公共利益的宣言。媒体不仅和独立的选民站在一起，而且把自己变成独立的选民：尽管还可能倾向某个政党，但能相对不带偏向地倾听所有争论，找出解决争论的必要信息，忠于政治系统提供的接近真相、符合进步需要的任何选择”（**Campbell et al.，2011：9**）。

民主托管的新闻体制依赖更广阔的市场，在四个市场中进行运作：第一，人们最为熟知的是受众市场，即企业出售一定的报纸或争取一定的电视收视份额；第二，媒介企业的股权在股票市场上出售或购买；第三，媒介企业在广告市场上出售受众的注意力，为吸引广告，媒体拼命取悦公众，设计出刺激的、令人兴奋的、极富煽动性的娱乐节目，吸引尽可能多的潜在受众；第四，企业在新闻来源市场上交易有新闻价值的信息，“在这个市场上，一方面是公众借以获得新闻资源，另一方面是媒介企业获得信息来源填充它们的版面或播出的时间”（**McManus，1994：17，48**）。

英国的格雷厄姆·默多克和彼得·戈尔丁指出，“这种体制正被推销给广大公众，提供给人们更多的选择，增加他们对自身生活的操控能力。它既能给人带来自由，又能给人带来力量……但是，这个体系只把人定位为消费者…… 在这个过程中，公众的其他所有身份都被边缘化了，甚至被消除了，特别是作为公民的身份”（**Bennett，2011：297**）。

托管新闻事业在今天仍然受到质疑。支持新古典主义的学者（通常是美国人）认为，市场上的供应越多样化，记者言论自由的可能性就越大，公众接触不同新闻信息的机会就越多；反之，新闻被大公司机构垄断，信息就会受到限制。这种体制“既要服务公众，又要为其所有人赚取利润，双重角色给新闻工作者带来了道德问题。正如尼曼基金会的前任主席詹姆斯·汤姆森所说，这种双重身份在‘贪欲和理想之间’制造了一种张力：每个新闻机构都有‘两种文化，或至少有两种观点，它们之间往往不能统一。一方面，记者和编辑传统上视自己为揭示和传播真相（或接近真相）的人；另一方面，所有人包括发行人与管理层都在寻求在商业中的稳固地位和不断赚取利润’”（**Smith，2003：315**）。

实际上商业管理体制不再把公众看作民主政治的一部分，而只是将其当作消费群。媒介兼并之后形成的媒介系统，为了满足少数富有的投资者、公司管理者和广告商的需求，很难再为全体公众服务。所谓民主托管，是建立在加强而不是削弱媒介与富人之间关系的基础上的，唯利是图的媒体对民主的意义是消极的。但有的学者持有相反的看法，认为“公众将最终受益于媒体所有权的集中，这类似于滴入论（tricke-down theory)。并不是仁慈的老板要为公众行善，而是一种自我服务的表现，贪婪的媒体所有者急于获取利润，必须提供受读者、听众和观众欢迎而又实用的内容，同时也满足了他们的欲望”（**Dennis & Merrill，2005：34**）。

四、公共服务新体制的基金会管理

20世纪70年代前，新闻事业被多数人视为公共事业，特别是商业广播公司。即使到70年代后，西方的广播公司仍没有成为“营利机构”，其中最典型的代表就是英国的BBC。它通过播发丰富的新闻为公众服务，新闻内容不服从公司所有者与广告商的意志，只服从公共服务的核心理念。当时广播电视不论是独家垄断还是双寡头模式，都具有服务公众的承诺和设想，这是官方广播电视政策的思维，并受到政府政策的主导，比如BBC就由英国议会指导下的董事会来主持。

由于这种控制背离了政治中立或“客观公正”原则（**McChesney，2000：59**），后来渐渐改变了政府主导的“公共服务”精神。1977年的安南报告代之以一种新的自由主义多元化原则①，初步提出一种新式的公共服务媒介体制。“原来的理念不再是广泛的共识——所有具有良好判断力的人都会同意的中间立场。对于安南和那些支持他的人来说，广泛的共识就是一个自由市场，各种不同的意见可以在这里交锋并最终取得平衡。这种态度带来的结果是混乱和危机。”（**卡瑞、辛顿，2005：301**）但是，“公共广播的理论原则不仅被保留下来，而且已经成熟起来。实际上，公共广播在90年代的衰落同技术发展关系不大，而与媒体政策制定者广泛接受新自由主义市场和商业价值有关”（**McChesney，2000：59**）。

---

① 1977年2月，英国安南委员会经三年调研之后发表了英国广电业未来发展报告，主要内容是为促进广播电视业的多样性和多元发展，成立实行商业化运营模式的公共服务电视频道，即第4频道C4。该频道被当作一个“出版商”，不像BBC和ITV那样自己制作节目，而是播放独立制片人和公司制作的节目。

按麦奎尔的说法，今天西方新式的“公共服务广播”，不再由政府代表公众控制媒体。“在其他许多国家，尤其是在西欧，公共服务广播是指一种由法律所规定，普遍由公共基金（通常是家庭所必须支付的使用费）管理的系统。它具有广泛的编辑和营运独立权。它们运作的一般原则就是通过满足社会与人民重要的传播需求，来为公共利益服务，这些需要由民主政治体系来决定并且审核。”（**麦奎尔，2006：131**）科伦认为，“随着时间的推移，公共服务体制也在不断发展，这个理论已经不再只意味着对BBC的管理，还包括对商业广播电视和第4频道（公共信托企业）的管制。就是说，应用的范围包括了广播电视体系中服务于社会福利的法定义务的那部分”（**卡瑞、辛顿，2005：335**）。广播电视公共服务体制的目标是保障新闻报道内容的客观公正，确保有关公共事务的新闻占有相当比例，保证广大公众得到足够的信息，以便行使自己的公民权和义务。

新式公共服务媒介体制倡导者的代表人物是英国的雷蒙德·威廉姆斯（Raymond Williams）和约翰·凯恩（John Keane）。他们认为，需要对大众传播手段进行公共控制，以便在人们普遍拥有传播和接收信息权利的基础上，促进一场“文化革命”。当人们提升主导自己生活的力量，通过交流体验扩大集体了解时，“个体的反应和选择能力”就会增强。根据威廉姆斯和凯恩的理论，新的公共服务体制是一种“民主化”的媒体管理，这需要：第一，商业广播电视应被公共信托组织（即基金会）控制，代表社会拥有制作和传播广播电视节目的设施，按照长期合同，将这些设施租给独立的节目制作公司。这些公司以民主方式运作，行政人员必须在“投票决策”的框架内工作。第二，新闻工作者自己控制新闻工具，各种新闻工具不能过于昂贵而超出他们的承受力，社会建立相应的监督组织介入对媒介的控制。这种**媒介公共干预**形式，保障新闻工作者和创作人员的自由，保护他们免受“官僚和投机分子”的伤害，充分发挥媒体自身的功能。第三，创造出真正独立的媒体——凯恩用德国式语言所称的“非市场非国家的媒体公共机构”，公共干预在发挥了正面的作用后就自我引退。第四，“针对不同观众和不同服务，实行不同管制的媒介大市场”，要达到这个目标，应与私人媒体公司协调播出时间和共同转播的安排。对地区性独立电影院、录音工作室和租用广播电视设备给予资金援助，向政治性报纸提供补贴，促进出版商与发行商合作经营（**Williams，1976：57；Keane，1991：123－126**）。

新的公共服务体制要求媒体除了报道重大国内外新闻外，要更多地反映广大公众的要求与呼声，记者选择和报道新闻要听取公众意见，兼顾自由、责任和公众要求的统一。其中包括：（1）系统听取公民们的故事和意见，保护他们选择报道内容的自由；（2）报道重要社会问题，要运用不同的报道方法，让不同的群体多方面了解问题的全面情况和实质；（3）选择一种报道架构，使报道在最好的时机引起公众的注意和思考，帮助大众理解社会现象；（4）增强报道重大公共问题的主动性，提高公众对可能的解决方案的认识，反复比较方案和行动的价值；（5）持续而系统地关注良好而可信的公众交流（**Gibbs & Warhover，2002：250**）。

为了坚持这种公共服务方向，电视节目要满足绝大多数人的需要，必须贯彻两个原则：“坚持**电视的‘最低公分母原则’**（Lowest Common Denominator，LCD），这是美国电视业传统的内容选择的标准，为了吸引尽量多的观众，电视节目内容不能只满足少数精英阶层的口味，而应当满足大多数人的口味，简单、明了，尽量少设置障碍。此外还要坚持相辅相成的另一个原则，即**电视的'最低反对原则'**（Least Objectionable Programming，LOP），节目应尽量选择那些不会引起争议、不会被任何人反对的内容。"（**McManus，1994：31，30**）。

各种媒体的影响力存在差异，政府对不同媒体的管理也有差别，对广播电视的管理包含更多的原则。比如在英国，首先，广播电视应该覆盖英国的每个地区、每个人，不能仅仅在那些容易生存、成本较低的地区发展，也不能只让那些能够付得起钱的人享受。其次，公共广播电视服务，应该制作多样化、高品质的节目，不受控于标准低、节目雷同化的市场力量。最后，通过管理机构和议会之间的联系，保证广播电视从业者具有社会责任感。广播电视需要政府管制的观点在西方一直得到广泛认可，这不仅出于公共利益的考虑，也由于传输技术问题的需要。广播电视发展的先决条件是政府而非市场（**卡瑞、辛顿，2005：321-323**）。

根据这些限定因素，公共服务广播可能是民主的或官僚的，是慈善的或陈腐的。老式公共广播体制的衰落主要取决于如下两个因素，一是社会民主政治的水平，二是这个体制在多大程度上接受公共辩论的结果。在今天，所有类型的公共广播及其体制应是民主政治的体现，但在西方，它们的前途却生死未卜。

第三节　政府的新闻决策及策划

充分利用新闻媒介，是英美政府施政的重要手段，新闻决策和策划是管理媒体的核心环节。据《美国是如何治理的》一书介绍，白宫办公厅每天的工作从评估夜间发生的新闻开始，对重要新闻及观点做出反应，是日常最重要的工作。总统的每天日程也根据新闻随时做出调整，"新闻媒体作为华盛顿特区的调解机制，在权力分散、行动延宕的体制下至关重要"（**希尔斯曼，1986：390**）。进入21世纪，美国的绝大多数政府官员的每天工作都以新闻为牵引，第一项工作就是浏览《华盛顿邮报》和《纽约时报》，新闻和评论的内容是他们重点要谈论的问题（**戴伊，2002：134**）。

一、推销政府意图的新闻决策

即使在互联网、卫星广播电视充斥每个角落的今天，阅读报纸也是总统及新闻官员掌控媒体、了解世界大势的第一步，也是他们做出新闻决策的前提。美国国务院前新闻发言人尼古拉斯·伯恩斯（Nicholas Burns）曾说："今天，美国的情报机关的竞争对手不是别人，而是新闻机构。它们需要在实时媒体，如电视、网络、广播等发出报道之前，就完成它们的评估报告。否则，它们的报告很可能一钱不值"（**Burns，1996**）。媒体不仅给政府官员提供决策材料，而且也成为他们决策的工具，甚至是政府新闻决策的发酵者。整个政府工作在一定程度上是运用媒介产生影响力的工作。

美国国会有7个媒体工作室，主要职责是为记者提供咨询、资料以及日程安排。白宫不仅雇佣了数量众多的工作人员与新闻界联络，而且还有一批富有媒体从业经验的专家担任顾问、从事媒体策划。“这些人谙熟新闻媒体的特性和操作程序，只需将要发布的政策提炼、修饰一下，就能引起媒体的极大兴趣。”（**李希光、周庆安，2005：112**）此外，美国政府还有一种迂回隐蔽的政策推销方式，即借助媒体的“试探性气球”（trial balloon）。当一项政策调整还没有十足把握时，政府官员就以消息灵通人士的身份私下吹风，如果遭到激烈反对，便宣布此事纯属子虚乌有。“私下透露”能吊起媒体想要独家新闻的胃口，主流媒体常常为搜寻“这种试探性信息”围绕政府官员转，政府便把媒体掌控在手里，把它们变为推销政府意图的工具。

西方大国的内政外交决策的合法性取决于国内民意的支持，由于新闻媒体在组织上独立于政府之外，政府对媒体的掌控有利于引导舆论、操控民意，但要实施高超的新闻决策才能达到这个目的。媒体往往以“社会公器”的身份挖掘政府内幕，两党政治和官场中派别林立经常产生分歧或争执，各党派与政府都渴望新闻界的支持者。把自己的意见或决策方案捅给记者，让媒体大肆报道，是政党、政府官员做出新闻决策的直接目的。如何向新闻界提供信息、进行议程设置，让新闻媒介为“我”说话，成为新闻决策的主要内容。一旦众多媒体一哄而上指责政府的工作不力，官员们就立即坐下来研究对策，策划发动别的媒体进行反击。

贝内特对美国政府新闻决策实施的过程做出这样的概括：首先，对政府高层官员召开电话会议协调当天的新闻，保证他们理解当天新闻的要点，并安排谁来发言，什么时候发言，谁又应该闭上嘴巴。其次，发动媒体，把记者和他们的老板都叫来，看看他们的理解是否符合政府的要求，这就是所谓的“**策划控制**”，使公众对官员的言行或行动做出有利于他们的理解。再次，每周召开联邦政府各机构新闻发言人座谈会，训练他们如何将政府展示给媒体。最后，进行大量的民意调查，了解公众想的是什么，以及总统如何通过新闻来打动他们。白宫甚至对著名的新闻节目主持人和记者是否受公众欢迎也做专门调查，决定由谁来播报独家新闻，由谁来做访谈，以及谁又适合表现出谦恭的态度（**Bennett，2011：173**）。

美国历届政府更愿意将政策包装成新闻，以推销方式塑造政府权威，向媒体与社会渗透政府意图。联邦政府各部门为记者准备的材料不仅种类丰富，而且也越来越具有“易操作性”。针对不同媒体的特征，提供的材料各有特色，使各类媒体成为政府的免费宣传员。选择哪一类、哪一家媒体来推出新闻事件的报道，要看哪一家媒体能对公众舆论产生更大的影响。那些同政府唱过“对台戏”的媒体，在公众中可能赢得更大的信任，政府便毫不犹豫地让这类媒体出马。正如美国宾夕法尼亚大学教授、经济和媒介专家赫尔曼所说，“媒介一般与官方和权势集团合作，成为宣扬其观点的宣传员。但是，由于媒介偶然与权势机构——例如公司和政府——之间发生小口角、小摩擦，因而在公众中获得了可信性，并以此加强了这种宣传效果”（**转引自赛佛林、坦卡德，2006：101**）。现在西方各国首脑的任何言行再也不能与媒体分开，尤其是电视在刺激人民的政治兴趣、塑造标准的政府形象和推动人民政治参与方面，影响力远远超过报纸，是政府竭力要掌控的媒体。

二、新闻发布会的信息诱导

在美国，媒体的重要新闻大多是由政府新闻发言人提供的，从白宫到各州与各城市都能听到新闻官员的声音。各级政府很清楚，新闻报道的都是当前或正在发生的事件，如果政府反应冷淡，对这些事件不作评论，公众只好去聆听社会分析家的意见，政府就会失去舆论先机。对突发事件和争论不休的问题，白宫新闻发言人总是尽快澄清或解释，否则就可能谣言四起或被反对派“先声夺人”。政府主要领导人，特别是总统若能以自己的新闻控制记者的嘴巴，也就控制了媒体，随之也就控制了社会舆论。乔治·于尔根斯写道：“一位当代总统，只要发挥一下想象力，就能根据需要制造一些新闻，以保证不断控制报纸的头版。他越是能垄断公众的注意力，就越能建立一个国家领导人的威信。这种威信反过来又帮助他制造有关自己的新闻。”（**张国庆，2011**）

美国白宫和国务院一天举行一至两次新闻发布会，巨大的工作量必须有一个灵活的机构承担。距白宫西北门约100米的椭圆形办公室旁，就是新闻发布厅。它面积不大，只够容纳50个左右的座位，主要供美国著名媒体驻白宫记者专用。前几排的每个座位上都刻着记者或者新闻机构的名字，第一排是美联社、路透社、美国广播公司（ABC）、哥伦比亚广播公司（CBS）、合众社和全国广播公司（NBC）等。其他座位都属于美国国内的各大媒体。这些座位多年来一直是固定的，就像王位一样世袭下来。现在其他国家，尤其是发展中国家的媒体记者也有了座位。新闻发布厅的最后面，架满了美国各大主要电视台的摄像机。尽管新闻发布厅如此局促，却从不冷场，因为这里是白宫，而白宫的消息即使有时相当无趣，也往往被视为是权威的。

白宫官员安排记者会的场所有时会变更地点，有时选在白宫的“国宴厅”，临时摆满椅子让记者落座；当天气好时，白宫幕僚也会选在绿草如茵的白宫庭院——“玫瑰园”或“南草坪”发布新闻。白宫新闻发言人原则上每周一到周五每天都会举行一次例行记者会，让记者有机会提出他们视为重要的内政外交问题。每天头一次新闻发布是在上午10时左右，主流媒体的记者进入新闻秘书的办公室，围着新闻秘书的办公桌提问，然后回去写各自的报道。另一次新闻发布是较为正式的新闻发布会，通常于下午在新闻发布厅举行。如果有好消息，新闻秘书会让总统亲自发布，有重大事件时还要做电视直播。美国政府总是“积极地说话”，充当重大消息的权威性来源。在发布新闻时，发言人不仅描述新闻事件的发生、过程和结果，更重要的是透过对新闻事件的评论，成为新闻事件的形塑者。

每次召开新闻发布会之前，白宫新闻办公室（新闻处）向政府各机关发出通知，请它们就记者可能提出的问题给予回答提示。收到各部门的答复后，新闻办公室会在发布会前将之汇编成册，供总统或新闻发言人研读。白宫举行的总统新闻发布会有一个惯例，即每次都由美联社或合众国际社的资深记者提第一个问题，到30分钟时，由这位记者以一句“谢谢您，总统先生！”来结束新闻发布会。①

美国的信息公开同任何国家一样，在控制中有公开，在公开中有控制。发言人不仅决定“说什么”、“说多少”，更能决定“怎么说”，拥有对事件与政策的解释权。白宫将信息公布出去的同时，其立场、观点也以“说话”的方式隐蔽地传递给记者，有时则直接评论新闻事件，鲜明地表达政府的态度。新闻发言人代表的绝不是个人观点，而是政府的声音，什么话可说，

---

① 在里根执政的八年时间里，一直由合众国际社的女记者海伦·托马斯担当这个角色。为了准确掌握时间，她戴两块手表，一个手腕上一块。为了把记者提问的时间控制在30分钟内，时间一到，海伦就站起来说：“谢谢您，总统先生！”有时里根遭到记者轮番轰炸，便向海伦使眼色，海伦看表后，冲里根摇头，里根不得不继续回答提问，直至30分钟结束。

什么话暂时不可说，或说到什么分寸，是以吃透政府的政策为前提的。做过五任美国国务院新闻发言人的理查德·鲍彻曾说："我作为发言人站在那里并不是在谈我个人的立场、想法和看法，我所说的都是美国总统和国务卿想要说的话，是解释美国政策，我的工作就是公布和解释这些政策。我是国务卿的发言人，我实际是在替国务卿讲话，而不是在替理查德·鲍彻讲话。"(**转引自张涛甫，2005**)

发言人主动接受记者提问或采访，及时与新闻界沟通，树立政府正在努力与新闻界保持良好关系的形象。媒体对政府的看法，或想报道政府对某个事件的态度，不能任意约定采访某个官员，只能从新闻发布会上了解，这就导致了政府对信息的垄断。除了常规的新闻发布会外，白宫还经常召开背景吹风会，这是一种隐藏消息来源的做法。背景吹风会不需要总统或与事件相关的高官露面，通常安排与事件不直接相关的人去说明，向记者暗示如何报道新闻，如何交代背景，以便操纵新闻界的报道口径。正如《华尔街日报》的一位资深编辑所说，在背景吹风会中，提供消息的政府官员与新闻记者达成默契：不在报道中提及这个已被操纵的消息的来源(即"请勿引述来源")。

尽管美国新闻发言人极力提倡说真话的原则，但也极力掩藏不利的消息，因此"不撒谎"是难以做到的。正如福特总统新闻秘书内森（Ron Nessen）阐述的那样，"大多数新闻秘书，不论其背景如何，都认识到这是一套年复一年、对一届政府又一届政府都适用的原则：讲真话，不撒谎，不掩盖，亲自公开坏消息，越早公开越好，加上自己的解释，等等"(**孙超，2008**)。但奉行这些原则并非一帆风顺，经常遇到种种阻力。新闻秘书从高层官员那里获得准确的信息有时非常困难，要求知道真实情况不是遭到婉拒就是被拖延。2011 年 3 至 4 月间举行的美国和欧盟联军轰炸利比亚的多次新闻发布会，新闻发言人对炸死利比亚平民不予披露，当记者提出这个问题时则矢口否认，后来在各国媒体报道大量证据后才不得不承认。正如布什总统新闻发言人麦克莱伦无数次在白宫新闻发布会上讲假话被揭穿那样："我受到了欺骗，在不知情的情况下，传递了谎言……我相信，布什总统也被骗了，因而无意中也参与了欺骗我"(**王辉，2008**)。

白宫新闻发言人面对的是一仆二主，两个主人一是总统，另一个是驻白宫记者和所代表的公众。作为总统处理新闻发布的助手，白宫新闻发言人还得随时接听记者打来的询问电话，澄清某些事实，指定高级官员会见记者。新闻办公室平均每天大约接到 1 850 次电话，每位新闻秘书每天接 400 余次。此外，还需要应付那些从早到晚泡在白宫的记者。2008 年 2 月 16 日中午，美国新任白宫发言人杰伊·卡尼（Jay Carney）履新，召开了首次新闻发布会，尾随卡尼进入发布厅的竟有 6 位助手，比他的前任吉布斯所带的多得多。卡尼一开场就郑重其事地说："我是为总统工作的，但是我在这里是帮助新闻界的朋友了解我们的做法。"(**孙卓，2011**)。这种说法实际是用信息垄断的手段，诱导记者相信政府的政策和做法。

三、政府对媒体的公关

在西方，媒体与政府有时相互配合默契，共同绘出新闻的图景，这是政府对媒体政治公关的完美结果。**政府公关**包括处理媒体关系、公众关系、社会反响和应对危机，是政府引导、管理媒体的柔性措施之一。“政府公关具有的公共性不同于企业公关，它要提供政府资助服务”（**Lee，2007：3**），由此引申出政府的媒体公关的任务、目标和手段。**政府的媒体公关**的主要含义是：“新闻在日常基础上，是记者与政府官员协作的结果，包括政客和官僚主义者。一些分析员声称政府官员占上风，但很多媒体评论家，以及许多政府官员却说媒体是占上风者。但只有一点是没有疑问的，那就是新闻获取的中心环节是记者与政府官员间的联系，是新闻官僚主义与政府官僚主义的相互合作和说服”（**Briggs & Cobley，2002：72**。）

公共关系作为一种特殊职业，兴起于20世纪初的美国，并在英国得到发展，主要是让对方接受自己委婉的宣传。宣传和交流的融合表明，公众的意见变得越来越重要。是什么原因导致公众意见突然间变得如此重要并需要管理呢？20世纪的资本主义带来了这样的变化：由于政府文化和民主模式的传播，公众感到，对于大型集团、政治家、资本家和劳动者的行为，他们有权发出声音，并日益增强随时发表意见的准备。获得选举权和其他民主改革是民众影响力上升的重要因素，政府开展公共关系活动是对当时民主改革的一种反映，也是不断升温的社会动荡和工会组织强大的必然结果。随着新的传播技术的发展，媒体宣传及其影响力增大，政府开始运用公共关系技巧驾驭媒体，为政府的政策与形象宣传服务（**Briggs & Cobley，2002：72**）。

同各种社会力量，包括各党派、社团及非政府组织建立协调关系，需要利用公共关系手段拉拢媒体为政府说话，树立政府的权威。在美国，从20世纪50年代起各种组织广泛开展公关对话活动，被公关公司游说征服的企业领导者与国会议员，同员工和外界渐渐建立了和谐的沟通关系。政府也效仿公关公司设立了公共关系部，雇佣专业人士从事媒体沟通工作，和媒体建立密切联系（**Fones-Wolf，1994：285**）。在英国，政府设置了多个信息部门，其中约有1 200个信息工作者，近年来顶级的公关顾问就有150多人，政府公关部门还云集了一批舆论导向专家（**Jones，2002：132**）。

政府官员借助媒体树立形象，已成为政府开展公共关系工作的重要目标。今天，各国政要越来越重视在媒体上展示形象，一方面是政治行动者的个人形象，另一方面是政府或政党的整体形象。公众不仅仅通过政治家说了什么与做了什么来评判他们，还透过电视评价他们的言谈举止，官员们纷纷求助公共关系公司和媒体来打造他们的政治风格，媒体已经成为政治家的形象塑造师。“政治风格现在几乎与实质性内容一样重要，在历史进程中始终如此，从乔治·华盛顿起，政治领袖就有意识地把自己的‘形象’展示给选民；然而考虑到当时形象所占的比重不大，只有到二战后，电视成为主要的大众媒介，对政治家风格的关注才成为政治过程中的核心部分”（**McNair，2011：187**）。

1993年，布鲁斯·埃·纽曼在《营销总统》一书中指出，“今天，一个候选人如果上镜不够格，或者在镜头前不能保持轻松镇定的话，几乎不会赢得总统宝座”。通过总统大选的结果可以看出，政治营销过程中媒体的影响和作用是无法回避的。不仅总统，所有政治家们从踏入政坛的第一天起，就深知媒体的巨大威力，深知谁赢得了媒体，谁就赢得了选民和选票，就赢得了自己的政治前途。“他们虽然也会对媒体揭露自己的隐私和丑闻深恶痛绝，但只要他们还想留在政坛上，就不会放弃与媒体打交道，会不断努力通过与媒体建立公共关系争取媒体，进

而争取更多的公众支持。”（纽曼，2007：13）

政府依赖和媒体的良好关系，解决各种社会矛盾和社会问题，是政府从事媒体公关活动的另一个目标。当政府同其他压力集团，比如同工会发生冲突时，通常把自己的想法暗示给媒体，媒体通过自己的议程说服工会的积极分子。“工会通常被视为资本主义社会中‘从属的’政治行动者，因为它代表劳工利益对抗资本，是它的职责与功能。这常常导致工会与政府及国家制约机器之间的冲突，有时甚至带有暴力色彩。”（McNair，2011：195）利用媒体传播政治信息是最有效的说服手段，是协调劳资关系和政府与工会关系的重要途径。

一旦发生危机事件，政府就会更加重视同媒体的公共关系，通过与媒体的沟通快速把危机事件告诉公众，迅速组织力量化解危机。在这时，政府的公关程序一般是：首先，无论危机事件是丑闻、自然灾害还是重大事故，都要求媒体快速亲临现场采访，迅速告知公众。其次，媒体和政府人员都要负起责任，确定发生了什么事，要把这个事实详情告诉公众。再次，要求媒体进行真实、快速报道，迅速降低公众从外部获得错误信息的可能性，贯彻“公共关系的原则是不要说谎”。最后，媒体和政府网站要把政府如何解决危机的办法告诉公众，安抚公众的情绪。“对于推行公关管理的城市及媒体，你的工作是向国民保证，政府正在采取必要的步骤来解决问题。透明度是关键，这将有助于让民众放心。”（Liebel，2011）政府对媒体的这类公关要求，足以让媒体为政府宣传，为官员说话，也把媒体作为工具纳入政府管理社会的体系之一。

【本章思考题】

1. 西方新闻管理的本质是什么？
2. 西方有哪些媒介管理体制？
3. 简述西方新闻管理的机制和特点。
4. 媒体如何对抗政府的管束？
5. 论述美国政府新闻发布会的程序和方式。
6. 民主托管体制与公共服务新体制的区别。
7. 西方政府如何进行新闻决策和策划？分析其效果。

附　录

西方当代主要新闻学者简介

艾伦·贝尔（Allan Bell）新西兰惠灵顿维多利亚大学荣誉研究员，曾为自由撰稿人和媒体顾问，做过日报、周报和杂志的记者和编辑，长期研究新西兰和英国报纸的新闻语言。主要著作有《新闻媒体语言学》、《媒介话语方式》、《社会语言学指南》等。

埃弗里特·E·丹尼斯（Everette E. Dennis）先后任美国俄勒冈大学、明尼苏达大学新闻学教授，堪萨斯州立大学和西北大学教授，哥伦比亚大学媒介研究中心主任，柏林美国学院的创建校长，还曾任俄勒冈大学的系主任、哈佛大学甘乃迪政府学院尼曼基金研究员。主要著作有《美国新新闻学》、《遗忘中的广播》、《媒体的黑与白》、《超越议程：传播研究的新方向》、《媒介论争》（合著）等。

埃里克·麦格雷（Eric Maigret）法国巴黎政治学院媒介社会学教授、法国国家科研中心传播研究院研究员，主要著作有《反思媒介文化》、《媒介与传播》、《传播与媒介社会学》、《沟通与环境社会学》等。

芭比·泽利泽（Barbie Zelizer）美国宾夕法尼亚大学安南伯格传播学院雷蒙德·威廉姆斯文化传播研究所教授、研究员，长期任记者，主要论著有《新闻关键词与新闻学研究》、《新闻科学》、《新闻界的变化：媚俗、技术和真实》、《这是美国电视新闻的作者吗?》、《9·11后的新闻界》、《新闻图片与公众》等。

贝尔纳·瓦耶纳（Bernad Voyenne）法国记者、新闻学者，曾任《法国今晚报》、《战斗报》记者与编辑，后在巴黎新闻进修培训中心从事新闻教学工作，并在巴黎新闻学院任教，获荣誉教授。主要著作有《现代社会新闻》、《信息权》、《法国大众传播媒介》、《新闻辞典》、《当代新闻学》等。

比尔·科瓦齐（Bill Kovachi）曾任《亚特兰大宪法报》主编、《纽约时报》华盛顿分部记者，1989年退休后到哈佛大学做新闻学访问学者、尼曼基金研究员、密苏里新闻学院教师。2001年返回华盛顿，任"卓越新闻"项目高级顾问，创立热心记者委员会并任主席。主要著作有《新闻要素：新闻人须知与公众期待》、《真相：信息超载时代的真实》、《美国高速混合的媒介时代》（均为合著）等。

鲍勃·富兰克林（Bob Franklin）英国谢菲尔德大学媒体传播系新闻学教授、卡迪夫大学新闻学教授。主要论著有《市场、政治与地方新闻》、《语境中的本地新闻制作》、《地方新闻与地方媒体》、《分化的报纸：印刷新闻分析》、《报纸的未来》、《记者、资源与信誉展望》、《新闻学关键概念》、《电视政策》、《浮萍新闻与新闻媒体》等。

布赖恩·布鲁克斯（Brian S. Brooks）美国密苏里堪萨斯大学新闻学院教授、校刊编辑部主任。主要著作有《媒体写作与编辑手册》、《融合时代的编辑艺术》、《媒体融合下的故事陈述》、《新闻写作与报道》、《电子文本的编辑艺术》、《讲故事：美国最好报纸的写作》等。

布赖恩·麦克奈尔（Brian McNair）英国斯特拉斯克莱德大学新闻与传播学院教授，格拉斯哥大学读者研究与苏格兰新闻研究中心主任。主要著作有《英国新闻与新闻事业》、《文化混乱：全球化世界的新闻和权力》、《新闻与民主：对政治公共领域的评估》、《政治传播学导论》、《新闻社会学》等。

布赖恩·温斯顿（Brian Winston）英国威尔士大学（卡迪夫）、威尔士大学新闻研究中心和威斯敏斯特大学教授，格拉斯哥媒介小组第一任主任。曾先后在英国国家电影电视学院、美国纽约州立大学、宾夕法尼亚州立大学、林肯大学任教。参与《坏新闻》、《更多的坏新闻》的写作，其他著作有《媒介技术与社会》、《信息：西方言论自由从古登堡到谷歌》等 。

雨果·德·伯格（Hugo de Burgh）英国威斯敏斯特大学媒体、艺术与设计学院新闻学教授，中国传媒中心主任。先后在苏格兰电视台、英国广播公司（BBC）和第 4 频道任记者、制作人及主播，英国议会中国专题听证会组委会主席。主要著作有《投票还是不投票——媒体是否应该负责?》、《记者行为学》、《调查新闻学》、《新闻调查：背景与实践》、《论中国记者》、《变化中的世界》等。

伯纳德·罗斯科（Bernard Roshco）曾任美国白宫记者、美国国务院新闻官员，后任教于纽约州立大学。主要论著有《新闻制作》、《舆论季报》（多本）、《去年夏天的黑色新闻》、《无可置疑的报道》等。

德尼·艾略特（Deni Elliott）美国蒙大拿大学伦理学教授、系主任，南佛罗里达大学新闻及传媒研究系教授。她的著作包括《责任新闻学》、《媒体报道与器官移植》、《购买时间：媒体的保健作用》、《记者的伦理困境》、《伦理挑战》等。

戴维·奥尔瑟德（David L. Altheide）曾任美国亚利桑那州立大学符号互动研究协会主席，该校新闻、司法与文化研究学科教授。主要著作有《制造真实的电视新闻》、《后新闻事业时代的媒介世界》、《媒介逻辑》、《传播生态学》、《制造恐惧：新闻和危机应对》。

戴维·兰德尔（David Randall）英国记者、编辑，英国《星期日独立报》的新闻执行官和高级作者。主要著作有《万能记者概论》，该书作为世界数十所大学的新闻教科书，翻译十多种语言，被评为最好、发行量最大的新闻学书籍。此外，还有《最伟大的记者》和其他 8 本关于深度报道和社会理论的独著和合著。

戴维·麦奎因（David McQueen）英国伯恩茅斯大学传媒学院政治和媒体计划部主任，英国广播公司电视教育研究员。主要论著有《电视媒体研究指南》、《拉丁美洲：美国媒体的民主和改革教训》、《欧洲政治经济传播：美国媒体的力量》、《新闻和媒介素养：受众的接受研究》、《全景报道：9·11 和恐怖战争》、《广播档案研究——英国广播公司的时事全景图》、《调查性报道：伊拉克和英国广播公司时事全景》等。

戴维·明迪奇（David T. Z. Mindich）美国圣迈克尔学院新闻系主任、教授，曾任美国有线电视新闻网导播、编辑，主要著作有《如何用客观性定义美国新闻》、《远离新闻的 40 岁以下的美国人》。

多利斯·格雷伯（Doris A. Graber）美国伊利诺伊大学芝加哥分校政治学教授，曾获美国政治学协会古德诺杰出服务奖。主要论著有《管理新闻：驾驭信息浪潮》、《媒介制造政治意识》、《犯罪新闻和公众》、《新闻的政治与政治的新闻》、《政治中的媒介力量》、《媒介论》、《论新闻》等。

伊莱休·卡茨（Elihu Katz）美国宾夕法尼亚大学安南伯格传播学院教授，先后任美国芝加哥大学、南加利福尼亚大学及以色列希伯来大学和耶路撒冷大学社会学、社会心理学、政治学和传播学教授，以色列耶路撒冷大学应用社会研究所所长，创立以色列希伯来大学传播研究所，担任过英国广播公司研究顾问，获联合国教科文组织麦克卢汉奖、布尔达奖。主要论著有《个人对大众传播的使用》、《大众传媒与社会变迁》、《媒介事件》、《意义的输出》、《媒介研究的奠基性文献》等。

菲利普·迈耶（Philip Meyer）美国北卡罗来纳大学教堂山分校新闻系名誉教授，尼曼基金研究员，多家报纸记者，1978—1981年任《迈阿密先驱报》新闻研究部主任。主要著作有《消失的报纸：拯救信息时代的新闻》、《回顾和订购信息》、《精确新闻学》、《新精确新闻学》、《新闻伦理学》等。

盖伊·塔奇曼（Gaye Tuchman）美国康涅狄格大学和纽约州立大学社会学与新闻学教授，美国东部社会学协会会长。主要论著有《做新闻》、《电视编辑学》、《大众传媒中的女性形象》、《新闻是新闻人的目标》、《社会数据信息的建构》、《新闻制作的常规化与反常性》等。

赫伯特·甘斯（Herbert J. Gans）美国哥伦比亚大学新闻学与社会学教授，曾任美国社会学协会主席。主要论著有《新闻由什么决定》、《民主与新闻》、《电视新闻的出现》、《记者的危险与自由》、《大众文化与精英文化》等。

汉诺·哈尔特（Hanno Hardt）斯洛文尼亚卢布尔雅那大学新闻与大众传播学教授，曾任美国艾奥瓦大学新闻学教授、斯洛文尼亚大学传播学通讯教授。主要著作有《报刊的社会理论与传播研究的发展：1840—1920》、《传播、媒体与新闻互动的批判研究》、《媒介文化与传播：1920—1930》等。

赫尔曼·梅恩（Hermann Meyn）德国著名记者、《明镜周刊》编辑和《新闻记者》杂志主编、自由撰稿人，曾任柏林市政府新闻发言人、柏林新闻局局长、德国记者协会主席。主要著作有《联邦德国大众媒介》、《德国大众媒介》、《德国大众媒介的困境》等。

霍华德·图姆博（Howard Tumber）英国伦敦城市大学艺术和社会科学学院院长，新闻研究院研究部主任，法律、司法和新闻中心主任。主要著作有《新闻与读者》、《新闻学：媒介与文化研究的批评概念》、《记者灾害报道的信息处理》、《战争中的媒体：伊拉克报道批评》、《国际报刊与政治》等。

伊恩·哈格里夫斯（Ian Hargreaves）英国卡迪夫大学新闻学院新闻系教授，媒体和文化研究员。英国著名记者，长期供职于报纸、杂志、电视和电台等媒体，曾任英国广播公司新闻和时事部主任，《金融时报》副主编、独立编辑。主要著作有《新闻：是否敢于反映真理》、《新闻学简论》、《清晰的远景：BBC与传播革命》、《媒介所有权与共同商业模式》等。

杰森·德特兰尼（Jason R. Detrani）纽约宾厄姆顿布鲁姆社区学院媒介艺术学教授，2010年获纽约州立大学教学最高荣誉奖。主要著作有《新闻理论与实践》、《大众传播：问题、观点与技术》等。

杰伊·罗森（Jay Rosen） 美国纽约州立大学新闻系主任、教授，美国新闻评论家和批评家，主要论著有《公众新闻学理论与实践》、《记者是什么人》、《新新闻与老新闻》、《权利的对接：公众新闻与新闻的烦恼》、《公众新闻：民主的艺术》、《公众新闻的问题与答案》、《公众新闻学：案例与知识》等。

杰弗里·威尔金森（Jeffrey S. Wilkinson） 美国得克萨斯休斯敦浸会大学新闻与大众传播学教授，曾任广播电台和电视台新闻记者、新闻主持人和脱口秀主持人。主要著作有《融合新闻学原理》、《广播感知的有效性》、《媒体融合论》（均为合著）等。

杰克·富勒（Jack W. Fuller） 美国著名记者，1986年普利策奖获得者，具有40年记者经历。先后在《芝加哥论坛报》、芝加哥市新闻局、《芝加哥每日新闻报》、《太平洋星条旗报》和《华盛顿邮报》任职，做过越南战地记者和华盛顿记者。最后担任芝加哥论坛报出版公司总裁、芝加哥大学董事会和约翰与凯瑟琳·麦克阿瑟基金会董事。主要著作有《信息时代的新闻价值思想》、《信息爆炸与新闻学危机》等。

詹姆斯·科伦（Jams Curran） 英国伦敦大学格尔德史密斯学院传播系教授，金匠勒沃媒体研究中心主任。主要著作有《媒体与民主》、《无责任的权力》（合著）、《媒介与社会》、《互联网的误读》（合著）。

詹姆斯·凯里（James W. Carey） 美国伊利诺伊大学厄巴纳—香槟分校传播学院院长，曾任艾奥瓦大学乔治·H·盖洛普讲座教授，哥伦比亚大学研究生院新闻系教授，美国《传播》杂志主编，美国新闻与大众传播教育协会和美国新闻记者协会主席。主要论著有《文化传播》、《时代观念的转变》、《电视与新闻》、《詹姆斯·凯里：一个批判性读者》、《报刊与公共话语》、《美国新闻界的黑暗大陆》、《媒介文化传播与社会论文集》等。

凯文·威廉姆斯（Kevin Williams） 英国斯旺西大学媒介和传播研究教授。主要著作有《比较新闻学》、《国际新闻的批评文本》、《欧洲媒体研究》、《深阅读》、《英国媒介与传播史》、《重建过去：1890—2005大众媒介史》等。

卡伦·桑德斯（Karen Sanders） 英国谢菲尔德大学政治传播学高级讲师，曾任媒体和议会办公室工作人员，参与创立传播道德规章，兼任都柏林城市大学和林肯大学外部考官，现为西班牙圣巴布罗大学IESE商学院政治传播学教授。主要著作有《道德和新闻》、《道德故事：新闻和政治丑闻》、《21世纪的政治传播》等。

克里斯·弗罗斯特（Chris Frost） 英国利物浦约翰摩尔大学新闻中心负责人和新闻指导、新闻教育家，长期做过记者、编辑。曾任英国记者伦理委员会和新闻及广播自由委员会主席，国家记者联盟主席，报业评议会成员和新闻工作者协会主席。他是传播伦理学会的执行委员。主要著作有《新闻伦理与规章》、《报纸和杂志设计学》、《记者报道概论》、《媒体伦理与自律》、《英国当代媒体》、《印刷新闻批评导论》、《在沃尔特斯新闻投诉委员会》、《英国记者及其伦理与自律》等。

克利福德·克里斯琴斯（Clifford G. Christians） 又译为克利福德·克里斯蒂安，美国伊利诺伊大学厄巴纳—香槟分校传播与新闻学研究教授、传播研究学会主任。主要著作有《媒介伦理：案例与道德推理》、《新闻与民主社会的媒介规范理论》等。

理查德·坎贝尔（Richard Campbell）美国媒介批评家、新闻学者和时事评论员，《哥伦比亚新闻评论》和《传播学报》等众多报刊的作者，常在公共电台和电视台作为评论员和嘉宾出场，迈阿密大学新闻节目主持人。主要论著有《美国中部的神话》、《破解报道：电视新闻反可卡因的漫长之路》、《媒介与文化：大众传播导论》等。

理查德·基布尔（Richard Keeble）英国伦敦城市大学新闻学教授，本科教育部主任，曾任《育人者》杂志编辑。主要著作有《记者道德论》、《报纸知识手册》、《记者的伦理困境与突围》、《印刷新闻批判导论》、《秘密状态与沉默的新闻》等。

罗布·安德森（Rob Anderson）美国圣路易斯大学传播系新闻学教授、研究生导师。主要著作有《新闻学话题：沟通、社区和新闻》、《记者沟通的技巧》等。

罗恩·史密斯（Ron F. Smith）美国佛罗里达大学新闻学教授，曾在印第安纳州、俄亥俄州和佛罗里达州的多家报纸工作过，任过警局和法庭记者、体育编辑等。主要著作有《编辑工作日记》、《新闻伦理学》、《新闻道德评价》、《公正的审判与新闻自由问题》等。

罗伯特·迈克切斯尼（Robert W. McChesney）美国伊利诺伊大学传播学教授，主要著作有《电信、大众传媒与民主》、《美国新闻业的生与死：媒体革命》、《富媒体，穷民主》、《21 世纪美国的政治传播与媒体问题》等。

罗伯特·玛诺夫（Robert Manoff）美国波士顿大学新闻学教授，纽约州立大学新闻与大众传播学系教授，战争、和平与新闻媒体研究中心主任，俄罗斯媒体研究院院长，曾任《哈珀杂志》和《哥伦比亚新闻评论》主编。主要著作有《新闻的解读》、《媒体与国际安全》等。

罗伊·P·克拉克（Roy Peter Clark）美国作家、编辑，曾任美国时代公司出版的《圣彼得堡时报》编辑和该公司董事，并任该公司新闻媒体研究院副院长，后在哈佛大学尼曼新闻学部担任基础新闻写作教学工作，多次参加奥普拉主持的电视论坛和谈话节目。主要著作有《新闻与现实主义》、《新闻：民主的工艺》、《美国新闻价值观与工艺》、《公民权利新闻》、《写作的 50 个基本策略》（后三本为合著）等。

马丁·康伯伊（Martin Conboy）英国谢菲尔德大学新闻学教授，英国教育协会理事，新闻学系列研究丛书编委。主要著作有《新闻学基础研究》、《新闻学批评史》、《新闻语言学》、《英国小报》、《报刊与大众文化》、《英国新闻事业史导论》等。

马丁·贝尔（Martin Bell）曾任英国 BBC 外事记者、剑桥大学文科俱乐部委员会宣传主任、新闻批评家，曾获英国皇家电视学会 1977 和 1993 年度最佳记者。由于他参与了 11 场战争的战地报道，在 1992 年被授予大英帝国军官勋章（OBE），后来当选为议员。主要论著有《附属的新闻》、《电视新闻离我们有多远》、《需要说真话的电视媒体》等。

麦尔文·门彻（Melvin Mencher）美国著名记者，哥伦比亚大学新闻研究生院讲师、教授，哈佛大学尼曼基金研究员。主要著作有《新闻报道与写作》、《记者备忘录与手记》等。

米哈伊·昆茨克（Michael Kunczik）德国美因茨大学新闻学教授，柏林自由大学教授，曾在威廉波恩大学、明斯特大学新闻学院任教。主要著作有《南北新闻概念》、《公共关系学》、《联合国与国际公关印象》等。

迈克尔·舒德森（Michael Schudson）美国加利福尼亚大学传播与社会学教授、哥伦比亚大学新闻学院教授。主要著作有《新闻探索：美国报业社会史》、《水门事件在美国的记忆：我们如何记忆、忘记和重建过去》、《新闻的力量》、《新闻社会学》等。

彼得·科尔（Peter Cole） 英国谢菲尔德大学新闻学教授，曾在美国当过记者，曾任《伦敦晚报》、《标准晚报》记者，《卫报》政治记者、副主编，《星期日泰晤士报》董事。1993年开始在中央兰开夏大学新闻系任系主任，后到谢菲尔德大学新闻系任教授。主要论著有《报纸新闻学》（合著）、《地方新闻与报纸广播新闻源》、《如何写专栏文章》、《如何写新闻》等。

西德尼·科布里（Sidney Kobre） 美国媒体历史学家，曾任新闻记者，协助建立巴尔的摩社区学院。西德尼·科布里美国新闻史研究成就奖是美国新闻史学家协会的最高奖项。主要著作有《现代美国新闻学》、《美国新闻事业的发展》、《新闻与当代事件》、《报纸和社会科学》、《新闻的深度报道》、《美国新闻学基础》、《少年犯罪新闻的背后》、《新闻史指南》、《黄色新闻与镀金时代新闻》、《头条新闻背后》等。

斯坦利·科恩（Stanley Cohen） 英国伦敦政治经济学院社会学系社会学、新闻学名誉教授，1987被选为英国科学院会员。主要著作有《读者对新闻的建构》、《新闻建构的越轨、社会问题与大众媒体》等。

斯坦利·J·巴兰（Stanley J. Baran） 曾先后在美国宾夕法尼亚州立大学、克利夫兰州立大学讲授新闻学，后在得克萨斯州立大学主持广播电视和电影的研究生课程教学工作，赢得包括阿莫科教学优秀奖等多种教学奖项，成为该校传媒学院的杰出教授，并任电视广播电影和戏剧系主任。现任美国布莱恩特大学传播系主任，兼任美国语音传播协会和琼斯报纸基金会的杂志编辑实习指导以及《传播季刊》编辑。主要著作有《大众传播与媒介素养》、《无线电通信绪论：技术的会聚》、《电视批评：解读、写作和分析》、《大众传播理论基础、发展与未来》、《广播新闻与国际电讯》、《大众传播理论》等。

斯蒂芬妮·克拉夫特（Stephanie Craft）伊利诺伊大学厄巴纳—香槟分校新闻学副教授，曾在加利福尼亚州、阿肯色州和华盛顿担任报社记者。主要论著有《美国新闻学原理导论》（合著）、《公众新闻及展望》、《第一修正案的保障与道德义务：记者独立》等。

斯图亚特·艾伦（Stuart Allan） 先后任英国伯恩茅斯大学梅迪尔新闻学院和布里斯托尔西英格兰大学教授，英格兰和威尔士大学客座教授，任期刊《理论、实践与批评》、《数字新闻》、《文化与批评》、《新媒体与社会》的编辑。主要著作有《新闻、性别与权力》、《新闻文化》、《新闻学：批判的议题》、《媒体、风险与科学》、《战时新闻》等。

斯图亚特·亚当（Stuart. G. Adam） 加拿大卡尔顿大学新闻与传播学名誉教授，主要论著有《新闻：民主的工艺》、《新闻美德三题》、《文化传播》、《加拿大媒介法史料》等。

斯特芬·布克哈特（Steffen Burkhardt） 德国汉堡应用技术大学新闻传播学教授、汉堡国际传媒艺术与新媒体学院院长。他于2010年创建汉堡大学硕士研究生新闻学专业，也是全球传播学会的创建者之一。主要著作有《实用新闻学》、《媒体伦理》、《媒体丑闻》及《媒体丑闻——道德爆发力的公开讨论》等。

苏姗·佩普（Susan Pape） 英国著名记者，曾任英国媒体评估员培训负责人之一，达林顿学院、格拉斯哥卡里多尼亚大学、谢菲尔德哈勒姆大学的新闻课程评审员和校外考官。主要著作有《报纸新闻实践概论》、《特写实践概论》（均与苏珊·费瑟斯通合写）等。

苏珊·费瑟斯通（Susan Featherstone） 英国谢菲尔德哈勒姆大学教授，曾任地区性报纸副主编，英国新闻记者培训委员会的阅卷人。主要著作有《特写实践概论》、《报纸新闻实践概论》（均为合著）。

约翰·V·帕夫利克（John V. Pavlik） 美国哥伦比亚大学新闻学院教授，新媒介中心负责人，美国学术期刊编辑委员会前任主席，圣迭戈州立大学传播学院创始人及筹建主任。主要著作有《文化和商业视角中的新媒介技术》、《新闻业与新媒介》、《融合的媒体》等。

约翰·埃尔德里奇（John Eldridge） 英国格拉斯哥大学社会学和新闻学教授，格拉斯哥媒介小组重要成员。主要论著有《格拉斯哥媒介小组的读者》、《格拉斯哥媒介小组研究成果的贡献》、《获取信息：新闻、真相与权力》、《当代英国的大众媒介及权力》（后两种为合著）。同格拉斯哥媒介小组的其他成员合写《电视和印刷媒体》、《坏新闻》、《更多的坏新闻》、《工会与媒体》、《真正的坏新闻》、《新闻：战争与和平》等。

约翰·哈特利（John Hartley） 澳大利亚昆士兰科技大学创意产业学院院长，澳大利亚国立大学兼职教授、特聘教授，《国际文化研究》杂志编辑，澳大利亚人文科学学院院士。主要著作有《流行的现实：新闻、现代性与大众文化》、《认识新闻》、《理解电视》、《电视的功用》、《电视真谛：大众文化的知识形式》、《新闻与大众文化》、《图片政治：大众传媒时代的大众创作》、《文化与媒介研究的未来数字化》、《文化科学：故事的民族史与知识更新》、《传播、文化与媒介研究关键概念》、《文化研究简史》等。

约翰·麦克马纳斯（John H. McManus） 美国圣塔克拉拉大学传播系教授。主要论著有《市场新闻学》、《守望的好斗者》、《经济技术对地方电视新闻质量的影响》、《媒体疯狂兼并下的新闻》、《地方电视新闻》等。

约翰·C·梅里尔（John C. Merrill） 美国密苏里大学新闻学院名誉教授，马里兰大学新闻学教授，路易斯安那州立大学新闻学院主任、教授，曾任开罗美国大学客座教授。主要著作有《全球新闻事业：热点问题与媒介体制》（合著）、《媒体的伦理争议》、《新闻辩证法：负责任的新闻自由》、《精英媒体：世界伟大的报纸》、《新闻自由之光：人民新闻的兴起》、《新闻论争》（合著）等。

约翰·菲斯克（John Fiske） 美国威斯康星大学麦迪逊传播艺术系教授，先后在英国、美国、澳大利亚讲授大众文化和新闻学，曾任澳大利亚科廷大学《文化研究》主编。主要著作有《解读电视》、《电视文化》、《权力游戏及权力作品》、《媒体中美国的性别与政治》等。

约舒亚·梅罗维茨（Joshua Meyrowitz） 美国达勒姆新罕布什尔大学传播系教授。主要著作有《没有地方感的媒介》、《电子媒体的社会行为影响》。

汤姆·沃尔夫（Tom Wolfe） 美国作家、通讯记者，曾任《华盛顿邮报》和《纽约先驱论坛报》记者，他尝试用文学手法写作新闻，自称新新闻报道流派。1950 年后期开始致力于新新闻写作，他的第一部新新闻报道集《虚荣的篝火》于 1987 出版，被誉为“新新闻报道之父”。主要著作有《新新闻学》、《正确的实体》、《在我们的时代》、《画出来的箴言》等。

汤姆·罗森斯蒂尔（Tom Rosenstiel） 美国记者，美国报业协会的新闻批评家和执行董事，曾在《洛杉矶时报》任评论员，《新闻周刊》国会首席记者，哥伦比亚大学新闻学院“卓越新闻”项目创始人。主要著作有《同床异梦：电视与美国总统候选人》、《新闻要素：新闻人须知与公众期待》、《美国高速混合的媒介时代》、《想清楚：新闻决策案例》、《地方电视新闻的收视率》、《真相：信息超载时代的真实》、《21 世纪新闻伦理的新原则》（后六种为合著）等。

托尼·哈尔卡普（Tony Harcup） 英国谢菲尔德大学新闻学高级讲师、教授，此前 30 多年从事媒体记者和自由撰稿人工作，任英国新闻教育协会和全国记者联盟专业培训委员会委员，2008 年被评为英国高等教育科学院院士并被授予 NUJ 金章，表彰他对新闻教育工作的贡献。主要著作有《新闻学原理与实践》、《新闻五要素导论》、《记者伦理学》、《新闻学辞典》、《报纸新闻学》（合著）、《另类新闻，另种声音》等。

托伊恩·梵·迪克（Teun A. Van Dijk） 荷兰阿姆斯特丹大学语言学教授，多年从事媒体话语研究，先后执教于庞培法布拉大学、巴塞罗那大学。主要新闻学著作有《新闻话语》、《新闻分析》、《种族主义与新闻》、《意识形态传播》等。

西奥多·格拉瑟（Theodore L. Glasser） 美国斯坦福大学传播学教授，明尼苏达大学 Silha 媒体伦理与法律研究中心副主任，斯坦福大学新闻学研究生项目主任。主要论著有《新闻的精灵》、《公众新闻理念》、《良知的守护者》、《舆论与传播共识》、《新闻与民主社会的媒体规范理论》等。

W·兰斯·贝内特（W. Lance Bennett） 美国华盛顿大学传播与政治学教授，该校传播与公民参与研究中心主任，乌普萨拉大学名誉教授，瑞典奥洛夫·帕尔梅大学客座教授。主要著作有《政治权力、新闻媒体与媒体败落》、《新电视旧政治：美英电视的转变》、《新闻的政治幻象》、《媒体风暴：海湾战争中的公众舆论与美国外交政策》等。

瓦尔特·冯·拉罗什（Walther Von La Roche） 曾任德国巴伐利亚广播电台台长、萨尔州广播电台主任，后在美因茨几所大学讲授新闻学，并在瑞士和奥地利讲学，现为特里尔大学新闻学名誉教授。主要著作有《广播新闻学》、《德国、奥地利、瑞士实用新闻学》等。

威廉·哈克滕（William A. Hachten） 美国威斯康星麦迪逊大学新闻学教授，主要著作有《新闻的麻烦》、《世界新闻棱镜》、《第三世界媒体的增长》、《新闻与种族隔离》等。

参考文献

一、外文著作

Abercrombie，N.，Longhurst，B.（1998/1995）*Audiences：A Sociological Theory of Performance and Imagination*，London：Sage.

Adam，G. S.，Clark，R. P.（2006）*Journalism：The Democratic Craft*，Oxford：Oxford University Press.

Aeron，D.（2002）*Public Relations Democracy：Public，Relations，Politics and the Mass Media in Britain*，London：Sage.

Alasuutari，P.（1995）*Researching Culture：Qualitative Method and Cultural Studies*，London：Sage.

Albertazzi，D.，Cobley，P.（2010）*The Media：An Introduction*，Boston：Pearson Education.

Allan，S.（2005）*Journalism：Critical Issue*，Milton Keynes：Open University Press.

Allan，S.（2004）*News Culture*，London：McGraw-Hill International.

Allan，S.（2002）*Media，Risk and Science*，Buckingham and Philadelphia：Open University Press.

Allen，N.（1938）*The Letters of Lincoln Steffens*，vol. I，New York：Harcourt Brace.

Alexander，B.（1977）*The Morality of Consent*，New Haven：Yale University Press.

Altheide，D. L.，Snow，R. P.（1985/1979）*Media Logic*，Beverly Hills：Sage.

Altheide，D. L.，Snow，R. P.（1991）*Media Worlds in the Postjournalism Era*，New Brunswick：Transaction Publishers.

Altheide，D. L.（1976）*Creating Reality：How TV News Distorts Events*，Beverly Hills：Sage.

Altheide，D. L.（2002 /1996）*Qualitative Media Analysis*，Thousand Oaks：Sage.

Altheide，D. L.（1985）*Media Power*，Thousand Oaks：Sage.

Altheide，D. L.，Johnson，J. M.（1980）*Bureaucratic Propaganda*，Boston：Allyn and Bacon.

Altheide，D. L.（1995）*Ecology of Communication*，London：Aldine Transaction.

Altheide，D. L.（2002）*Creating Fear：News and the Construction of Crisis*，Berlin：De

Gruyter.

Altschull, H. J. (1995/1984) *Agents of Power: The Media and Public Policy*, New York: Longman.

Altschull, H. J. (1990) *From Milton to McLuhan: The Ideas behind American Journalism*, New York: Longman.

Altschull, H. J. (1995/1984) *Agents of Power: The Role of the News Media in Human Affairs*, Boston: Addison-Wesley Longman.

Anderson, R., Dardenne, R., Killenberg, G. M. (1996) *The Conversation of Journalism: Communication, Community and News Westport*, New York: Greenwood Press.

Anderson, A. (1997) *Media, Culture and the Environment*, London: UCL.

Ang, I., Morley, D. (1989) *Cultural Studies: Volume* 3, London: Taylor & Francis.

Archer, J. (1986) *The Incredible Sixties: The Stormy Years that Changed America*, New York: Harcourt Brace Jovanovich.

Arendt, H. (1999) *The Human Condition*, Chicago: University Of Chicago Press.

Arnett, P. (1995) *Live from the Battlefield: From Vietnam to Baghdad, 35 Years in the World's War Zones*, New York: Touchstone Books.

Article 19 (Organization) (1993) *The Article 19 Freedom of Expression Handbook: International and Comparative Law, Standards, and Procedures*.

Arthur, C. (1995) *Doing Public Journalism*, New York: Guilford Press.

Babe, R. E. (1994) *Information and Communication in Economics*, Boston: Kluwer Academic Publishers.

Babe, R. E. (1995) *Communication and the Transformation of Economics: Essays in Information, Public Policy and Political Economy*, Boulder: Westview Press.

Bagdikian, B. H. (1997/1982) *The Media Monopoly*, Boston: Beacon Press.

Bagdikian, B. H. (2004) *The New Media Monopoly*, Boston: Houghton Mifflin Harcourt.

Bagnall, N. (1993) *Newspaper Language*, Oxford: Focal Press.

Baggaley, J., Duck, S. (1976) *The Dynamics of Television*, Farnborough: Saxon House.

Baistow, T. (1985) *Fourth Rate Estate*, London: Macmillan.

Baker, C. E. (2002) *Media, Markets and Democracy*, Cambridge: Cambridge University Press.

Baldasty, G. J. (1992) *The Commercialization of News in the Nineteenth Century*, Madison: University of Wisconsin Press.

Baldwin, T. F., Stevens, D. M., Steinfiel, D. C. (1996) *Convergence: Integrating Media, Information & Communication*, Thousand Oaks: Sage.

Barker, S. M. (2003) *American Television News*, Armonk: M. E. Sharpe.

Bankowski，Z.，Mungham，G.（1980）*Essays in Law and Society*，London：Routledge.

Barkin，S. M.（2003）*American Television News：The Media Marketplace and the Public Interest*，Armonk /London：M. E. Sharpe.

Barnhurst，K. G.，Nerone，J.（2001）*The Form of News：A History*，New York：Guilford.

Barron，J. A.（1998）*Mass Communication Law：Cases and Comment*，Eagan：West Pub. Co.

Baudrillard，J.（1995）*Simulacra and Simulation*，Ann Arbor：University of Michigan Press.

Baudrillard，J.（1983）*Simulations*，New York：Semiotext.

Bell，A.（1991）*The Language of News Media*，Oxford：Blackwell.

Belsey，A.，Chadwick，R.（1995）*Ethical Issues in Journalism and the Media*，London：Routledge.

Beharrell，P.，Howard，D.，Eldridge，J.，Hewitt，J.，Hart，J.，Philo，G.，Walton，P.，Winston，B.（2009/1980）*More Bad News*，London：Taylor & Francis.

Bennett，W. L.（2011/1988）*News：The Politics of Illusion*，New York：Longman.

Berkowitz，D.（1997）*Social Meanings of News：A Text-Reader*，Thousand Oaks，Sage.

Berry，D.（2008）*Journalism，Ethics and Society*，Hants：Ashgate Publications.

Bertrand，C. J.（2000）*Media Ethics and Accountability Systems*，Piscataway：Transaction Publishers.

Best，J.（1999）*Random Violence：How We Talk about New Crimes and New Victims*，Berkeley：University of California Press.

Biocca，F. A.（1991）*Television and Political Advertising：Signs，Codes and Images*，Mahwah：L. Erlbaum Associates.

Bickel，A.（1977）*The Least Dangerous Branch：The Supreme Court at the Bar of Politics*，New Haven：Yale University Press.

Bliss，E. Jr.（1991）*Now the News*，New York：Columbia University Press.

Bogart，L.（2000/1995）*Commercial Culture：The Media System and the Public Interest*，Piscataway：Transaction Publishers.

Bok，S.（1989）*Mayhem：Violence as Public Entertainment*，New York：Perseus Books.

Bollinger，L. C.，Stone，G. R.（2003）*Eternally Vigilant：Free Speech in the Modern Era*，Chicago：University of Chicago Press.

Boltanski，L.（1999）*Distant Suffering，Morality，Media and Politics*，Cambridge：Cambridge University Press.

Bonime，A.，Pohlmann，K. C.（1998）*Writing for New Media：The Essential Guide to Writing for Interactive Media，CD-ROMS and the Web*，Hoboken：Wiley.

Boorstin，D.（2012/1962）*The Image：A Guide to Pseudo-Events in America*，New

York: Knopf Doubleday Publishing Group.

Bourdieu, P. (1996) *Sur la télévision* (*L'emprise du journalisme*), Paris: Liber-Raisons d'agir.

Bourdieu, P. (1998) *On Television and Journalism*, London: pluto.

Bowers, T. A. (2009) *Making News: One Hundred Years of Journalism and Mass Communication at Carolina*, Chapel Hill: University of North Carolina Press.

Boyd, A. (2001) *Broadcast Journalism: Techniques of Radio and Television News*, Oxford: Focal Press.

Boyd-Barrett, O., Rantanen, T. (1998) *The Globalization Of News*, London; Sage.

Brady, R. A. (1972/1937) *The Spirit and Structure of German Fascism*, New York: Viking.

Brady, R. A. (1972/1943) *Business as a System of Power*, New York: Books for Libraries Press.

Brand, S. (1987) *The Media Lab*, New York: Viking.

Briggs, A., Cobley, P. (2002) *The Media: An Introduction*, London: The Dorset Press.

Brooks, B., Moen, D. R., Kennedy, G., Ranly, D. (1980/2009) *News Reporting and Writing*, New York: St. Martin's Press.

Brookes, R. (2002) *Representing Sport*, London: Arnold.

Bromley, M., O'Malley, T. (1997) *A Journalism Reader*, London: Routledge.

Brown, G., Yule, G. (1983) *Discourse Analysis*, Cambridge: Cambridge University Press.

Bruce, D. I., Douglas A. A. (2003) *News Writing and Reporting for Today's Media*, New York, McGraw-Hill.

Burns, Tom (1977) *The BBC: Public Institution and Private World*, London: Macmillian.

Burton, G. (1990) *More than Meets the Eye*, London: Arnold.

Campbell, C. P. (1995) *Race, Myth and the News*, Thousand Oaks, CA: Sage.

Campbell, R., Martin, C. R., Fabos, B. (2011) *Media & Culture: An Introduction to Mass Communication*, New York: Bedford/St. Martin's.

Campbell, V. (2004) *Information Age Journalism: Journalism in an International Context*, New York: Hodder Arnold.

Carey, J. W. (1989) *Communication as Culture*, Boston: Unwin Hyman.

Carey, J. W. (1988) *Media, Myths and Narratives: Television and the Press*, Newbury Park: Sage.

Carey, J. W., Hardt, H. (2001) *Social Theories of the Press: Constituents of Communication Research, 1840s to 1920s*, Lanham: Rowman & Littlefield Publishers.

Carter, C., Branston, G., Allan, S. (1998) *News, Gender and Power*, London: Routledge.

Chafee, Z. Jr. (1954/1941) *Free Speech in the United States*, Cambridge, Mass: Harvard University Press.

Chantler, P., Harris, S. (1997) *Local Radio Journalism*, Oxford: Focal Press.

Charity, A. (1995) *Doing Public Journalism*, New York: Guilford Press.

Chatman, S. (1978) *Story and Discourse: Narrative Structure in Fiction and Film*, Ithaca: Cornell University Press.

Chibnall, S. (1977) *Law and Order News: An Analysis of Crime Reporting in the British Press*, London: Tavistock.

Chomsky, N., Herman E. (1979) *The Political Economy of Human Rights*, Boston: South End Press.

Chomsky, N., Herman, E. S. (2010) *Manufacturing Consent: The Political Economy of the Mass Media*, New York: Random House.

Chris A. P., Domingo, D. (2008) *Making Online News: The Ethnography of New Media Production*, New York: Peter Lang.

Christians, G. C., Glasser, T. L., McQuail, D. (2009) *Normative Theories of the Media: Journalism in Democratic Societies*, Urbana-Champaign: University of Illinois Press.

Clark, R. P. (2008) *Writing Tools: 50 Essential Strategies for Every Writer*, Little: Brown and Company.

Clark, T. (1997) *Art and Propaganda in the Twentieth Century: The Political Image in the Age of Mass Culture*, London: Everyman Art Library.

Clayton, J. (1992) *Journalism for Beginners: How to Get into Print and Get Paid for It*, London: Piakus.

Cohen, S. (2002/1973) *Folk Devils and Moral Panics*, St. Albans: Paladin.

Cohen, S., Young, J. (1973) *The Manufacture of News: A Reader*, Beverly Hills: Sage.

Cohen, S., Young, J. (1981/1973) *The Manufacture of News: Deviance, Social Problem, and the Mass Media*, London: Constable.

Cole, P., Harcup, T. (2010) *Newspaper Journalism*, London: Sage.

Colodny, L., Gettlin, R. (1992) *Silent Coup: The Removal of a President*, London: Martins Press.

Compaine, B. M. (1980) *The Newspaper Industry in the 1980's: An Assessment of Economics and Technology*, New York: Knowledge Industry.

Compaine, B. M., Douglas, G. (2000) *Who Owns the Media: Competition and Concentration in the Mass Media Industry*, New York: Lawrence Erlbaum Associates.

Commission of the European Communities (1999) *Principles and Guidelines for the*

Community's Audiovisual Policy in the Digital Age, Brussels.

Conboy, M. (2004) *Journalism: A Critical History*, London: Sage.

Conboy, M. (2011) *Journalism in Britain: A Historical Introduction*, London: Sage.

Conboy, M. (2013) *Journalism Studies: Basics*, London: Routledge.

Corner, J. (1999) *Critical Ideas in Television Studies*, Oxford: Clarendon Press.

Corner, J. (1995) *Television Form and Public Address*, London: Arnold.

Cottle, S. (2003) *News, Public Relations and Power*, London: Sage.

Couch, C. J. (1984) *Constructing Civilization*, Greenwich: JAI Press.

Cox, G. (1995) *Pioneering Television News*, London: John Libbey.

Craft, S., Davis, C. N. (2013) *Principles of American Journalism: An Introduction*, New York: Routledge.

Crook, T. (1998) *International Radio Journalism*, London: Routledge.

Couldry, N. (1999) *The Place of Media Power: Pilgrims and Witnesses of the Media Age*, London: Routledge.

Couldry, N. (2000) *Inside Culture: Re-Imagining the Method of Cultural Studies*, London: Sage.

Couldry, N. (2003) *Media Ritual: A Critical Approach*, London: Routledge.

Craig, R. (2004) *Online Journalism: Reporting, Writing and Editing for New Media*, Boston: Cengage Learning.

Croteau, D., Hoynes, W. (1994) *By Invitation Only: How the Media Limit Political Debate*, Monroe: Common Courage Press.

Culler, J. (1976) *Saussure*, London: Fontana.

Cummings, M. C., Wise, D. (2006/1997) *Democracy under Pressure: An Introduction to the American Political System*, Boston: Cengage Learning / Harcourt Brace College Publishers.

Curran, J., Gurevitch, M. (2005/1977) *Mass Media and Society*, New York: Bloomsbury.

Curran, J., Seaton, J. (2008) *Power without Responsibility: The Press, Broadcasting, and Media in Britain*, London: Routledge.

Curtis, D. (2008) *It's Not News It's Fark: How Mainstream Media Tries to Pass Off Crap as News*, New York: Penguin.

Dahlgren, P., Sparks, C. (1992) *Journalism and Popular Culture*. London: Sage.

Dahlgren, P. (1995) *Television and the Public Sphere: Citizenship, Democracy and the Media*, London: Sage.

Davis, A. (1976) *Television: Here is the News*, London: Severn.

Davis, A. (2002) *Public Relations Democracy: Public, Relations, Politics and the Mass Media in Britain*, London: Sage.

Dayan, D., Katz, E. (1994) *Media Events: The Live Broadcasting of History*, Cambridge: Harvard University Press.

De Burgh, H. (2008/2000) *Investigative Journalism*, London: Routledge.

De Wolk, R. (2001) *Introduction to Online Journalism*, Boston: Allyn and Bacon.

Defleur, M. L., Dennis, E. E. (2005) *Understanding Mass Communication: A Liberal Arts Perspective*, Boston & Toronto: Houghton Mifflin.

Dennis, E. E., Merrill, J. C. (2005) *Media Debates: Greet Issues for the Digital Age*, Belmont: Wadsworth Publishing Co.

Derek, R. (1991) *The Work of Pierre Bourdieu: Recognizing Society*, London: Open University Press.

Dicksterin, M. (1978) *Gates of Eden: American Culture in the Sixties*, New York: Basic Books.

Didion, J. (2002) *Political Fictions*, New York: Alfred A. Knopf.

Dizard. W. P. (1997) *Old Media/New Media: Mass Communications in the Information Age*, New York: Longman.

Doherty M. A. (2000) *Nazi Wireless Propaganda: Lord Haze-Haw and British Public Opinion in the Second World War*, Edinburgh: Edinburgh University Press.

Dorfman, A., Mattelart, A. (1975) *How to Read Donald Duck: Imperialist Ideology in the Disney Comic*, New York: International General.

Dominick, J. R. (2010/1999) *The Dynamics of Mass Communication: Media in Transition*, New York: McGraw-Hill.

Donohew, L., Sypher, H. E., Higgins, E. T. (1987) *Communication, Social Cognition and Affect*, Hillsdale, NJ: Lawrence Erlbaum.

Dovey, J. (2000) *Freakshow: First Person Media and Factual Television*, London: Pluto.

Downing, J. D. H., Ford, T. V., Gil, G., Stein, L. (2001) *Radical Media: Rebellious Communication and Social Movements*, Thousand Oaks: Sage.

Doyle, G. (2002) *Understanding Media Economics*, London: Sage.

Dye, R. T., Zeigler, H., Lichter, S. R. (1992) *American Politics in the Media Age*, California: Brooks/Cole Pub Co.

Dyer-Witheford, N. (1999) *Cyber-Marx: Cycles and Circuits of Struggle in High-Technology Capitalism*, Illinois: University of Illinois Press.

Durham, M. G., Kellner, D. M. (2001) *Media and Cultural Studies: Keywords*, Oxford: Blackwell Publishing.

Edelman, M. (1988) *Constructing the Political Spectacle*, Chicago: University of Chicago Press.

Edelman, M. (1977) *Political Language: Words That Succeed, Policies That Fail*, New York: Academic Press.

Edelman, M. (1985/1964) *The Symbolic Uses of Politics*, Urbana: University of Illinois Press.

Efron, F. (1971) *The News Twisters*, Los Angeles: Nash.

Ehrlich, M. C. (2000) *Not Ready For Prime Time: Tabloid and Investigative TV Journalism*, Ames: Iowa State University Press.

Eldridge, J. (1993) *Getting the Message: News Truth and Power*, London: Routledge.

Ellott, D. (ed.) (1986) *Responsible Journalism*, Newbury Park: Sage.

Elliott, W. A. (1986) *Us and Them: A Study of Group Consciousness*, Aberdeen: Aberdeen University Press.

Ellis, J. (2000) *Seeing Things: Television in the Age of Uncertainty*, London: I. B. Tauris.

Ellul, J. (1965/1973) *Propaganda: The Formation of Men's Attitudes, New York: Vintage*.

Engel, M. (1996) *Tickle the Public: One Hundred Years of the Popular Press*, London: Victor Gollancz.

Entman, R. M. (1989) *Democracy without Citizens*, New York: Oxford University Press.

Enzensberger, H. M. (1974) *The Consciousness Industry: On Literature, Politics and the Media*, New York: Continuum Books/ Seabury Press.

Epstein, E. J. (2000) *News from Nowhere: Television and the News*, Chicago: Ivan R. Dee.

Epstein, E. J. (1973) *News from Nowhere*, New York: Random House.

Epstein, E. J. (1975) *Between Fact and Fiction: The Problem of Journalism*, New York: Vintage Books.

Ericson, R. V., Patricia, V. R., Janet, B. M., Chan, B. L. (1999/1991) *Representing Order: Crime, Law and Justice in the News Media*, Toronto: University of Toronto Press.

Ericson, R. V., Baranek, P. M., Janet, B., Chan, L. (1989) *Negotiating Control: A Study of News Sources*, Toronto: University of Toronto Press.

Fallows, J. (1997) *Breaking the News: How the Media Undermine American Democracy*, New York: Vintage Book.

Fairclough, N. (1995) *Critical Discourse Analysis*, London: Longman.

Fenton, N. (2009) *New Media, Old News: Journalism and Democracy in the Digital Age*, London: Sage.

Fetherling, D. (1990) *The Rise of the Canadian Newspaper*, Toronto: Oxford University Press.

Fidler, R. (1997) *Media Morphosis: Understanding New Media*, Thousand Oaks: Pine Forge Press.

Findahl, O., Hoijer, B. (1984) *Media Ethics in the Newsroom and beyond*, New York: McGraw-Hill.

Fink, C. C. (1988) *Media Ethics in the Newsroom and beyond*, New York: McGraw-Hill.

Fiske, J. (1987) *Television Culture*, London:Routledge.

Fiske, J. (1990) *Introduction to Communication Studies*, London: Routledge.

Fiske, J. (1994) *Media Matters: Everyday Culture and Political Change*, Minneapolis: University of Minnesota Press.

Fiske, J., Hartley, J. (2003/1978) *Reading Television*, London: Methuen and Co Ltd.

Fiske, J. (2010) *Understanding Popular Culture*, London: Routledge.

Fiske, J. (2010) *Reading the Popular*, Abingdon: Taylor & Francis.

Fishkin, J. S. (1997/1995) *The Voice of the People*, New Haven: Yale University Press.

Fishman, M. (1988/1980) *Manufacturing the News*, Austin: University of Texas Press.

Flichy, P. (1995) *Dynamics of Modern Communication: The Shaping and Impact of New Communication Technologies*, London. Sage.

Flint, L. N. (1925) *The Conscience of the Newspaper: A Case Book in the Principles and Problems of Journalism*, New York: D. Appleton and Company.

Fones-Wolf, E. A. (1994) *Selling Free Enterprise: The Business Assault on Labor and Liberalism*, 1945—1960, Urbana: The University of Illinois Press.

Foss, S. K. (2009/1996) *Rhetorical Criticism: Exploration and Practice*, Prospect Heights: Waveland.

Foust, J. C. (2011/2005) *Online Journalism: Principles and Practices of News for the Web*, Scottsdale: Holcomb Hathaway.

Fowler, R. (1996) *Language in the News: Discourse and Ideology*, London: Routledge.

Frank, J. (1961) *The Beginnings of the English Newspaper: 1620—1660*, Cambridge: Harvard University Press.

Franklin, B.P., Martin H. (2005) *Key Concepts in Journalism Studies*, London: Sage.

Franklin, B.P. (2008) *Newspapers Apart: Analysing Print Journalism*, London: Routledge.

Franklin, B. (1997) *Newszak and News Media*, London: Arnold.

Franklin, B., Murphy, D. (1998) *Making the Local News: Local Journalism in Context*, London: Psychology Press.

Franklin, B. (2006) *Local Journalism and Local Media: Making the Local News*, London: Routledge.

Freidson, E. (1971) *Profession of Medicine: A Study in the Sociology of Applied Knowledge*, New York: Dodd, Mead.

Frost, C. (2002) *Reporting for Journalists*, London: Routledge.

Frost, C. (2000) *Media Ethics and Self-Regulation*, Harlow: Longman.

Frost, C. (2011) *Journalism Ethics and Regulation*, New York: Longman.

Fuller, J. (1996) *News Values: Ideas for An Information Age*, Chicago: University of Chicago Press.

Fuller, J. (2010) *What Is Happening to News: The Information Explosion and the Crisis in Journalism*, Chicago: University of Chicago Press, 2010.

Gage, L. (1999) *A Guide to Commercial Radio Journalism*, Oxford: Focal Press.

Galbraith, J. K. (1997) *The Good Society: The Humane Agenda*, Boston: Houghton Mifflin Harcourt.

Gans, H. J. (2004) *Democracy and the News*, Oxford and New York: Oxford University Press.

Gans, H. J. (1967) *The Levittowners: Ways of Life and Politics in A New Suburban Community*, New York: Vintage Books.

Gans, H. J. (2005) *Deciding What's News: A Study of CBS Evening News, NBC Nightly News, Newsweek, and Time*, Evanston: Northwestern University Press.

Gans, H. J. (1980) *Deciding What's News*, London: Constable.

Garfinkel, H. (1967) *Studies in Ethnomethodology*, Englewood Cliff: Prentice Hall.

Garnham, N., Bakewell, J. (1978/1972) *Structures of Television*, British Film Institute.

Garnham, N. (1990) *Capitalism and Communication: Global Culture and the Economics of Information*, London: Sage.

Garnham, N. (2000) *Emancipation, the Media and Modernity: Arguments about the Media and Social Theory*, Oxford: Oxford University Press.

Garnham, N., Collins, R., Locksley, G. (1988) *The Economics of Television: The UK Case*, London: Sage.

Gardner, H. E., Csikszentmihalyi, M., Damon, W. (2008) *Good Work: When Excellence and Ethics Meet*, New York: Basic Books.

Gauntlett, D., Hill, A. (1999) *TV Living: Television, Culture and Everyday Life*, London: Routledge.

Gee, J. P. (1990) *Social Linguistics and Literacies: Ideology in Discourses*, London: Falmer Press.

Gellner, E. (1987) *Relativism and the Social Sciences*, Cambridge: Cambridge University Press.

Geoffrey, R. S., Seidman, L. M., Cass R., Sunstein, C. R. (2013) *Constitutional Law*, New York: Wolters Kluwer Law & Business.

Gibbs, C., Warhover, T. (2002) *Getting the Whole Story: Reporting and Writing the News*, New York: The Guilford Press.

Gillespie, M. (2002/1995) *Television, Ethnicity and Cultural Change*, London: Taylor & Francis/Routledge.

Gillmor, D. M., Barron, J, A., Simon, T. F. (1998) *Mass Communication Law: Case and Comment*，Belmont：Wadsworth Publishing Company.

Giover，S. (1999) *The Penguin Book of Journalism*：*Secrets of the Press*，London：Penguin.

Glasgow Media Group (1976) *Bad News*，London：Routledge and Kegan Paul.

Glasgow Media Group (1980) *More Bad News*，London：Routledge and Kegan Paul.

Glasgow Media Group (1985) *War and Peace News*，Milton Keynes：Open University Press.

Goffman，E. (1974) *Frame Analysis*，Philadelphia：University of Pennsylvania Press.

Golding，P.，Elliott，P. (1979) *Making the News*，London：Longman.

Golding，P.，Murdock，G. (1997) *The Political Economy of the Media*，Edward Elgar.

Golding，P.，Murdock，G.，Schlesinger，P. (1986) *Communicating Politics*：*Mass Communications and the Political Process*，Leicester：Leicester University Press.

Goldenberg，E. (1975) *Making the Papers*：*The Access of Resource-Poor Groups to the Metropolitan Press*，Lexington：D. C. Heath.

Goldstein，T. (1985) *The News at Any Cost*：*How Journalists Compromise Their Ethics to Shape the News*，New York：Simon&Schuster.

Gomery，D.，Cook，P. S.，Lichty，L. W. (1992) *The Future of News*：*Television*，*Newspapers*，*WireServices*，*Newsmagazines*，Washington：Woodrow Wilson Center Press.

Gombrich，E. (1971) *Art and Illusion*，New York：Pantheon.

Goodwin，A.，Whannel，G. (1990) *Understanding Television*，London：Routledge.

Glasser，T. L. (1999) *The Idea of Public Journalism*，New York：Guilford Press.

Graber，D. (1994/1988) *Processing the News*：*How People Tame the Information Tide*，New York：Longman.

Greco，A. N. (ed.) (1999) *The Media and Entertainment Industries*：*Readings in Mass Communications*，Boston：Allyn & Bacon.

Greenslade，R. (2003) *Press Gang*：*How Newspapers Make Profits from Propaganda*，Basingstoke：Macmillan.

Greenwald，M.，Bernt，J.，Gene，R. (2000) *The Big Chill*：*Investigative Reporting in the Current Media Environment*，Ames：Iowa State University Press.

Gregg，K. (1996) *Do Well by Doing Good*：*The Complete Guide to Charitable Remainder Trusts*，Chicago：Bonus Books.

Groombridge，B. (1972) *Television and the People*，*A Programme for Democratic Participation*，New York：Penguin.

Grossberg，L.，Wartella，E. A.，Whitney，D. C. (2006/1998) *Media Making*：*Mass Media in a Popular Culture*，Thousand Oaks：Sage.

Guback，T. (1969) *The International Film Industry*：*Western Europe and American Since 1945*，Bloomington：Indiana University Press.

Guirand, P. (1975) *Semiology*, London: Routledge & Kegan Paul.

Gunter, B. (1987) *Poor Reception: Misunderstanding and Forgetting Broadcast News*, Mahwah: L. Erlbaum Associates.

Gupta, V. S. (2005) *International Communication: Contemporary Issues and Trends in Global Information Revolution Concept*, New Delhi: Concept Publishing Company Publishing Company.

Habermas, J. (1989) *Structural Transformation of the Public Sphere: An Inquiry into A Category of Bourgeois Society*, Cambridge: MAMIT Press.

Hachten, W. A., Scotton, J. F. (2011) *The World News Prism: Challenges of Digital Communication*, Hoboken: Wiley-Blackwell.

Hackett, R. A., Carroll, W. K. (2006) *Remaking Media: The Struggle to Democratize Public Communication*, London: Routledge.

Hagen, I., Wasko, J. (eds.) (2000) *Consuming Audiences? Production and Reception in Media Research*, Creskill: Hampton Press.

Hall, J. K., Camphell, K. K. (1987) *The Interplay of Influence: Mass Media and Their Publics in News, Advertising, Politics*, Belmont: Wadsworth Publishing Co Inc.

Hall, J. K. (2001) *Online Journalism*, London: Pluto.

Hall, S. (1973) *Encoding and Decoding in the Television Discourse*, Birmingham: Centre for Cultural Studies, University of Birmingham.

Hall, S., Hobson, D., Lowe, A., Willis, P. (2010/1980) *Culture, Media, Language: Working Papers in Cultural Studies*, London: Hutchinson.

Hall, S. (1997) *Representation: Cultural Representations and Signifying Practices*, London: Sage.

Hallin, D. C. (2006/1994) *We Keep American Top of the World: Television Journalism and the Public Sphere*, London: Taylor & Francis.

Hallin, D. C., Mancini, P. (2004) *Comparing Media Systems: Three Models of Media and Politics*, Cambridge: Cambridge University Press.

Halloran, J. D. (1970) *The Effects of Television: Panther Modern Society*, London: Panther.

Halloran, J. D., Elliott, P., Murdock, G. (1970) *Demonstrations and Communication: A Case Study*, Hammondsworth: Penguin.

Haiman, F. S. (1984) *Speech and Law in a Free Society*, Chicago: University of Chicago Press.

Hamilton, J. T. (2006) *All the News That's Fit to Sell: How the Market Transforms Information into News*, Princeton: Princeton University Press.

Harding, L., Leigh, D., Pallister, D. (1997) *The Liar: The Fall of Jonathan Aitken*, London: Penguin.

Hardt, H. (2001) *Social Theories of the Press: Constituents of Communication Research, 1840s to 1920s*, Lanham: Rowman & Littlefield Publishers.

Hargreaves, I. (2003) *Journalism: Truth or Dare?* Oxford: Oxford University Press.

Hargreaves, I. (2005) *Journalism: A Very Short Introduction*, Oxford: Oxford University Press.

Harrison, J. (2000) *Terrestrial TV News in Britain: The Culture of Production*, Manchester: Manchester University Press.

Hartley, J. (1982) *Understanding News*, London: Methuen.

Hartley, J. (1996) *Popular Reality: Journalism, Modernity, Popular Culture*, London: Arnold.

Hartsock, J. C. (2000) *A History of American Literary Journalism: The Emergence of Moden Narrative Form*, Amherst: University of Massachusetts Press.

Hermes, J. (2005) *Re-reading Popular Culture*, London: Blackwell.

Harcup, T. (2009) *Journalism: Principles and Practice*, London: Sage.

Harcup, T. (2006) *The Ethical Journalist*, Sage Publications.

Harcup, T. (2012) *Alternative Journalism, Alternative Voices*, London: Routledge.

Harcup, T. (2009) *Newspaper Journalism*, London: Sage.

Harvey, D. (2005) *A Brief History of Neoliberalism*, Oxford: Oxford University Press.

Hausman, C. (1997) *Crisis of Conscience: Perspectives on Journalism Ethics*, London: Harper Collins Inc.

Haxton, N. (2002) *The Death of Investigative Journalism?* South Melbourne: Pearson Education Australia Pty Ltd.

Helm, J. (ed.) (1976) *Essays on the Verbal and Visual Arts*, Seattle: University of Washington Press.

Hellmann, J. (1981) *Fables of Fact: The New Journalism as New Fiction*, Urbana: University of Illinois Press.

Henderson, D. (2006) *Making News*, Lincoln: iUniverse Star.

Henderson, D. E (2009) *Making News in the Digital Era*, Lincoln: iUniverse. com.

Herbert, I. S. (1992/1969) *Mass Communications and American Empire*, Boulder: Westview Press.

Herbert, J. (2001) *Practising Global Journalism*, Oxford: Focal Press.

Herbst, S. (1998) *Reading Public Opinion: How Political Actors View the Democratic Process*, Chicago: University of Chicago Press.

Herman, E. S., Chomsky, N. (2002/1998) *Manufacturing Consent: The Political Economy of the Mass Media*, New York: Pantheon.

Herman, E. S. (1995) *Beyond Hypocrisy: Decoding the News in an Age of Propagan-*

da, Boston: South End Press.

Hess, S. (1981) *The Washington Reporters*, Washington, D. C. : Brookings Institution.

Hesmondhalgh, D. , Toynbee, J. (eds.) (2008) *The Media and Social Theory*, London: Routledge.

Hetherington, A. (1985) *News, Newspapers and Television*, London: Macmillan.

Hicks, W. , Holmes, T. (2002) *Subediting for Journalists*, London: Routledge.

Hill, A. (1999) *Shocking Entertainment: Viewer Response to Violent Movies*, Luton: University of Luton Press.

Hill, A. (2005) *Reality TV: Audiences and Popular Factual Television*, London: Routledge.

Hill, A. (2007) *Restyling Factual TV: Audiences and News, Documentary and Reality Genres*, London: Routledge.

Hills, M. (2002) *Fan Cultures*, London: Routledge.

Hodgson, F. W. (1998) *New Subediting*, Oxford: Focal Press.

Hoffman, A. Von. (2010) *Ölen Sie sich die richtigen Fakten-Radio, Fernsehen und Zeitungenist*, London: Rudolf Steiner Press.

Hofstadter, R. (1972) *The Idea of a Party System*, Berkeley: University of California Press.

Hoijer, B. , Findahl, O. (1984) *Nyheter, Forstdelse, Och mine*, Stockholm: Studentlitteratur.

Holloewll, J. (1977) *Fact & Fiction: The New Journalism and the Nonfiction Novel*, Chapel Hill: University of North Carolina Press.

Hood, S. (1994) *Behind the Screens*, London: Lawrence and Wishart.

Hulteng, J. L. (1985/1976) *The Messenger's Motives: Ethical Problems of the News Media*, Englewood Cliffs: Prentice-Hall.

Hume, E. (1991) *Restoring the Bond: Connecting Campaign Coverage to Voters*, Boston: Harvard University Press.

Hyde, G. M. (2013) *Newspaper Reporting and Correspondence*, Balladen: Nabu Press.

Iggers, J. (2011/1998) *Good News, Bad News: Journalism Ethics and the Public Interest*, Boulder: Westview Press.

Innis, H. (1964/1950) *The Bias of Communication*, Toronto: University of Toronto Press.

Irene, S. (2009) *From Iron Fist to Invisible Hand: The Uneven Path of Telecommunications Reform in China*, Stanford: Stanford University Press.

Itule, D. B. , Anderson, D. A. (2003) *News Writing and Reporting for Today's Media*, New York: McGraw-Hill.

Iyengar, S. , Kinder, D. R. (2010/1987) *News That Matters: Television and American*

Opinion，Chicago：University of Chicago Press.

Iyengar，S.（2008/1991）*Is Anyone Responsible? How Television Frames Political Issues*，Chicago：University of Chicago Press.

Jamieson，K. H.，Cappella，N. J.（1997）*Spiral of Cynicism：The Press and the Public Good*，New York：Oxford University Press.

Jason，R. D.（2011）*Journalism：Theory and Practice*，Boca Raton：Apple Academic Press Inc.

Jenkins，H.（2006）*Fans，Bloggers and Gamers：Essays on Participatory Culture*，New York：New York University Press.

Jones，N.（2002）*The Control Freaks：How New Labour Gets Its Own Way*，London：Politicos.

Jones，N.（1999）*Sultans of Spin：The Media and the New Labour Government*，London：Victor Gollancz Limited.

Johnstone，J. W. C.，Slawski，E. J.，Bowman，W. W.（1976）*The Newspeople：A Sociological Portrait of American Journalists and Their Work*，University of Illinois Press.

Kaniss，P.（1991）*Making Local News*，Chicago：University of Chicago Press.

Kawamoto，K.（2003）*Digital Journalism*，Lanham：Rowman and Littlefield.

Katz，E.，Dayan，D.（1992）*Media Events：The Live Broadcasting of History*，Cambridge：Harvard University Press.

Keane，J.（1991）*Media and Democracy*，Cambridge：Polity Press.

Keeble，R.（2008）*Ethics for Journalists：Media Skills*，London：Taylor & Francis.

Keith，T.（2001）*Compassion，Morality and the Media*，Milton Keynes：Open University Press.

Kellner，D.（1995）*Media Culture：Cultural Studies，Identity and Politics between the Modern and the Postmodern*，London：Routledge.

Kernell，S.（2006）*Going Public*，Washington：CQ Press.

Kessel，J.（1955）*La mort d'un libre-Nouvelles Technologie et Politique*，Paris：Alain Beaulet.

Kevin，W.，Yan Wu，Angela，W.（2014/2008）*Comparative Journalism：Theory and Practice*，Hampshire：Palgrave MacMillan.

Kevin，W.（2011）*International Journalism：Critical Texts*，London：Sage.

Kevin，W.（2003）*Understanding Media Theory*，London：Hodder Arnold.

Kevin，W.（2008）*Read All about It*！London：Routledge.

Kieran，M.（1998）*Media Ethics*，London：Routledge.

Kobre，S.（2012）*Modern American Journalism*，Owner：Literary Licensing，LLC.

Kovach，B.，Rosenstiel，T.（2007）*The Elements of Journalism：What Newspeople Should Know and the Public Should Expect*，New York：Three Rivers Press.

Kracauer, S. (1930) *Salaried Masses: Duty and Distraction in Weimar Germany*, London/New York: Verso.

Kunczik, M. (1988) *Concepts of Journalism: North and South*, Friedrieh-Ebert-Stifttmg.

Lahav, P. (1985) *Press Law in Modern Democracies: A Comparative Study*, New York: Longman.

Langer, J. (1998) *Tabloid Television: Popular Journalism and the "Other News"*, London: Routledge.

Larson, M. S. (2012/1979) *The Rise of Professionalism: A Sociological Analysis*, Berkeley: University of California Press.

Larson, F. J. (1984) *Television's Window on the World: International Affairs Coverage on the U. S. Networks*, Norwood: Ablex Press.

Law, I. (2002) *Race in the News*, London: Palgrave.

Lee, A. J. (1976) *The Popular Press in England: 1830—1914*, London: Croom Helm.

Lee, M. (2007) *Government Public Relations: A Reader*, New York: CRC Press.

Leitch, V. B. (1983) *Deconstructive Criticism: An Advanced Introduction*, New York: Columbia University Press.

Leiter, K., Johnson, S., Harriss, J. (2000) *The Complete Reporter: Fundamentals of News Gathering, Writing, and Editing*, Boston: Allyn and Bacon.

Len, M. (2004) *Teaching the Media*, London: Routledge.

Leonard, T. C. (1995) *News for All*, New York: Oxford University Press.

Levi-Strauss, C. (1968) *Structural Anthropology*, Harmondsworth: Penguin.

Lichtenberg, J. (2000) *Democracy and the Mass Media: A Collection of Essays*, Cambridge: Cambridge University Press.

Liebling, A. J. (1947) *The Wayward Pressman*, New York: Doubleday & Company, Inc.

Liebling, A. J. (1998/1972) *The Wayward Pressman*, New York: Greenwood Press.

Livingstone, S. (1990/1998) *Making Sense of Television: The Psychology of Audience Interpretation*, London: Routledge.

Livingstone, S. (1993) *Talk on Television: Audience Participation and Public Debate*, London: Routledge.

Livingstone, S. (2002) *Young People and New Media: Childhood and the Changing Media Environment*, London: Sage.

Lord, C. S. (2010) *The Young Man and Journalism*, Charleston: BiblioLife.

Lundby, K. (2009) *Mediatization: Concept, Changes, Consequences*, New York: Peter Lang.

Luedtke, K. (1981) *Absence of Malice*, Columbia: Columbia Picture Corp.

MacDougall, C. D., Reid, R. D. (1987) *Interpretive Reporting*, New York: The Macmillan.

MacDonald, J. F. (1979) *Don't Touch That Dial Radio Programming in American Life: 1920—1960*, Chicago: Nellson-Hall.

MacDonald, M. (2003) *Exploring Media Discourse*, London: Arnold.

Mackinnon, C. A. (1988) *Feminism Unmodified: Discourses on Life and Law*, Cambridge: Harvard University Press.

Macpherson, C. B. (2011/1977) *The Life and Times of Liberal Democracy*, Oxford: Oxford University Press.

Malcolm, J. (2011) *The Journalist and the Murderer*, New York: Knopf Doubleday.

Manning, P. (2001) *News and News Sources: A Critical Introduction*, London: Sage.

Manoff, R. K., Schudson, M. (1986) *Reading the News: A Pantheon Guide to Popular Culture*, New York: Pantheon Books.

Marcuse, H. (1969) *An Essay on Liberation*, Boston: Beacon Press.

Marjoribanks, T. (2000) *News Corporation, Technology and the Workplace*, Cambridge: Cambridge University Press.

Marilyn, L., Harvey, M. (1974) *News as Purposive Behavior: On the Strategic Use of Routine Events, Accidents, and Scandals*, National Emergency Training Center.

Marshall, P. D. (1997) *Celebrity and Power: Fame in Contemporary Culture*, Minneapolis: University of Minnesota Press.

Marzolf, M. (1991) *Civilizing Voices: American Press Criticism 1880—1950*, Langman.

Martin, W. (1986) *Recent Theories of Narrative*, Ithaca: Cornell University Press.

Mayer-Schönberger, V., Cukier, K. N. (2013) *Big Data: A Revolution That Will Transform How We Live, Work and Think*, Boston: Houghton Mifflin Harcourt.

McChesney, R. W. (1997) *Corporate Media and the Threat to Democracy (Open Media Pamphlet Series)*, New York: Seven Stories Press.

McChesney, R. W. (1994) *Telecommunications, Mass Media & Democracy: The Battle for the Control of U. S. Broadcasting, 1928—1935*, New York: Oxford University Press.

McChesney, R. W. (1999) *Rich Media, Poor Democracy: Communication Politics in Dubious Times*, Urbana: University of Illinois Press.

McChesney, R. W. (2013) *Digital Disconnect: How Capitalism is Turning the Internet Against Democracy*, New York: The New Press.

McChesney, R. W., Nichols, J. (2013) *Dollarocracy: How the Money and Media Election Complex Is Destroying America*, New York: Nation Books.

McChesney, R. W., Nichols, J. (2010) *The Death and Life of American Journalism: The Media Revolution That Will Begin the World Again*, New York: Nation Books.

McChesney, R. W. (2008) *The Political Economy of Media: Enduring Issues, Emer-*

ging Dilemmas，New York：Monthly Review Press.

McGerr，M. E.（2002/1986）*The Decline of Popular Politics*：*The American North*，*1865—1928*，Oxford：Oxford University Press.

McManus，J.（1994）*Market Driven Journalism*：*Let the Citizen Beware*? London：Sage.

McNair，B.（2009/2001）*News and Journalism in the UK*，London：Routledge.

McNair，B.（2011）*An Introduction to Political Communication*，London：Routledge.

McNair，B.（2000）*Journalism and Democracy*：*An Evaluation of the Political Public Sphere*，London：Routledge.

McNair，B.（2002/1998）*The Sociology of Journalism*，London：Edward Arnold.

McQuail，D.（2005）*Mass Communication Theory*，London：Sage.

McQuail，D.（1977）*The Analysis of Newspaper Content*：*Study for the Royal Commission on the Press*，London：HMSO.

McQueen，D.（2009/1998）*Television*：*A Media Student's Guide*，New York：Bloomsbury /London：Arnold.

Meehan，E. R.（2005）*Why TV is Not Our Fault*：*Television Programming*，*Viewers*，*and Who's Really in Control*，Rowman & Littlefield.

Meehan，E. R.（2001）*Sex and Money*：*Feminism and Political Economy in the Media*，University Of Minnesota Press.

Meiklejohn，A.（2011/1948）*Free Speech and Its Relation to Self-Government*，The Lawbook Exchange Ltd.

Mencher，M.（2010/1999）*News Reporting and Writing*，Boston：McGraw-Hill Humanities/Social Sciences.

Mercer，D.，Mungham，G.，Williams，K.（1987）*The Fog of War*：*The Media on the Battlefield*，London：Heinemann.

Merritt，D.（1998）*Public Journalism and Public Life*：*Why Telling the News Is Not Enough*，Mahwah：Lawrence Erlbaum Associates.

Merton，R. K.（1988/1964）*Social Theory and Social Structure*，New York：Free Press.

Metz，C.（1974）*Film Language*，London：Oxford University Press.

Metzger，H.（1993）*Broadcasting Regulations*：*The German Example*，Friedrich-Ebert-Stiftung.

Meyer，P.（1987）*Ethical Journalism*，New York：Longman.

Meyer，P.（2004）*The Vanishing Newspaper*：*Saving Journalism in the Information Age*，Columbia：University of Missouri Press.

Meyers，M.（1997）*News Coverage of Violence Against Women*：*Engendering Blame*，Thousand Oaks：Sage.

Meyn，H.（1996/1994）*Massenmedien in der Bundesrepublik Deutschland*，Berlin：Colloquium.

Meyrowitz，J.（1985）*No Sense of Place*：*The Impact of Electronic Media on Social Behavior*，Oxford University Press.

Mill，S. J.（2007/1848）*Utilitarianism*，*Liberty and Representative Government*，London：Wildside Press LLC.

Milliband，R.（1969）*The State in Capitalist Society*：*An Analysis of the Western System of Power*，New York：Basic Books.

Mills，C. W.（2000/1956）*The Power Elite*，Oxford：Oxford University Press.

Mills，K.（1990）*A Place in the News*：*From the Women's Pages to the Front Page*，New York：Columbia University Press.

Miller，D.（2004）*Tell Me Lies*：*Propaganda and Media Distortion in the Attack on Iraq*，London：Pluto Press.

Mindich，D. T.（2000）*Just the Facts*：*How "Objectivity" Came to Define American Journalism*，New York：NYU Press.

Mittell，J.（2004）*Genre and Television*：*From Cop Shows to Cartoons in American Culture*，London：Routledge.

Montgomery，M. et al.（2000）*Ways of Reading*：*Advanced Reading Skills for Students of English Literature*，London：Routledge.

Morley，D.，Brunsdon，C.（1999）*The Nationwide Television Studies*，London：Routledge.

Morley，D.（1980）*The Nationwide Audience*：*Structure and Decoding*，London：British Film Institute.

Morley，D.（1992）*Television*，*Audiences and Cultural Studies*，London：Routledge.

Morrison，D. E.，Tumber，H.（1988）*Journalists at War*：*The Dynamics of News Reporting during the Falklands Conflict*，Sage Publications.

Mosco，V.（2009/1996）*The Political Economy of Communication*，London：Sage Publications.

Mosco，V.（2005）*The Digital Sublime*：*Myth*，*Power and Cyberspace*，Cambridge：The MIT Press.

Mott，F. L.（1952）The News in America：*The Library of Congress Series in American Civilization*，Cambridge：Harvard University Press.

Mott，F. L.（1962）*American Journalism*：*A History of Newspapers in the United States Through 250 Years*，*1690—1940*，Routledge/Thoemmes Press.

Mott，F. L.，Casey，R. D.（1937）*Interpretations of Journalism*，New York：F. S. Crofts&Co.

Muhlmann，G.（2010）*Journalism for Democracy*，Cambridge：Polity Press.

Mulgan，G. J.（1991）*Communication and Control*，Oxford：Polity Press.

Murrin，J. R. et al.（2012/2007）*Study Guide for Liberty*，*Equality*，*Power*：*A History of the American People*，Moorpark：Academic Internet Publishers.

Musa，B. A.，Price，C. J.（2006）*Emerging Issues in Contemporary Journalism：Infotainment，Internet，Libel，Censorship，Et Cetera*，New York：Edwin Mellen Press.

Nagel，E.（1979）*The Structure of Science：Problems in the Logic of Scienific Explanation*，Hackett Publishing.

Negrine，R. M.（1994）*Politics and the Mass Media in Britain*，London：Routledge.

Neuman，W. R.，Just，M.，Crigler，A.（1993）*Common Knowledge：News and the Construction of Political Meaning*，Chicago：University of Chicago Press.

Newton，E.（1999）*Crusaders，Scoundrels，Journalists：The Newseums's Most Intriguing Newspeople*，Times Books.

Nielsen，J.（1995）*Multimedia and Hypertext：The Internet and Beyond*，Morgan Kaufmann.

Norris，P.（1997）*Politics and the Press：The News Media and Their Influences*，Boulder：Lynne Rienner.

Norris，P.（2000）*A Virtuous Circle：Political Communications in Postindustrial Societies*，Cambridge：Cambridge University Press.

Northmore，D.（2001/1996）*Lifting The Lit：A Guide to Investigative Research*，London：Cassel.

Ofcom，（2003）Programme Code，Section 3，London：Ofcom.

O'Malley，T.，Jones，J.（2009）*The Peacock Committee and UK Broadcasting Policy*，Hampshire：Palgrave Macmillan.

Onora，O'Neil（2002）*A Question of Trust：The BBC Reith Lecture 5 –Licence to Deceive*，Cambridge：Cambridge University Press.

Paletz，D. L.，Entman，R. M.（1982）*Media Power Politics*，IL：Free Press.

Pape，S.，Featherstone，S.（2005）*Newspaper Journalism：A Practical Introduction*，London：Sage.

Park，R. E.（1967/1940）*News as a Form of Knowledge*，Chicago：University of Chicago Press.

Park，R. E.（1967）*On Social Control and Collective Behavior：Selected Papers*，Chicago：University of Chicago Press.

Patterson，P.，Wilkins，L.（2010）*Media Ethics：Issues and Case*，New York：McGraw-Hill Companies，Inc.

Paterson，R. W. K.（1993/1971）*The Nihilistic Egoist：Max Stirner*，Aldershot：Gregg Revivals /Oxford University Press.

Pape，S.，Featherstone，S.（2005）*Newspaper Journalism：A Practical Introduction*，London：Sage.

Pavlik，J. V.（2001）*Journalism and New Media*，New York：Columbia University Press.

Pecheux, M. (1969) *Analyse Automatique du Discourse*, Paris: Dunod.

Pember, D. R. (2000) *Mass Media Law*, Boston: McGraw-Hill.

Phillips, P. et al. (2009) *Censored 2009: The Top 25 Censored Stories of 2007-08*, New York: Seven Stories Press.

Picard, R. G. (2002) *The Economics and Financing of Media Companies*, New York: Fordham University Press.

Picard, R. G. (1989) *Media Economics: Concepts and Issues*, Newbury Park: Sage.

Picard, R. G. (2002) *Media Firms: Structures, Operations, Performance*, Hillsdale: Lawrence Erlbaum.

Pickerell, A. G. (1988) *The Courts and the News Media*, San Francisco: California Judges Association.

Pierce, D. (1984) *Policy for the Social Work Practitioner*, Boston: Addison-Wesley.

Pilger, J. (1998) *Hidden Agendas*, London: Vintage.

Pilger, J. (1992) *Distant Voice*, New York: Vintage Books.

Pool, Ithiel de Sola (1983) *Technologies of Freedom*, Cambridge: Belknap Press/ Harvard University Press.

Postman, N. (2006/1985) *Amusing Ourselves to Death: Public Discourse in the Age of Show Business*, New York: Penguin Books.

Postman, N. (2011) *The Disappearance of Childhood*, New York: Knopf Doubleday Publishing Group.

Poulantzas, N. (1973) *Political Power and Social Classes*, London: New Left Books.

Powers, R. (1978) *The News Casters*, New York: Martins Press.

Randall, D. (2000) *The Universal Journalist*, London: Pluto.

Reader, W. H., Hatcher, J. A. (2011) *Foundations of Community Journalism: A Primer for Research*, New York: Sage.

Read, D. (1992) *The Power of News: The History of Reuters*, Oxford: Oxford University Press.

Reeves, R. (1998) *What the People Know: Freedom and the Press*, Cambridge, Mass: Harvard University Press.

Rich, C. (2009/2003) *Writing and Reporting News: A Coaching Method*, Belmont: Wadsworth Thomson Learning.

Ritzer, G. (1993) *The McDonaldization of Society*, London: Pine Forge/Sage.

Ritzer, G. (1998) *The McDonaldization Thesis*, London: Sage.

Ritzer, G. (2009/2002) *McDonaldization: The Reader*, London: Pine Forge/Sage.

Robertson, S. (1930) *Introduction to Modern Journalism*, Upper Saddle River: Prentice-Hall, inc.

Rodriguez, A. (1999) *Making Latino News*, Thousand Oaks: Sage.

Rogers, T. (2003) *Newswriting on Deadline*, Boston: Pearson.

Rotunda, P. R. (2010) *Modern Constitutional Law: Cases and Notes*, Minneapolis/St. Paul: West.

Rosen, J., Merritt, D., Austin, L. (1997) *Public Journalism Theory and Practice*, New York: Kettering Foundation.

Rosen, J. (1994) *Public Journalism as a Democratic Art*, New York: Project on the Public Life and the Press.

Rosen, J. (1999) *What Are Journalists?* New Haven: Yale University Press.

Rosen, J. (1996) *Getting the Connections Right: Public Journalism and the Troubles in the Press*, New York: The Twentieth Century Fund Press.

Rosen, J., Taylor, P. (1992) *The New News, The Old News*, New York: Twentieth Century Fund Press.

Roshco, B. (1979/1975) *Newsmaking*, Chicago: University of Chicago Press.

Rosten, L. C. (1937) *The Washington Correspondents*, New York: Harcourt Brace.

Sahlins, M. (1985) *Islands of History*, Chicago: University of Chicago Press.

Said, E. W. (1993) *Culture and Imperialism*, London: Chatto and Windus.

Said, E. W. (1996) *Representations of the Intellectual*, New York: Vintage Books.

Salzman, J. (2003) *Making the News: A Guide for Nonprofits and Activists*, Boulder: Westview Press.

Sánchez, A., Javier, J., Andrés, R., Canel, R., María, J. J. (2000) *Opiniones y Actitudes: Periodistas Al Descubierto*, Madrid: Centro De Investigaciones Sociologi.

Sanders, K. (2011) *Ethics & Journalism*, London: Sage.

Scannell, P. (2007) *Media and Communication*, London: Sage.

Scannell, P. (1996) *Radio, Television and Modern Life: A Phenomenological Approach*, Oxford: Blackwell.

Schiller, D. (2007) *How to Think about Information*, Urbana: University of Illinois Press.

Schiller, D. (2000) *Digital Capitalism*, Cambridge Mass: The MIT Press.

Schiller, D. (1996) *Theorizing Communication: A History*, New York: Oxford University Press.

Schiller, D. (1981) *Objectivity and the News*, Philadelphia: University of Pennsylvania Press.

Schiller, I. H. (1969) *Mass Communications and American Empire*, New York: Augustus M. Kelley.

Schiller, I. H. (1991/1989) *Culture, Inc.: The Corporate Takeover of Public Expression*, Oxford: Oxford University Press.

Schiller, I. H. (1996) *Information Inequality: The Deepening Social Crisis in America*,

New York: Routledge.

Schiller, I. H, (1973) *The Mind Managers*, Boston Mass: Beacon Press.

Schiller, I. H. (1986/1984) *Information and the Crisis Economy*, Oxford: Oxford University Press.

Schiller, I. H. (1976) *Communication and Cultural Domination*, White Plains: M. E. Sharpe.

Schiller, I. H. (2000) *Living in the Number One Country: Reflections from a Critic of American Empire*, New York: Seven Stories Press.

Schlesinger, P. (1987/1978) *Putting Reality Together: BBC News*, London: Taylor & Francis.

Schlesinger, P., Murdock, G., Ross, P., Elliott, C. (1983) *Televising "Terrorism": Political Violence in Popular Culture*, London: Comedia Pub. Group.

Schlosser, E. (2007/2002) *Fast Food Nation: What the All American Meal Is Doing to the World*, London: Penguin.

Schudson, M. (1987/1978) *Discovering the News: A Social History of American Newspapers*, New York: Basic Books.

Schudson, M. (1996) *The Power of News*, Cambridge: Harvard University Press.

Schudson, M. (2011/2003) *The Sociology of News*, New York: Norton & Company Incorporated.

Schudson, M. (1990) *Origins of the Idea of Objectivity in the Professions-Studies in the History of American Journalism and American Law, 1830—1940*, New York: Garland.

Scollon, R. (1998) *Mediated Discourse as Social Interaction: A Study of News Discourse*, New York: Routledge.

Seale, C., Gobo, G., Gubrium, J. F., Silverman, D. (eds.) (2004) *Qualitative Research Practice*, London: Sage.

Seib, P. (2002) *The Global Journalist: News and Conscience in a World of Conflict*, Lanham: Rowman & Littlefield.

Shibutani, T. (1966) *Improvised News: A Sociological Study of Rumor*, Indianapolis: Irvington.

Siegfried, K. (1998/1930) *The Salaried Masses: Duty and Distraction in Weima Germany*, London: Verso.

Siebert, F. S. (1965) *Freedom of the Press in England, 1476—1766: The Rise and Decline of Government Control*, Illinois: University of Illinois Press.

Simpson, J. (2008) *News from No Man's Land: Reporting the World*, London: Pan Books.

Simpson, J. (2008) *A Mad World, My Masters: Tales from a Traveller's Life*, London: Pan. Books.

Sloan, W. D., Parcell, L. M. (2002) *American Journalism: History, Principles, Practices*, Jefferson: McFarland & Co.

Smith, R. F. (2008) *Ethics in Journalism*, London: Blackwell.

Smith, R. F. (2003) *Groping for Ethics in Journalism*, Hoboken: Wiley-Blackwell.

Smith, D. E. (1990/1972) *The Conceptual Practices of Power: A Feminist Sociology of Knowledge*, Toronto: University of Toronto Press/ Baltimore: Penguin Books.

Smythe, D. W. (1981) *Dependency Road: Communications, Capitalism, Consciousness and Canada*, Norwood, N. J.: Ablex.

Sobbrio, F. (2013) *The Political Economy of News Media: Theory, Evidence and Open Issues*, Aldershot, England: Edward Elgar Press.

Spilsbury, S. (2000) *Media Law*, Marshall: Marshall Cavendish Limited.

Spurgeon, C. (2008) *Advertising and New Media*, New York: Routledge.

Stall, J. (1996) *Newspaper Power: The New National Press in Britain*, Oxford: Clarendon.

Stanley, J. B. (2012/2001) *Introduction to Mass Communication: Media Literacy and Culture*, New York: McGraw Hill Higher Education.

Steel, J. (2011) *Journalism and Free Speech*, New York: Routledge.

Stephen, W. J. (2010) *Global Journalism Ethics*, London: McGill-Queen's University Press.

Stephens, M. (1988) *A History of the News: From Drum to Satellite*, New York: Viking.

Sterling, C. H. (2009) *Encyclopedia of Journalism*, Thousand Oaks: Sage.

Stevenson, N. (2002) *Understanding Media Culture*, London: Sage.

Stone, G. R., Seidman, L. M., Sunstein, C. R., Karlan, P. S., Tushnet, M. V. (2012) *Constitutional Law*, New York: Aspen Publishers.

Strinati, D. (1995) *An Introduction to the Theories of Popular Culture*, London: Routledge.

Suelen, T., Carolyn, V. (2001) *Journalism: Theory in Practice*, New York: Oxford University Press

Sunstein, C. R. (1995) *Democracy and The Problem of Free Speech*, New York: Free Press.

Tamotsu, S. (1965) *Improvised News: A Sociological Study of Rumor*, Indianapolis: Bobbs-Merrill, 1965.

Tanner, S. (2002) *Journalism: Investigation and Research*, Sydney: Longman.

Taylor, C. (1995) *Multiculturalism and the Politics of Recognition*, Princeton: Princeton University Press.

Tebbell, J. (1974) *The Media in America*, New York: Mentor.

Tedford, T. L. (1985) *Freedom of Speech in the United States*, New York: Random House.

Terry, H. (ed.) (1990) *Mass Communication Law: Cases and Comments*, Los Angeles: West Publishing Co.

Tester, K. (2001) *Compassion, Morality and the Media*, Buckinghanm and Philadelphia: Open University Press.

Theall, D. (1971) *The Medium is the Rear-View Mirror: Understanding McLuhan*, Montreal: McGill-Queens University Press.

Tiffen, R. (1989) *News and Power*, Sydney: Allen and Unwin.

Thompson, H. S. (1971) *Fear and Loathing in Las Vegas: A Savage Journey into the Heart of the American Dream*, New York: The Modern Library.

Thompson, J. (1995) *The Media and Modernity*, Cambridge: Polity.

Tony, R. (2004) *Newswriting on Deadline*, Boston: Pearson Education.

Tuchman, G. (1980) *Making News: A Study in the Construction of Reality*, New York: Free Press.

Tumber, H. (2007) *Journalism: Critical Concepts in Media and Cultural Studies*, London: Routledge.

Tumber, H. (2000) *News: A Reader*, Oxford: Oxford University Press.

Tunstall, J. (1971) *Journalists at Work: Specialist Correspondents, Their News Organizations, News-Sources and Competitor-Colleagues*, London: Constable and Co.

Tunstall, J. (1996) *Newspaper Power: The New National Press in Britain*, Oxford: Clarendon Press.

Turner, G., Bonner, F., Marshall, P. D. (2000) Fame Games: *The Production of Celebrity in Australia*, Melbourne: Cambridge University Press.

Tyson, H. P. (1992) *Editors under Fire*, Johannesburg: Random House South Africa.

Udell, J. G. (1978) *The Economics of the American Newspaper*, New YorkHastings House.

Urry, J. (2000) *Sociology beyond Societies: Mobilities for the Twenty-First Century*, London: Rouledge.

Van Dijk, T. A. (1983) *Minderheden in the Media*, Amsterdam: Socialistische Uitgeverij Amsterdam.

Van Dijk, T. A. (1988) *News as Discourse*, L. Erlbaum Associates.

Van Dijk, T. A., Kintsch, W. (1983) *Strategies of Discourse Comprehension*, New York: Academik.

Van Dijk, T. A. (1988) *News Analysis: Case Studies of International and National News in the Press*, Hillsdale: Lawrence Erlbaum Associates.

Van Ginneken, J. (1998) *Understanding Global News: A Critical Introduction*, London:

Sage.

Wagner, G. Rudolf (1992) *Inside a Service Trade: Studies in Contemporary Chinese Prose*, Cambridge: Harvard University Asia Center Press.

Whale, J. (1972) *Journalism and Government*, London: Macmillan.

Whale, J. (1969) *The Half-Shut Eye: Television and Politics in Britain and America*, London: Macmillan.

Ward, M. (2002) *Journalism Online*, Oxford: Focal Press.

Waterhouse, K. (1993) *Waterhouse on Newspaper Style*, London: Penguin.

Watson, J. (1998) *Media Communication: An Introduction to Theory and Process*, Basingstoke: Macmillan.

Weaver, D. (1998) *The Global Journalist*, Cresskill: Hampton Press.

Weber, R. (1974) *The Reporter as Artist: A Look at the New Journalism Controversy*, New York: Hastings House Publishers.

Welch, D. (1993) *The Third Reich: Politics and Propaganda*, London and New York: Routledge.

Welsh, T., Greenwood, W. (2003) *McNae' s Essential Law for Journalists*, London: LexisNexis.

Wenner, L. A., Rosengren, K. E., Palmgren, P. (1985) *Media Gratifications Research: Current Perspective*, Beverly Hills: Sage.

Whicker, T. (1978) *On Press*, New York: The Viking Press.

White, A. (2008) *To Tell You the Truth: The Ethical Journalism Initiative*, Aidan Patrick White.

Wilkinson, J. S., Douglas, A. E., Fisher, G. J. (2012) *Principles of Convergent Journalism*, Oxford: Oxford University Press.

Williams, G. (1994) *Britain's Media: How They are Related*, London: Campaign for Press and Broadcasting Freedom.

Williams, R. (1974) *Television: Technology and Cultural Form*, London: Fontana.

Williams, R. (1976) *Communications*, Harmondsworth: Penguin.

Williams, K. (1977) *The English Newspaper*, London: Springwood Books.

Winston, B. (2005) *Messages: Free Expression, Media and the West from Gutenberg to Google*, London: Routledge.

Willis, J. (1991) *The Shadow World: Life between Tbe News Media and Reality*, New York: Praeger.

Wise, D. (2013/1973) *The Politics of Lying: Government Deception, Secrecy and Power*, New York: Vintage Books.

Wilson, J. (1996) *Understanding Journalism: A Guide to Issues*, London: Routledge.

Wolfe, T. E, Johnson, E. W. (1973) *The New Journalism: With an Anthology*, New

York：Harper and Row.

Wolfe，T. E（1977）*The New Journalism*，London：Picador.

Wolfe，T. E.，Johnson，E. W.（1990）*The New Journalism*，London：Pan Books.

Wolff，R. P.，Moore，B. Jr.，Marcuse，H.（1969）*A Critique of Pure Tolerance*，Boston：Beacon Press.

Wolmar，C.（1990）*Censorship*，London：Wayland Books.

Woods，M.，Woods，M. B.（2006）*The History of Communication*，Lerner Classroom.

Wright，C. R.（1986/1959）*Mass Communication：A Sociological Perspective*，New York：Random House.

Wu，I. S.（2009）*From Iron Fist to Invisible Hand：The Uneven Path of Telecommunications Reform in China*，California：Stanford University Press.

Wykes，M.（2001）*News，Crime and Culture*，London：Pluto.

Wylie，P.（1969）*The Spy Who Spoke Porpoise*，New York：Pyramid Books.

Yost，C. S.（1924）*The Principles of Journalism*，New York：D. Appleton and Company.

Zaller，R. J.（1992）*The Nature and Origins of Mass Opinion*，New York：Cambridge University Press.

Zelizer，B.，Allan，S.（2002）*Journalism after September 11*，London and New York：Routledge.

Zelizer，B.（2004）*Taking Journalism Seriously：News and the Academy*，London：Sage.

Zelizer，B.，Allan，S.（2010）*Keywords in News and Journalism Studies*，Milton Keynes：Open University Press.

Zelizer，B.，Tenenboim-Weinblatt，K.（2014）*Journalism and Memory*，New York：Palgrave Macmillan.

Zelizer，B.（2009）*The Changing Faces of Journalism：Tabloidization，Technology and Truthiness*，New York：Routledge.

Zemer，L.（2007）*The Idea of Authorship in Copyright*，England：Ashgate Publishing.

Zhu，Y.（2008）*Television in Post-Reform China：Serial Dramas，Confucian Leadership and the Global Television Market*，London：Routledge.

二、外文论文

Adam，G. S. "The Education of Journalists"，*Journalism：Theory，Practice，and Criticism*，2（3）2001.

Aginam，A. M. "Media in Globalizing Africa：What Prospect for Democratic Communication"，in Hackett，R. A.，Zhao，Y.（eds.）*Democratizing Global Media：One World，Many Struggles*，Lanham：Rowman & Littlefield，2005.

Agrawal，R. " Getting the Word Out"，*The Quill*，83（6）1995.

Alhassan，A. "Communication and the postcolonial nation-state"，in Semati，M.（ed.）

New Frontiers in International Communication Theory, Lanham: Rowman & Littlefield, 2004.

Allan, S. " (En) Gendering the Truth Politics of News Discourse", in Carter, C., Branston, G., Allan, S. (eds.) *News, Gender and Power*, London: Routledge, 1998.

Allan, S. "News, Truth and Postmodernity: Unravelling the Will to Facticity", in Adam, B., Allan, S. (eds.) *Theorizing Culture: An Interdisciplinary Critique after Postmodernism*, London: UCL Press, 1995.

Allan, S. "News and the Public Sphere: Towards a History of Objectivity and Impartiality", in Bromley, M., O'Malley, T. (eds.) *A Journalism Reader*, London: Routledge, 1997.

Althusser, L. "Ideology and Ideological State Apparatuses", in *Lenin and Philosophy and Other Essays*, London: New Left Books, 1971.

Arsenault, A. H., Castells, M. "The Structure and Dynamics of Global Multi-Media Business Network", *International Journal of Communication*, (2) 2008.

Arterton, F. C. "Campaign Organizations Face the Mass Media in the 1976 Presidential Nomination Process", paper presented at the Annual Meeting of the American Political Science Association, Washington, D. C., September 1977.

Arthur, C. "Public Journalism for People", *National Civic Review*, Vol. 85, 1996.

Arthur, K. "Breaking down the Barriers", *Nation*, June 8, 1998.

Asp, K., Esaiasson, P. "The Modernization of Swedish Campaigns: Individualization, Professionalization, and Medialization", In Swanson, D. L., Mancini, P. (eds.) *Politics, Media, and Modern Democracy: An International Study of Innovations in Electoral Campaigning and Their Consequences*, Westport: Praeger, 1996.

Atton, C. "News Cultures and New Social Movements: Radical Journalism and the Mainstream Media", *Journalism Studies*, 3 (4) 2002.

Atton, C. "Ethical Issues in Alternative Journalism, Ethical Space", *The International Journal of Communication Ethics*, 1 (1) 2003.

Baker, C. E. "Scope of the First Amendment Freedom of Speech", *UCLA Law Review*, No. 25, 1978.

Bailie, M. "Critical Communication Pedagogy: Teaching and Learning for Democratic Life", in Bailie, M., Winseck, D. (eds.) *Democratizing Communication? Comparative Perspectives on Information and Power*, Hampton Press, 1997.

Bailey, R. "Seminar at the Department of Journalism", University of Sheffield, 18 April 2002.

Bambauer, D. "The Enigma of Internet Freedom", *eJournal USA*, 15, June 2010.

Banning, S. A. "The Professionalization of Journalism", *Journalism History*, Vol. 1 (24), 1999.

Barbara, P. E. "What is News? Novelty without Change?" *Journal of Communication*, 26 (4) 1976.

Barker, P. B. "News as a Political Resource: Media Strategies and Political Identity in the US Women's Movement, 1966—1975", *Critical Studies in Mass Communication*, 12 (3) 1995.

Barron, J. A. "Access to the Press: A New First Amendment Right", *Harvard Law Review*, Vol. 80, 1967.

Bauer, R. A. "The Obstinate Audience: The Influence Process from the Point of View of Social Communication", *American Psychologist*, Vol. 19 (5), May 1964.

Bell, A. "The Discourse Structure of News Stories", in Bell, A., Garrett, P. (eds.) *Approaches to Media Discourse*, Oxford: Blackwell, 1998.

Bell, M. "The Journalism of Attachment", in Kieran, M. (ed.) *Media Ethics*, London: Routledge, 1998.

Bell, M. "TV News: How Far Should We Go"? *British Journalism Review*, 8 (1) 1997.

Bell, M. "Media: We Need TV We Can Trust", *The Independent*, February 16, 1999.

Belsey, A., Chadwick, R. "Ethics as a Vehicle for Media Quality", *European Journal of Communication*, 10 (4), 1995.

Belsey, A. "Privacy, Publicity and Politics", in Belsey, A., Chadwick, R. (eds.) *Ethical Issues in Journalism*, London: Routledge, 1992.

Belsey, A. "Journalism and Ethics: Can They Co-Exist?" in Kieran, M. (ed.) *Media Ethics*, London: Routledge, 1998.

Benkler, Y. "Communications Infrastructure Regulation and the Distribution of Control over Content", *Telecommunications Policy*, 22 (3) 1998.

Bennett, W. L. "Toward a Theory of Press-State Relations in the United States", *Journal of Communication*, Vol. 40, No. 2, 1990.

Bernstein, C. "The Idiot Culture", *The New Republic*, 8 June 1992.

Bettig, R. V. "The Frankfurt School and the Political Economy of Communications", in Nealon, J. T., Caren, I. (eds.) *Rethinking the Frankfurt School: Alternative Legacies of Cultural Critique*, Albany: State University of New York Press, 2002.

Biocca, F. A. "Opposing Conceptions of the Audience: The Active and Passive Hemispheres of Mass Communication Theory", in Anderson, J. (ed.) *Communication Yearbook*, Beverly Hills: Sage, 1988.

Bird, S. E., Dardenne, R. W. "Myth, Chronicle and Story: Exploring the Narrative Qualities of News", in Berkowitz, D. (ed.) *Social Meanings of News: A Reader*, Thousand Oaks: Sage, 1997.

Blackman, C. R. "Convergence between Telecommunication Sand Other Media: How Should Regulation Adapt"? *Telecommunications Policy*, 22 (3) 1998.

Block, E. "Freedom and Equality: Indicators of Political Change in Sweden, 1945—1975", in Rosengren, K. (ed.) *Advances in Content Analysis*, London: Sage, 1981.

Boccardi, L. D. "Press Responsibility: The Journalists View", *Mass Communications Review*, 14 (3) 1987.

Bodi, E. "Al-Jazeera Tells the Truth about War", *The Guardian*, 28 March 2003.

Bogart, L. "The American Media System and Its Commercial Culture", Gannett Foundation Media Center, Columbia University, 1991.

Bonnie, D. "Defamation Law: Positive Jurisprudence", *Harvard Human Rights Journal*, 13, 2000.

Bourdieu, P. "A Reasoned Utopia and Economic Fatalism", *New Left Review*, 227, January-February 1998.

Boyd-Barrett, O. "Journalism Recruitment and Training: Problems in Professionalization", in Tunstall, J. (ed.) *Media Sociology*, London: Constable, 1970.

Bradshaw, P. "How to Be a Data Journalist", *The Guardian*, 1 October 2010.

Breed, W. "Social Control in the Newsroom: A Functional Analysis", in Tumber, H. (ed.) *News: A Reader*, London: Oxford University Press, 1999.

Brooker-Gross, S. R. "The Changing Concept of Place in the News", in Burgess, J., Gold, J. R. (eds.) *Geography, The Media and Popular Culture*, London: Croom Helm, 1985.

Bromley, M. "The 'Tabloiding' of Britain: Quality Newspapers in the 1990s", in Bromley, M., Stephenson, H. (eds.) *Sex, Lies and Democracy: The Press and the Public*, New York: Longman, 1999.

Brown, M. "Estimating Newspaper and Magazine Readership", in Kent, R. (ed.) *Measuring Media Audiences*, London: Routledge, 1994.

Bruck, P. A. "Strategies for Peace: Strategies for News Research", *Journal of Communication*, 39, 1989.

Burke, K. "Semantic Meaning and Poetic Meaning", in Burke, K. (ed.) *Philosophy of Literary Form*, Berkeley: University of California Press, 1974.

Burns, N. "Talking to the World about American Foreign Policy", *The Harvard International Journal of Press/Politics*, Vol. 1, No. 4, 1996.

Cameron, J. "Journalism: A Trade", in Bromley, M., O'Malley, T. (eds.) *A Journalism Reader*, London: Routledge, 1997.

Campbell, C. "Citizens Matter: And That Is Why Public Journalism Matters", *Journalism Studies*, 1 (4) 2000.

Carpini, M. D., Williams, B. "Television in Political Discourse", paper presented at the Annual Meeting of the American Political Science Association, Washington, September 1991.

Carey, J. W. "The Dark Continent of American Journalism", in Manoff, R. K., Schudson, M. (eds.) *Reading the News*, New York: Pantheon Books, 1986.

Carey, J, W. "The Press and the Public Discourse", *Center Magazine*, 21 March/

April 1987.

Carey, J. W. "Community, Public Journalism", in Black, J. (ed.) *Mixed News: The Public/Civic/Communitarian Journalism Debate*, Mahwah: Erl-baum, 1997.

Carey, J. W. "American Journalism on, before, and after September 11", in Zelizer, B., Allan, S. (eds.) *Journalism after September* 11, London and New York: Routledge, 2002.

Carper, A. "Marketing News", in Norris, P. (ed.) *Politics and the Press*, Boulder, CO: Lynne Rienner, 1997.

Carter, R. E. Jr (1958) "Newspaper Gatekeepers and the Sources of News", *Public Opinion Quarterly*, 133 (22) 1958.

Castañeda, M. "The Complicated Transition to Broadcast Digital Television in the United States", *Television & New Media*, 8 May 2007.

Chadwick, R. "Professional Ethics and the 'Good' of Science", *Interdisciplinary Science Reviews*, 30 (3) 2005.

Chalaby, J. K. "Journalism as an Anglo-American Invention", *European Journal of Communication*, 11 (3) 1996.

Chris, C. "How Bad a Shape Is Journalism In? Pretty Bad?" *Media*, Fall 1995.

Chambers, S. "Constitutional Referendums and Democratic Deliberation", in Mendelsohn, M., Parkin, A. (eds.) *Referendum Democracy: Citizens, Elites and Deliberation in Referendum Campaigns*, New York: Palgrave, 2001.

Chomsky, N. "Thought Control: The Case of the Middle East", in Chomsky, N. *Pirates and Emperors, Old and New: International Terrorism in the Real World*, London: Pluto Press, 2002.

Chon, B. S., Choi, H., Barnett, A., Danowski, A., S. H. "A Structural Analysis of Media Convergence: Cross-Industry Mergers and Acquisitions in the Information Industries", *Journal of Media Economics*, 16 (3) 2003.

Cline, A. R. "Toward a Field Theory of Journalism", *Press Politics Journal*, weblog, The Rhetorica Network, 2004.

Cooper, David, A. R. "Allied Arms Cooperation: Need for a Transatlantic Political Strategy", *NATO Review*, 39 (5) 1991.

Coman, M. "Developments in Journalism Theory about Media 'Transitions' in Central and Eastern Europe", *Journalism Studies*, 1 (1) 2000.

Connell, I. "Personalities in the Popular Mecha", in Danigren, P., Sparks, C. (eds.) *Journalism and Popular Culture*, London: Sage, 1992.

Corner, J. "Meaning, Genre and Context", in Curran, J., Gurevitch, M. (eds.) *Mass Media and Society*, London: Oxford University Press, 2000.

Costera, M. I. "What is Quality News? A Plea for Extending the Professional Repertoire of Newsmakers", *Journalism Studies*, 4 (1) 2003.

Cottle, S. "Rethinking News Access", *Journalism Studies*, Vol. 1, No. 3, August 2000.

Couldry, N. "Form and Power in an Age of Continuous Spectacle", in Hesmondhalgh, D., Toynbee, J. (eds.) *The Media and Social Theory*, London: Routledge, 2008.

Cronkite, W. "More Bad News", *The Guardian*, 27 January 1997.

Cunningham, B. "Rethinking Objectivity", *Columbia Journalism Review*, July/August 2003.

Curran, J., Park, M. J. "Beyond Globalization Theory", in Curran, J., Park, M. J. (eds.) *De-Westernizing Media Studies*, London: Routledge, 2000.

Curran, J. "The Press as an Agency of Social Control: An Historical Perspective", in Boyce, G., Curran, J., Wingate, P. (eds.) *Newspaper History: From the Seventeenth Century to the Present Day*, London: Constable, 1978.

Curran, J. "Mass Media and Democracy Revisited", in Curran, J., Gurevitch, M. (eds.) *Mass Media and Society*, London: Arnold, 1996.

Curran, J. "Rethinking Media and Democracy", in Curran, J., Gurevitch, M. (eds.) *Mass Media and Society*, London: Arnold, 2000.

Danna, S. R. "The Rise of Radio News", in Lichty, L. W., Topping, M. C. (eds.) *American Broadcasting: A Source Book*, New York: Hastings House, 1975.

Davis, S. "Public Journalism: The Case Against", *Journalism Studies*, 1 (4) 2000.

Darnton, R. "Writing News and Telling Stories", *Daedalus*, Spring 1975.

Denton, F., Thorson, E. "Civic Journalism: Does It Work? The Public Journalism Effort", in a special report for the Pew Center for Civic Journalism on the "We the People" project, The Pew Center, 1995.

Deuze, M. "What is Multimedia Journalism?" *Journalism Studies*, 5 (2) 2004.

Dilliard, I. "The Role of the Press in Congressional Investigations", *University of Chicago Law Review*, 18, 1951.

Diamond, E. "Civic Journalism: An Experiment That Didn't Work", *Columbia Journalism Review*, July/August 1997.

Dicey, E. "Journalism Old and New", in Bromley, M., O'Malley, T. (eds.) *A Journalism Reader*, London: Routledge, 1997.

Dimmick, J. "The Gate-Keeper: An Uncertainty Theory", *Journalism Monographs*, 37, 1974.

Doig, A. "The Retreat of the Investigators", *British Journalism Review*, 3 (4) 1992.

Doig, A. "Decline of Investigatory Journalism", in Bromley, M., O'Malley, T. (eds.) *A Journalism Reader*, London: Routledge, 1997.

Donohue, G. A. et al. "A Guard Dog Perspective on the Role of the Media", *Journal of Communication*, 45 (2) 1995.

Dorril, S. (2000) "What is Investigative Journalism?", *Free Press*, No. 116, May/

June 2000.

Dowie, M. "Torches of Liberty", introduction to Stauber, J., Rampton, S. (eds.) *Toxic Sludge Is Good For You*, Monroe: Common Courage, 1995.

Eldridge, J. "The Contribution of the Glasgow Media Group to the Study of Television and Print Journalism", *Journalism Studies*, Vol. 1, No. 1, 2000.

Eliasoph, N. "Routines and the Making of Oppositional News", in Berkowitz, D. (ed.) *Social Meanings of News: A Text Reader*, Thousand Oaks, CA: Sage, 1997.

Elliott, P. "Professional Ideology and Organizational Change: The Journalist Since 1800", in Boyce, G., Curran, J., Wingate, P. (eds.) *Newspaper History: From the Seventeenth Century to the Present Day*, London: Constable, 1978.

Ericson, R. V., Baranek, P. M., Chan, J. B. L. "Negotiating Control: A Study of News Sources", in Tumber, H. (ed.) *News: A Reader*, Oxford: Oxford University Press, 2000.

Ettema, J. S. "Journalism in the Postfactual Age", *Critical Studies in Mass Communication*, Vol. 4, 1987.

Entman, R. "Framing: Toward Clarification of a Fractured Paradigm", *Journal of Communication*, 43 (4) 1993.

Feldstein, M. "Who is Deep Throat? Does It Matter?" *AJR*, August/September 2004.

Ferall, V. E. "The Impact of Television Deregulation on Private and Public Interests", *Journal of Communication*, 39 (1) 1989.

Findahl, O., Hoijer, B. "Studies of News from the Perspective of Human Comprehension", in Wilhoit, G. C., de Back, H. (eds.) *Mass Communication Review Yearbook*, Beverly Hills: Sage, 1981.

Fiske, J. "British Cultural Studies and Television", in Allen, R. C. (ed.) *Channels of Discourse, Reassembled: Television and Contemporary Criticism*, London: Taylor & Francis, 1992.

Fiske, J. "The Cultural Economy of Fandom", in Lewis, L. A. (ed.) *The Adoring Audience: Fan Culture and Popular Media*, London: Taylor & Francis, 2002.

Franklin, B. "McJournalism: The McDonaldization Thesis and the UK Local Press", in Allan, S. (ed.) *Contemporary Journalism, Critical Essays, Issues in Cultural and Media Studies*, Milton Keynes: Open University Press, 2005.

Franklin, B. "No News Isn't Good News: The Development of Local Free Newspapers", in Franklin, B., Murphy, D. (eds.) *Making the Local News: Local Journalism in Context*, London: Routedge, 1988.

Franklin, B., Richardson, J. "A Journalist's Duty? Continuity and Change in Local Newspaper's Coverage of Recent UK General Elections", *Journalism Studies*, 3 (1) 2002.

Funkhouser, G. R. "The Issues of the Sixties: An Exploratory Study in the Dynamics of Public Opinion", *Public Opinion Quarterly*, 37, 1973.

Galtung, J., Ruge, M. "Structuring and Selecting News", in Cohen, S., Young, J. (eds.) *The Manufacture of News*, Revised Edition, London: Constable, 1981.

Galtung, J., Ruge, M. "The Structure of Foreign News: The Presentation of the Congo, Cuba and Cyprus Crises in Your Norwegian Newspapers", *Journal of International Peace Research*, 64 (1) 1965.

Gallup Organization, "The People & The Press: A Times Mirror Investigation of Public Attitudes Toward the News Media Conducted", *Times Mirror*, 1986.

Gandy, O. H. Jr. "Audience on Demand", in Calabrese, A., Sparks, C. (eds.) *Toward a Political Economy of Culture: Capitalism and Communication in theTwenty-First Century*, Lanham: Rowman & Littlefield, 2004.

Gans, H. J. "Are U. S. Journalists Dangerously Liberal?" *Columbia Journalism Review*, 24 (4) 1985.

Gans, H. J. "How Well Does TV Present the News?" *New York Times Magazine*, January 1970.

Gans, H. J. "The Famine in American Mass Communications Research", *American Journal of Sociology*, Vol. 77, January 1972.

Garnham, N. "Contribution to a Political Economy of Mass Communication", in Collins, R. et al (eds.) *Media, Culture and Society: A Critical Reader*, London: Sage, 1986.

Garnham, N. "Political Economy and the Practice of Cultural Studies", in Ferguson, M., Golding, P. (eds.) *Cultural Studies in Question*, Thousand Oaks, CA.: Sage Publications, 1997.

Garnham, N. "The Role of the Public Sphere in the Information Society", in Marsden, C. T, (ed.) *Regulating the Global Information Society*, London: Routledge, 2000.

Garnham, N. "The Information Society Is Also a Class Society—The Impact of the New Information Technologies on Cultural Production and Consumption", in Bannion, L. et al. (eds.) *Information Technology: Impact on the Way of Life*, Dublin: Tycooly International, 1982.

Garst, R. E. "The News Behind the Facts", *Neiman Reports*, (7) 1953.

Geraghty, C. "Discussing Quality: Critical Vocabularies and Popular Television Drama", in Curran, J., Morley, D. (eds.) *Media and Cultural Theory*, London: Routledge, 2006.

Gerbner, G. "Mass Media and Human Communication Theory", in McQuail, D. (ed.) *Sociology of Mass Communications*, London: Penguin, 1972.

Gibian, E. "Newspeak Meets Newstalk", in Gibian, P. (ed.) *Mass Culture and Everyday Life*, New York: Routledge.

Gieber, W. "News Is What Newspapermen Make It", in Dexter, L. A., Manning, D. (eds.) *People, Society and Mass Communications*, New York: Free Press, 1999.

Gillmor, D. "The End of Objectivity (Version 0.91)", *Bayosphere*, January 2005.

Gitlin, T. "Lecture", Washington: University of Washington, 20 May 1999.

Glasser, T. L. "The Politics of Public Journalism", *Journalism Studies*, 1 (4) 2000.

Glasser, T. L. "Journalism's Glassy Essence", *Journalism and Mass Communication Quarterly*, 73, Winter 1996.

Glasser, T. L., Ettema, J. S. "The Idea of Public Journalism", in Glasser, T. L. (ed.) *The Idea of Public Journalism*, New York: Guilford, 1999.

Glercross, D. "Superhighways and Supermarkets", a speech to the Royal Television Society, 8 March 1994.

Golding, P., Murdoch, G. "Theories of Communication and Theories of Society", *Communication Research*, 5 (3) 1978.

Golding, P., Murdock, G. "Culture, Communication and Political Economy", in Curran, J., Gurevitck, M. (eds.) *Mass Media and Society*, New York: Oxford University Press, 2000.

Graber, D. "Seeing Is Remembering: How Visuals Contribute, Learning from Television News", *Journal of Communication*, 40 (3) 1990.

Gray, J. "New Audiences, New Textualities: Anti-Fans and Non-Fans", *International Journal of Cultural Studies*, 6 (1) 2003.

Greenslade, R. "Is This Picture a Justifiable Image of Tragedy? Or a Voyeuristic Intrusion into Private Grief?" *The Guardian*, 11 October 1991.

Greenslade, R. "Do These People Have a Right to Privacy?" *The Guardian*, 26 January 2004.

Grimes, C. "Whither the Civic Journalism Bandwagon?" Discussion Paper Joan Shorenstein Center, Harvard University, February 1999.

Gripsrud, J. "The Aesthetics and Politics of Melodrama", in Dahlgren, E., Sparks, C. (eds.) *Journalism and Popular Culture*, London: Sage, 2000.

Gurevitch, M., Blumler, J. G. "Comparative Research: The Extending Frontier", in Swanson, D., Nimmo, D. (eds.) *New Directions in Political Communication: A Sourcebook*, Newbury Park, CA: Sage, 1990.

Hackett, R. A. "Decline of a Paradigm? Bias and Objectively in News Media Studies", *Critical Studies in Mass Communication*, 1 (3) 1984.

Hall, S. "The Determination of News Photographs", in Cohen, S., Young, J. (eds.) *The Manufacture of News: A Reader*, Beverly Hills: Sage, 1973.

Hall, S. "Encoding, Decoding", in During, S. (ed.) *The Cultural Studies Reader*, London: Routledge, 1999.

Hall, S. "The Rediscovery of Ideology: Return of the Repressed in Media Studies", in Gurevitch, M., Bennett, T., Curran, J., Woolacott, J. (eds.) *Culture, Society and Media*, London: Methuen, 1982.

Hall, S. "Culture, the Media and the Ideological Effect", in Curran, J., Gurevitch, M.,

Wollacott，J (eds.) Mass Communication and Society，London：Edward Arnold，1977.

Hallin，D. C. ，Mancini，P. “Speaking of the President：Political Structure and Representational Form in U. S. and Italian Television News”，*Theory and Society*，Vol. 13，1984.

Hallin，D. C. “Commercialism and Professionalism in the American News Media”，in Curran，J. ，Gurevitch，M. （eds. ），*Mass Media and Society*，London：Edward Arnold，2005/1996.

Halloran，J. D. “Television and Violence”，*The Twentieth Century*，Winter 1965.

Hamelink，C. “Ethics for Media Users”，*European Journal of Communication*，10 (4) 1995.

Hanna，M. “British Investigative Journalism：Protecting the Continuity of Talent through Changing Times”，paper presented to the International Association for Media and Communication Research，Singapore，18 July 2000.

Hansen，A. “The Media and Social Construction of the Environment”，*Media，Culture and Society*，13 (4) 1991.

Harcup，T. ，O'Neill，D. “What Is News? Galtung and Ruge Revisited”，*Journalism Studies*，2 (2) 2001.

Harcup，T. “More News Means Worse News，Conference on Media Ethics Told”，*Broadcast*，27 September 1996.

Harcup，T. “The Unspoken-Said：The Journalism of Alternative Media”，*Journalism：Theory，Practice and Criticism*，4 (3) 2003.

Hartley，J. “Invisible Fictions：Television Audiences，Paedocracy and Pleasure”，*Textual Practice*，1 (2) 1987.

Hartley，J. “Journalism as a Human Right：The Cultural Approach to Journalism”，in Löffelholz，M. ，Weaver，D. (eds.) *Global Journalism Research：Theories，Methods，Findings，Future*，Malden：Blackwell，2008.

Hartley，J. “News in a Post Truth Society”，paper presented to International Communication Association (ICA)，Sydney，Australia，July 1994.

Hencke，D. “No News is Bad News”，*The Guardian*，5 March 2001.

Henningham，J. ，Delano，A. “British Journalists”，in Weaver，D. H. (ed.) *The Global Journalist：News People around the World*，Cresskill，NJ：Hampton Press，1998.

Herbert，H. J. “Working towards a Practical Theory of Journalism”，*Asia Pacific Media Educator*，(5) 1998.

Herman，E. S. “The Propaganda Model：A Retrospective”，*Journalism Studies*，1 (1) 2000.

Hjarvard，S. “The Mediatization of Society”，*Nordicom Review*，29 (2) 2008.

Hjarvard，S. “TV News：From Discrete Items to Continuous Narrative? The Social Meaning of Changing Temporal Structures”，*Cultural Studies*，8 (2) 1994.

Hickey, N. "Power Shift", *Columbia Journalism Review*, (2) 2003.

Hilton, I. "Commentary—A Prize for the Underrated Genre of Literary Reportage", *New Stantesman*, 13 (10) 2003.

Hodges, L. W. "The Journalist and Professionalism", *Journal of Mass Media Ethics*, 1 (2) 1986.

Hoggart, S. "Filleted Fish", *New Statesman & Society*, 24 March 1995.

Holt, K. "Authentic Journalism? A Critical Discussion about Existential Authenticity in Journalism Ethics", *Journal of Mass Media Ethics*, 27 (1) 2012.

Hoover, K. D., Soren J., Katarina, J. "Allowing the Data to Speak Freely: The Macroeconometrics of the Cointegrated Vector Autoregression", *American Economic Review*, 98 (2) 2011.

Horchler, R. M. "The News", *Commonweal*, March 22, 1963.

Howard, G. S. "Culture Tales: A Narrative Approach to Thinking, Cross-Culture Psychology and Psychotherapy", *American Psychologist*, 46 (3) 1991.

Hoyer, S. "Newspapers Without Journalists", *Journalism Studies*, No. 4, 2003.

Hoyt, M. "The Wichita Experiment", *Columbia Journal Review*, July/August 1992.

Jacobs, R. H. "The Journalistic and Sociological Enterprises as Ideal Types", *The American Sociologist*, (5) 1970.

Jenkins, H. "Introduction: Worship at the Altar of Convergence: A New Paradigm for Understanding Media Chang", in *Convergence Culture: Where Old and New Media Collide*, New York: New York University Press, 2006.

Jussawalla, M. "The Impact of ICT Convergence on Development of Asian Region", *Telecommunications Policy*, 23 (3/4) 1999.

Katz, J. "Rock, Rap and Movies Bring You the News", *Rolling Stone*, March 5, 1993.

Koppel, T. "Network News Is Still Serious Business", *The New York Times*, 5 March 2002.

Kurtz, H. "In Search of the People's Voice: The Growing Fascination with 'Public Journalism' Raises a Red Flag for Some in the Business", *The Washington Post National Weekly Edition*, 10-16 June 1996.

Labov, W., Waletzky, J. "Narrative Analysis: Oral Versions of Personal Experience", in Helm, J. (ed.) *Essays on the Verbal and Visual Arts*, Seattle: University of Washington Press, 1976.

Lafayette, J. "News Study: Violence Still Dominates", *Electronic Media*, 10 August 1998.

Laitila, T. "Journalistic Codes of Ethics in Europe", *European Journal of Communication*, 10 (4) 1995.

Lankshear, C., Knobel, M. "Do-It-Yourself Broadcasting Writing Weblogs in a Knowledge Society", paper presented to the American Education Research Association Annual Meeting

Chicago, 21 April 2003.

Lapham, C. "The Evolution of the Newspaper of the Future", *Computer Mediated Communication Magazine*, July 1995.

Lasica, J. D. "What Is Participatory Journalism?", *Online Journalism Review*, 7 August 2003.

Larsson, L. "Journalists and Politicians a Relationship Requiring Manoeuvring Space", *Journalism Studies*, Vol. 3, No. 1, 2002.

Lehr, W., McKnight, L. W. "Wireless Internet Access: 3G Vs. Wifi", *Telecommunications Policy*, 27 (5-6) 2003.

Lemert, J. "New Context and the Elimination of Mobilizing Information: An Experiment", *Journalism Quarterly*, 82 (4) 1984.

Lester, M. "News as a Practical Accomplishment: A Conceptual and Empirical Analysis of Newswork", Ph. D. Dissertation, State University of New York.

Levinson, P. "McLuhan's Laws of the Media", *Technology and Culture*, January 1975.

Levy, M. R. "Learning from Television News", in Cook, P. S., Gomery, D., Lichty, L. W. (eds.) *The Future of News: Television, Newspapers, Wire Services, Newsmagazines*, Washington: The Woodrow Wilson Center Press, 1992.

Lichtenberg, J. "In Defence of Objectivity Revisited", in Curran, J., Gurevitch, M. (eds.) *Mass Media and Society*, New York: Bloomsbury, 2005.

Liebel, E. "Government Crisis Management", *GOVLOOP*, 18 March 2011.

Liebes, T. "But There Are Fact", *American Behavioral Scientist*, 33 (2) 1989.

Lind, L. "The Death of Objectivity", *The Globe and Mail*, 3 March 1990.

Lippmann, J. "News Corp.'s Murdoch Is Shopping to Expand Empire", *Wall Street Journal*, 16 April 1997.

Littleton, C. "Is It Global Village of the Suburbs?" *Variety*, June 1998.

Livingstone, S. M. "On the Mediation of Everything", *Journal of Communication*, 59 (1) 2009.

Logan, R. A. "Jefferson's and Madison's Legacy: The Death of the National News council", *Journal of Mass Media Ethics*, (1) 1985.

Lorenz, M. "Data Driven Journalism: What Is There to Learn?" edited conference documentation, based on presentations of participants, Amsterdam, 24 August 2010.

Love, R. L. "The Business of Television and the Black Weekend", in Bradley, S. G., Parker, E. (eds.) *The Kennedy Assassination and the American Public*, Stanford: University of California Press, 1965.

Lowrey, W., Brozana, A., Mackay, J. B. "Toward a Measure of Community Journalism", *Mass Communication & Society*, 11 (3) 2008.

Macavinta, C. "Net Mourns Di, Debates Media Role", CNET News. com, 2

September 1997.

Majierova, M. "Als Egonek den Roman Zum Tod Verurteilte", in Kisch-Kalendar (ed.) *Franz Carl Weiskopf*, Berlin (East): Aufbau-Verlag, 1955.

Malarek, V. "What Takes to Be an Investigative Reporter", in Logan, D. (ed.) *Journalism in the New Millenium*, Vancouver: Sing Tao School of Journalism, 1998.

Manoff, R. "Modes of War and Modes of Social Address: The Text of SDF", *Journal of Communication*, Vol. 39, 1989.

Marks, N. "Uncovering the Secrets of 'Real' Journalism", *Press Gazette*, 14 January 2000.

Marinovich, G. "The Killing Eye", *The Sunday Times*, 20 August 2004.

Marr, A. "Is It Possible That No News Is Good News?" *The Independent*, 16 March 2001.

Marzolf, M. T. "American New Journalism Takes Root in Europe at End of 19th Century", *Journalism Quarterly*, Vol. 61, 1984.

Matheson, D. "Weblogs and the Epistemology of the News: Some Trends in Online Journalis", *New Media & Society*, 6 (4) 2004.

Matthew, P. "Stay Away from That Party, Young Will", *The Times*, 3 February 2001.

McChesney, R. W. "The Political Economy of Communication and the Future of the Field", *Media, Culture and Society*, Vol. 22, 2000.

McCullin, D. "Notes by a Photographer", in Meijer, E., Swart, J. (eds.) *The Photographic Memory: Press. Photography-Twelve Insights*, London: Quiller Press, 1987.

Mcdonald, D. "Is Objectivity Possible", in Merrill, J. C., Ralph, D. B. (eds.), *Ethics and the Press: Readings in Mass Media Morality*, New York: Hastings House, 1975.

McKinsey Global Institute: "Big Data: The Next Frontier for Innovation, Competition and Productivity", report, May 2011.

McKeen, W. (1991) "Hunter S. Thompson", in Day, F. (ed.) *Twayne's United States Authors*, Boston: Twayne, 1991.

McKenzie, R. "Comparing Media Regulation between France, the USA, Mexico and Ghana", *Comparative Media Law Journal*, No. 6, 2005.

McLeod, J., Pan, Z., Rucinski, D. "Levels of Analysis in Public Opinion Research", in Salmon, C., Glasser, T. (eds.) *Public Opinion and the Communication of Consent*, New York: Guilford Press, 1995.

McManus, J. "What Kind of Commodity is News?" *Communications Research*, 19 (6) 1992.

McNair, B. "Journalism and Democracy: A Millennial Audit", *Journalism Studies*, 1 (2) 2000.

Meeske, M., Fedler, F. "Checkbook Journalism in the Electronic Media: Alive and

Flourishing", paper presented at the Annual Convention of the Association for Education in Journalism and Mass Communication, Kansas City, August 1993.

Merritt, D. "Public Journalism-Defining a Democratic Art," *Media Studies Journal*, 9 (3) 1995.

Merritt, D. "Pubic Journalism and Public Life: Why Telling the News Is Not Enough", in Tumber, H. (ed.) *News: A Reader*, London: Oxford University Press, 2000.

Merritt, D. "Public Journalism: What It Means, How It Works", in Rosen, J. (ed.) *Public Journalism: Theory and Practice*, Dayton, Ohio: The Kettering Foundation, 1998.

Meyer, P. "Public Journalism and the Problem of Objectivity", article to Investigative Reporters and Editors Convention, Cleveland, Ohio, September 1995.

Meyer, P. "The Media Reformation: Giving the Agenda back to the People", in Nelson, M. (ed.) *The Elections of 1992*, *Congressional Quarterly*, 1993.

Meyrowitz, J. "Mediating Communication: What Happens?" in Downing, J., Mohammadi, A., Sreberny-Mohammadi, A. (eds.) *Questioning the Media: A Critical Introduction*, Thousand Oanks: Sage, 1995.

Miller, M. C. "Crime News in Baltimore: The Economic Cost of Local TVs Bodybag Journalism", New York: Project on Media Ownership, 1998.

Miller, L., Stauber, J., Rampton, S. "War Is Sell", in Miller, D. (ed.), *Tell Me Lies: Propaganda and Media Distortion in the Attack on Iraq*, London: Pluto Press, 2004.

Mirando, A. J. "Embracing objectivity Early on: Journalism Textbooks of the 1800s", *Journal of Mass Media Ethics*, 16 (1) 2001.

Mirko, L. "Data Driven Journalism: What Is There to Learn"? edited conference documentation, based on Presentations of Participants, Amsterdam, The Netherlands, 24 August 2010.

Mizuko Ito, "Intimate Connections: Contextualizing Japanese Youth and Mobile Messaging", in Harper, R., Palen, L., Taylor, A. (eds.) *The Inside Text: Social, Cultural and Design Perspectives on SMS*, MA: Springer, 2005.

Molotch, H. L. "The News of Women and the Work of Men", in Tuchman, G., Arlene, K. D., Benet, J. (eds.) *Hearth and Home: Images of Women in the Mass Media*, New York: Oxford University Press, 1978.

Molotch, H. L., Lester, M., "News as Purposive Behavior", *American Journal of Sociology*, 81, 1974.

Molotch, H. L. "The News of Women and the Work of Men", in Tuchman, G., Daniels, A. K., Benet, J. (eds.) *Hearth and Home: Images of Women in the Mass Media*, New York: Oxford University Press, 1978.

Moretzsohn, S. "Citizen Journalism and the Myth of Redemptive Technology", *Brazilian Journalism Research*, No. 2, 2006.

Morley, D. "Changing Paradigms in Audience Studies", in Seiter, E., Borchers, H.,

Kreutzner, G., Eva-Maria W. (eds.) *Remote Control: Television, Audiences, and Cultural Power*, London: Routledge, 1989.

Morley, D. "Cultural Transformations: The Politics of Resistance", in Davis, H., Walton, P. (eds.) *Language, Image, Media*, London: Blackwell, 1983.

Morse, M. "The Television News Personality and Credibility: Reflections on the News in Transition", in Modleski, T. (ed.) *Studies in Entertainment*, Bloomington: Indiana University Press, 1986.

Morton, J. "When Newspapers Eat Their Seed Corn", *American Journalism Review*, November 1995.

Mosco, V. "Critical Research and the Role of Labor", *Journal of Communication*, 33 (3) 1983.

Moyers, B. "The Press and Government: Who's Telling the Truth?" in Agee, W. K. (ed.) *Mass Media in a Free Society*, Lawrence: University of Kansas Press, 1969.

Murdock, G., Golding, P. "Culture, Communication and Political Economy", in Curran, J., Gurevitch, M. (eds.) *Mass Media and Society*, London: Arnold, 2000.

Murdock, G. "Political Deviance: The Press Presentation of a Militant Mass Demonstration", in Cohen, S., Young, J. (eds.) *The Manufacture of News: A Reader*, Beverly Hills: Sage, 1982/1973.

Murdock, G. "Blindspots about Western Marxism: A Reply to Dallas Smythe", *Canadian Journal of Political and Social Theory*, 2 (2) 1978.

Murley, B. "WebLogs: Democratizing Media Production", in Grantand, A. E., Jeffrey, S. W. (eds.) *Understanding Media Convergence: The State of the Field*, London: Oxford University Press, 2009.

Murray, S. "Media Convergence's Third Wave: Content Streaming", *Convergence*, 9 (1) 2003.

Msimang, M. "Regulation in the Era of Convergence", *InterMedia* 29, January 2001.

Mueller, M. "Digital Convergence and Its Consequences", *Javnost the Public*, 6 (3) 1999.

NBC News. "White Paper on the Reagan Presidency", 30 December 1981.

Neil, T. "Forums for Citizen Journalists? Adoption of User Generated Content Initiatives by Online News Media", *New Media and Society*, February 2008.

Newfield, J. "Journalism: Old, New and Corporate", in Weber, R. (ed.) *The Reporter as Artist: A Look at the New Journalism Controversy*, New York: Hastings House, 1974.

Norris, B. "Media Ethics at the Sharp End", in Berry, D. (ed.) *Ethics and Media Culture: Practices and Representations*, Oxford: Focal Press, 2000.

North, J. "Reportage", in Hart, H. (ed.) *American Writer's Congress*, New York: Internationnal, 1935.

Northmore, D. "Investigative Reporting: Why and How", in Keeble, R. *The News-*

papers Handbook, London: Routledge, 2001.

Nowak, K. "Cultural Indications in Swedish Advertising", in Melischek, G., Rosengren, K., Stappers, J. (eds.) *Cultural Indicators*, Vienna: Academie der Wissenschaften, 1984.

Ochs, E. "Narrative", in van Dijk, T. A. (ed.) *Discourse as Structure and Process*, London: Sage, 1997.

Oliver, B. B. "Cyberspace, Globalization and Empire", *Global Media and Communication*, 2 (1) 2006.

O'Neill, J. "Journalism in the Market Place", in Belsey, A., Chadwick, C. (eds.) *Ethical Issues in Journalism and the Media*, London: Routledge, 1992.

Overholser, G. "Editor Inc.", *American Journalism Review*, December 1998.

Paletz, D. L., Reichert, P., McIntyre, B. "How the Media Support Local Government Authority", *Public Opinion Quarterly*, 35, 1971.

Park, R. E. "News as a Form of Knowledge: A Chapter in the Sociology of Knowledge", *American Journal of Sociology*, Vol. 45, No. 5, 1940.

Parkes, C. "Felons Provide Freeway Freak Show", *Financial Times*, 17 February 1998.

Patterson, T. E. "Irony of the Free Press: Professional Journalism and News Diversity", in Meadows, M. *Voices in the Wilderness: Images of Aboriginal People in the Australian Media*, New York: Greenwood press, 2001.

Phillips, E. B. "What Is News? Novelty without Change?", *Journal of Communication*, 26 (4) 1976.

Pottker, H. "News and Its Communicative Quality: The Inverted Pyramid When and Why Did It Appear?", *Journalism Studies*, 4 (4) 2003.

Priest, S. H. "Risk Reporting: Why Can't They Ever Get It Right"? in Allan, S. (ed.), *Journalism: Critical Issue*, Milton Keynes: Open University Press, 2011.

Quentin, Tarantino. "Star Wars? Digital Cinema, Media Convergence and Participatory Culture", in Thorburn, D., Jenkins, H. (eds.), *Rethinking Media Change*, Cambridge: MIT Press, 2003.

Quinn, S. "Costs Hitting TV Quality", *The Guardian*, 24 May 1999.

Reese, S. D. "The News Paradigm and the Ideology of Objectivity: Socialist at The Wall Street", *Journal*, *Critical Studies in Mass Communication*, No. 7, 1990.

Reese, S. D. "Setting the Media's Agenda: A Power Balance Perspective", in Anderson, J. A. (ed.) *Communication Yearbook 14*, Newbury Park: Sage, 1991.

Reiss, T. "The First Conservative: How Peter Viereck Inspired and Lost a Movement", *New Yorker Magazine*, October 2005.

Reedy, E. G. "The President and the Press: Struggle for Dominance", *Annals of the American Academy of Political and Social Science*, Vol. 427, 1976.

Reedy, E. G. "The Press and the President: There They Go Again", *Columbia Journalism*

Review, 22 (1) 1983.

Reinemann, C., Stanyer, J., Scherr, S., Legnante, G. "Hard and Soft News: A Review of Concepts, Operationalizations and Key Findings", *Journalism*, 13 (2) 2012.

Reoh, I. "Journalism as Storytelling, Coverage as Narrative", *The American Behavioral Scientist*, 33 (2) 1989.

Robinson, J. P., Davis, D. K. "Informing the Public: Is TV News the Main source?" paper presented at the International Communication Association Annual Conference, San Francisco, 1989.

Rogers, T. "Newswriting on Deadline", Pearson Education, 2004.

Rome, G. B. "Some Points on the Law of the Press", *American Law Review*, 25 May 1922.

Epstein, R. A., Bambauer, D. "Who's Right? Debating Internet Censorship", *eJournal* USA, June 2010.

Rosen, J. "What Should We Be Doing?" *Investigative Reporters and Editors Journal*, November/December, 1996.

Rosen, J. "Making Journalism More Public: On the Political Responsibility of the Media Intellectual", *Critical Studies in Mass Communication*, 12 (4) 1994.

Rosen, J. "The Action of the Idea: Public Journalism in Built Form", in Glasser, T. (ed.) *The Idea of Public Journalism*, New York: The Guilford Press, 1999.

Rosen, J. "Questions and Answers about Public Journalism", *Journalism Studies*, 1 (4) 2000.

Rosen, J. "Public Journalism: A Case for Scholarship", *Change*, May 1995.

Rosen, J. "The People Formerly Known as the Audience", *Press Think*, 27 June 2006.

Rothkopf, D. "In Praise of Cultural Imperialism?" *Foreign Policy*, Summer, Vol. 107, 1997.

Sabreen, R. "News Is No Longer Enough", *Broadcasting*, 26 August 1985.

Schiller, D. "The Legacy of Robert A. Brady: Antifascist Origins of the Political Economy of Communication", *Journal of Media Economics*, 12 (2) 1999.

Schiller, I. H. "Culture Inc.: Challenging the Global Cultural Factories", http://www.altavista.com/, 10 March 2000.

Schiller, I. H. "Critical Research in the Information Age", *Journal of Communication*, 33 (3) 1983.

Schiller, I. H. "Not Yet the Post-Imperialist Era", *Critical Studies in Mass Communication*, 8 (1) 1991.

Schlesinger, P. "Rethinking the Sociology of Journalism: Source Strategies and the Limits of Media Centrism", in Ferguson, M. (ed.) *Public Communication: The New Imperatives*, Thousand Oaks: Sage, 1990.

Schoening, G. T., Anderson, J. A. "Social Action Media Studies: Foundational Arguments and Common Premises", *Communication Theory*, 5 (2) 1995.

Schudson, M. "What Public Journalism Knows about Journalism but Doesn't Know about Public", in Glasser, T. (ed.), *The Idea of Public Journalism*, New York: The Guilford Press, 1999.

Schudson, M. "The Sociology of News Production Revisited", in Curran, J., Gurevitch, M. (eds.) *Mass Media and Society*, London: Oxford University press, 2005.

Schudson, M. "The Objectivity Norm in American Journalism", *Journalism: Theory Practice and Criticism*, Vol. 2, No. 2, 2001.

Schudson, M. "Discovering the News: A Social History of American Newspapers", in Tumber, H. (ed.) *News: A Reader*, Oxford: Oxford University Press, 2000.

Schoening, G. T., Anderson, J. A. "Social Action Media Studies: Foundational Arguments and Common Premises", *Communication Theory*, (5) 1995.

Sciolino, E. "Editor Is the Story as the French Huffington Post Starts", *New York Times*, 22 January 2014.

Shaw, D. "Sizing up the Media", *Los Angeles Times*, 31 March 1993.

Shaw, D., Shannon, M. "The Function of Mass Media Agenda Setting", *Journalism Quarterly*, (2) 1992.

Shepard, A. "The Gospel of Public Journalism", *American Journalism Review*, September 1994.

Shin, Dong-Hee. "Convergence of Telecommunications, Media and InformationTechnology, and Implications for Regulation", *The Journal of Policy, Regulation and Strategy for Telecommunications*, 8 (1) 2006.

Shoemaker, P. "Gatekeeping", in Tumber, H. (ed.) *News: A Reader*, Oxford: Oxford University Press, 2000.

Simone, C. "Constitutional Referendums and Democratic Deliberation", in Mendelsohn, M., Parkin, A. (eds.) *Referendum Democracy: Citizens, Elites and Deliberation in Referendum Campaigns*, New York: Palgrave.

Simpson, S. "Regulating ICT Convergence: How Useful the Telecommunications Policy Model?" *Javnost*, 6 (3) 1999.

Silverman, C. "The Story of Gaddafi Story", *Columbia Journalism Review*, November/December 2011.

Smythe, D. "Communications: Blindspot on Western Marxism", *Canadian Journal of Political and Social Theory*, 3 (1) 1977.

Smythe, D. W. (1978) Rejoinder to Graham Murdock. *Canadian Journal of Political and Social Theory*, 2 (2), 120-127.

Smythe, D. W. (1994) "After Bicycles, What?" in Gubeck, T. (ed.), *Counterclockwise*:

Perspectives on Communication, *Dallas Smythe*, Boulder, CO: Westview Press, 230 - 244.

Soffer, O. "The Competing Ideals of Objectivity and Dialogue in American Journalism", *Journalism*, 10 (4) 2009.

Soloski, J. "News Reporting and Professionalism: Some Constraints on the Reporting of the News", in Berkowitz, D. A., *Social Meanings of News: A Text-Reader*, Thousand Oaks: Sage, 1997.

Sparks, C. "Introduction: The Panic over Tabloid News", in Sparks, C., Tulloch, J. (eds.) *Tabloid Tales: Global Debates over Media Standards*, Lanham: Rowman & Littlefield, 2000.

Sparks, C. "The Future of Public Service Broadcasting in Britain", *Critical Studies in Mass Communication*, (12) 1995.

Sparks, C. "The Press", in Stokes, J., Reading, A. (eds.) *The Media in Britain: Current Debates and Developments*, Basingstoke: MacMillan, 1999.

Sparks, C. "Civil Society as Contested Concept: Media and Political Transformation in Eastern and Central Europe", in Hackett, R. A., Zhao Y. (eds.) *Democratizing Global Media: One World, Many Struggles*, Lanham: Rowman & Littlefield, 2005.

Spinello, R. "Intellectual Property Wars and Knowledge Monopolies", in Spinello, R. A. (ed.) *Regulating Cyberspace: The Policies and Technologies of Control*, Westport, New York: Greenwood Press, 2002.

Sreberny, A. "Globalization, Communication, Democratization: Toward Gender Equality", in Hackett, R. A., Zhao Y. (eds.) *Democratizing Global Media: One World, Many Struggles*, Lanham: Rowman & Littlefield, 2005.

Stein, M. L. "Investigative Journalism Is Alive and Well", *Editor & Publisher*, 131 (24) 1998.

Stensaas, H. S. "Development of the Objectivity Ethic in U. S. Daily Newspapers", *Journal of Mass Media Ethics*, 2 (1) 1986.

Stepp, C. "Reader Friendly", *American Journalism Review*, July/August 2000.

Stephenson, H. "Tickle the Public: Consumerism Rules", in Bromley, M., Stephenson, H. (eds.) *Sex, Lies and Democracy: The Press and the Public*, New York: Longman, 1998.

Taylor, P. M. "We Know Where You Are: Psychological Operations Media during Enduring Freedom", in Thussu, D. K., Freedman, D. (eds.) *War and the Media: Reporting Conflict*, London: Sage, 2003.

Thussu, D. K. "Live TV and Bloodless Death: War, Infotainment and 24/7 News", in Thussu, D. K., Freedman, D. (eds.) *War and the Media: Reporting Conflict*, London: Sage, 2003.

Thwaite, G. J., Brehm, W. "German Privacy and Defamation Law: The Right to Publish in the Shadow of the Right to Human Dignity", *Eur. Intell. Prop. Rev.*, (8) 1994.

Trigoboff, D. "Study Blasts Baltimore News", *Broadcasting and Cable*, 8 July 1998.

Toynbee, J. "Media Making and Social Reality", in Hesmondhalgh, D., Toynbee, J. (eds.) *The Media and Social Theory*, London: Routledge, 2008.

Tuchman, G. "The News Manufacture of Sociological Data: A Comment on Danziger", *American Sociological Review*, 41, December 1976.

Tuchman, G. "Making News by Doing Work: Routinizing the Unexpected", *American Journal of Sociology*, 79 (1) 1973.

Tuchman, G. "Objectivity as a Strategic Ritual: An Examination of Newsmen's Notions of Objectivity", *American Journal of Sociology*, 77 (4) 1972

Turk, J. V. "Information Subsidies and Media Content: A Study of PR Influence on the News", *Journalism Monograpbs*, (12) 1986.

Turner, G. "Tabloidization, Journalism and the Possibility of Critique", *International Journal of Cultural Studies*, 2 (1) 1999.

Tunstall, J. "Trends in News Media and Political Journalism", in Raymond, K., Nevcu, E. (eds.) *Political Journalism: New Challenges, New Practices*, London: Routledge, 2002.

Van Dijk, T. A. "New (s) Racism: A Discourse Analytical Approach", in Cottle, S. (ed.) *Ethnic Minorities and the Media: Changing Cultural Boundaries*, Buckingham: Open University Press.

Van Ess, H. "Gory Details of Data Driven Journalism", *Wikipedia*, *The free encyclopedia*, 2012.

Vanslyke, T. J. "Information Subsidies and Media Content: A Study of PR Influence on the News", *Journalism Monographs*, 1 December 1986.

Vasterman, P. "Media Hypes", *Massa Communicatie*, September 1995.

Volkmer, I. "Journalism and Political Crises in the Global Network Society", in Zelizer, B., Allan, S. (eds.) *Journalism after September 11*, London and New York: Routledge, 2002.

Walker, D. "Newspaper Power: A Practitioner's Account", in Tumber, H. (ed.) *Media Power, Professionals and Policies*, London: Routledge, 2000.

Wenner, L. "The Nature of News Gratifications", in Rosengren, K. E., Wenner, L., Palmgreen, P. (eds.) *Media Gratifications Research: Current Perspective*, Beverly Hills, CA: Sage, 1985.

Westerstahl, J. "Objective News Reporting: General Premises", *Communication Research*, 10 (3) 1983.

White, D. M. "The 'Gatekeeper': A Case Study in the Selection of News", in Berkowitz, D. (ed.) *Social Meaning of News: A Reader*, Thousand Oaks: Sage, 1950.

Whittemore, W. R. "Not the New Journalism", *The New Republic*, 6 November 1971.

Wilkinson, J. S. "Receiver, Senders and Content Creators", in Grantand, A. G., Wilkinson, J. S. (eds.) *Understanding Media Convergence: The State of the Field*, Oxford: Oxford

University Press，2009.

Williams，K. “Something More Important than Truth: Ethical Issues in War Reporting”，in Belsey，A.，Chadwick，R.（eds.）*Ethical Issues in Journalism*，London: Routledge，1992.

Witcover，J. “William Loeb and the New Hampshire Primary：A Question of Ethics”，*Columbia Journalism Review*，Vol. 11，1972.

Witz，B. W. “Reconfiguration of Value Chains in Converging Media and Communications Markets”，*Long Range Planning*，34（4）2001.

Witt，L. “Is Public Journalism Morphing into the Public's Journalism?” *National Civic Review*，Vol. 93，2004.

Wolfe，T. E. “The Birth of the ‘New Journalism’：Eyewitness Report”，*New York Magazine*，14 February 1972.

Wolfe，T. E. “The New Journalism：A la Recherche des Whichy Thickets”，*New York Magazine*，21 February 1972.

Wolfe，T. E. “Why They Aren't Writing the Great American Novel Anymore”，*Esquire*，December 1972.

Worth，S. “Man Is Not a Bird”，*Semiotica*：*The International Journal of Semiotics*，23（1-2）1978.

Zach Vander Veen，“What Makes Media Public? Dealing with the Current Economic Crisis”，*Journal of Speculative Philosophy*，24（2）2010.

Zelizer，B. “Where is the Author in American TV News? On the Construction and Presentation of Proximity，Authorship and Journalistic Authority”，*Semiotica*，（80）1990.

Zeitlyn，D.，Bex，J.，Matthew，D. “Access Denied：The Politics of New Communications Media”，*Telematics and Informatics*，（15）1998.

Zuckerman，H.，Merton，R. K. “Age，Aging and Age Structure in Science”，in Riley，M. W.，Johnson，M.，Foner，A.（eds.）*Aging and Society*，New York：Russell Sage Foundation，1972.

三、中文译著和著作

［美］阿诺德·S·戴比尔，约翰·C·梅里尔．全球新闻事业：重大议题与传媒体制. 郭之恩译. 北京：华夏出版社，2010.

［美］T·巴顿·卡特，朱丽叶·L·迪伊，哈维·朱克曼. 大众传播法. 黄列译. 北京：法律出版社，2004.

［美］保罗·莱文森. 数字麦克卢汉. 何道宽译. 北京：社会科学文献出版社，2001.

［美］保罗·利文森. 软边缘：信息革命的历史与未来. 熊澄宇等译. 北京：清华大学出版社，2002.

［美］比尔·科瓦齐，汤姆·罗森斯蒂尔. 新闻的十大基本原则. 刘海龙，连晓东译．北京：北京大学出版社，2011.

[美] 波林・罗斯诺. 后现代主义与社会科学. 张国清译. 上海：上海译文出版社，1998.

[美] 布鲁斯・埃・纽曼. 营销总统——选战中的政治营销. 张哲馨译. 上海：上海人民出版社，2007.

[美] 布赖恩・布鲁克斯等. 新闻写作教程. 褚高德译. 北京：新华出版社，1986.

[美] 丹尼尔・麦奎尔. 大众传播理论. 潘邦顺译. 台北：风云论坛出版社，2000.

[美] 丹尼尔・戴扬，伊莱休・卡茨. 媒介事件. 麻争旗译. 北京：北京广播学院出版，2000.

[美] 盖伊・塔奇曼. 做新闻. 麻争旗等译. 北京：华夏出版社，2008.

[美] 杰罗姆・巴伦，托马斯・迪恩斯. 美国宪法概论. 刘瑞祥等译. 北京：中国社会科学出版社，1995.

[美] 杰克・海敦. 怎样当好新闻记者. 伍任译. 北京：新华出版社，1980.

[美] 詹姆斯・阿伦森. 新闻采访和写作. 北京：新华社通讯社，1980.

[美] 凯瑟琳・霍尔・贾米森，卡林・科洛斯・坎贝尔. 影响力的互动——新闻、广告、政治与大众媒介. 洪丽等译. 北京：北京广播学院出版社，2004.

[美] 克利福德・G・克里斯蒂安等. 媒体伦理学. 张晓辉等译. 北京：华夏出版社，2000.

[美] 利昂・纳尔逊・弗林特. 报纸的良知——新闻事业的原则和问题案例讲义. 萧严译. 北京：中国人民大学出版社，2005.

[美] 罗杰・菲德勒. 媒介形态变化. 明安香译. 北京：华夏出版社，2000.

[美] 罗杰・希尔斯曼. 美国是如何治理的. 曹大鹏译. 北京：商务印书馆，1986.

[美] 罗纳德・德沃金. 自由的法——对美国宪法的道德解读. 刘丽君译. 上海：上海人民出版社，2001.

[美] 爱德华・赫尔曼，罗伯特・麦克切斯尼. 全球媒体：全球资本主义的新传教士. 甄春亮等译. 天津：天津人民出版社，2001.

[美] 莫里斯・迪克斯坦. 伊甸园之门——六十年代美国文化. 方晓光译. 上海：上海外语教育出版社，1985.

[美] 迈克尔・舒德森. 探索新闻——美国报业社会史. 何颖怡译. 台北：远流出版公司，2001.

[美] 梅尔文・L・德弗勒，埃弗雷特・E・丹尼斯. 大众传播通论. 颜建军等译. 北京：华夏出版社，1989.

[美] 斯蒂芬・ 李特约翰. 人类传播理论. 史安斌译. 北京：清华大学出版社，2009.

[美] 斯蒂文・小约翰. 传播理论. 北京：中国社会科学出版社，1999.

[美] 斯坦利・巴兰，丹尼斯・戴维斯. 大众传播理论. 曹书乐译. 北京：清华大学出版社，2004.

[美] 赛佛林，坦卡德. 传播理论——起源、方法与应用. 郭镇之等译. 北京：中国传媒大学出版社，2006.

[美] 托马斯・R・戴伊. 自上而下的政策制定. 鞠方安，吴忧译. 北京：中国人民大学出版社，2002.

[美] 约瑟夫·斯特劳巴哈，罗伯特·拉罗斯. 今日媒介：信息时代的传播媒介. 熊澄宇等译. 北京：清华大学出版社，2002.

[美] 约翰·费斯克等. 关键概念：传播与文化研究辞典. 李彬译注. 北京：新华出版社，2004.

[美] 希伦·A·洛厄里，梅尔文·L·德弗勒. 大众传播效果研究的里程碑. 刘海龙等译. 北京：中国人民大学出版社，2009.

[美] 仙托·艾英戈，唐纳德·R·金德. 至关重要的新闻：电视与美国民意. 刘海龙译. 新华出版社，2004.

[美] 威廉·梅茨. 怎样写新闻——从导语到结尾. 苏金琥等译. 北京：新华出版社，1983.

[美] 威尔伯·施拉姆. 人类传播史. 游梓翔，吴韵仪译. 台北：远流出版事业公司，1994.

[美] 新闻自由委员会. 一个自由而负责的新闻界. 展江，王征，王涛译. 北京：中国人民大学出版社，2004.

[英] 安东尼·吉登斯. 社会学. 赵旭东等译. 北京：北京大学出版社，2003.

[英] 奥利费·博伊德·巴雷特，克里斯·纽博尔德. 媒介研究的进路：经典文献读本. 汪凯，刘晓红译. 北京：新华出版社，2004.

[英] 鲍勃·富兰克林等. 新闻学关键概念. 诸葛蔚东等译. 北京：北京大学出版社，2008.

[英] 戴维·莫利. 电视、受众与文化研究. 史安斌译. 北京：新华出版社，2005.

[英] 戴维·赫尔德. 民主的模式. 燕继荣等译. 北京：中央编译出版社，1998.

[英] 丹尼斯·麦奎尔. 麦奎尔大众传播理论. 崔保国，李琨译. 北京：清华大学出版社，2006.

[英] 詹姆斯·卡瑞，珍·辛顿. 英国新闻史. 栾轶玫译. 北京：清华大学出版社，2005.

[英] 尼古拉斯·阿伯克龙比. 电视与社会. 张永喜等译. 南京：南京大学出版社，2001.

[法] 罗兰·巴特. 符号学原理. 王东亮等译. 北京：生活·读书·新知三联书店，1999.

[法] 雷米·里埃菲尔. 传媒是什么. 刘昶译. 北京：中国传媒大学出版社，2009.

[法] 埃里克·麦格雷. 传播理论史. 刘芳译. 北京：中国传媒大学出版社，2009.

[法] 贝尔纳·瓦耶纳. 当代新闻学. 丁雪英，连燕堂译. 北京：新华出版社，1986.

[德] 马克斯·韦伯. 马克斯·韦伯社会学文集. 阎克文译. 北京：人民出版社，2010.

[德] 托马斯·勒弗霍尔茨. 日常的新闻自由. 联邦政治教育中心编. 波恩华文版：1990.

[加] 埃里克·麦克卢汉，弗兰克·秦格龙. 麦克卢汉精粹. 何道宽译. 南京：南京大学出版社，2000.

[加] 罗伯特·哈克特，赵月枝. 维系民主？西方政治与新闻客观性. 沈荟译. 北京：清华大学出版社，2005.

[加] 玛丽·葳庞德. 媒体的历史与分析——大众媒介在加拿大. 郭镇之译. 北京：北京广播学院出版社，2003.

[加] 马歇尔·麦克卢汉. 理解媒介——论人的延伸. 何道宽译. 北京：商务印书馆，2000.

[荷] 托伊恩·A·梵·迪克. 作为话语的新闻. 曾庆香译. 北京：华夏出版社，2003.

[日] 小野秀雄. 新闻学原理. 内部译本. 北京：中国人民大学新闻系，1960.

[日] 佐藤卓己. 现代传媒史. 诸葛蔚东译. 北京：北京大学出版社，2004.

顾耀铭. 我看美国媒体. 北京：新华出版社，2000.

荆知仁. 美国宪法与宪政. 台北：三民书局，1984.

林榕年，叶秋华. 外国法制史. 北京：中国人民大学出版社，2003.

刘迪. 现代西方新闻法制概述. 北京：中国法制出版社，1988.

李亚虹. 美国侵权法. 北京：法律出版社，1999.

李瞻. 传播法：判例与说明. 台北：黎明文化事业公司，1992.

李子坚. 纽约时报的风格. 长春：长春出版社，1999.

李希光，周庆安. 软力量与全球传播. 北京：清华大学出版社，2005.

闵大洪. 传播科技纵横. 北京：警官教育出版社，1998.

彭家发. 新闻文学点线面译介：美国近年的新派新闻报道. 台北：台湾业强出版社，1988.

彭家发. 新闻客观性原理. 台北，三民书局，1994.

徐耀魁. 西方新闻理论评析. 北京：新华出版社，1998.

王岳川. 后现代主义文化研究. 北京：北京大学出版社，1992.

郑旷. 当代新闻学. 北京：长征出版社，1987.

中国国际广播电台研究室，中央电视台研究室. 世界各国广播电视概况. 北京：中国广播电视出版社，1997.

甄树青. 论表达自由. 北京：社会科学文献出版社，2000.

周枏. 罗马法原论(上册). 北京：商务印书馆，1994.

四、中文论文

包丽敏. 海伦：让人民了解事实，国家就会安全. 中国青年报，2006-12-05.

蔡敏. 传媒话语生产与控制. 现代传播，2002 (6).

董保纲，白雪. 丁肇中的老实. 八小时以外，2003 (12).

丛日云. 大众传播时代的西方民主. aisixiang. com，2009-5-19.

国际新闻自由公约. 上海报学杂志，1948 (2).

国家发改委考察团. 法国、意大利、希腊政府新闻宣传及媒体管理的做法及经验. 中国经贸导刊，2008 (3).

侯健. 言论自由及其限度. 北大法律评论，第3卷第2辑，2000.

黄友义. 白宫新闻发布厅里的故事：白宫的新闻大管家们. 对外大传播，2006 (5).

靖洪. 组织晚宴讨好媒体　美总统接受"笑话大审判". 北京青年报，2005-3-13.

柯醌褚. 从伊拉克战争看现代战争中的新闻舆论战. 光明日报，2003-7-15.

梁相斌. 外国控制新闻的主要做法. 红旗文稿，2009-3-25.

刘兰珍. 德国新闻学的兴起. 武汉大学学报（人文科学版），2011 (6).

黎慈. 英国政府应对突发事件采取的媒体政策及其启示. 福州党校学报，2008 (1).

聂送来. 2040年：报纸消失的最后期限. 网络传播，2005 (8).

彭家发. 记者与讯源关系复杂. 传媒透视（香港），2004 (8).

孙超. 美国总统怎样开新闻发布会. www. ln. xinhuanet. com/misc，2008-12-29.

孙卓. 卡尼：从白宫记者到白宫新发言人. 第一财经日报，2011－2－17.

涂蕾．媒体、公众与民主——加拿大传媒报道和公众态度分析//蔡帼芬. 加拿大媒介与文化．北京，北京广播学院出版社，2004.

魏红欣. 美国报业成为灭亡边缘的恐龙．国际金融报，2006－11－23.

王君超. 如何解读和应对“报纸消亡论”? 新闻与写作，2009（1）.

王辉. 白宫前发言人出书抨击布什．www. chinadaily. com. cn/hqg，2008－5－29.

王四新. 美国法律对影视色情（暴力）内容的规范. 现代传播，2006（6）.

王鑫. 意大利互联网监管严格，色情和极端言论是重点. 国际在线，2010－1－7.

王寅. “深喉”、新闻周刊、“9·11”事件中的媒体道德. 南方周末，2005－6－9.

肖永英. 英国信息自由法的主要内容及其影响初探. 情报杂志，2003（9）.

张国庆. 为什么美国总统少有卡梅伦的尴尬？中国青年报，2011－7－22.

张国庆. 没有新闻法的新闻超级大国//张国庆. 话语权：美国为什么总是赢得主动．南京：江苏人民出版社，2011.

赵月枝．西方媒体的新自由主义转型与民主“赤字”．中青新闻网，2000－3－23.

张涛甫. 新闻发言人：技巧决定成败．决策，2005（4）.

张艳梅. 西方发达国家政府舆论宣传控制措施述论. 中州学刊，2009（4）.

张玉，黄延峰. 法国新闻传播管理体制管窥. 军事记者，2006（7）.

张西明. 从 Non-Regulation 走向 Regulation：网络时代如何保障言论自由. 法学，2001（7）.

［美］艾斯特·哈吉泰. 网络之洞：网络和国际分层//曹荣湘．解读数字鸿沟：技术殖民与社会分化．上海：上海三联书店，2003.

［美］查理斯·哈维. 新新闻主义的复活. 楼坚编译．新闻大学，1995冬季号.

［美］罗伯特·W·迈克切斯尼. 新自由主义、全球化和媒介帝国主义. 曹书乐译．每月评论（Month Review），2001（10）.

［美］鲁伯特·默多克．报纸产业的未来，2006 年 3 月在斯台什诺斯大厅（Stationers Hall）的讲演．www. investbank. com. cn/Information/De.

［美］罗纳德·哈里·科斯. 商品市场与思想市场//［美］罗纳德·哈里·科斯．企业、市场与法律．盛洪，陈郁等译．上海：三联书店上海分店，1990.

［美］菲利普·卡宁厄姆（哈佛大学费正清中心研究员、美国记者）. 在清华大学的讲演. 2002－11－3.

［德］迪特尔·哥罗姆贝斯. 民主制度需要多少报纸. 报纸杂志，1990（4—5）.

［德］彼得·格罗茨. 今天与后天之间的新闻自由——欧洲的传统和前景//日常生活中的新闻自由．波恩华文版．1990.

关联课程教材推荐

书号	书名	第一作者	定价	出书时间
978-7-300-13959-3	理论新闻传播学导论（第二版）	童兵	25.00元	2011-07
978-7-300-20150-4	新闻理论新编（第二版）	郑保卫	39.80元	2015-01
978-7-300-18603-0	新闻理论教程（第三版）	杨保军	38.00元	2014-04
978-7-300-12211-3	新闻工作：从原则到应用	[英] 托尼·哈尔卡普	45.00元	2010-09
978-7-300-11125-4	传播学教程（第二版）	郭庆光	32.00元	2011-04
978-7-300-18386-2	传播学纲要（第二版）	陈力丹	35.00元	2014-01
978-7-300-12214-4	传播学概论（第二版）	[美] 威尔伯·施拉姆	48.00元	2010-10
978-7-300-08795-5	传媒的四种理论	[美] 弗雷德里克·S·西伯特	29.80元	2008-03

配套教学资源支持

尊敬的老师：

衷心感谢您选择使用人大版教材！

相关的配套教学资源，请到人文分社网站（www.crup.com.cn/rw）下载，或是随时与我们联系，我们将向您免费提供。

欢迎您随时反馈教材使用过程中的疑问、修订建议并提供您个人制作的课件。您的课件一经采用，我们将署名并付费。让我们与教材共成长！

联系人信息：

地址：北京海淀区中关村大街31号201室　龚洪训 收　　邮编：100080

电子邮件：gonghx@crup.com.cn　　电话：010-62515637　　QQ：6130616

如有相关教材的选题计划，也欢迎您与我们联系，我们将竭诚为您服务！

选题联系人：翟江虹　　电子邮件：zhaijh@crup.com.cn　　电话：010-62515636

俯仰天地　心系人文

人文分社网站　www.crup.com.cn/rw

专业教师QQ群：

259226416（人大新闻）

欢迎您登录分社网站浏览，了解图书信息，共享教学资源

期待您加入专业教师QQ群，开展学术讨论，交流教学心得

图书在版编目（CIP）数据

当代西方新闻理论/刘建明著．—北京：中国人民大学出版社，2015.1
新编21世纪新闻传播学系列教材·基础课程系列
ISBN 978-7-300-20394-2

Ⅰ.①当…　Ⅱ.①刘…　Ⅲ.①新闻学-西方国家-高等学校-教材　Ⅳ.①G219.1

中国版本图书馆CIP数据核字（2014）第292717号

新编21世纪新闻传播学系列教材·基础课程系列
当代西方新闻理论
刘建明　著
Dangdai Xifang Xinwen Lilun

出版发行	中国人民大学出版社		
社　　址	北京中关村大街31号	**邮政编码**	100080
电　　话	010－62511242（总编室）		010－62511770（质管部）
	010－82501766（邮购部）		010－62514148（门市部）
	010－62515195（发行公司）		010－62515275（盗版举报）
网　　址	http://www.crup.com.cn		
	http://www.ttrnet.com(人大教研网)		
经　　销	新华书店		
印　　刷	北京宏伟双华印刷有限公司		
规　　格	185 mm×260 mm　16开本	**版　　次**	2015年1月第1版
印　　张	19	**印　　次**	2015年1月第1次印刷
字　　数	449 000	**定　　价**	38.00元
